普通高等教育规划教材

Daolu Liti Jiaocha Guihua yu Sheji
道路立体交叉规划与设计

(第二版)

孙家驷 主　编
熊　陈　陈有全 副主编

人民交通出版社股份有限公司

内容提要

本书对道路立交规划设计的概念、理论、标准及方法进行了全面系统的介绍,主要内容包括立交概论、规划、选型、方案设计、施设等。书中重点对立交位置、间距、布局、匝道、桥跨、设施以及立交美学等部分加以详细论述。

全书内容详尽,系统性强,插图丰富,与实践相结合,完全采用新标准、新规范,并注入立交设计新理念和国内外立交规划设计的最新资料。

本书可作为高等工科院校土木工程、桥梁与渡河工程及交通工程专业本科生教材(含成人和继续教育本科相关专业),也可为道路与铁道工程方向研究生和道、桥、市政、交通等行业工程师参考使用。

图书在版编目(CIP)数据

道路立体交叉规划与设计 / 孙家驷主编. — 2 版
. — 北京:人民交通出版社股份有限公司,2016.4
 ISBN 978-7-114-12772-4

Ⅰ. ①道… Ⅱ. ①孙… Ⅲ. ①道路工程—立体交叉—公路规划②道路工程—立体交叉—设计 Ⅳ. ①U412.35

中国版本图书馆 CIP 数据核字(2016)第 020242 号

书　　名	道路立体交叉规划与设计(第二版)
著 作 者	孙家驷
责任编辑	崔　建
出版发行	人民交通出版社股份有限公司
地　　址	(100011)北京市朝阳区安定门外外馆斜街 3 号
网　　址	http://www.ccpress.com.cn
销售电话	(010)59757973
总 经 销	北京中交盛世书刊有限公司
经　　销	各地新华书店
印　　刷	北京鑫正大印刷有限公司
开　　本	787×1092　1/16
印　　张	21.5
字　　数	509 千
版　　次	2016 年 4 月　第 2 版
印　　次	2021 年 11 月　第 2 次印刷
书　　号	ISBN 978-7-114-12772-4
定　　价	38.00 元

(有印刷、装订质量问题的图书由本公司负责调换)

孙家驷，1940年10月生，重庆人，中共党员，重庆交通大学教授，硕士研究生导师。曾任重庆交通大学道路系主任，中国公路学会道路分会理事，全国路桥专业教学指导委员会委员。曾获国务院政府津贴，全国交通系统优秀教师殊荣。编著科技书著十余本，全国高校统编教材五本，发表学术论文二十余项，获省部级二等奖三项。

熊陈，男，出生于1972年，高级工程师。1992年7月西南交通大学地下工程与隧道工程专业毕业。现任重庆路威土木工程设计有限公司董事，从业20余年，具有丰富的岩土及道桥隧工程设计经验，先后主持、独立完成城市道路、公路、铁路及地质灾害主要项目30余项。参编了重庆市地方标准《地质灾害防治工程设计规范》(DB 50/5029—2004)、《建筑桩基础设计与施工验收规范》(DB J50-200—2014)。

陈有全，男，出生于1971年，中共党员，高级工程师，注册土木工程师（岩土）。1992年7月西南交通大学铁道工程专业毕业。现任重庆路威土木工程设计有限公司董事、重庆路威科技发展有限公司董事长。从业20余年，具有丰富的道桥隧工程设计经验，先后主持完成城市道路、公路、铁路及地质灾害主要项目30余项。参编了重庆市地方标准《地质灾害防治工程设计规范》(DB 50/5029—2004)。

第二版前言

《道路立交规划与设计》第一版出版于 2009 年 12 月，列为普通高等教育规划教材，为全国本科工科院校土木工程专业广泛使用。六年来，累计印刷 10000 余册，受到使用院校师生好评，收到良好效果。随着我国高速公路与城市道路立体交叉的迅猛发展，规划设计的技术水平不断提高，原教材部分内容已显陈旧，加之近年来《公路工程技术标准》、《城市道路设计规范》新标规的颁发，特别是《公路立体交叉设计细则》的新编，原教材（2009 年版）已不能适应立体交叉规划设计教育与行业的需求，经人民交通出版社计划安排，决定重新改版编写。

本次改版的主要内容如下：

(1) 将原《道路立交规划与设计》书名改为《道路立体交叉规划与设计》。

(2) 按现行的公路与城市道路标准、规范及细则，对全书进行通改，替换相关内容。

(3) 在第九章补充立体交叉景观设计的内容。

(4) 新增第十章立体交叉安全分析与评价。

(5) 新增《附录》立体交叉设计图表示例。

(6) 对全书已显过时的内容进行了删减。

(7) 对全书进行通校、通改，对已发现的错、漏、碰、缺的问题进行纠正。

道路立体交叉是一个结构复杂、工程宏大、运用广泛的重要交通设施，《道路立体交叉规划与设计》则是一门新兴的土木建筑的专业课程，涉及多学科、多专业的交通综合知识，目前仍处于探索、更新、不断发展和积累阶段，教材建设尚需不断总结、修改完善，加之作者水平和能力所限，书中如有错误和不足之处，敬请读者批评指正。

作　者

2015 年 10 月于重庆交通大学

第一版前言

道路立交自20世纪初诞生至今已有近百年的历史。近几十年来，随着我国高速公路和城市快速路的迅猛发展，作为现代道路交通转换的重要设施——道路立交，在城市和乡村如雨后春笋般迅速发展，方兴未艾。

为满足高速公路和城市快速路的发展对人才的需求，20世纪80年代初，国内高等院校开始开设道路立交方面的选修课，21世纪初不少院校的土木工程、桥梁与渡河工程及交通工程专业正式将其列为专业必修课，继而立交规划与设计方面的硕士研究生也随之出现。教材建设是课堂教学的基础，为配合该课的开设，作者曾在1996年与同行共同编写了教材《道路立交枢纽设计》。近十几年过去了，立交规划设计理论、原理和方法发生了很大的变化，设计标规已重新修订，设计理念也不断更新，为此，重新编写教材，更新内容以适应需求，迫在眉睫。

本教材编写有以下特点：第一，内容编排系统性强，规划设计主线清晰；第二，紧密结合立交建设实践，坚持理论与实践相结合；第三，引用大量图片资料，图文并茂，利于学习；第四，引用新标准、新规范、新资料，注入新理念和立交美学等方面的内容。全书共分十章，第一章至第六章是立交规划设计的基本内容；第七章至第十章主要包括立交桥跨、附属设施，立交美学，安全性分析与评价等方面的内容。教学时可结合学时情况对不同专业补充讲述，如路桥专业方向，以补充第七章为主；交通工程专业，以补充第八章为主；建筑及市政方面专业，以补充第九章为主。

道路立交是一个结构复杂、工程庞大、涉及面广的重要交通基础设施，道路立交规划与设计则是一门涉及多学科、多专业的课程，目前仍然处于探索、更新、发展的阶段，教材建设尚需不断总结和完善，加之作者水平有限，读者若发现书中存在错误或不足之处，敬请批评指正。

作　者
2009年9月于重庆交通大学

目 录

第一章 道路立体交叉概论 ··· 1
- 第一节 道路立体交叉简史 ··· 1
- 第二节 道路平交与立体交叉 ··· 8
- 第三节 立体交叉的组成及特征 ··· 13
- 第四节 立体交叉规划设计的原则及内容 ··· 18
- 第五节 立体交叉勘测与调查 ··· 20
- 第六节 立体交叉设计步骤与成果 ··· 23

第二章 道路立体交叉规划 ··· 25
- 第一节 立体交叉规划概述 ··· 25
- 第二节 立体交叉位置与间距 ··· 30
- 第三节 立体交叉基本类型选择 ··· 35
- 第四节 立体交叉规划布设的几个问题 ··· 39

第三章 立体交叉选型与方案设计 ··· 43
- 第一节 立交分类及体系 ··· 43
- 第二节 各类互通式立体交叉的特点及适用条件 ··· 51
- 第三节 立体交叉选型 ··· 82
- 第四节 立体交叉方案设计 ··· 90

第四章 立体交叉主线及总体设计 ··· 98
- 第一节 主线设计要求及技术标准 ··· 98
- 第二节 主线线形设计 ··· 102
- 第三节 立体交叉总体设计概要 ··· 105

第五章 立体交叉匝道设计 ··· 107
- 第一节 匝道组成 ··· 107
- 第二节 匝道交通流动线分析 ··· 108
- 第三节 匝道布置形式及分类 ··· 109
- 第四节 匝道设计标准 ··· 113
- 第五节 匝道平面线形设计 ··· 119
- 第六节 匝道纵断面线形设计 ··· 135
- 第七节 匝道横断面设计 ··· 138
- 第八节 匝道安全性设计 ··· 149

第六章 立体交叉进、出口及其他设计 ··· 154
- 第一节 变速车道设计 ··· 154

第二节　进出口匝道线形设计 …………………………………………………… 166
　　第三节　分、合流连接部设计 …………………………………………………… 169
　　第四节　辅助车道、集散车道及交织区设计 …………………………………… 180
　　第五节　匝道出入口鼻端构造设计 ……………………………………………… 184

第七章　立体交叉跨越构造物设计 ……………………………………………………… 188
　　第一节　立体交叉桥跨的特点及要求 …………………………………………… 188
　　第二节　立体交叉桥跨总体布置 ………………………………………………… 189
　　第三节　立体交叉桥跨结构 ……………………………………………………… 194

第八章　立体交叉附属设施设计 ………………………………………………………… 207
　　第一节　交通设施 ………………………………………………………………… 207
　　第二节　照明设施 ………………………………………………………………… 219
　　第三节　排水设施 ………………………………………………………………… 223
　　第四节　收费设施 ………………………………………………………………… 227
　　第五节　匝道与被交道及平交型立交的平交口设计 …………………………… 240
　　第六节　其他设施接入主线及服务区与立体交叉合并设计 …………………… 248
　　第七节　城市道路立交附属设施设计要求及要点 ……………………………… 253

第九章　立体交叉美学与景观设计 ……………………………………………………… 257
　　第一节　立体交叉美学概论 ……………………………………………………… 257
　　第二节　立体交叉美学法则及设计要点 ………………………………………… 261
　　第三节　立交景观设计 …………………………………………………………… 277

第十章　立体交叉安全性分析与评价 …………………………………………………… 310
　　第一节　概述 ……………………………………………………………………… 310
　　第二节　立交现状调查及数据采集 ……………………………………………… 313
　　第三节　互通立交安全分析与评价方法 ………………………………………… 316

附录　立体交叉设计部分参考图表示例 ………………………………………………… 326
参考文献 …………………………………………………………………………………… 331

第一章 道路立体交叉概论

第一节 道路立体交叉简史

一、道路交叉

道路交叉,是指两条或两条以上道路在平面或空间的交会。道路交叉分平面交叉和立体交叉。交通流交会、转换行驶方向的地点常称交叉口。交叉口是采用平面交叉还是立体交叉,应根据交会道路的性质、等级、交通量以及公路网规划等因素确定。

交叉口是道路网的重要组成部分,各向道路在交叉口相互连接而构成路网,以沟通各向交通的需要。相交道路上的各种车辆和行人在交叉口汇集、转向和穿行,容易互相干扰或发生冲突,这不但会造成车速减慢、交通延误、交通阻塞,而且容易发生事故。据统计,车辆通过信号交叉口的时间延误约为全程时间的31%,发生在交叉口的交通事故占道路事故总数的35%~59%。交叉口又是道路交通的咽喉,道路的运输效率、行车安全、车速、运营费用和通行能力很大程度上取决于交叉口的正确规划和良好设计。

二、道路立体交叉

道路立体交叉是指两条或多条路线(道路与道路、道路与铁路、道路与其他设施线路)在不同平面上相互交叉的连接方式(简称道路立交)。道路立交是现代道路的重要交通设施,也是实现交通立体化的主要手段。由于立交处设置有跨线结构物(桥梁、隧道或地道)和转向的匝道,使相交路线的交通流在平面和空间上分隔,车辆转向行驶互不干扰,从而保证了交叉口行车的快速、安全和顺畅,从根本上解决了道路交叉口的车速和行车安全问题。

立体交叉是公路及城市快速路必不可少的组成部分。设置立交可使各方向车流在不同高程的平面上行驶,消除或减少了冲突点;车流可连续运行,提高了公路和城市快速路的通行能力;节约了运行时间和燃料消耗;通过控制相交公路车辆的出入,减少了对高速公路的干扰。

道路立交按车辆能否在立交处转向,有互通式立交和分离式立交两类。

三、立体交叉的产生

在道路发展早期,由于交通量不大和车速不高,道路相交采用平面交叉就能满足交通需求。第一次世界大战后,随着汽车工业的迅猛发展,交通量不断增长,人们对平面交叉进行了改进,如加宽交叉口车行道,保证交叉口视距,加大交叉口转弯半径以及设置各种专用的交通标志。这些措施对改善交叉口的交通条件有一定的作用,但是,随着交通量和行车速度的不断提高,上述措施已不能满足行车快速、安全、畅通的要求,平面交叉口交通流线的交叉点给交通带来很大的危险性。据资料统计,交叉口上发生的交通事故占道路上发生交通事故的35%~

59%。在交叉口处可通过设置环岛和方向岛来组织交通,使平面交叉的功能得到进一步改善,如图1-1所示。环形平交曾经在英国、美国、加拿大、瑞典和其他国家和地区得到广泛的应用。

随后,由于城市步行、自行车交通的增长,环行平交的交叉点变得复杂,车流、人流混合,大大降低了道路交叉的通行能力。为解决这一问题,在英国出现了人与自行车从道路下的地道通过的环形交叉口,如图1-2所示。这种利用地下通道使人、自行车与汽车在空间分离的形式,是道路立体交叉的雏形。

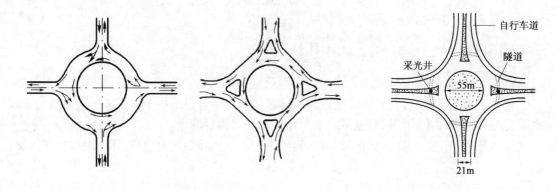

图1-1　早期的环形平交　　　　　　　　　　　图1-2　早期的自行车道环形立交

随着高速公路的出现及干线公路的发展,提高道路交叉口的通行能力和确保行车安全就具有非常重要的意义。要保证车辆大量、快速、安全地通过交叉口,较为有效的途径是运用一种使交通流线在空间上实行分离的交叉形式——立体交叉。

世界上最早的立交出现在德国,建于1925年,采用苜蓿叶形立交。三年后,美国于1928年在新泽西州修建了第一座苜蓿叶形立体交叉,如图1-3所示。该立交的交通量平均每昼夜达62 500辆,高峰小时达6 074辆,即每分钟允许通过100辆汽车。1930年,美国芝加哥兴建了一座拱形立交桥,这是世界上最早的城市立交桥。随后,世界各国的立体交叉如雨后春笋般蓬勃发展起来。

图1-3　美国新泽西州苜蓿叶形立交(1928年)

四、国外立交发展概况

1. 美国

美国是立交出现较早、发展最快的国家,继 1928 年修建第一座立交后,在全国范围内开始大规模地修建立体交叉。截至 1936 年,美国公路立交已超过 125 座。这期间的立交形式以苜蓿叶形为主,也有一些采用部分苜蓿叶形和环形立交。美国立交的标准比较高,苜蓿叶形立交平曲线半径一般不小于 50m,匝道纵坡不大于 5%~6%,环形立交半径不小于 90m。美国从 1937 年开始修建高速公路,到 1944 年建成 7 万 km 的高速公路,互通立交数达 1 600 座,立交建设与高速公路同步发展。

1943~1946 年,美国在阿尔林格顿城修建了两处具有两座跨线桥的环形立体交叉,其干线设计车速为 112km/h,环道由半径 66~215m 的若干曲线组成,环道设计车速为 56km/h;环道纵坡不大于 4.0%,匝道上坡小于 5.5%,下坡小于 8%;匝道宽 6~7.2m;跨线桥为双孔刚架结构。图 1-4 为美国底特律城修建的具有 5 座跨线桥的环形立交。环道半径为 90m,宽 9~12m,环道纵坡不大于 4.0%。20 世纪 30 年代中期,美国在纽约半达勒岛特利包罗桥旁修建了第一座三路 T 形梨状立交。该立交用两个半定向型匝道实现车辆左转,结构紧凑,仅占地 36 400m²。20 世纪 40 年代初期美国在宾夕法尼亚—图尔恩派克公路干线上修建了 10 座三路喇叭形立体交叉,如图 1-5 所示。

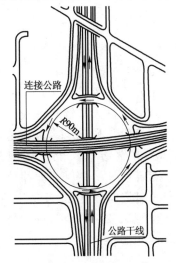

图 1-4　有 5 座跨线桥的环形立交(美国)　　　　　图 1-5　世界第一座喇叭形立交(1940 年)

第二次世界大战后,随着交通量的与日俱增,通行能力较低的环形和苜蓿叶形立交已不能满足交通需求。为了提高通行能力,减少立交占地,美国的立交开始向多层次(三层、四层)及定向型方向发展。1939 年美国纽约特利包罗桥西引道处的公路立交和纽约林肯隧道的西引道处的公路立交是较早的三层立交。

1941 年,洛杉矶是美国当时汽车最多的城市,该城登记的汽车就有 13 万辆。城市的快速公路上建有 33 座立体交叉,并建造了世界上第一座四层式定向型立体交叉,见图 1-6。该立交第二层和第四层布置直行车道,每层有六条车道,第一、三层布置左转匝道。其最上层高出地面 14.4m,最下层在地面以下 6.6m,总高度达 21m。其干线设计车速为 96km/h,匝道设计车速为 55km/h,匝道半径为 90~105m,设计交通量为 75 000~100 000 辆/昼夜,耗资达 280 万美元,工程十分庞大。

2. 其他国家

加拿大修建立体交叉,在时间上稍迟于美国。1936年,加拿大在安大略省别尔利格顿附近公路上,修建了第一座喇叭形立体交叉。该立交小环道半径为33m,最大纵坡为3.0%,跨线桥为双孔刚架结构,桥下最小净空高度为4.3m。随后,加拿大1937年又在安大略省的米德尔—鲁乌德公路与第十条主要公路干线相交处修建了第一座苜蓿叶形立体交叉,见图1-7。该立交位于托朗托城以西13km处,占地面积为3.2hm²,道路面积为18 400m²。左转匝道半径分别为21m、22.5m、24m;右转匝道半径分别为60m、30m、46.5m;匝道路基宽6m。匝道最大纵坡为3.0%。1939年加拿大在安大略省的阿尔里格顿城以东附近修建了第一座环形立体交叉。

 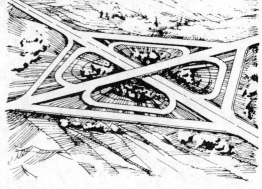

图1-6　世界第一座四层式定向型立交(美国,1941年)　　　　图1-7　加拿大第一座全苜蓿叶形立交(1937年)

德国也是修建立体交叉较早的国家,始于20世纪30年代初期。1935年德国设计了一种称为部分苜蓿叶形的立体交叉,见图1-8。该立交在匝道与主线的出入口处设有三角形的方向岛,并在主线两侧设置宽3.5m的长形路侧分车带,这一措施减少了进出车辆对主线的干扰。其匝道最小半径为25m,双向匝道宽9.0m(车行道宽6m,路肩每边宽1.5m);单向匝道宽5.5m(车行道宽4m,路肩宽1.5m),匝道最大纵坡为5%。德国最早的苜蓿叶形立交修建于柏林环城南郊的干线公路上(ABYC)。德国环形立交很少,第一座建于科伦—列维尔库津公路上,立交采用了5座跨线桥。在三路立交中,德国多用喇叭形和三路定向型立交。1935年德国修建了世界上第一座三路定向型立交,如图1-9所示,该立交位于法兰克福至美茵的公路上,有三座跨线桥,平面曲线半径很大,分别为400m、500m、800m和1 000m,通行能力强。由于有一条干线分岔到曼盖姆处,因而该立交以"曼盖姆三角形"而闻名。

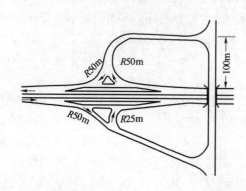 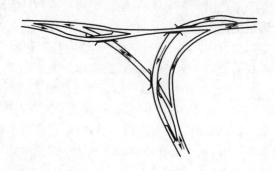

图1-8　德国早期的部分苜蓿叶形立交(1935年)　　　　图1-9　世界第一座三路定向型立交(德国,1935年)

值得一提的还有英国格拉维利山立交。该立交为 M6 高速公路与阿斯顿快速公路和伯明翰西北道路网的立交枢纽,为全互通全定向型,工程庞大,结构复杂,共有七层,是至今层次最多的立交。

苏联修建立体交叉较晚,到 1957 年莫斯科市才建成第一座苜蓿叶形立交,但立交发展速度很快。

五、我国立交发展概况

1. 秦代的"复道"

我国的立交工程具有十分悠久的历史,可以追溯到公元前 221 年～公元前 206 年秦代修建的"复道"。当时在洛阳修建的阿房宫,南北宫之间为市区街道所隔,为了沟通南北宫之间的联系,并与外界隔离,在两宫的楼上修建了"复道"(又称阁道),即跨越市街的人行天桥,实现了"人行桥上,车行桥下"。"复道"距今已有 2 200 年的历史,是世界上最早的人行天桥。公元 1744 年清朝在北京雍和宫万福阁楼间也修建有类似的复道,称为"飞虹",其形式如图 1-10 所示。

2. 浙江绍兴的八字桥

公元 1256 年(南宋宝祐四年),浙江省绍兴市修建了第一座人行立交桥,叫"八字桥"。该桥桥跨高 5m,净跨为 4.5m,桥宽 3.2m,距今已有 700 余年的历史。人行梯步布置于水道两岸,中间用石梁桥连接,在平面上呈八字形,由此得名,如图 1-11 所示。

图 1-10 飞虹

图 1-11 八字桥

3. 我国第一座车行立交——武汉汉江一桥桥头立交

我国车行立交最早是从城市道路开始的。1855 年,武汉滨江路建成我国第一座车行立交。该立交为部分苜蓿叶形,利用武汉市江汉一桥主桥边孔供滨江路通过,用两小环道与桥上连接实现车辆左转,如图 1-12 所示。

4. 北京的立交

1965 年,北京市修建京密引水工程时,在 3 条主要干道与滨河路相交处修建了 3 座结构形式相同的长条半苜蓿叶形立交。

北京是我国立交最多、立交发展速度最快的城市。截至 2009 年,北京已建成立交 459 座,其中长 33km 的二环路上有 32 座,长 48km 的三环路上有 47 座(计划达 30

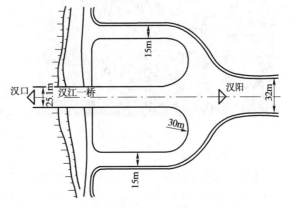

图 1-12 我国第一座车行立交(1955 年)

座)。立交主要结构类型有：两层苜蓿叶形、三层苜蓿叶形、部分苜蓿叶形、喇叭形、菱形、下环形、上环形、定向式、组合式等。从相交的道路数来看有三路、四路、五路、六路4种。可见，北京立交千姿百态、形式多样。

2009年，北京六环路基本建成通车，北京的立交总数达459座。随着高速公路和城市快速路的建设，我国现代立交得以迅速发展。立体交叉已成为高速公路上的重要交通转换设施，是改善和缓解城市交通问题的重要手段和区域经济不可或缺的交通枢纽。

5.我国立交现状

1955年武汉滨江路建成我国首座城市道路立交后，随着我国城市建设的迅猛发展，城市立交开始逐步兴建。20世纪70~80年代，城市立交建设类型多以环形立交、菱形立交、苜蓿叶形立交及简单跨越(或下穿)的平交型立交为主，匝道布局以平面为主，多为双层式。20世纪90年代，随着高速公路的跨越式发展，公路立交开始大规模建设，这一时期多以单喇叭立交、双喇叭立交和苜蓿叶式立交为主。21世纪以来，随着道路交通量的快速增长，公路与城市道路等级和通行能力的不断提高，不仅立交数量大幅度增加，而且立交逐渐向功能强、规模大方向发展，立交创新技术不断提高。立交类型由原来以交织型、平交型、简单型为主，逐步向半定向型、定向型及独立转向型立交过渡；立交层次由两层式向三层式、四层式过渡；立交结构由简单组合式立交向多路组合及复合式立交过渡；单个立交的造价也由几千万提高到几亿甚至达到十亿以上。出现了一大批功能强大、结构合理、规模宏大、造型优美的地标性的立交建筑。据统计，到2014年年底全国高速公路总里程达11.19万km，高速公路立交达9 001座(其中东部4 424座、中部1 723座、西部2 854座)，高速公路里程及立交总数遥居世界之首。

六、我国部分立交简介

1.北京建国门立交

1978年，北京建国门建成了机动车和非机动车完全分行的三层苜蓿叶形立交(图1-13)。

2.北京西直门立交

1999年，北京修建成了机动车与非机动车完全分行的三层环形立交——西直门立交(图1-14)。环形立交是我国早期立交的常用形式，多为原环形平交改建加层而成。西直门立交中层为非机动车环，是为地面非机动车、行人及建筑服务的基本层。

图1-13　北京建国门立交

图1-14　北京西直门立交

3.北京四元桥立交

1993年9月建成通车的北京四元桥立交，是当时我国最大的立体交叉。它位于首都机场高速公路、京顺路与四环路的交会点，是"首都国门第一路"——首都机场高速公路与北京城区交通网的连接枢纽。立交采用四层全互通组合式，占地面积50hm²，桥梁总长2.8km，有28孔桥跨,桥梁总面积 40 600m²。当时,其规模之宏大、造型之新颖、气势之雄伟,堪称全国之最,如图 1-15 所示。

4. 北京三元立交

1984 年,北京东三环上建成了组合式立交——三元立交。它位于三环路与首都机场高速公路、京顺路相交处,为 6 条路相交的立交,占地 26hm²,投资 3 890 万元,立交道路面积 113 000m²,桥梁总面积为 111 000m²,如图 1-16 所示。该立交相交道路多,结构十分复杂,为六路组合式立交,是当时国内结构最复杂的多路立交。

图 1-15　北京四元桥立交

图 1-16　北京三元立交

5. 广州的立交

广州是我国修建立交较多的城市,1964 年建成我国第一座两层式环形立交——大北路立交。该立交使用 22 年后,已不能满足交通需求,于 1986 年 1 月扩建为三层环形立交,同年 8 月建成。该立交位于内环环市路与城北进出干道解放北路交叉处,总投资 1 269 万元。1983 年 11 月,广州区庄又建成我国第一座四层式环形立交,立交占地 3.23hm²,造价 837 万元,如图 1-17 所示。1983 年广州人民路建成了我国最长的立交桥,高架桥全长为 5.24km,造价达 1.1 亿元。

6. 天津中山门蝶式立交

天津市于 1986 年建成了中环线中山门蝶式立交。该立交构思新颖,结构紧凑,造型美观,在布局和造型上有新意。该立交占地 6.8hm²,造价 984 万元,道路面积 55 000m²,桥梁面积 15 000m²,如图 1-18 所示。从结构上看,该立交为半苜蓿叶半定向组合式立交。

图 1-17　广州区庄立交

图 1-18　天津中山门蝶式立交

7. 重庆五里店立交

重庆五里店立交始建于 1998 年,分期建设于 2009 年建成。该立交位于重庆南北快速主干道北端,北接五童路,南接黄花园大桥,东接朝天门大桥,西接五人路,西南接五里店转盘,东北接五唐路至寸滩,为定向型与喇叭形相结合的三层七路复合互通式立交,如图1-19所示。五里店立交充分考虑了所连接的7条道路的地位和作用,在南北向五童路主干线采用直通,中环线采用定向式匝道连接,确保主线方向车流的快速、畅通,其余方向采用小环道和半定型匝道连接,主次分明、结构紧凑、功能齐全。该立交总投资近6亿元,是当时西部地区规模最大、最复杂的立交。

图1-19 重庆五里店立交

第二节 道路平交与立体交叉

一、平面交叉的特征

交叉口是不同方向的多条道路相交或连接的地点,有的道路要通过交叉口形成相交点,而有的道路到交叉口就终止,形成连接点。每条道路各个方向车流到交叉口后有的要直行通过,而有的则要改变方向(左转或右转),车辆相互之间干扰很大,使行车速度减小,通行能力降低。因此,如何减少交叉口行车的干扰,保证车辆快速、顺畅、安全地通过交叉口是交叉口设计的根本任务。

两条或多条道路在平面上相交或连接的形式叫平面交叉。平面交叉结构简单、费用经济,是一般公路与城市道路常采用的形式。平面交叉在交通和构造上具有如下特征:

1. 平面交叉的交通特征

(1)交通流线在交叉口要产生危险点。

把汽车作为一个质点,其行驶轨迹称为交通流线(又叫行车路线)。在十字交叉口入口处,每一交通流线都分成直行、左转、右转三个方向的交通流线,这一分一合形成了交通流线间十分复杂的关系。

危险点是指交通流线发生相互交错的连接点。由于行车路线在危险点发生交错,给行车安全带来影响,按交通流线交错的不同形式,危险点又分为分流点(又叫分岔点)、合流点(又叫汇合点)和冲突点(又叫交叉点)三类,如图1-20所示。

分流点是指一条交通流线分为两条交通流线的地点。在分流点处,由于有的车辆要驶出原交通流线,改变行车方向,从而需减速,使通行能力降低,有可能产生尾随撞车。分流点主要发生在交叉口入口处,直行、右转、左转交通流线之间。

合流点是指来自不同方向的交通流线以较小的角度向同一方向汇合行驶的地点。由于几列不同方向的车队合成一列车队,车辆之间可能发生同向碰撞或尾随撞车,通行能力也会降低。合流点主要产生在交叉口出口处,直行、右转和左转交通流线之间。

冲突点是指来自不同方向的交通流线以较大角度或接近90°相互交叉的地点。由于冲突点处交通流线交角很大,发生撞车的可能性最大,对交通干扰和影响很大。冲突点主要发生在交叉口相交道路的公共区内,左转、直行交通流线之间。三、四、五路交叉口冲突的分布如图1-21所示。

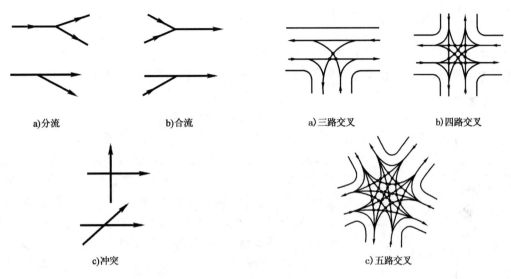

图1-20 危险点　　　　　　　　　　图1-21 交叉口冲突点分布图

据分析,平面交叉口的冲突点数与相交道路条数及每条道路车道数有关。当无任何交通措施时,冲突点数目可按式(1-1)计算:

$$P_s = \frac{1}{6}n^2(n-1)(n-2) \tag{1-1}$$

式中:P_s——冲突点数目;
　　n——各条相交道路进入交叉口车道数的总和。

由式(1-1)可计算出四车道四路交叉口,$n=8$,冲突点数可达448个。

平面交叉口合流点和分流点数目,可按式(1-2)计算:

$$P_h = 4n \tag{1-2}$$

式中:P_h——交叉口合流点与分流点总数目;
　　n——各条相交道路进入交叉口车道数的总和。

当相交道路均为双车道时,交叉口危险点数目,如表1-1所示。

交叉口的危险点数(均为双车道)　　　　　　　表1-1

相交道路数 危险点数	三　条	四　条	五　条	六　条
分叉点	3	8	10	12
合流点	3	8	10	12
冲突点	3	16	50	120
危险点(以上合计)	9	32	70	144

冲突点是交叉口的最危险点。据分析,当行车为右行车制时,直行和左转车是产生冲突点的根源。一个十字路口直行车冲突点有4个,左转车冲突点却有12个;五路交叉口直行车的

冲突点只有5个,而左转车辆产生的冲突点却有45个。因此,在交叉口设计中,如何正确处理和组织左转车辆交通,是确保行车安全、顺畅的关键。

(2)交叉口交通复杂。

交叉口处除交通流线相互干扰形成危险点外,每辆车在交叉口处,行车状态也比在一般路段复杂。一般车辆驶入交叉口时要减速、制动,驶出交叉口时则要起步、加速。因此,汽车在交叉口变速行驶,使行车的惯性阻力增加,车损及轮耗增大,噪声、空气污染对环境影响较其他路段严重。

另外,交叉口一般多处于人口集中的繁华地区,部分行人交通、非机动车,特别是自行车交通在交叉口要转换方向,使交通流线的相互干扰更为严重,这些给交叉口的交通组织带来了很大的困难。

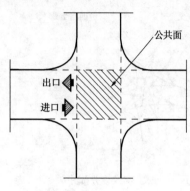

图1-22 平面交叉口的公共面

2.平面交叉口的构造特征

具有公共面是平面交叉口的主要构造特征。由于是在平面上相交,各条道路在交叉口处就形成了共有的公共平面,如图1-22所示。一个十字路口的公共面上,有4个进口和4个出口,集中到公共面上,形成了十分复杂的交通状况。另外,公共面为各相交道路的组成部分之一,在几何上应满足各条道路的平、纵面线形和排水的要求。这就使交叉口的几何设计(平面和竖向设计)变得复杂起来。因此,如何设计好道路交叉口的公共面,确保交叉口排水通畅和路容美观是平面交叉口设计的重要任务之一。

二、改善平面交叉口交通的基本途径

由以上分析可知,交叉口交通流线的交叉和具有行车的公共面,是平面交叉口的基本特征。因此,如何使交通流线分离,减少或消除危险点(特别是冲突点),处理好公共面是解决平面交叉口交通的关键问题。改善平面交叉口交通的措施和方法很多,但核心问题是如何使交通流线分离,其基本途径有以下3种。

1.使交通流线在时间上分离

用交通组织和管理的办法对交叉口的交通进行限制,在同一时间内,只允许某一方向的车流通过,这样交叉口的危险点就大大减少。在交叉口安装自动交通信号灯,由交警指挥,设置让路交叉路口或定时禁止左转车通行等,都属于在时间上分离的措施。图1-23为设信号灯的交叉口,由于交通流线在时间上分离,五路交叉冲突点只有4个。

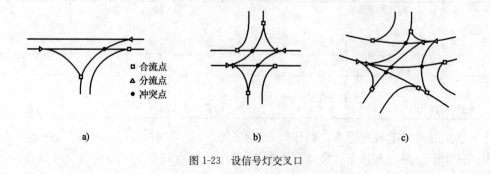

图1-23 设信号灯交叉口

2.使交通流线在平面上分离

在交叉口采用各种交通设施或进行交通组织,使交通流线在平面上分离,也是减少交叉口危险点的重要途径。通常采用的措施和方法如下:

(1)在交叉口进口处设置专用车道,将不同方向车辆在驶入交叉口前分离在各专用车道上,以减少行车干扰,如图1-24所示。

(2)合理组织交通路线,变左转车为右转车。如设置中央岛组织环行交通,如图1-25所示;规定交通路线,绕街坊组织大环行交通,如图1-26a)所示;设置远引交叉,如图1-26b)所示,都属于这一类型。

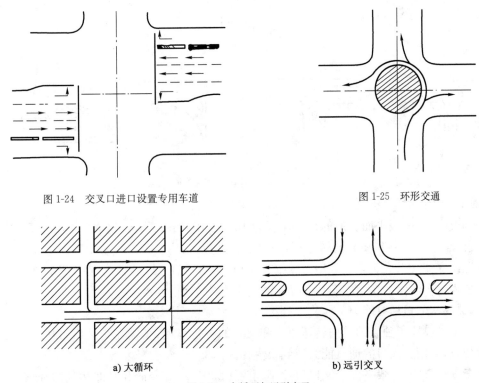

图1-24 交叉口进口设置专用车道　　图1-25 环形交通

a) 大循环　　b) 远引交叉

图1-26 大循环与远引交叉

(3)组织渠化交通。即在交叉口用画线、绿化带、交通岛和各种交通标志等限制交通路线,使交通流线在平面分离的交通组织方法。图1-27为组织渠化交通的各种方式。

3.使交通流线在空间上分离

通过设置立体交叉,从根本上分离交通流线,以解决交叉口交通问题。

三、立体交叉的功能分析

1.交通功能

立体交叉是道路的重要交通设施。与平面交叉相比,立体交叉具有良好的交通功能,主要体现在以下几个方面:

(1)确保交通安全。

由于实行空间分离,大大减少了交通流线的干扰,从根本上消除了冲突点,减少了分流和合流点,使行车事故减少。据日本的资料统计,发生在平面交叉口的交通事故占全部交通事故的58%,在郊区平面交叉口交通事故占39%,在城市道路上平面交叉口交通事故占67%。而设置立体交叉后,据调查,交叉口的交通事故率大大减小,只占全部交通事故的20%;在高速公路上,由于采用全立交、全封闭形式,每百万公里死亡交通事故比采用平面交叉的一般公路可减少2/3。可见,交叉口设置立交后交通事故率大大减小。

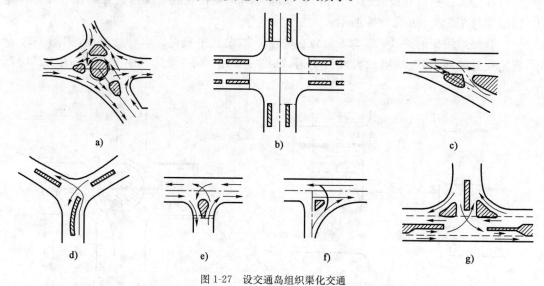

图1-27 设交通岛组织渠化交通

(2)减少延误时间,提高行车速度。

据调查,北京一般平面交通的行车速度为15.8~19.25km/h,设置立体交叉后,交通干扰减少,直行车速达60~80km/h,转弯车速一般可达30~60km/h。车辆在平面交叉口的延误时间也远比立体交叉大。车辆在通过平面交叉口时,由于信号灯的影响,在交叉口车辆的延误时间占全程行车时间的31%,其中由信号导致的延误时间占60%。

(3)提高交叉口通行能力。

立体交叉设置了独立的单向转弯匝道和独立的直行车道,车辆在交叉口可快速、连续、安全地行驶,从而使交叉口的通行能力得到很大提高。

调查资料表明,一般平面交叉口直行车辆为1 800~2 000puc/h时即达到饱和,转弯车辆达到1 700~2 100puc/h即饱和;环形交叉口超过3 000puc/h即饱和。然而,一个全互通式立交总的通行能力可达10 000~15 000puc/h,比平面交叉口提高了6~8倍。

2. 管理组织功能

交叉口采用立体交叉,对于道路交通还有管理和组织的作用。

(1)立体交叉是高速公路控制出入的重要手段。

控制车辆出入是高速公路的重要特征,而这一特征是通过设置立交来实现的。如果道路不允许某一相交道路车辆进入高速公路,则可采用分离式立交;如需控制道路上车辆的数量,也可通过控制立交出入口来实现。因而立体交叉对于高速公路车辆的出入起着重要的作用。

(2)立体交叉是收费道路的重要设施。

立体交叉是高速公路的出入口,合理布置匝道,使出入口相对集中,有利于道路收费站的设置。

3. 设施功能

立体交叉是道路工程的重要设施,在道路交通中还具有如下作用:

(1)利用道路立交,配合螺旋形展线,在短距离内迅速升坡,克服很大的高差,在桥头及山区公路中起着重要展线作用,如图1-28所示。

(2)在桥头引道处布置立交展线,使滨江路与桥上接线,组织桥头交通,如图1-29所示。

图1-28 利用立交作螺旋展线(日本)

图1-29 利用立交布置桥头路线(上海南浦大桥)

(3)在城市采用立交或高架桥,可充分利用城市空间,减少城市用地。

(4)结合立交周围环境条件,选择适宜的立交类型,有利于城市景观的开发,为城市景色添彩。立交区旷地可作为绿化美化用地,美化城市环境,如图1-30所示。

图1-30 利用立交区旷地绿化美化

(5)在高速公路上,可利用立体交叉作为汽车掉头的设施,减少交通干扰,如图1-31所示。

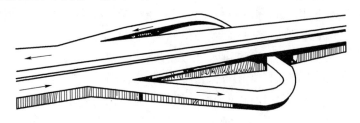
图1-31 用于车辆掉头的两路立交

第三节 立体交叉的组成及特征

立体交叉是道路上车辆转向的重要设施。一个完整的全互通式立体交叉由主体部分和附属部分组成。

一、互通式立交的组成及名词术语

1. 立交的主体部分

立交的主体是指直接为车辆的直行、转向行驶的组成部分,包括跨越设施、主线、匝道三部分,如图 1-32 所示。

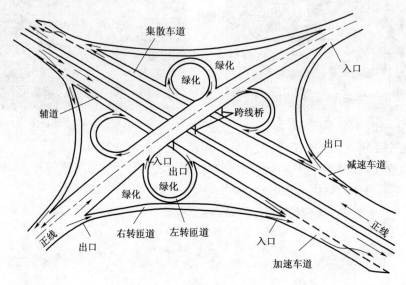

图 1-32 互通式立体交叉的组成

(1)跨越设施。

跨越设施是立体交叉实现交通流线分离的主体构造物。立交主线间的相互交叉跨越方式可分为上跨式和下穿式。上跨式采用桥跨结构物跨越,下穿式采用隧道或地道的方式穿越。跨越设施是立交的重要组成部分,其工程量可占全立交的 50%~70%。如北京西厢工程中的天宁寺立交,为三层定向与苜蓿叶形组合式立交,全立交由 15 座大小桥梁组成,桥梁面积达 38 000m²。北京首都机场高速公路上的四元立交桥梁总长度达 2.8km,总面积达 40 600m²,占全立交区道路总面积的 1/5,最长的 8 号匝道桥全长达 668.21m。

(2)主线。

主线又叫正线,是指相交道路的直行车道。两条相交主线,在空间分离时又有上线和下线之分。上跨的正线从立交到两端主线起坡点的路段叫引道,下穿的正线从立交桥下到两端主线的降坡点的路段叫坡道。引道与坡道使相交的路线与跨越设施连接,从而实现空间分离。主线由于有引道、坡道,纵面起伏变化较大,再加上转弯匝道的进、出口均接于主线,并通过加、减速车道与主线连接,因而主线设计与一般路线相比有不同的要求。

(3)匝道。

匝道为相交道路转弯车辆转向使用的连接道。匝道使空间分离的两主线连接,形成互通式结构。匝道的线形和结构直接影响转弯车辆行驶的技术指标和立交本身的经济和环境效益,因而匝道的布置和设计是立交设计的重要内容。

2. 附属部分

除上述三大主体部分外,立交的其他组成部分主要包括:出口、入口、辅助车道、三角地带、收费口等。

(1)出口与入口。

出、入口是主线与匝道的结合部位。由主线驶出进入匝道的路口称为出口,由匝道驶入主线的路口称为入口。

出口由斜带、减速车道、分流鼻端三部分组成;入口由斜带、加速车道、合流鼻端三部分组成。

(2)辅助车道。

辅助车道是指在交叉口分合流处,用作停车、变速、转弯、转弯储备、交织、车道数平衡、重载汽车爬坡以及其他辅助直行交通运行的所有附加车道的总称。

在出、入口处,由于车辆的进出,使匝道和主线交通流分布发生变化,为使车流分布合理,而在主线一侧增设的车道即为辅助车道的一种。

(3)三角区及立交范围。

在立交范围内,匝道与主线间或匝道与匝道间的旷地统称为立交三角区。三角区是立交绿化和美化布置、照明以及布置交通设施等的用地,其布设是立交设计的内容之一。

立交范围,一般是指交叉口的交点至各方向相交道路出、入口处变速车道斜带的顶点间所包围的主线和匝道以及三角区的全部区域范围。立交范围线是划分路段与立交、立交与周围其他用地的界限,也是立交征用土地的依据。

二、分离式立交组成

相交道路或路线完全在空间分离,彼此间无匝道连接,车辆不能相互转换的立交形式称分离式立交,如铁路与公路相交的立交。图1-33为分离式立交组成。

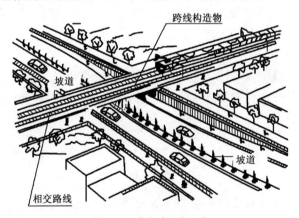

图1-33 分离式立交组成

1.跨线构造物

跨线构造物是指相关道路或路线相互跨越实现交通流线分离的构造物,可采用桥梁、地道、隧道等构造物。

2.坡道

坡道是指道路或路线为了跨越或下穿相交路线设置的上坡或下坡的连接道。

三、立交的基本特征

立体交叉工程是道路的重要组成部分,与道路工程的其他构造物相比,具有重要性、庞大性、复杂性以及区域性的特征。

1. 位置重要,功能明确

立体交叉的位置通常处于两条(或多条)等级较高的道路的交叉点上,在道路网中起着重要的交通枢纽作用。它具有通行大量车流和车辆车道转换的功能,对于确保车辆快速、安全、通畅的运行有着十分重要的作用。同时,立交叉是高速公路、城市快速路以及其他道路控制出入和设置收费管理的重要设施。

另一方面,立交的位置通常都处于交通发达、经济繁荣的地区,其建设对于发展地区经济,促进周围土地的开发和利用起着十分重要的作用。

2. 规模庞大,造价昂贵

规模庞大、占地多、投资费用高是立体交叉的又一特征。一个全互通式立体交叉,占地一般为 $5\sim8hm^2$,多则可达几十公顷。立交修建费用也十分可观,一座全互通式立交一般费用为 5 000 万～20 000 万元,高则可达数亿元。以北京四元立交桥为例,该立交为四层式半苜蓿叶半定向式立交,占地 $50hm^2$,有 26 座桥梁,总长 2.8km,总面积 40 600m^2,道路总面积达 210 000m^2,地下管线总长为 19.6km,足见规模之宏大。

3. 形式多样,工程复杂

立体交叉桥跨与匝道的灵活多变,加上立交区环境复杂,使立体交叉形式千变万化、千姿百态。

立体交叉是一个十分复杂、庞大的结构物。它的复杂性,一方面反映在设计影响因素的多变性和工程结构的复杂性上,另一方面还反映在设计内容的多样性上。立交设计,包括总体规划设计、路线设计、桥梁设计、路基路面设计,以及排水、照明、绿化设施等各方面工程设计项目。在学科方面,立交设计还涉及交通工程、桥梁结构工程、工程力学、道路工程、设施工程、工程地质、工程测量、计算机应用等多方面学科的内容。因此,立交设计是一项综合性强、难度大、涉及面广、影响因素多的复杂工作。

4. 区域制约,灵活设计

立交工程还具有很强的区域性。它的形式、规模、造型以及结构尺寸均受到区域特性、经济、地形、地物及其他环境条件的制约,如何紧密结合区域条件因地制宜、机动灵活地做好立交设计具有十分重要的意义。

四、名词术语

1. 主线

参与交叉的高速公路或具干线功能的一级公路,或在交叉中居主导地位的公路。

2. 被交叉公路

参与交叉的公路中除主线之外的其他公路。

3. 交叉公路

主线及被交叉公路的统称。

4. 节点

在路网系统中,两条及两条以上公路的交叉点。

5. 接入控制

对流入和流出主线的交通进行的控制。

6. 分离式立体交叉

交叉公路之间立体交叉但互不连通的交叉。

7. 互通式立体交叉

交叉公路之间立体交叉并相互连通的交叉。

8. 一般互通式立体交叉

为地方交通提供接入和转换功能的互通式立体交叉。

9. 枢纽互通式立体交叉

为高速公路之间、高速公路与具干线功能的一级公路之间或具干线功能的一级公路之间提供连续、快速的交通转换功能的互通式立体交叉。

10. 复合式互通式立体交叉

相邻互通式立体交叉利用辅助车道、集散道或匝道等相连接而形成的互通式立体交叉组合体。

11. 互通式立体交叉范围

主线和被交叉公路受互通式立体交叉几何构造影响的路段。

12. 净距

主线上两设施之间的净距离,包括加速车道渐变段终点至下一减速车道渐变段起点、加速车道渐变段终点至隧道进口及隧道出口至减速车道渐变段起点等之间的距离。

13. 匝道

在互通式立体交叉中,交叉公路之间的连接道。

14. 出口匝道

供车辆驶出主线的匝道。

15. 入口匝道

供车辆驶入主线的匝道。

16. 直连式匝道

车辆按转弯方向直接驶出和驶入的匝道。右转弯时为右出右进;左转弯时为左进左出。

17. 半直连式匝道

车辆未按或未完全按转弯方向直接驶出或驶入的匝道。左转弯时为左出右进、右出左进或右出右进。

18. 基本路段

在交叉公路或匝道上,车辆运行不受分、合流和交织影响的路段。

19. 基本车道数

根据设计通行能力分析确定的基本路段最少车道数。

20. 交通流线

单向交通流的运行线路。

21. 出入交通量

流出和流入主线的交通量总和,即所有出口匝道和入口匝道交通量之和。

22. 加速车道

为来自低速车道的车辆加速并驶入高速车道而设置的附加车道。

23. 减速车道

为驶离高速车道的车辆减速并驶入低速车道而设置的附加车道。

24. 变速车道

加速车道和减速车道的统称。

25. 辅助车道

为出入主线车辆调整车速、车距、变换车道或为平衡车道等而平行设置于主线直行车道外侧的附加车道。

26. 集散道

为隔离交织区、减少主线出入口数量而设置于主线外侧并与主线隔离的附加道路。

27. 鼻端

在分流或合流连接部，相邻路面边缘交汇形成的圆形端部。

28. 连接部

匝道与交叉公路之间、主线相互之间或匝道相互之间相连接的部位，包括分、合流车道连接路段及鼻端等。

29. 偏置值

分流鼻端外侧与相邻车道边缘线之间，应保证的路面最小宽度。

30. 偏置加宽值

为保证必要的偏置值，分流鼻端外侧与硬路肩外边缘线之间的加宽值。

31. 车道平衡

在分、合流连接部，每个方向的车道数保持连续或变化最小，使分、合流前后的车道数之间保持平衡关系。

32. 匝道端部平面交叉

匝道与交叉公路或匝道与匝道之间在同一平面上的交叉。

33. 渠化

在平面交叉以交通岛及标线引导车辆行驶轨迹、减小冲突面积或减少冲突点的方式。

第四节　立体交叉规划设计的原则及内容

一、规划设计原则

立体交叉是道路(特别是高等级道路)的重要组成部分，在道路网中起着重要的枢纽作用。考虑到立交工程是一项综合性的涉及道路路线、桥梁、路基、路面以及各种交通设施的复杂工程，设计时除应遵循道路设计的一般原则外，还应遵循以下原则：

1. 功能性原则

立体交叉是道路上车辆转换的重要设施，立交设计首先应满足其交通功能的要求，这些功能性的原则主要有：

(1) 确保行车安全，减少交叉口行车事故的原则。
(2) 车辆行驶快速、顺畅，路线短捷，使交叉口延误时间尽可能缩短的原则。
(3) 行车路线方向明确，视线诱导良好的原则。
(4) 主次分明，首先确保主线交通的原则。
(5) 通行能力大，能满足远景设计年限交通需求的原则。

2. 经济性原则

在保证交通功能、满足行车要求的前提下，立交工程要尽量节省造价，少占地、少拆迁，达到经济节约的要求。根据经济性原则，要求立交设计应满足以下几个方面：

(1)投资少,工程费用省。
(2)少拆迁,少占地。
(3)运营费以及车辆行驶的油耗、轮耗、车损最少。
(4)养护及管理费用最省。

3.适应性原则

由于立交具有很强的区域性,立体交叉的设计必须与立交所在的区域条件相适应,主要要求如下:

(1)立交方案及布设,应机动灵活,因地制宜,应与立交的环境条件、自然条件以及社会、经济等条件相适应。
(2)立交应与该立交在路网中的地位和作用相适应,发挥其在路网中应有的功能。
(3)立交应与周围的土地利用与开发以及经济发展相适应。
(4)立交规划应与区域规划和区域交通规划相适应。

4.艺术性原则

建成后的立交是构成该地区的人工环境之一。因此,立交设计应满足以下几点:
(1)立交的造型和结构,要保证其自身的建筑艺术的完美性,并具有其独特的艺术风格。
(2)要注意与区域建设和自然景物协调,达到与外界环境相融合的自然美。
(3)立交的建设不能对区域的自然景观产生削弱和破坏作用。

二、规划设计内容

立交设计范围广、内容多,包括多层次、多方面的设计内容。按照立交组成的设计内容可有立交总体设计、正线设计、匝道设计、桥跨设计和其他设施设计等方面的内容。按照立交设计阶段的不同可有以下几方面的内容:

1.立交规划

立交规划是立交设计的前期工作,其目的是为下阶段的方案设计或初步设计提供依据。主要内容包括:立交设置与否、位置确定、间距及设置数量、立交规模、立交分类及分级、初步确定立交类型和立交设置原则和依据等方面的研究、规划工作。

2.方案设计

方案设计是指在立交设计前进行的总体安排和布局的工作,核心是类型选择。主要内容有:立交的形式和类型选择、方案拟定和比选、方案的推荐和确定、立交的总体布局、工程估算等。其目的是通过方案设计最终为初步设计和施工图设计提供适用、可行、合理、经济的最优立交方案。

3.初步设计

初步设计是在规划设计和方案设计的基础上,对立体交叉进行进一步的深化设计工作。主要内容包括:立交的定位、方案确定、初步测量、初步设计图表编制、设计概算编制等工作。初步设计成果是上报立项、审批的重要资料。批准后的初步设计是下一步施工图设计的依据。

4.施工图设计

施工图设计是以提交详细的施工图为目的的详细设计工作。它包括详细测量、施工图表编制和施工图预算编制等工作。批准后的施工图设计是工程招投标和具体施工的基本依据。

三、公路立交与城市道路立交的特征

公路上的立体交叉和城市道路上的立体交叉,在作用、主要组成部分和设计方法方面是基本相同的。但由于受地形、地物、用地以及收费制等因素的影响,二者之间又有一些区别,设计的主导思想各具特色。了解二者的不同特征,对于指导立体交叉的规划与设计具有非常重要的意义。概括起来,公路立交和城市道路立交的不同特征表现在以下几方面:

(1)公路上立交一般与收费站相结合,可供选择的形式较少;而城市道路上的立交一般不设收费站,可供选择的形式较多。因此,城市道路立交形式多样,可充分发挥设计者的主观想象力,设计出新颖、美观的立交形式。

(2)公路立交一般不考虑行人和非机动车交通,立交形式较简单;而城市道路立交须考虑行人和非机动车交通,立交形式复杂。城市道路上最突出的问题是庞大的自行车流和行人交通,如果要把机动车、非机动车和行人交通全部分离、使三者互不干扰,城市道路立交的层数至少应为三层以上,形式更为复杂。因此,在城市道路立体交叉设计中,对非机动车和行人交通必须予以特别重视,合理解决。

(3)公路立交一般间距较大,相互之间干扰较小;而城市道路立交的间距较小,匝道不易布置,相邻立交之间影响较大。在城市道路上,当有连续多个路口时,距离一般在600~800m之间,如果都采用立体交叉,由于距离较近,会造成匝道布置空间不足,或导致指示标志无法设置;若主要路口设置立体交叉,次要路口采用平面交叉,一旦平面交叉口发生交通堵塞,往往影响到立体交叉交通的正常运行。同时,平面交叉口车辆的横穿,也会影响主线车辆的行驶速度,使主线通行能力下降。有时为了降低工程造价,相邻立体交叉之间需要下降或抬高到地表面,造成行车上下起伏不平顺。因此,在立体交叉的规划和设计时,应对一条道路上的立交全面分析,统一考虑,不应孤立地为解决某一交叉口的交通问题而设置立体交叉。

(4)公路立交的匝道设计速度比城市道路立交的高,相应的线形指标高,占地面积也大。

(5)城市道路立交用地限制较严,往往采用非标准型立交;而公路立交用地限制相对较松,多采用标准型立交。

(6)城市道路立交受地上、地下各种建筑物和管线影响大;而公路立交受这方面的影响一般较小。通常,在城市道路的交叉口处,地上建筑物(尤其是永久性高大建筑物)及各种杆柱较多,地下各种管线纵横交错,也有部分人防工程,使得拆迁数量大、费用高,非建安费所占比例有时达50%以上,并增加了立体交叉设计的难度。

(7)城市道路立交比公路立交更多地重视美观问题。设计城市道路立交,除应满足交通功能以外,还应符合市政建设景观方面的要求。在结构上要求简洁、轻巧、线条流畅;在外观上要求新颖、美观等,并与周围环境协调统一。

(8)城市道路立交设计须考虑施工时,在狭小的场地条件下,便于维持原有交通并进行快速施工;而公路立交施工时场地受限较少,交通组织也较方便。

(9)城市道路立交比公路立交的排水系统更为复杂。城市道路立交多为地下管渠排水,并与城市整体排水系统连接,有时需要设置泵站提升排水能力;而公路立交多采用地上明沟排水,相对比较简单。

(10)城市道路立交比公路立交更重视绿化美化。公路立交绿化一般注重对通过立交车辆的引导作用,而城市道路立交则更注重对立交的美化,使之成为城市的象征或景观之一。

第五节　立体交叉勘测与调查

立体交叉勘测与调查工作是通过立交外业的实地测量、勘探、调查收集立交区及附近的相关资料,为立交内业设计提供详实、可靠的资料和数据。根据设计阶段的不同,对立交勘测与调查的要求及内容分述如下。

一、初测阶段的勘测与调查

1. 公路与公路的交叉

1)互通式立体交叉

(1)相交公路勘测与调查的深度,应与主线相同,勘测长度应满足互通式立交的布置要求。

(2)交叉位置地名,相交公路的名称、公路等级、里程、修建时间等。

(3)交叉角度、交叉点高程,相交公路的平纵线形、横断面形式、路面结构、各层厚度、路面现有状况、病害类型与程度、排水及防护工程、公路养护周期情况等。

(4)交叉处的自然地理情况、相交公路在路网中的作用及发展规划。

(5)互通式立交范围内的地形、地貌、植被、工程地质、水文地质条件及地物的种类与分布、土地资源条件等。

(6)应核查可行性研究报告提供的交通量数据,可进行日交通量或高峰小时交通量观测。核查出现差异时,应进行补充调查,分析原因并调整预测影响因素或重新进行 OD 调查。

(7)当互通式立交范围较大,使用路线控制点不方便时,应补充控制测量,并应联系于主线控制网上。

(8)互通式立交范围应实测地形图,测绘比例尺一般采用 1:2 000;有特殊需要时,比例尺可采用 1:1 000 或 1:500;地形简单、地物较少、互通式立交区范围较大时,可采用 1:5 000 的比例尺地形图。测绘范围应满足互通式立交布置的需要(包括比较方案)。

(9)互通式立交交叉点应实地放桩,地形、地物复杂的匝道或平面位置及高程受地物严格控制的匝道,均应实地放桩,根据需要进行高程或断面测量。

2)分离式立交

(1)应调查相交公路提高等级的计划及交叉处的地区发展规划,路面结构及各层厚度,地形、地物、排水等条件。

(2)交叉点确定后,应实地放桩。当主线上跨相交公路且不改建相交公路时,可只测量交叉角度、交叉点高程、相交公路的纵断面及横断面等;当相交公路需改建时,相交公路的勘测与调查应按相应等级公路勘测的要求进行,测量长度应满足改线及接线要求。

(3)分离式立体交叉范围内需设置排水设施或改移水渠时,应确定改移位置,并测量纵、横断面;当地形图范围不能满足设计要求时,应补测地形图。

2. 公路与铁路交叉

(1)公路与铁路交叉应实地放桩,测量铁路轨面高程及交叉角度。

(2)应调查铁路名称、等级、轨道数、运行情况、交叉位置地名、交叉处铁路里程、铁路路侧附属设施及排水条件等,测量路基宽度及铁路路线纵坡坡度等。

(3)应调查交叉铁路的技术标准、发展规划,并拟定可能的交叉形式。

(4)平交时应调查并拟定铁路道口看守的位置,照明、通信、信号等设施线路接入的方式和位置。

(5)应配合业主或主管部门,与铁路主管部门协商交叉方案,并签署协议。

3. 公路与管线交叉

(1)公路与管线交叉的位置、长度、交叉角度、悬空高度或埋置深度、杆塔高度以及受影响的长度等。

(2)管线的种类、技术标准、型号、规格、用途、编号、敷设时间等。

(3)与公路平行或接近的管线还应调查其平面位置、平行公路的长度、杆塔高度等。

(4)作为路线控制点的重要管线,应测量其平面位置,可根据需要测量其高程或纵、横断面图。

(5)重要管线交叉应配合业主或主管部门,与管线主管部门协商交叉方案及保护措施,并签署协议。

二、定测阶段的勘测与调查

1. 互通式立交勘测与调查

(1)相交公路勘测采用与路线同等的技术要求,勘测长度应满足设计要求,同时应对以下内容进行核查和补充:

①相交公路路面结构、各层厚度、路面现有状况、病害类型与程度,公路养护周期及提高等级的计划。

②核查相交公路交通组成与交通量。

③互通式立体交叉处的自然地理位置、经济开发、地区规划与要求。

④互通式立体交叉范围内的工程地质、水文地质条件,建筑物和管线的拆迁、防护、排水、改移工程及照明、绿化、环保、占地等调查。

(2)对相交公路的路面宽度、路线中线位置、路线纵断面等进行详细测量,测量长度应满足设计需要。

(3)互通式立体交叉的匝道和连接线,应在实地放桩,中桩间距直线段应不大于20m,曲线段应不大于10m,并按路线测量的要求进行中桩水准测量和横断面测量。

2. 分离式立体交叉勘测与调查

(1)应核查相交公路提高等级的计划及交叉处的地区发展规划,路面结构及各层厚度,地形、地物、排水等情况。

(2)主线上跨相交公路,当不改建相交公路时,可只测量交叉点的位置、交叉角度、交叉点高程、路线中线位置、路线纵断面;当需改建相交公路时,相交公路的路线勘测应按相应等级公路进行勘测与调查,测量长度应满足设计要求。

(3)分离式立体交叉范围内需设置排水设施或改移水渠时,应确定改移位置,测量纵、横断面;当地形图不能满足设计要求时,应修测或补测地形图。

3. 通道与人行天桥勘测与调查

(1)核查落实乡村道路的用途及发展规划,总体研究通道及人行天桥的布局、设置位置和形式。

(2)与主线公路交叉的乡村道路间距较密,或路线在丘陵或山地通过的路段,应调查乡村道路合并与移位或修建通道、天桥的可能性。

(3)进行相交道路中线、水准、横断面和交叉角度等测量,相交道路测量长度应满足设计要求;当相交道路下穿主线时,应调查排水条件和确定工程防护措施。

4. 公路与铁路立体交叉勘测与调查

(1)应测量铁路每股道的桩号、交叉角度,每股道的内外侧轨顶高程、纵坡,股道间的距离和铁路路基宽度。

(2)当公路下穿铁路时,应调查地下水位、排水条件及地质条件,拟定排水措施;当采用泵站抽水或开挖渠排水时,应进行有关的工程测量。

5.公路与管线交叉勘测与调查

(1)调查测量各种相交管线的位置、交叉角度、桩号,管线种类、用途、结构形式、跨越或平行公路的长度、悬空高度或埋置深度和杆柱的倒伏长度。

(2)对重要的管线,应测量其纵、横断面,并与路线或导线联测,拟定必要的防护和加固措施。

6.绘制地形图

互通式立体交叉、分离式立体交叉、复杂的管线交叉,均应测绘比例尺为 1∶500～1∶2 000 的地形图。

第六节 立体交叉设计步骤与成果

一、设计步骤

立交设计,一般应包括立交规划、方案设计、初步设计、施工图设计以及概预算编制的全过程设计。主要步骤如下:

1.方案设计

(1)初拟方案:根据设计要求和地形条件,在地形图或其上覆盖的透明纸上勾绘出各种可能的立交方案。

(2)确定比较方案:对初拟方案进行分析,应考虑线形是否顺适,转弯半径能否满足要求,各层间可否跨越,拆迁是否合理。一般选 2～4 个比较方案。

(3)确定推荐方案:在地形图上按比例绘出各比较方案,完成初步的平纵设计、桥跨方案和概略工程量计算,做出各方案比较表,全面比较后一般确定 1～2 个推荐方案。比较时,应考虑交通是否流畅、安全,各匝道的平纵横及其相互配合是否合适,立交桥的结构、布置是否合理,设计和施工难易程度,整体工程的估价,养护营运条件以及立交的造型和绿化等。

(4)确定采用方案:对推荐方案视需要做出模型或透视图,征询有关方面的意见,最后定出采用方案。应权衡造价与方案、近期与远期、局部与全局的关系,也可采用分期修建的立交方案。

(5)完成立交方案设计。

2.立交初步设计

(1)确定采用方案:在批准的方案设计的基础上,进一步量化、细化,进行同精度的方案比较,最终确定立交采用方案。

(2)确定立交采用标准、规模及设计原则。

(3)完成立交初步设计。

(4)编制立交设计概算。

3.施工图设计

(1)完成施工图设计:根据批准的初步设计,按设计要求,完成设计的文字说明和图表,交出施工图全部成果。

(2)编制施工图设计概算。

(3)由于立体交叉是公路设计文件的一个组成部分,其通常与公路设计文件统一组成一套文件。当立体交叉工程较大,且又单独立项时,可单独编制立交施工图设计(或初步设计、方案设计)文件。

二、设计成果

根据交通运输部《公路工程基本建设项目设计文件编制办法》和《公路工程基本建设项目设计文件图表示例》的有关规定,立体交叉设计在初步设计和施工图设计阶段应分别提交下列设计成果:

1. 初步设计阶段

(1)互通式立体交叉。

互通式立体交叉设置一览表、工程数量表、方案比较表、交通量分布图,立交平面图,主线、被交叉道路和匝道的纵断面图、横断面图,桥型布置图、透视图等。

(2)分离式立体交叉。

分离式立体交叉设置一览表、工程数量表、立交平面图、道路和匝道纵断面图、桥型布置图等。

(3)通道与人行天桥。

通道与人行天桥设置一览表、工程数量表、通道一般布置图、天桥一般布置图。

2. 施工图设计阶段

在施工图设计阶段的说明书中,应说明初步设计审批意见执行情况、设计说明、施工方法和注意事项说明等。

(1)互通式立体交叉。

互通式立体交叉工程数量表、平面设计图、线位图,主线、被交叉道路和匝道纵断面图,匝道及被交叉道路标准横断面图和路面结构图,匝道与主线连接部详图和路面高程数据图,排水系统布置图,排水沟加固及高路堤地段边坡、急流槽结构图,跨线桥桥型布置图,跨线桥全桥工程数量表,安全、管理设施布置图和大样图等。

(2)分离式立体交叉。

分离式立体交叉工程数量表、立交平面图、平纵面布置图、结构设计图和全桥工程数量表等。

(3)通道与人行天桥。

人行天桥工程数量表和布置图,通道工程数量表和布置图等。

第二章 道路立体交叉规划

第一节 立体交叉规划概述

一、立体交叉规划任务、内容、步骤及成果

1. 任务

道路立交规划是指在一定的规划区域内（一个城市、一个地区或一条道路），对立交的位置、间距、等级、数量、规模及修建时序的全面布局和安排的工作。立交规划是区域性道路交通规划的重要组成部分，是立交设计的前期工作。立交规划通常由规划部门（如城市规划局、公路规划设计院等）完成。图2-1为道路交通规划的组成框图，由此可见，立交规划是道路规划的一个重要组成部分。

2. 内容

立交规划的主要内容如下：

(1)立交位置与间距的确定。

(2)立交基本类型的选择。

(3)立交等级与规模的确定。

(4)立交修建时序的确定及投资估算。

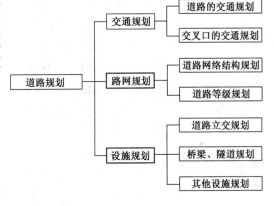

图2-1 道路交通规划的组成

3. 步骤

立交规划是区域性的立交总体布局的工作，涉及面广，影响因素很多，要做好立交规划，必须遵循一定的步骤和程序。规划的一般步骤如下：

(1)规划区资料调查与收集。

(2)规划区路网及交通分析。

(3)立交位置及间距确定。

(4)立交基本类型、等级及规模确定。

(5)立交修建时序安排及投资估算。

(6)立交规划成果编制。

4. 成果

立交规划成果是城市道路规划或区域公路规划的成果组成之一。根据城市或区域道路规划的阶段和深度的不同，对道路立交规划成果的内容要求亦不相同。在城市或区域道路详细规划阶段，立交规划的主要成果如下：

(1)立交规划说明。

(2)道路立交规划图。

(3)立交规划等级及技术要求表。
(4)立交规划表。
(5)立交工程估算表。

立交规划是立交规划设计的重要工作。立交规划布局的合理与否,对立交建成后功能的发挥、交叉口通行能力的提高、车辆行程时间的缩短、工程造价的节省以及整个路网结构与效益的改善与提高,都有很大的影响。它不仅关系到道路立交本身的作用,而且还关系到区域的整体规划、路网规划、区域社会经济的发展与开发。因此,搞好立交规划和布局,对于立交的设计、施工、营运及养护和管理有着十分重要的意义。

二、调查和资料收集

立交调查及资料的收集是立交规划的基础,并直接关系到立交规划的合理性、适用性和可行性。通过对立交规划区的交通、自然、社会、人口及经济的调查和资料收集,为立交规划提供基础资料和数据。

1. 交通调查

立交的交通资料对于立交类型、规模、几何尺寸的确定有着极大的影响。立交规划都是在道路路网规划的基础上进行,因此,交通调查一般以收集现有道路交通规划资料为主,直接利用现有交通资料。当资料不足时,可用交通调查的方法获取。交通调查的主要内容有:

(1)规划期内路网交通量的调查与收集。
(2)相交道路交通组成的调查。
(3)相交道路规划的性质与等级的调查。
(4)立交规划范围内各种交通设施,如道路、铁路、码头、机场、停车场,汽车站及其他交通设施的分布、规模、现状及远景规划调查。

交通调查收集的资料,经归纳、分析、计算、汇总为交通量图,如图2-2所示。

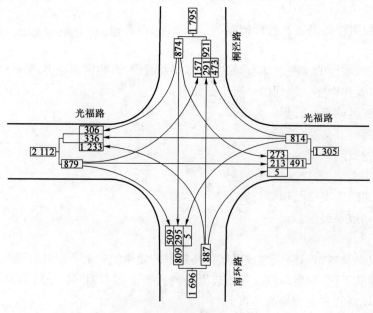

图 2-2 交叉口交通量图(单位:pcu/h)

在交通调查的同时,还应对该地区的城市或区域规划进行调查,了解未来土地开发利用情况,城市(镇)人口增长及变化情况,汽车保有量增长情况,货运及客运增长及变化情况等,这些都是推算交通量及其增长率的基础资料。

2. 自然条件调查

自然条件调查主要包括地形、地质、水文、气象等方面的调查与资料收集。为了选定立交的位置,通常应收集1∶2 000、1∶5 000或1∶10 000的地形图资料。

3. 综合社会经济调查

社会经济系统作为运输系统分析的三要素之一,在进行交通规划和可行性研究时,社会经济现状和预测资料不可缺少。社会经济调查是根据交通规划的需要,对所规划区域内的社会经济状况作全面的调查,收集详尽的资料。考虑到立体交叉规划是交通规划的重要部分及其个性特点,可把调查任务分为综合社会经济调查和区域社会条件调查。

综合社会经济调查是对某一地区社会经济现状和远景发展所做的全面调查,以获取全面交通规划所需的基础资料,同时也有利于整个地区立体交叉的宏观定位。区域社会条件调查则是针对某一高速公路全体或部分立体交叉的调查,其目的在于进行立体交叉的定位和选型。

1) 人口

社会经济分析研究的目的不同,则需要的人口指标亦不同。人口调查的指标可以分为以下两大类:

(1)总量指标。如总人口、职工人数、社会劳动者、劳动力资源总数、农业人口与非农业人口等。

(2)相对指标。如人口密度、人口自然增长率、人口平均增长速度等。

2) 自然资源

自然资源的储量和分布,从根本上影响或决定着社会经济的结构、布局以及规模,从而影响和决定着交通基础设施的布局。国民经济发展与能源消耗量的增长有着直接的联系,其他自然资源也是如此。因此,从某种意义上而言,资源就是交通运输的运量和潜在运量。自然资源,包括燃料动力资源、矿产资源、水土资源、旅游资源等。其中,与道路规划和可行性研究关系密切的资源主要有矿产资源和旅游资源等。

3) 经济

交通运输是为经济发展服务的,经济发展是交通运输需求的根本源泉。经济调查的主要内容应包括以下几个方面:

(1)经济水平。经济水平是经济发展的总体规模及发展程度。目前我国反映经济水平的指标主要有国民经济生产总值(生产的最终产品和提供的劳务总量的货币表现),社会总产值(农业、工业、建筑业、运输业、商业五个部门的物质生产总成果的货币表现),工农业总产值,工业总产值和农业总产值,国民收入等。

(2)经济结构。经济结构是社会经济各种成分、国民经济各个部门和社会再生产各个方面的构成及其相互关系。最直观的指标是国民经济各部门的各产业总产品或总劳务的价值量及其各自在总体中所占的比值。国民经济各部门可按五大类分为农业、工业、建筑业、运输业和商业;也可按三大产业分为第一产业(农业,包括林、牧、渔业等)、第二产业(工业和建筑业)、第三产业。

(3)经济布局。经济布局主要指生产布局,它从根本上决定了交通流的发生点和汇集点分布。调查的主要内容有地区重要物质生产部门在空间上的分布以及各重点区域的行业专门化程度。专门化程度是反映各种物质生产部门专业化水平的一个概念,通常用区位商来表示。区位商是地区某个部门的职工人数占地区职工人数之比重与全国该部门的职工人数占全国职工人数之比重的比值。

(4)建设投资。建设投资调查的主要指标,有全社会固定资产投资、基本建设投资、更新改造措施投资、其他固定资产投资以及国外贷款与投资。同时还应调查投资方向构成和主要投资项目等。

(5)外贸。外贸调查的主要内容,有进、出口总量,进、出口产品结构,主要贸易伙伴及贸易水平等。

(6)经济计划及规划。经济计划及规划是国家和各级人民政府对经济工作所做的预计筹划及安排,是经济发展的目标。调查的主要内容,包括有关产业、经济发展趋势与展望,经济发展目标及水平,经济增长速度,建设投资额,投资重点和重点项目等。此外,还应注意调查经济制度与立法,如有关经济特区、对外经济开发区的政策等。

4. 区域社会条件调查

区域社会条件的调查,包括有关占用土地、拆迁建筑物、文物古迹及对环境影响方面的调查。

互通式立交占地面积很大,其补偿费用占工程费用比例很高,因此进行占用土地调查十分重要。占用土地不仅影响立体交叉位置的选定,更重要的是直接关系到立体交叉形式的选择。

立体交叉区域内的建筑物及其设施,不仅会对办理征购土地造成困难,而且拆迁也会对当地经济环境造成影响。因此,要注意调查住宅、商业和工业用地的变更及居民搬迁和变换职业的情况。

关于文物古迹的调查,不能仅限于文物保护法指定的名胜古迹,还要按照历史文物古迹的重要程度,采取不同措施,如变更路线位置,预先挖掘等。但这些都必须与文物保护部门取得联系,进行联合研究调查。

互通式立交一定要避开居民区、文化区和其他环境敏感区。特别要注意噪声、废气等公害对这些地区的污染问题。

5. 调查应注意的问题

为了做好立交规划的调查和资料收集工作,为立交规划提供可靠实用的基础数据,在调查时应注意以下几点:

(1)调查的规模和范围,必须符合立交规划任务的要求。为此,调查前应对规划的目的,如是全区域性的还是只限定特定地区、特定地点或指定线路,是近期对策还是长远措施,是指导性的还是实施性的等各项目,进行充分的分析,以确定调查的范围、深度和广度,使调查有针对性和实用性。

(2)在进行远景规划预测的调查时,必须注意规划年限的设定和预测方法的选用。特别是由于预测精度有限,并存在一定程度的不确定性时,应根据调查需要的时间和经费权衡而定。

(3)由于调查的时间和费用方面的限制,调查应尽量利用原有的调查成果。

三、立交设置依据及条件

1. 设置依据

互通式立交是对许多车流交叉问题的一种有效解决办法。采用这种交叉形式,可使每个方向的车流在不同平面上行驶,互不干扰,消除了现有交通的瓶颈地段或改善了现有危险情况。但是由于造价昂贵,只限于必要和值得建设的地方设置。鉴于交通条件、社会条件和自然条件等的多变性,每一处互通式立交的设置依据不可能完全一致,但仍有以下一些基本原则可以遵循。

(1)以道路网规划为依据

道路立体交叉的设置,应符合道路网规划的要求,以保证高速道路交通的畅通。在立体交叉的设置上,不仅要考虑每个立体交叉的位置、形式和规模,更要综合考虑整个道路网上立体交叉系统在设置上的协调性与一致性,以便提高整个道路网系统的效率。

(2)满足交通需求

立体交叉不仅造价高,而且由其产生的营运费用也很高。因此,高速公路与其他道路相交时,立体交叉是否设置、何时设置、设置成何种形式和规模,都应从交通需求的角度论证。一般来说,当转弯交通量较小时,即使在已规划为互通式立体交叉的交叉处,也不应急于修建互通式立交,而应采用预留位置或设置分离式立体交叉的方式。只有当预测的交通需求不能得到满足时,才考虑设置互通式立体交叉。

相反,当拟建高速公路通过某一重要城市或地区时,如果转弯交通量很大,一处互通式立交不能满足需求时,从考虑出入交通量及其方向出发,最好设置多个互通式立交。

(3)减少交通事故,改善交通状况

有些平面交叉处,严重交通事故的发生率很高,当缺乏比较经济的消除危险的方法时,可考虑设置互通式立交或分离式立交。

由于交通繁重的道路交叉的通行能力不足,常常造成一条或所有连接道路上交通的严重拥挤和阻塞。当平面交叉不能保证必需的通行能力时,在现有用地和发展规划允许的地方,有必要设置互通式立体交叉。

(4)技术上合理可行

高速公路立体交叉的设置,在技术上应是可行的,应在立交方案布置、交通组织方式、立体交叉结构形式与周围环境的配合、交会道路或连接道路的条件及分期修建方案等方面进行全面论证,避免因技术上考虑不周而使立体交叉具有缺陷,留下遗憾。

(5)用地及拆迁可能

立体交叉占地一般较大,如果交叉处土地开发程度高,房屋及其他建设设施比较密集,或是优质高效的耕作区,则拆迁、征用土地支付的建设费用就会很大。对于这种情形,应结合城镇发展规划和土地利用规划而选择其他用地较宽裕的地点,或者从公路网系统上来考虑立交的设置,尽量减少用地规模,通过相邻的公路立交来完善其交通功能。

(6)经济效益可观

对于立体交叉的设置,除考虑其在道路系统中的作用外,应从经济效益方面对其经济可行性加以论证,一般当其对经济收益有利时方可设置。经济效益应包括直接经济效益和间接经济效益,可以通过项目经济评价得到。

(7)地形、地质条件允许

两条干道相交或干道与其他等级道路相交,当地形条件适宜修建立体交叉,且与平面交叉相比较也不会过多地增加造价时,可考虑设置立体交叉。对于地形困难、地质病害严重的交叉口不宜设置立体交叉。

2.设置条件

1)公路立体交叉的设置条件

(1)公路立体交叉设置,应综合考虑路网结构、节点功能、交叉公路功能及等级、交通源的分布、自然条件和社会条件等因素。

(2)符合下列条件者应设置互通式立体交叉:

①高速公路之间及其与一级公路相交处。

②高速公路、一级公路与通往县级以上城市、重要的政治或经济中心的主要公路交叉处。

③高速公路、一级公路与通往重要工矿区、港口、机场、车站和游览胜地等重要交通源的主要公路交叉处。

④具干线功能的一级公路之间相交处。

⑤当平面交叉的通行能力不足或出现频繁的交通事故时。

⑥当有地形或场地条件可利用,使设置互通式立体交叉的综合效益大于设置平面交叉时。

(3)符合下列条件者应设置分离式立体交叉:

①高速公路除设置互通式立体交叉外的其他节点。

②具干线功能的一级公路除设置互通式立体交叉外的其他节点,当需采取减少横向干扰措施且被交叉公路不能在此被中断时。

③二、三、四级公路之间的交叉,当直行交通量大、可不考虑交通转换且地形条件适宜时。

④远期规划为互通式立体交叉的节点。

2)城市道路立体交叉的设置条件

城市交叉口的总体规划阶段,应按下列原则选定平面交叉或立体交叉形式:

(1)城市快速路系统上交叉口,应采用立体交叉形式。

(2)除快速路之外的城区道路上,不宜采用立体交叉形式。

(3)当通过主-主交叉口的预测总交通量不超过 12 000pcu/h 时,不宜采用立体交叉形式。

第二节 立体交叉位置与间距

一、立交位置选择

立交,既是高速公路(或一级公路)的出、入口,又是高速公路(或一级公路)与其他公路的连接点。立交位置选择是否恰当,对立交功能的发挥和立交周围的发展影响很大。因此,位置选择是立交规划的重要任务。

1. 位置选择的一般要求

立交位置选择,应满足路网规划、交通特征及技术经济条件等方面的要求,在满足交通安全、快速、畅通的前提下结合各方面因素确定。

(1)立交位置选择,应以现有公路网或已批准的道路规划为依据,满足现有公路和规划公路的交通要求,使之与路网紧密结合,相互协调、适应。

(2)立交位置应有较好的地形、地质及环境条件。为此,立交一般应选择在地势平坦开阔、地质良好、拆迁较少、环境干扰较小的地点。

(3)立交位置的选择,应满足道路交通的需求,有利于道路交通量的分配,适合立交处的交通性质,特别注意立交建成后对交通产生的分散和吸引作用,既不能因立交数量过多、位置不当而影响主线的通行能力,产生较大的交通干扰,也不能因立交数量过少而影响主线本身的使用效益或对区域服务带来不利影响。为了便利行车和立交设计以及交通组织，应尽量避免设置五路或五路以上立交。立交交角应尽量正交，以利于匝道布置。

(4)立交位置应与周围地区条件相适应。邻近城市的互通式立交，应考虑地区的经济、城市规划、城市景观以及其他运输设施的关系及其与之衔接的方式等。当立交附近相交道路较多时，其位置选择应与辅道设置相配合，尽量使各道路通过辅道进入立交的距离与交通量乘积的总和达到最小，以发挥立交的使用效能。

(5)与互通式立交相连接的公路应满足如下条件：
①应具有足够的通行能力，并对附近公路交通起到集散作用。
②与主要交通源的连接应短捷、通畅。
③分配到附近公路网的交通量应适当，不应使现有公路或其局部路段负担过重。
④当可供连接的公路必须改造时，应结合公路网的规划考虑新线连接线的方案。

2.位置选择的步骤

通常立交位置选择的步骤是：先结合各方面因素，根据互通式立交设置的条件初步选定大概的位置；然后根据相邻立交的关系，结合道路和地区情况，考虑立交间距进行调整；最后进一步结合立交的具体条件，从经济性、功能性、实用性等方面加以比较论证，选定位置。

二、立交间距

在一条道路上或一个区域内，立交之间以及立交与其他设施之间应有适当的距离，以使立交分布均衡，功能发挥得当，相互间干扰最小，获得技术上、经济上的合理性。

1.立交间距的影响因素

(1)互通式立交间距主要取决于交通密度。合理的立交间距，应能够均匀地分散交通，使各条相交道路的交通量分配与道路的等级相适应，并使相邻立交所担负的交通量保持平衡。因此，确定立交间距时，应以交通调查和交通规划为基础，满足路段和节点设计交通量的要求。

(2)相邻立交之间，车辆进出必须有足够的交织段长度。如图 2-3 所示，交织路段是前一个立交匝道的合流点（或分流点）到后一个立交匝道的分流点（或合流点）之间的距离。此最小交织段长度与交通量大小、设计车速有关。

(3)相邻立交的间距所需最小长度应满足匝道几何布置的要求。相邻立交时间及间距所需要的最小几何长度，如图 2-4 所示。

$$L \geqslant T_1 + T_2 + L_1 + L_2 + L_0 \tag{2-1}$$

式中：T_1、T_2——相邻两立交匝道布置所需的最小切线长度，与立交的交角及匝道转弯半径有关；

L_1、L_2——相邻两立交进、出口所需要的加减速车道长度（包括斜端长度）；

L_0——相邻两立交间所需要最小净距，与所需的最小交织路段长度、设置标志信号所需要最小长度有关。

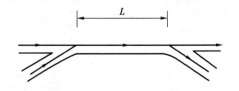

图 2-3 立交间的交织路段

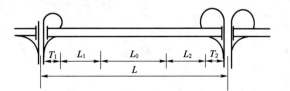

图 2-4 立交间的最小几何长度

(4)标志和信号布置要求。在相邻立交之间,为了预告前方的出口,必须设置指示标志,一般规定为2km(相当于100km/h设计车速行驶1.2min的距离)。为不使标志重叠,郊外的公路立交间距为4km以上,市区为2.5km以上。图2-5为我国某高速公路出口预告标志实例。另外,由于互通式立交的预告标志与沿线的服务设施(如服务区、休息设施、停车区、加油站等)有关,因此相邻立交间距还与这些设施的位置有关,应考虑其最小距离的要求。

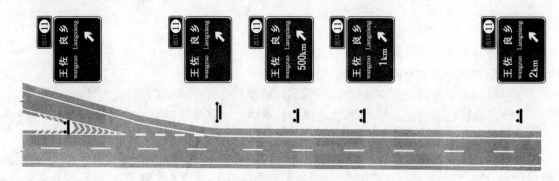

图2-5 某高速公路出口预告标志实例

(5)驾驶员驾驶顺适的要求。互通式立交,尤其是多层次的立交,其线形变换频繁,纵坡起伏很大,若两立交相邻太近,会对车辆运行、驾驶操作及景观不利。

(6)经济的要求。立交间距过小、布置过多,则造价高、不经济,反而不如连续的高架路经济合理。

2.公路立交及相关设施间距控制

《公路立体交叉设计细则》(JTG/T D21—2014)有关间距控制要求如下:

1)高速公路互通式立交平均间距及最大间距

(1)高速公路互通式立体交叉的平均间距应符合下列规定:

①大城市或大型工业区附近,平均间距宜为5~10km。

②其他地区,平均间距宜为15~25km。

(2)高速公路互通式立交最大间距

①当地区为一般地区时,最大间距为30km。

②当地区为特殊地区的大城市或大型城市工业园区附近时,最大间距为20km。

③当地区为特殊地区的荒漠或草原时,最大间距为40km。

受沿线路网密度和交通源分布等影响,当间距超过以上规定值时,应在相邻互通式立体交叉之间加设U形转弯设施。

2)互通式立交之间、互通式立交与设施之间的最小间距

互通式立体交叉及其他设施的最小间距见表2-1。

互通式立体交叉及其他设施的最小间距　　　　　表2-1

相邻设施种类	最小间距(km)
一般互通式立体交叉与枢纽互通式立体交叉之间	4.5
一般互通式立体交叉之间	4.0
互通式立体交叉与服务区、停车区、U形转弯设施之间	

3)特殊情况下的间距

受路网结构或其他特殊情况限制,当互通式立体交叉之间、互通式立体交叉与其他设施之间的距离,不能满足上述规定时,经论证间距可适当减小,但应符合下列规定:

(1)相邻互通式立体交叉或其他设施分别独立设置时,其相互之间的净距不应小于表2-2的规定值(图2-6)。

互通式立体交叉及其他设施的最小净距　　　　　　　　　表2-2

	主线设计速度(km/h)	120	100	80	60
互通式立体交叉之间最小净距(m)	主线单向双车道	800	700	650	600
	主线单向3车道	1 000	900	800	700
	主线单向4车道	1 200	1 100	1 000	900
互通式立体交叉与服务区、停车区之间最小净距(m)	主线单向双车道	700	650	600	600
	主线单向3车道	900	850	800	700
	主线单向4车道	1 100	1 000	900	800

图2-6　相邻互通式立体交叉的净距示意图

(2)当相邻互通式立体交叉的净距小于表2-2的规定值,且经多方案比选论证两者必须设置时,应根据其距离大小,利用辅助车道、集散道或匝道连接形成复合式互通式立体交叉。

(3)应提前设置完善的下行侧互通式立体交叉或其他设施的出口预告等指路标志。

4)互通式立交及其他设施与隧道之间的距离

(1)隧道出口端与前方主线出口的间距,宜满足设置全部指路标志的需要。当受现场条件限制时,间距可适当减小,但隧道与前方主线出口之间的净距不宜小于表2-3的规定值[图2-7a)],且应于出隧道之前开始提前设置完善的出口预告等指路标志。

隧道与前方主线出口之间的最小净距　　　　　　　　　表2-3

	主线设计速度(km/h)	120	100	80	60
最小净距(m)	主线单向双车道	500	400	300	250
	主线单向3车道	700	600	450	350
	主线单向4车道	1 000	800	600	500

(2)主线入口与前方隧道之间的净距不宜小于表2-4的规定值[图2-7b)]。

主线入口与前方隧道之间的最小净距　　　　　　　　　表2-4

主线设计速度(km/h)	120	100	80	60
最小净距(m)	125	100	80	60

(3)当地形特别困难,不能满足上述净距要求而互通式立体交叉及其他设施必须设置时,应结合运行速度控制和隧道特殊结构设计等,提出完善的交通组织、管理和运行安全保障措施,经综合分析论证后确定设计方案。

5)互通式立交及其他设施与主线收费站之间的距离

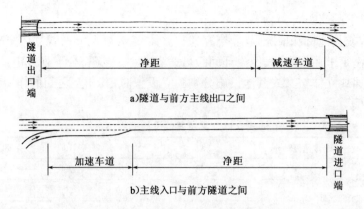

图 2-7 主线出、入口与隧道之间的净距示意图

(1)收费站与前方主线出口的间距,宜满足设置全部指路标志的需要。当受现场条件限制时,间距可适当减小,但收费站与前方主线出口之间的净距[图 2-8a)]不宜小于 600m;主线入口与前方收费站之间的净距[图 2-8b)]不宜小于 200m。

(2)当因现场条件限制不能满足上述净距要求时,主线出、入口与收费站之间采用辅助车道相连接,且收费站与前方主线出口之间的辅助车道长度[图 2-8c)]不宜小于 600m;主线入口与前方收费站之间的辅助车道长度[图 2-8d)]不宜小于表 2-5 的规定值。

(3)当按净距或辅助车道长度控制间距时,收费站前方出口预告等指路标志应提前于收费站之前开始设置完善。

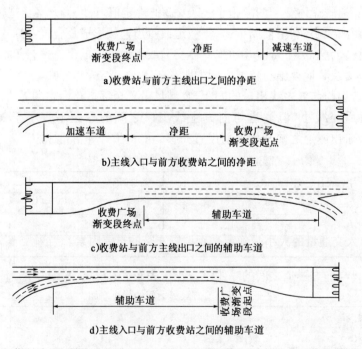

图 2-8 主线出、入口与主线收费站的间距控制示意图

主线入口与收费站之间的辅助车道最小长度   表 2-5

主线设计速度(km/h)	120	100	80	60
辅助车道最小长度(m)	500	450	400	350

3.城市道路立交间距

1)城市快速路主线上出入口间距

城市快速路主线上相邻出入口最小间距(图2-9),应符合表2-6的规定。

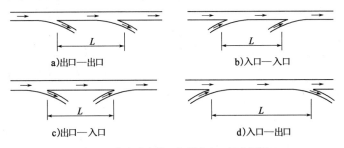

图2-9 快速路主线上相邻出入口最小间距

快速路主线上相邻出入口最小间距　　　　表2-6

主线设计速度(km/h)	不同出入口布设形式时相邻入口最小间距(m)			
	出口-出口	出口-入口	入口-入口	入口-出口
100	760	260	760	1 270
80	610	210	610	1 020
60	460	160	460	760

2)相邻互通立交交叉点间距

相邻互通立交交叉点间的距离,应大于匝道出入口间变速车道与交织段长度之和,并满足设置必要交通标志的要求,且不宜小于1.5km。

第三节　立体交叉基本类型选择

一、立交与平面交叉的选择

立体交叉是一个投资巨大、占地面积广、施工复杂、不易改建的交通基础设施。因此,规划时决定修建立交还是平面交叉,应根据规划要求,经过技术、经济及社会环境效益的比较和分析来确定。当修建立交在技术上合理、经济上有很高的效益时方可修建。

1.根据交通量确定

相交公路出入交通量的大小是确定是否设置立交的重要因素。当采用平交已不能满足交通量的要求时,应考虑设置立体交叉。

2.根据效益分析确定

对设置互通式立交后的效益预测和分析是立交可行性研究的重要内容。通过效益分析,以定性和定量的方法进一步论证设置立体交叉的必要性和可行性、合理性和经济性,从而为立交规划决策提供依据。

(1)效益分析的主要内容。

立交的效益分析,涉及面广、内容多,主要有以下几方面:

①功能及社会效益分析。主要包括设置立交后行车速度的提高,延误时间的缩短,交通阻塞的缓解,交通事故的减少,车损油耗的降低以及修建立交后对地区经济发展的影响。

②环境效益分析。主要包括设置立交后废气污染的减少、噪声的减轻、日照采光及地区景观影响的分析等。

③经济效益分析。主要包括投资费用、修立交前平交的经济损失、立交回收期等的计算与分析。

(2)修建立交经济效益分析。

主要从以下两方面进行经济效益分析计算：

①以投资经济的观点来看，修建立体交叉平均每年的投资费用应小于平面交叉全年的经济损失总额，即应满足式(2-2)要求：

$$K > R\left(\frac{1}{n} + \frac{P}{100}\right) + m \tag{2-2}$$

式中：K——平面交叉口因交通受阻造成的全年经济损失总额，元；

R——立交的总投资费用，元；

n——立交构造物的使用年限，一般取 30~50 年；

P——立交每年大修折旧费，以占立体交叉总投资费的百分比来表示，%，一般为 1.5%~5%；

m——立交每年的管理费，元，其中包括立交的平时维修和保养(即路面、桥隧构造物的维修)以及交通控制、管理等费用，但不包括大修费用。

平面交叉全年经济损失总额 K 可用下式计算：

$$K = 365 \sum_{1}^{\mu} Q \cdot G \cdot \frac{1}{\beta} \tag{2-3}$$

式中：G——交通受阻每小时折合运输单位的损失费用，元/(辆·h)；

β——高峰小时交通量($N_{小时}$)占日交通量($N_日$)的百分比，即 $\beta = N_{小时}/N_日$，当缺少交通量观测数据时，β 值可取：市区道路 $\beta = 0.08~0.10$，郊区道路 $\beta = 0.13~0.15$；

$\sum_{1}^{\mu} Q$——平面交叉口各方向每小时的交通受阻车辆总数(方向由 1 至 μ)，辆·h，可由交通调查求得，当有交通信号控制时，可按式(2-4)计算高峰小时的交通受阻损失 Q。

$$Q = N \frac{t_红 + t_黄}{T_c} \cdot \frac{(t_红 + t_黄) + 0.56V}{2 \times 3600} \tag{2-4}$$

式中：N——平面交叉口一个方向(一个进口道)的高峰小时交通量，辆/h；

$t_红$——交通信号红灯时间，s；

$t_黄$——交通信号黄灯时间，s；

T_c——交通信号的周期时间，$T_c = t_红 + t_黄 + t_绿$，s；

$t_绿$——交通信号绿灯时间，s；

V——路段的车速，km/h，0.56V 值是参照车流在运行中减速大致相等而考虑制动和加速的时间消耗。

还应指出，上述经济分析还应包括由于设置立交后，车速提高、交通不受阻而给乘客节省的时间所带来的经济效益。由于时间价值很难计算，在式(2-3)中还未计算进去。据美国有关资料显示，每节约 1h 的经济价值为 2.82 美元，并且这个指数以每年 4%的速度增长。

②建造立交的回收期分析。建造立交的成本应在较短的期限内回收。工程经济上认为回

收期在6~10年内是合理的。建造立交的成本回收期按式(2-5)计算：

$$T = \frac{R - K_0}{K - m} \tag{2-5}$$

式中：K、R、m——含义同式(2-2)；

K_0——平面交叉口的基本建设投资，元，因平面交叉口的造价与立体交叉相比甚小，且平面交叉口的一次基本建设投资在改建时一般已全部收回，因而计算时取 $K_0 = 0$。

二、分离式立交与互通式立交的选择

立交采用分离式还是互通式，应根据立交的功能、相交路线的性质、等级和交通要求等因素综合考虑确定，这一基本形式的选择也是立交规划的任务之一。

1. 分离式立交

分离式立体交叉仅设一座跨线结构物（桥梁或隧道），相交路线没有匝道连通，这种立交结构简单，占地少，投资省。它主要适用于下列情况：

(1)高速或一级公路与限制其车辆进入的道路相交时采用。这时分离式立交成为主线控制相交道路出入的设施。

(2)高速或一级公路与低等级道路或乡村道路相交时采用分离式立交。

(3)当交叉口附近已有互通式立交，该处设置互通式立交间距太小时，一般设分离式立交，该相交道路的车辆则通过辅道从相邻的互通式立交进入主线。

(4)在城市道路中，当直行交通量大，转弯车辆很少，并可绕行其他路口行驶时采用。这是城市道路中保证主干线或快速路畅通，与次干线和支线相交常采用的形式。

(5)公路与铁路相交时，按下述条件设置分离式立交：

①高速公路、一级公路与铁路相交时，必须用分离式立交。

②其他各级公路与铁路交叉时，由于交通运输繁忙或通行能力和服务水平达不到该公路设计要求，或铁路有大量调车作业且延误公路车辆、行人时间损失严重时，或由于地形及各方面条件限制设平交会危及行车安全时，或地形条件适宜修建立交且不过多增加工程量时，均应设置分离式立交。

2. 互通式立交

互通式立交除设置跨线构造物（桥梁或隧道）外，还设有匝道与相交道路连接。这类立交结构及交通组织较复杂，占地多，工程量大，投资费用也大，但交通功能强大。互通式立交设置条件已在本节阐述。

在互通式立交的基本类型的选择中，除了全互通式立交，还有部分互通式立交；平交型立交、交织型立交、全立交型立交；全定向型立交、半定向型立交等形式。在进行立交基本形式选择时，应结合交通功能、立交条件和投资条件等因素确定。

三、上跨式立交与下穿式立交的选择

1. 上跨式立交

上跨式立交，一般用桥跨方式跨越相交道路，桥跨结构物高出地面较多，其主要特点是：匝道多数架空，桥跨较多，占用土地面积较大，建筑物拆迁较大，对立交区周围的景观影响也大。但由于下挖较少，施工时对地下管线干扰较小，排水处理比较容易，一般多适用于乡村及城郊用地比较充裕、地面建筑物干扰较小以及城市地下管线干扰较大的情况。

2. 下穿式立交

下穿式立交采用隧道或地道桥结合路堑的方式穿过相交道路,其跨越构造物、桥跨结构物低于地面,主要特点是:匝道及构造物多数在地下,因而立交对周围景观影响较少,桥跨结构物较少,占地面积较小,建筑物拆迁较少。但由于下挖较多,施工时地下管线干扰大,立交区排水较困难,多适用于城市市区用地紧张、地面建筑物干扰较大、排水条件较好的情况。

当立交竖向布置介于上跨和下穿之间时,称半上跨和半下穿式,选型时可综合各方面条件选用。

上跨式和下穿式两种类型立交的特点和运用条件,见表2-7。

上跨式和下穿式立交特点及适用条件　　　　　表2-7

序号	分析条件	上　跨　式	下　穿　式
1	地形	适用于凹形地带	适用于凸形地带
2	城市街道的艺术处理	因高出地面,对艺术处理要求较高	没有高出地面的结构物,不会破坏原有环境景观
3	周围环境与街道宽度	适用宽的街道及地面建筑物干扰少、可拆迁的情况	适用窄的街道及原有建筑物干扰大、不能拆迁的情况
4	原有地下管线	不需拆迁或改建	需要拆迁或改建
5	排水问题	容易解决	需设排水泵站等设施,对墙体防水要求较高
6	防空问题	目标明显,易受破坏,一旦破坏,容易修复	浅埋,防辐射,但抗爆效果较差;深埋,防空效果好,但造价高,破坏后难以修复
7	经济问题	工程及养护费用均较低,钢材用量少,圬工体积大	造价较高,养护要求高,钢材用量大,圬工体积小
8	噪声及振动	噪声及振动较大,有时必须采用隔音措施	噪声及振动对地面影响小,对立交内影响大
9	施工中的交通	工期短、影响小,甚至可在不封闭交通情况下施工	工期较长,用顶进法施工影响稍小,大开挖影响大
10	通风与采光	自然通风,采光不需特殊考虑	必须考虑通风和洞内照明问题
11	空间利用及与地下建筑的联系	桥下可作机动车停车场、商店等用途	可与地铁、地下道路、地下停车场等相连接
12	铁路与道路交叉	汽车从桥下通过,净空需求高	汽车穿过地道,净空要求较低
13	工程的分期修建	利于分期修建,原有结构物容易利用,可选建几座立交桥,然后连续成为高架桥	横向扩建或增修车道时困难
14	驾驶员的行车条件	视野开阔、行车条件好,没有垂直净空限制	上线纵坡不变,视野开阔,下线视距条件差,垂直净空受限

四、集中布置与分置复合

集中布置与分置复合布置形式如表2-8所示。

集中布置与分置复合布置形式　　　　　　　　表2-8

布置形式	四路立交	五路立交	六路立交
集中布置			
分置复合			

1. 集中布置式

集中布置式指无论道路数多少，将相交路线集中相交于一点，作为一个整体布设立交匝道的立交布局形式。这种布置方式的主要特点是：

(1)各条路线交会于一点，立交布局集中，结构紧凑，占地面积小。

(2)由于路线交点明确，立交布设不改变相交路线的平面位置，无须调整相交路线线位，与路网规划位置一致，因而多适用于城市立交区建筑物已建成的情况，以减少房屋和地面其他设施的拆迁。

(3)由于多条道路相交，集中转向，匝道数多而集中，致使匝道布设困难，立交层次多，桥跨多，结构复杂，使立交造价较高。

2. 分置复合式

分置复合式指将四路或多路交叉的各条线路调整于不同点位相交，即形成多个错位交叉口，分别按各单个立交设计，再用辅道将各立交连接起来构成一个复合立交的布设方式。这种布设多出现在四路及以上的道路立交。这种布设方式的主要特点是：

(1)将一个结构复杂的四路及以上的立交分为两个或三个立交布设(即一分为二，一分为三)，减少了相交道路数，使立交布设更简化，减小了立交匝道布设的难度。

(2)由于立交布设，改变原路网的交点位置，需对相交道路位置作局部调整，虽然调整微小，但必须在路网位置允许微调的情况下方可采用。

(3)立交匝道布置主要在平面上进行，因而较集中布置式占地大，但减少了立交的结构层数，使立交匝道竖向较易，减小了匝道布设的空间矛盾。

(4)因分置的单个立交间需用辅道进行连接，使立交路基工程增加，并且在辅道上分合流点增多，容易形成交织路段，有时借辅道转向行车路线往往绕行较长，对行车功能有一定影响。

在立交规划确定基本类型时，对于四路及以上的立交，应结合相交道路等级、立交区环境及建设条件，参考上述特点，经综合分析比选确定采用分置复合或集中布置的方式，并注意与路网规划相结合。

第四节　立体交叉规划布设的几个问题

一条高速公路的立交规划布设，除包括对一条高速公路或一个地区的立交位置选择、间距确定以及基本类型选择外，还应从面(一个区域)、线(一条高速公路)上对立交总体布局的统一性、连续性和与沿线城镇的连接等方面进行统一布局，使立交间、立交与城镇间相互协调，形成一个有机的统一体。

一、立体交叉形式的统一

对于一条道路上布设一系列立体交叉,在选择立交的形式时,要考虑到进、出口匝道的通用性和形式的一致性。实际上,立交的统一和路线的连续性是相互关联的。不统一的进出口布置方式,在接连不断的立交之间会引起主线上车辆减速或意外的操纵运行,甚至发生事故,从而降低主线和立交的通行能力、服务水平和安全性。因此,一条道路的立交形式应该统一。保持统一要注意以下几个方面:

(1)一条道路上应避免平交和立交交错布置,应避免连续设置多个立交却突然出现一个平交的布置。

(2)互通式立交的出口均为右转驶出,且放在构造物之前是比较有利的。应避免一条道路上一系列互通式立交的出口均为右转驶出且在结构物之前,却突然出现一个出口在构造物之后,更不利的是出口变成左转驶出。图 2-7a)即为此种不统一的出口形式。

(3)采用右出右进式匝道对行车最为安全。应避免一连串立交的匝道都是从右侧驶出和从右侧汇入,却突然出现一个立交匝道是从左侧驶出或汇入。这种布置对行车安全极为不利。

(4)一条路线上立交的出口应相似,即端部为楔形端设计、标志的设置和标线的画法都应相似。

总之,在实际可能的范围内,沿高速道路的所有互通式立交的几何布置和整个外观设计都应合理统一。图 2-10b)就是对图 2-10a)的改进,出口形式达到了统一。

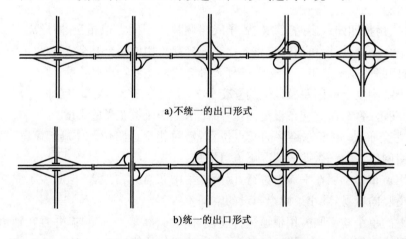

a)不统一的出口形式

b)统一的出口形式

图 2-10 接连不断的互通式立交的出口布置

二、主线行车的连续性

路线的连续性是沿指定路线全长的定向行驶轨迹的保证,通过应用车道平衡原理,保持车辆运行的均匀性和维持基本车道数,保证主要行车方向道路的平顺、直捷和通畅。

保证路线的连续性可以减少高速公路上车道的变化,简化标志设置,保证直行路线顺畅,减少驾驶员寻找导向标志的时间,从而方便驾驶操作。给高速公路上直行的驾驶员,特别是陌生的驾驶员提供连续直行的路线,而且使直行车辆运行在所有进出车辆的左侧是最有利的。

为了维持主线行车的连续性,当路线穿过城市或绕越城市时,设计互通式立交的构形不能只考虑交通量较大的转弯行驶方向的车辆运行,而是要有利于主要行驶方向即直行车辆的运行。如图 2-11a)所示,15 号高速公路与其他主要大交通量路线相交时,保持了直行路线的连续性且直行路线都在其他出入路线的左侧;而图 2-11b)中,路线除最后一座互通式立交向北的行驶路线保持连续外,都被其他左转弯出入的路线所中断。

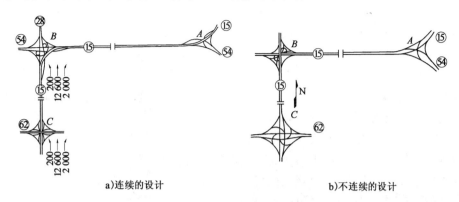

图 2-11 保持高速道路连续性示例

三、高速公路与城市道路的连接

我国高速公路的建设是按国家干线道路网规划进行的,其最终目的是建成以首都为中心,连接全国各省、市、自治区的大中城市、港站枢纽、工农业基地的四通八达的高速公路网。但是由于资金有限和地区经济发展及公路运输紧张状况不同,高速公路总是分段建设,优先解决两个城市或几个城市之间繁重的客货运输效率问题。考虑到每一段高速公路需要逐渐向外延伸成线,连线成网,高速公路与城市道路的连接就必须慎重处理。同时,高速公路常常是贷款修建,通车后一般是收费的,因而高速公路与城市道路连接点处的互通式立交不仅应有利于路线延伸,而且应有利于收费。

高速公路与城市道路连接地点的选择可遵循以下原则:
(1)连接地点应靠近城市,但不能进入或穿过市区。
(2)连接地点应与城市总体规划相结合,并与城市道路规划和布局相配合,充分发挥城市道路网作用和交通集散功能。
(3)有利于高速公路上车辆的集散。
(4)有利于交通管理设施与服务设施的布设。
(5)有利于环境保护。

根据上述原则,连接地点宜该在城市市区的外围,通过连接线进入城市。

高速公路与连接线的交点处实际上就是控制城市车辆进出高速公路的互通式立交位置所在。鉴于高速公路是收费的,因此该立交应是收费立交。同样,位于收费高速公路上的立交均为收费立交。但连接城市的连接线上的立交是不收费立交。

四、城市道路规划中交叉口规划内容要求

(1)交叉口规划,应分别满足城市总体规划、城市分区规划、控制性详细规划、交通工程规划阶段的内容规定,并应符合下列规定:
①应编制城市综合交通规划,并应将其中交叉口规划成果纳入城市总体规划。
②应编制交通工程规划,并应明确工程设计阶段交叉口的控制性条件与关键要素。

(2)城市总体规划阶段交叉口规划内容,应符合下列规定:
①应与规划道路网系统及道路系统整体宏观交通组织方案相协调,应明确不同区域交叉口交通组织策略以及选择不同类型交叉口形式的基本原则,并应确定道路系统主要交叉口的布局。
②应按相交道路的类型及功能,选择立体交叉的类型、框定立体交叉用地范围,应合理控制互通式立体交叉的规划间距,并应协调与周围环境及用地布局的关系。
(3)城市分区规划阶段交叉口规划内容,应符合下列规定:
①应与分区规划道路网系统及分区道路系统整体宏观交通组织方案相协调,并应明确立体交叉及主、次干路相交交叉口的整体布局。
②应优化立体交叉类型,并应确定主、次干路相交交叉口的类型。
③应确定立体交叉及主、次干路相交交叉口控制点坐标、高程。
④应确定立体交叉及主、次干路相交交叉口红线范围。
(4)控制性详细规划阶段交叉口规划内容,应符合下列规定:
①应结合道路系统宏观交通组织方案,并应明确交叉口微观交通组织方式。
②应确定各类交叉口控制点坐标及高程。
③立体交叉规划应根据交通功能、用地条件等因素,结合交通需求分析,进行方案比选,应经技术、经济综合比较后明确推荐方案,并应确定立体交叉红线范围。
④平面交叉口规划应提出平面布局初步方案,并应确定红线范围。
⑤应根据交叉口初步方案,提出交叉口附近道路外侧规划用地和建筑物出入口控制要求。
(5)交通工程规划阶段交叉口规划内容,应符合下列规定:
①应编制交叉口微观交通组织方案。交叉口微观交通组织方案应根据红线控制范围、交叉口规划的现实条件、交通需求等因素拟定,并应与道路系统整体宏观交通组织、周边用地规模、用地性质、景观、环境条件等相协调。
②应审核控制性详细规划阶段及其他相关规划成果提出的交叉口初步方案,并应结合地形、地物及相关标准对初步方案进行完善和细化。
③应确定立体交叉各组成部分的规划方案。规划方案应主要包括主线、匝道、变速车道、集散车道、辅助车道、辅路等,并应提出平面交叉口渠化布局方案以及相适宜的信号控制方案,应明确重要技术参数的取值以及上下游交叉口的信号协调关系。
④应确定交叉口规划范围内公交停靠站及行人与非机动车过街设施布局方案、交通安全与交通管理设施布局方案。
⑤应确定交叉口用地规模,并应估算改建与治理交叉口的用地拆迁量,进行规划方案评价。

第三章 立体交叉选型与方案设计

第一节 立交分类及体系

一、立体交叉的分类体系

立体交叉种类繁多、形式多样，根据不同的分类方式可将其划分为不同类型。其分类的体系如下：

1. 按相交路线的类型划分
(1) 道路与道路的立交。
(2) 道路与铁路的立交。
(3) 道路与大车车道的立交。

2. 按相交路线的交通流性质划分
(1) 车行立交：有分隔式和混合式两类（指机动车与非机动车是否分隔）。
(2) 人行立交：有人行天桥和人行地道两类。

3. 按相交道路数划分
(1) 两路立交。
(2) 三路立交。
(3) 四路立交。
(4) 多路立交。

4. 按相交道路是否互通划分
(1) 分离式立交。
(2) 互通式立交：有完全互通式立交与部分互通式立交两类。

5. 按相交道路跨越方式划分
(1) 上跨式立交。
(2) 下穿式立交。
(3) 半跨半穿式立交。

6. 按立交主线及匝道的空间层次划分
(1) 两层式。
(2) 三层式。
(3) 四层式。

7. 按立交的基本动线关系划分
(1) 完全立交型立交。
(2) 交织型立交。
(3) 平交型立交。

8. 按立交匝道的形式划分

(1)定向式立交。

(2)半定向式立交。

(3)非定向式立交。

9. 按立交类型是否组合划分

(1)组合式立交。

(2)非组合式立交。

10. 按立交的外形划分

(1)喇叭形。

(2)苜蓿叶形。

(3)叶形。

(4)梨形。

(5)环形。

(6)海星形。

(7)蝶式。

(8)菱形,等。

11. 按匝道的布设位置划分

(1)一象限式。

(2)两象限式:又有对角线式和相邻象限式两类。

(3)三象限式。

(4)四象限式。

12. 按立交匝道交通功能划分

(1)迂回式。

(2)直达式。

13. 按立交所处位置不同划分

(1)城市道路立交。

(2)公路立交。

14. 按相交道路的等级不同划分

(1)枢纽立交。

(2)一般立交。

15. 按相交路线布设方式不同划分

(1)集中布置式。

(2)分置复合式。

16. 按转向是否采用连接线划分

(1)直接转向式。

(2)连接线转向式。

17. 按是否收费划分

(1)收费立交。

(2)不收费立交。

二、立体交叉类型的名词解释和命名

1. 立交类型的名词解释

(1)道路与道路的立交。

相交的路线均为公路或城市道路的立交形式,是常见的立交形式。

(2)道路与铁路的立交。

相交的路线为铁路与公路的立交形式。这类立交不能互通,属分离式。

(3)车行立交。

相交的各路线交通流均有机动车运行的立体交叉形式。非机动车自成运行系统,与机动车分离、无冲突点且互不干扰的立体立交叉称分隔式立交,反之称混合式立交。

(4)人行立交。

相交的各条路线交通流有一条为人行交通的立体交叉形式。当行人交通采用上跨桥跨越道路时称人行天桥,如图3-1所示;当行人交通采用地道下穿道路时称人行地道,如图3-2所示。

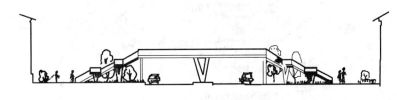

图3-1 人行天桥

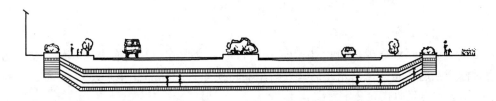

图3-2 人行地道

(5)两路立交。

设有中间带公路(如高速公路和一级公路),为车辆掉头而设置的转向立交形式,如图1-31所示。两路立交只有一条匝道,其转向角为180°。

(6)三路立交。

三路立交又叫三岔立交,指具有三条路段相交的立交形式。一条道路连接于另一条道路形成的立交形式叫T形立交,如图3-3a)所示。T形交叉口的一个方向无直行车,一个方向无左转车,而另一方向无右转车,路线交角一般为75°~105°。两条道路合成一条道路或一条道路分岔成两条道路的立交形式称Y形立交,如图3-3b)所示,路线交角一般不小于105°。

(7)四路立交。

四路立交又称四岔立交,指具有四条路段相交的立交形式。当交角为90°或接近90°时称十字形交叉,当交角大于90°时称X形交叉,如图3-4所示。

(8)多路立交。

多路立交又称多岔立交,指具有五条及五条以上路段相交的立交形式。

(9)分离式立交。

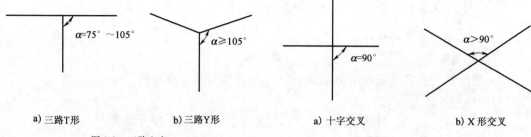

a) 三路T形　　　　　b) 三路Y形　　　　　a) 十字交叉　　　　　b) X形交叉

图 3-3　三路立交　　　　　　　　　　　　图 3-4　四路立交

相交道路完全空间分离,彼此间无匝道连接,车辆不能相互转换的立交形式,如图 3-5 所示。

图 3-5　分离式立交

(10) 互通式立交。

相交道路有匝道连接,车辆可互相转换运行的立交形式。当所有方向车辆均能相互转换运行时称全互通式立交。只允许某些方向车辆转换运行的称部分互通式立交,如图 3-6a)、b) 所示。图 3-7 为互通式立交示意图。

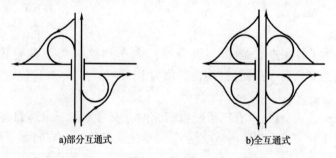

a) 部分互通式　　　　　　　　　b) 全互通式

图 3-6　互通式立交

(11) 上跨式立交。

道路用桥跨方式从相交道路上方跨过的立交方式,如图 3-8a) 所示。上跨式立交上线高出地面,用引道与主线连接。

(12) 下穿式立交。

道路用地道桥、路堑或隧道从相交路线下方穿过的立交方式,如图 3-8b) 所示,下穿式立交下线高程低于地面,用坡道与主线连接。图 3-9、图 3-10 分别为上跨式环形立交和下穿式环形立交示意图。

图 3-7 互通式立交示意图

a)上跨式

b)下穿式

图 3-8 上跨式和下穿式立交

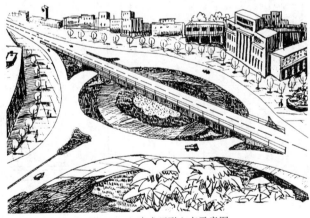

图 3-9 上跨式环形立交示意图

(13)两层式立交。

立体交叉的主线及匝道在两个不同高度的层次上布置构成的立交形式,如表 3-1 中 a)图所示。

(14)三层式立交。

立体交叉的主线及匝道在三个不同高度的层次上布置构成的立交形式,如表 3-1 中 b)图所示。

图 3-10 下穿式环形立交示意图

(15)四层式立交。

立体交叉的主线及匝道在四个不同高度的层次上布置构成的立交形式,如表 3-1 中 c)图所示。

立交按空间层次分类　　　　　表 3-1

分 类	类 型	说 明	图 式
按立交主线及匝道空间层次分	两层式立交	主线及匝道在两个不同高度的层次上布置构成的立交形式	a)
	三层式立交	主线及匝道在三个不同高度的层次上布置构成的立交形式	b)
	四层式立交	主线及匝道在四个不同高度的层次上布置构成的立交形式	c)

(16)完全立交型立交。

相交道路的所有基本动线都在不同空间相交的立交形式,如表 3-2 中 a)图所示。这类立交匝道数与转弯方向数相等,车辆在分离的独立匝道上行驶。

(17)交织型立交。

在立体交叉的基本动线中具有交织路段的立交形式,如表 3-2 中 b)图所示。这类立交由于匝道数不足,部分匝道为几个转弯方向车辆所共用,形成交织路段。

(18)平交型立交。

相交道路的基本动线间有平交冲突点的立体交叉,如表 3-2 中 c)图所示。

(19)定向式立交。

采用定向匝道连接实现左转的互通式立体交叉。定向型匝道是指该匝道左转车由车道内侧(指行车道前进方向靠中间带一侧)驶出,驶入直接左转的匝道,如表 3-3 中 a)图所示。

(20)半定向式立交。

采用半定向型匝道连接实现左转的互通式立交。半定向型匝道是指左转车辆由车道外侧驶出、驶入,转向 90°实现左转的匝道,如表 3-3 中 b)图所示。

(21)非定向式立交。

采用小环道为匝道,变左转 90°为右转 270°来实现车辆左转的立交。常用的苜蓿叶形和喇叭形立交就属于此类,如表 3-3 中 c)图所示。

(22)喇叭形立交。

采用小环道和半定向型匝道组合来实现车辆左转构成的三路 T 形立交,由于外形似喇叭形而得名,如表 3-3c)所示。

按立交基本动线关系分类　　表 3-2

分类	类型	说明	图式
按立交基本动线关系分类	完全立交型立交	主线及匝道的所有基本动线均在空间分离,无冲突点、无交织路段的立交	a)
	交织型立交	主线及匝道的动线相互间具有交织路段的立交	b) 交织段
	平交型立交	主线及匝道的动线相互间有平交冲突点的立交	c) 冲突点

按立交匝道布置形式分类　　表 3-3

分类	类型	说明	图式
按立交匝道布置形式分类	定向式立交	采用定向型匝道,实现直接左转的互通式立交	a)
	半定向式立交	采用半定向型匝道,实现左转的互通式立交	b)
	非定向式立交	采用小环道,变左转 90°为右转 270°,实现左转的互通式立交	c)

(23)苜蓿叶形立交。

采用小环道来实现车辆左转构成的四路立体交叉,如图 3-11a)所示。当四个象限均设有小环道,左转匝道数与左转方向相等时称全苜蓿叶形立交;当只有部分象限设有小环道,左转匝道数小于左转方向数时称部分苜蓿叶形立交。

(24)菱形立交。

由四条呈菱形的直线形匝道来实现所有方向(左转和右转)车辆转弯的立交形式,如图 3-11b)所示。由于其外形像钻石,又称"钻石"形立交,菱形立交属平交型立交。

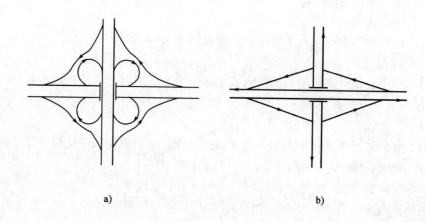

图 3-11 苜蓿叶形立交和菱形立交

(25)环形立交。

设公用环形匝道来实现各方向车辆转弯的立交形式,如图 3-9、图 3-10 所示。环形立交属交织型立交。

(26)组合式立交。

将两种或两种以上的立交组合构成的立体交叉称组合式立交。图 3-12 所示为定向型与苜蓿叶形构成的组合式立交。

(27)连接线转向式。

将两条相交路线用桥跨分离相互通过,另用连接线将相交路线联系起来,实现车辆转换的立交形式,如图 3-13 所示。由于这种形式将一个四路立交改为两个三路交叉,通常又称"四改三"的形式,是目前我国高速公路上常采用的形式。

图 3-12 定向型与苜蓿叶组合式立交

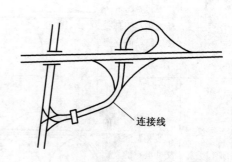

图 3-13 连接线转向式

2. 立交的命名

立交的名称通常有以下三种命名法:

(1)采用立交所在位置命名。这类命名方法通常冠以立交所在城市地区名再加相交道路的名称或立交所在地地名称呼,如广州市洪德与同福路道路立交、上海市大连西路与西体育会路道路立交、北京三元道路立交、天津中山门立交、重庆上桥立交等。这种叫法位置明确,具有唯一性,但不能反映立交的类型、特点和功能。

(2)按立交的类型命名。通常以立交的结构类型、功能特征及相交道路数综合称呼,如三路 T 形全互通全定向式立交、四路全苜蓿叶形立交、四路半苜蓿半定向型组合立交等。

(3)立交的简称。以上两种叫法均较复杂,文字很长,不便称呼。通常可根据立交的外形特征简明扼要称呼,如天津中山门的蝶式立交、北京的玉蜓立交等。

第二节 各类互通式立体交叉的特点及适用条件

一、三路立交

1. 三路 T 形立交

1)喇叭形立交

喇叭形立交是由一个小环道(转向角约为 270°的左转匝道)和一个半定向型匝道来实现左转所构成的立交形式,由于外形似喇叭,故由此得名。这种形式实际上是小环道与半定向型匝道的一种组合结构形式。

(1)主要特点:

①各转弯方向均设有独立匝道,为交通量大的左转方向提供了车速较高的半定向型匝道,车辆可完全互通,无平交冲突点和交织段,通行能力较强。

②结构简单,造型美观,各方向匝道独立,行车方向容易辨别。

③由于设有小环道,左转车转向角为 270°,与定向型相比,一个左转方向行车路线绕行较长,线形较差,同时设小环道占地面积较大。

④全立交只设一座桥跨即实现全互通,工程造价较省。

(2)适用条件:主要适用于一般公路连接于高速公路、一级公路或连接于城市快速道路、主干路的 T 形交叉。适应的设计车速小于或等于 50km/h。

喇叭形立交由于小环道的位置和直行路线处于的层次不同,有 A、B、C、D 四种形式,见图 3-14。其中 A 型、B 型为主线直行路线在上层的布设方式,视野开阔,视距条件好,容易观测到立交的进出口情况,有利于车辆行驶,较 C 型、D 型有利。A 型、D 型小环道在第一象限,为主线的入口处,有利于控制车辆进入,而出口处为半定向型匝道,有利于主线高速车辆逐步减速,较 B 型、C 型有利。由于小环道通行能力较小,布设时应注意将左转交通量较小的转向匝道安排在小环道上,以适应地形、节省造价。图 3-15 为喇叭形立交示意图。

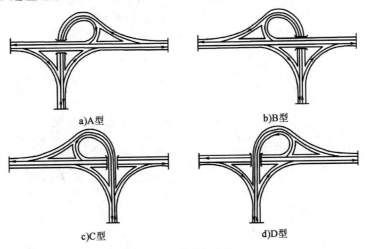

图 3-14 三路喇叭形立交

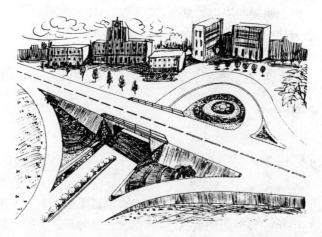

图 3-15　喇叭形立交示意图

2)三路叶形立交

叶形立交是由两个小环道来实现车辆左转的 T 形立体交叉。由于两个小环道对称布置,形似叶状,故由此得名。

(1)主要特点:

①各方向匝道独立设置,无平交冲突点,无交织路段,为全互通、全立交型,行车功能较好。

②匝道对称设置,呈叶状,造型美观,若与城市绿化、雕塑、建筑小品结合,有利于城市街景的美化。

③由于设有两个小环,左转车辆绕行路线长,半径小,占地大。

④只设一座桥跨,造价较省。

⑤主线上两小环道之间进、出车辆有交织路段,对行车不利,布设时应设置足够的交织路段,或采取集散道路来改善行车条件。

(2)适用条件:叶形立交适用条件与喇叭形相近。对于远期规划为四路苜蓿叶形立交前期宜采用叶形,以便前期工程为后期所利用。

叶形立交根据相交道路层次不同可有 A 型、B 型两种布置形式,如图 3-16 所示。A 型主线布置在下层,匝道进主线为下坡,出主线为上坡,有利于进出车辆加速、减速。B 型主线布置在上层,主线行车,视线不受桥跨影响,并且视野开阔、行车视距条件较好。两种形式各有利弊,可结合立交的具体要求和条件选用。图 3-17 为叶形立交示意图。

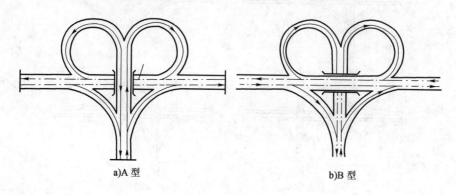

a)A 型　　　　　　　　　　b)B 型

图 3-16　三路叶形立交

图 3-17 叶形立交示意图

3)三路环形立交

环形立交由环形平交演变而来,是用一个公共环道来实现各方向车辆转向的立交形式。

(1)主要特点:

①环道半径一般较小环道宽度大,左转车辆行车方向明确,有较好的行车条件。

②仅设置一个环道,结构紧凑,占地较小,结合旧的平交改造十分有利。

③环道上有交织路段,属交织型、全互通立交,对立交通行能力和行车速度有一定影响。

④需修建两座桥跨结构物,造价较高。

⑤中心环岛与城市绿化美化相结合,利于街景布置。

(2)适用条件:环形立交适用于各方向左转交通量较均匀,用地较紧,拆迁较大的情况。特别是对原有环形平交改造,能充分利用原有工程,重新征地较小的情况较适用。

三路环形立交有 A 型、B 型、C 型三种形式,如图 3-18 所示。A 型的主线布置在上层,环道布置在下层,具有上跨式的特点。B 型主线布置在下层,具有下穿式的特点,可结合立交区具体条件选用。C 型属下穿式,为了减少对原地面的开挖,保护地面的自然景观,将主线采用地道桥(或隧道)穿过环道及中心岛。这种形式特别适用于城市立交,但地道桥较长,使工程费用增加。环形立交中心岛可结合立交区的具体条件做成圆形、椭圆形、长圆形多种形式。图3-19 为三路环形立交示意图。

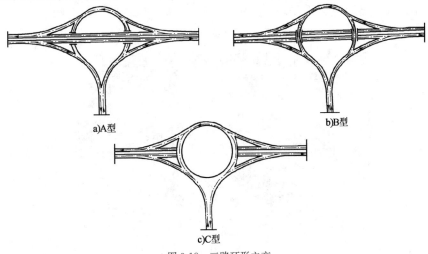

图 3-18 三路环形立交

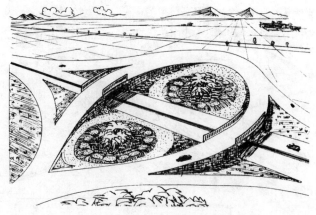

图 3-19 三路环形立交示意图

4）三路半定向型立交

三路半定向型立交，是用半定向型匝道来实现车辆左转的立交形式。

(1) 主要特点：

①左转车辆用半定向匝道来实现转向，转弯半径大，行车条件较好，绕行距离比小环道短。

②半定向匝道跨越主线或匝道均需设跨线结构物，因而桥跨较多，特别是三层式结构物，虽然行车条件好，但高差较大，桥跨长，匝道纵面线形起伏较大。

③匝道布置方式多，因而类型较多，布设时可结合设计要求、环境条件和投资条件灵活布置，采用适宜的形式。

④匝道布置灵活、结构紧凑、用地及拆迁较小。

(2) 适用条件：半定向型立交比以上几种类型行车条件均好，多适用于交通量较大、车速要求较高的T形立交。当连接道路为双向分离式布置时，采用这种形式，匝道布置更为有利。

三路半定向型立交的形式较多，主要有以下六种：图3-20为两层三桥式，层次少，平面布置较宽，用地较多。图3-21为两层平交型，比A型桥跨少，但两左转匝道有一平面交叉点，行车条件较差。图3-22和图3-23为主线上左转匝道布设于连接路左转匝道内侧，避免了两左转匝道交叉，省了一座桥跨，但左转车辆绕行略有增长，这两种形式在平面上似"梨形"，故又称为"梨形"立交。这两种形式的主要区别是：图3-22的右转匝道布设在左转匝道外侧，图3-23的右转匝道布设在左转匝道的内侧，在相同条件下，前者用地较后者小。图3-24为三层式布局，结构紧凑，用地较省，但层次多，起伏大。

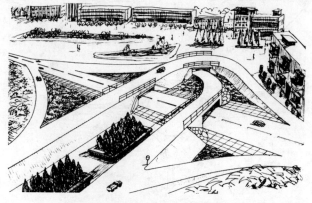

图 3-20 两层三桥式半定向型立交

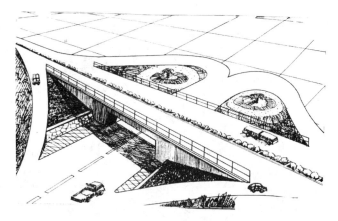

图 3-21 两层平交型半定向型立交

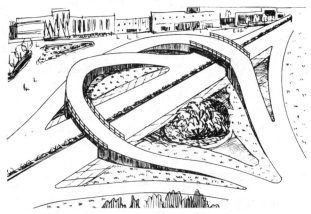

图 3-22 两层两桥式半定向型立交(一)

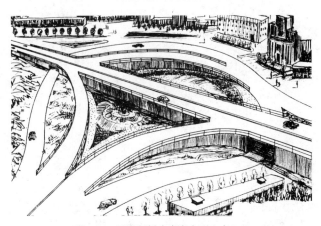

图 3-23 两层两桥式半定向型立交(二)

5)三路定向型立交

三路定向型立交,是用定向型匝道实现车辆左转的立交形式。

(1)主要特点:

①为全互通、全立交型立交;左转车用定向匝道实现转向,转向角小(只有 90°左右),左转路线短捷,转弯半径大,行车功能最好。

②结构紧凑,用地较省,拆迁较少,直接转向,行车方向容易识别。

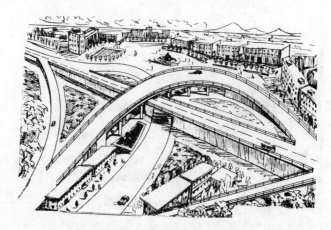

图 3-24 三层式半定向型立交

③匝道直接左转,路线交叉较多,桥跨较长且较高,因而造价昂贵。

(2)适用条件:三路定向型立交,在 T 形立交中行车功能最好,多适用于车速高、交通量大的高速公路、一级公路相互连接的情况。当主线与连接道路均为双向分离设置的车道时(或设有中央分隔带时),更有利于匝道的布设。

三路定向型立交主要有 A 型、B 型两种布设形式,如图 3-25 所示。A 型为三层式,其特点是桥路集中,布局紧凑,用地较省,但桥跨较高,纵面起伏大。B 型为两层式,其特点是桥跨分散,占地较大,纵面起伏较小。图 3-26 为两层式定向型立交示意图。

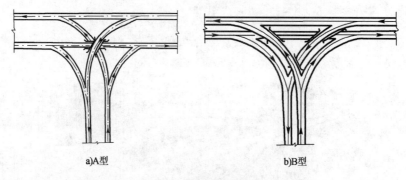

a)A型　　　　　　　　　　b)B型

图 3-25　三路定向型立交

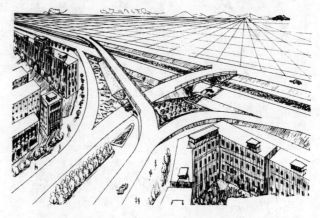

图 3-26　两层式定向型立交示意图

6)三路组合式立交

将左转车辆,采用不同的左转匝道组合起来即构成三路组合式立交,前面已介绍的喇叭形立交即为小环道与半直接匝道的组合形式。除此之外,还有两种组合式:

(1)定向型与小环道的组合式。有 A 型、B 型两种布置形式,如图 3-27 所示。A 型为主线左转采用小环道,连接线左转用定向型匝道。B 型为主线左转用定向型匝道,连接线左转用小环道。可结合转向交通量大小和用地条件选用。

(2)定向型与半定向型的组合式。有 A 型、B 型两种布置形式,如图 3-28 所示。A 型为主线左转采用半定向型匝道,连接线左转采用定向型匝道。B 型则相反,主线左转采用定向型匝道,连接线左转采用半直接匝道。

图 3-29 为定向型与小环道组合式立交示意图,图 3-30 为定向型与半定向型组合式立交示意图。

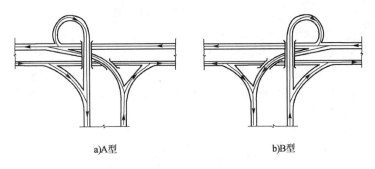

图 3-27 定向型与小环道的组合式立交

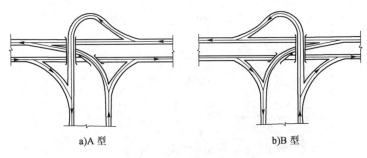

图 3-28 定向型与半定向型的组合式立交

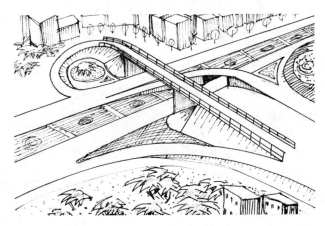

图 3-29 定向型与小环道组合式立交示意图

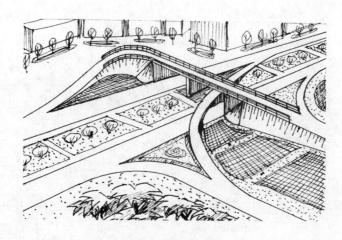

图 3-30 定向型与半定向型组合式立交示意图

2. 三路 Y 形立交

Y 形立交的三个方向的交角相近,且每个方向均无直行车辆,转向角较小,一般在 60°～105°之间。与 T 形立交相比,它具有线形好、行车方向明确、转弯车辆路线短捷、行车有利等特点。Y 形立交的类型很多,主要有喇叭形、叶形、环形、半定向型、定向型(两层式)、定向型(三层式)等形式,其特点及适用条件与 T 形立交的相应类型相近。各种类型 Y 形立交的示意图见图 3-31～图 3-37。

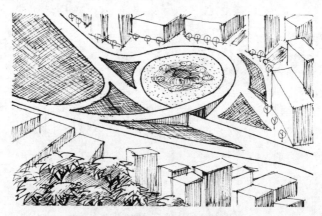

图 3-31 Y 形喇叭形立交示意图(一)

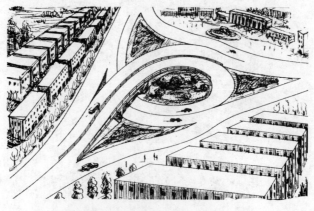

图 3-32 Y 形喇叭形立交示意图(二)

图3-33 Y形叶形立交示意图

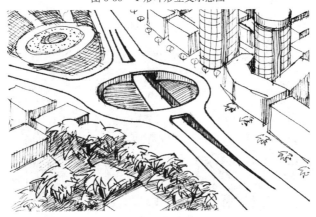

图3-34 Y形环形立交示意图

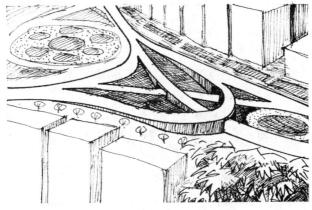

图3-35 Y形半定向型立交示意图

二、四路立交

1. 全苜蓿叶形立交

全苜蓿叶形立交是由四个小环道来实现四个方向左转所构成的立交形式,匝道数与转弯方向数相等,为全互通、全立交型。由于四个小环道布置在四个象限,外形似苜蓿叶状,故由此得名。

图 3-36　Y形两层式定向型立交示意图

图 3-37　Y形三层式定向型立交示意图

(1)主要特点：

①由于采用小环道，变左转为右转，只需一座跨线结构物即可实现全互通，人工构造物少，工程费用省。

②全苜蓿叶形立交，外形简单、对称，呈苜蓿叶状，造型美观，四个环道的中心岛可供绿化、美化之用。

③左转小环道，转向角270°左右，转弯半径小，绕行路线长，并且右转和左转车流在同一条直行车道上连续出现四个进、出口，两次分流，两次合流，形成交织路段，对主线行车干扰较大，交通标志设置复杂。

④小环道布置使立交占地面积大，拆迁面积大。

⑤主线每个方向的车流均为出、进、出、进，先出后进，进出均衡，车道数容易平衡。

(2)适用条件：全苜蓿叶形立交适用于两条高速公路或一级公路相交，左转交通量不大的郊区及乡村立交。因占地较多，拆迁面大，城市较少采用。由于各方向转弯车道均独立，进出口多，故不适用于收费道路。

(3)常见形式：全苜蓿叶形立交按匝道的形式和布设方式不同，可有多种形式。图 3-38 为常用的形式，由于左转及右转匝道分别采用独立的单向匝道，行车条件较好，但占地较多。图 3-39 为方形苜蓿叶形，比圆环形的匝道占地少，但左转匝道的进出口转弯半径小，行车条件稍差。图 3-40 为带有辅道的苜蓿叶形，为了减少小环道进出口及交织路段对主线交通的干扰,在主线两侧平行于主线增设辅道。这样,当车辆进入主线前,先进入集散道上行驶,然后通过加速车道进入主线;同样,主线车辆需要驶出左转时,先进入减速车道,再进入集散道,由集散道进入左转匝道。图3-41为长条苜蓿叶形。当相交道路中一条红线间距较宽,另一条红线间距较窄时,将小环道压扁,构成长圆形,其轴线布置在平行于建筑红线较宽的主线两侧,使立交布局更为紧凑,减少占地。

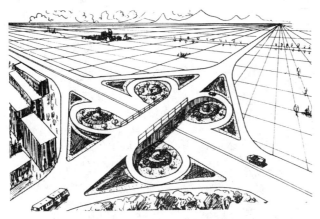

图3-38 全苜蓿叶形立交示意图

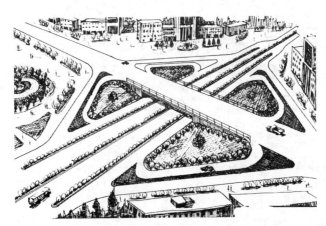

图3-39 方形苜蓿叶形立交示意图

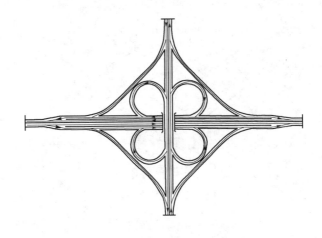

图3-40 带辅道的苜蓿叶形立交平面图

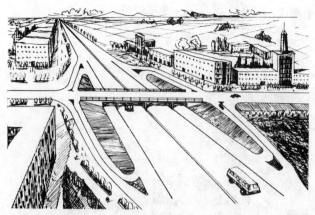

图 3-41 长条苜蓿叶形立交示意图

在城市道路中,当非机动车较多时,为减少非机动车的干扰,在立交中增设专用的非机动车道将非机动车分离,形成三层苜蓿叶形立交,如图 3-42 所示。我国北京建国门立交就是采用这种形式。

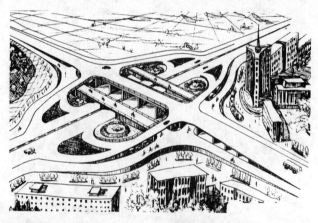

图 3-42 三层苜蓿叶形立交示意图(一)

机动车与非机动车分离的苜蓿叶形还可以将非机动车道设于苜蓿叶匝道外侧,用小环道将非机动车道改成右转绕行的方式,构成三层苜蓿叶形立交,如图 3-43 所示。非机动车的行

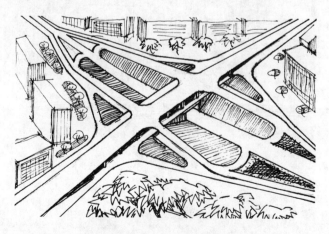

图 3-43 三层苜蓿叶形立交示意图(二)

驶路线是：右转车在立交外，直接右转；左转车则下穿相交干线的直行车道后，绕行立交四角的非机动车匝道（图中的三角部位），消除了非机动车对主线的干扰。这种形式，交通路线明确，车辆之间干扰最小，但非机动车绕行距离较长。

2.部分苜蓿叶形立交

部分苜蓿叶形立交是全苜蓿叶立交去掉部分匝道而形成的一种立交形式。它仍然以小环道为左转匝道，但匝道数不足。

(1)主要特点：

①由于左转小环道仅在部分象限设置，故可减少立交用地。

②因匝道数不足，故此类型立交属部分互通式立交。

③若此类型立交全互通，则属平交型立交；若此类型立交部分互通，则属立交型立交。

④行车功能较全苜蓿叶形立交差。

(2)适用条件：部分苜蓿叶形立交适用于高速公路与其他公路相交，需限制某方向车辆出入或某些方向转弯交通量较小的情况。有时由于用地条件限制（如有不能拆迁的建筑物）可结合限制条件布设部分苜蓿叶形。对于近期交通量小或近期某方向道路尚未形成时，可采用部分苜蓿叶形作为远期全苜蓿叶形的一种过渡形式。

部分苜蓿叶形按小环道的位置不同有四种形式。图3-44为对角象限部分苜蓿叶形部分互通式，下穿道两个方向的车辆不能左转，上跨道两个方向的车辆不能右转。图3-45为对角象限部分苜蓿叶形全互通式，由于左转小环道与右转匝道间设有联络匝道，因而实现了所有方向的互通，但由于匝道数不足，在联络匝道及次要道路上有冲突点，故属平交型立交。图3-46为相邻象限部分苜蓿叶形互通式立交。图3-47为三象限部分苜蓿叶形部分互通式立交示意图。

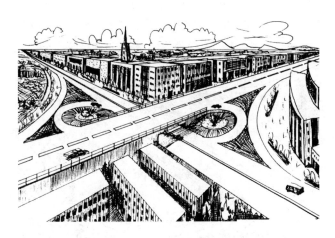

图3-44 对角象限部分苜蓿叶形部分互通式立交示意图

3.菱形立交

菱形立交是用四条直线形匝道来实现所有方向（左转、右转）车辆转弯的立交形式。由于四条匝道在平面上呈菱形状，故由此得名，国外又称其为"钻石"形立交，如图3-48所示。

(1)主要特点：

①结构简单紧凑，用一座跨线结构物即实现全互通，用地较小，费用较省。

②由于匝道数不足，左、右转匝道合并，构成平交型立交，在次要道路上形成两个平交路口，有冲突点（6个）和交织路段（两段），对行驶安全不利，设计车速也较低。

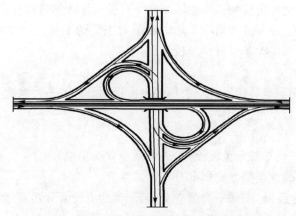

图 3-45　对角象限部分苜蓿叶形全互通式立交

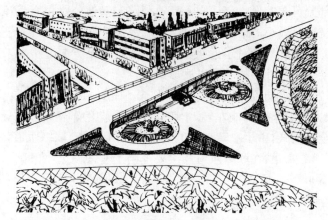

图 3-46　相邻象限部分苜蓿叶形全互通式立交示意图

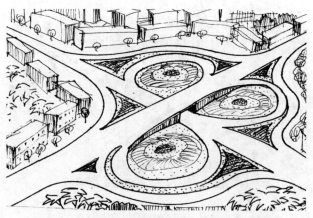

图 3-47　三象限部分苜蓿叶形部分互通式立交示意图

③左转车辆直接左转,行驶路线直捷。

④车辆出入主线状态一致,行驶路线单一,公路标志设置简便,同时,这种单一的驶出驶入状态均避开了桥跨结构物,因而无须在桥上或桥下设置变速车道,可节省构造物造价。

⑤主线上无交织路段,进出车辆对主线干扰小。

⑥当主干线设在下层时,驶出车辆在匝道上为上坡行驶,驶入主干道车辆在匝道上为下坡行驶,利于车辆驶出减速和驶入加速。

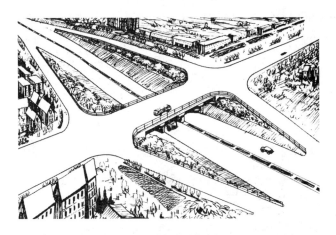

图 3-48 菱形立交示意图

(2)适用条件:菱形立交主要适用于高速公路、一级公路与次要道路相交。因其占地较小,常用于城市用地紧张、拆迁困难的立交。菱形立交属平交型立交,为确保行车安全、顺畅,立交的左转交通量不能太大。布设时,应注意将平交路口安排在次要道路上。

为了提高菱形立交的通行能力,可采用辅道、桥跨和联络匝道多种措施,使之成为分离式菱形立交,如图 3-49 所示。图中 A 型为单向通行的分离式,B 型为双向通行的分离式。分离式菱形立交减少并分散了冲突点,改善了平交路口的交通。

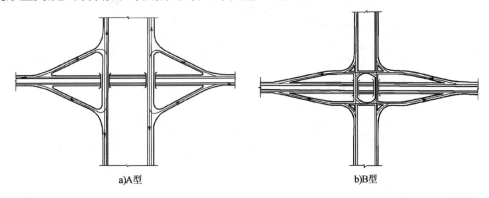

a)A型　　　　　　　　　　　b)B型

图 3-49 分离式菱形立交

有时增加桥跨结构,也可改善分离式菱形立交的交通状况,提高通行能力。图 3-50 为增加两座桥跨,设置辅道的改善形式。

为了改善次要道路上的两个平交路口的交通状况,可采取信号控制或设小环岛的办法。图 3-51 为设两个小环道的菱形立交。

当交叉口双向交通量都较大时,可采用三层式菱形立交,如图 3-52 所示。此时将平交路口设置于地面层上,直行线分别以下穿和上跨的方式通过,从而保证两个直行车方向的通行。

4.环形立交

环形立交由环形平交演变而来,它是在交叉处

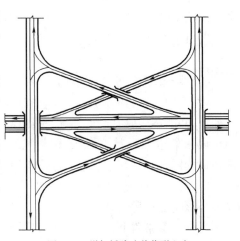

图 3-50 增加桥跨改善菱形立交

设置中心岛,用公共环形匝道来实现各方向车辆转向的立交形式。

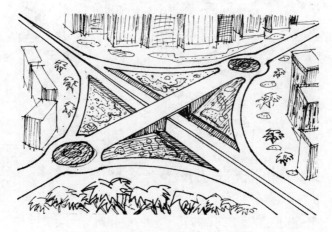

图 3-51 用环道改善的菱形立交示意图

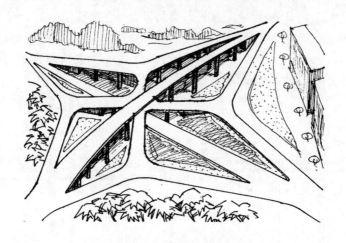

图 3-52 三层式菱形立交示意图

(1)主要特点:

①环形匝道转弯半径较大,左转车行车路线绕行距离较小、环道短,行车方向明确。

②匝道公用,结构紧凑,用地较省,拆迁较少。

③由于左转车均在环道上绕行,进出车辆形成交织路段,因而对车速和通行能力有较大影响。

④桥跨较多,工程费用较前几种高。

(2)适用条件:环形立交用地较省,加之对原有城市环形平交的改造十分方便,一般无须重新征地,并能利用原有工程,因而是城市常采用的立交形式。由于车速及交通量有限,因此适用于设计车速和设计交通量不太大的情况。环形立交形式很多,常用的是两层式环形。图 3-53 为圆环式立交,图 3-54 为长圆环式立交。两层环形立交保证一个直行方向直通,另一个方向直行车道接于环道,有交织路段,因此适用于主干线与次道相交的情况。图 3-55 为下穿式环形立交示意图。

当相交道路两个直行方向交通量均很大时,可在环道上增加直行跨线桥或在环道下增设下穿地道(或隧道),构成三层环形立交,如图 3-56 所示。三层环形立交确保了两个直行方向车辆的通畅,适用于两条道路均为主干道相交的情况。采用此形式修建的桥跨结构物较多,工程量和费用较大。

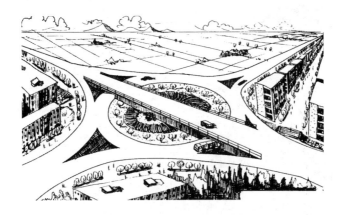

图 3-53 圆环式环形立交示意图

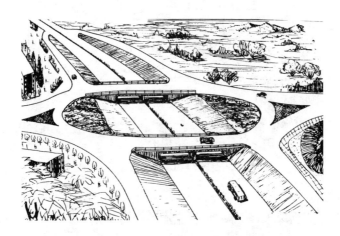

图 3-54 长圆环式环形立交示意图

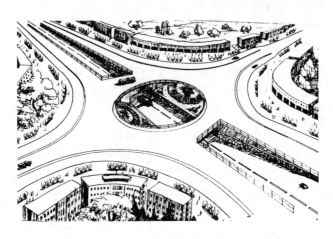

图 3-55 下穿式环形立交示意图

为了改善左转车行道纵坡和增长交织长度,将左、右转弯的进、出口用联络匝道分开,即构成二层环形改善式立交,如图 3-57 所示。

图 3-56 三层环形立交示意图

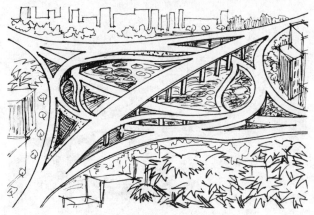

图 3-57 改善的环形立交示意图

在城市道路中,当非机动车辆较多时,可考虑采用机动车与非机动车分行的环形立交。一般有以下几种形式:

①机动车与非机动车分行的双层环形立交。机动车行驶在上行环道,非机动车行驶在下层环道,如图 3-58 所示。这种立交由平面环形交叉发展而来,适用于机动车交通量不大,而非机动车交通量较大的情况,以解决机动车与非机动车间相互的干扰。

②机动车与非机动车分行的三层环形立交。当一个方向直行车辆较多时,可在该方向设置跨线桥(或下穿地道),即形成双层环道加下穿或上跨直行道的立体交叉,如图 3-59 所示。图中 A 型为非机动车环道在外缘的布置形式;B 型为非机动车环道在内缘的布置形式;C 型为非机动车环道在机动车环道下方的布置形式。

③机动车与非机动车分行的四层环形立交如图 3-60 所示。四层环形立交能保证相交道路直行方向的车辆畅通,转弯车辆与非机动车分别在两环道上行驶,适用于直行交通量很大的情况。这种立交桥跨总高度较高,工程复杂,造价高。

5.简单跨越型立交

这是一种只设一个(或两个)直行方向跨线桥(或隧道),保证直行车畅通的简单立交。所有转弯车辆均在平面交叉口转向,无专设的独立匝道,属平交型立交,有平交冲突点。

(1)主要特点:

①简单跨越型立交,仅修一座跨线结构物,结构简单,工程量省,占地少。

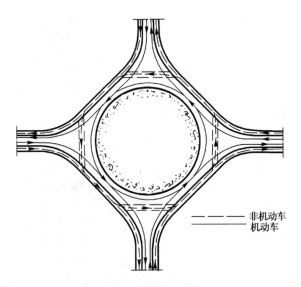

图 3-58 机动车与非机动车分行的双层环形立交

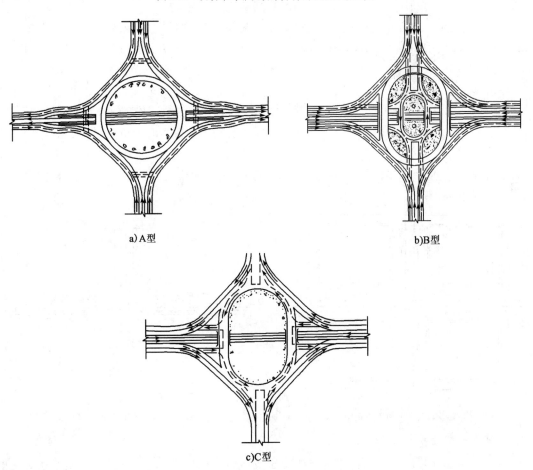

图 3-59 机动车与非机动车分行的三层环形立交

② 由于有平交冲突点,转弯车辆的车速和交通量都不宜太大,行车安全性较差。

(2)适用条件:主要适用于城市中主干道与次干道相交,为确保主干道车辆畅通的情况。

图 3-60 机动车与非机动车分行的四层环形立交

对于直行交通量大,转弯交通量小的路口最为适宜。当相交道路路口距离太近时,为了保证直行车的畅通和纵面线形顺适,减小纵面起伏,可将相邻的跨线桥直接连通,形成直跨城市快速直达的高架道路。

图 3-61 为两层式简单跨越型立交形式。该立交仅设一个直行方向的下穿道,在平交口上有 8 个冲突点,为全互通式立交。

有时为了行车安全、消除平交冲突点,可采用左转绕行街坊的方式,构成图 3-62 所示的形式,实际上已变为全苜蓿叶形立交的形式。

图 3-63 为三层式简单跨越型立交。该立交设置了保证两个直行方向车辆畅通的跨越构造物,适用于相交道路均为主干道且直行交通量均很大的情况。

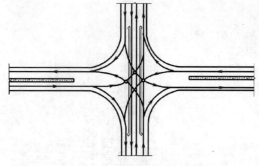

图 3-61 两层式简单跨越型立交

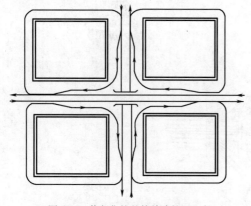

图 3-62 绕行街坊的简单跨越型立交

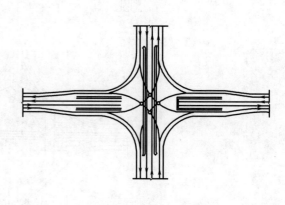

图 3-63 三层式简单跨越型立交

6.半定向型立交

半定向型立交是用半定向型匝道来实现左转车辆转向所构成的立交类型。由于半定向型匝道行车功能比环道和小环道好。此种形式比以上各种立交类型具有较好的行车条件。

(1)主要特点:

①左转车辆在半定向型独立匝道上行驶,转弯半径大,绕行距离较短、环道小,纵坡较平

缓,行车功能好。

②匝道布设灵活,变换匝道形式可有多种变化类型,造型美观,适应面较宽。

③桥跨多且长,占地面积大,拆迁范围广,因而工程造价较高。

(2)适用条件:半定向型立交属高级的全互通、全立交型,适用于快速路、一级路相互交叉的情况。对于其他道路相交情况,当左转交通量大、要求车速较高时亦可选用。

半定向型立交根据不同的匝道布置形式和跨越方式可有多种类型,见图 3-64～图 3-66,可结合立交区的条件和设计要求选用。

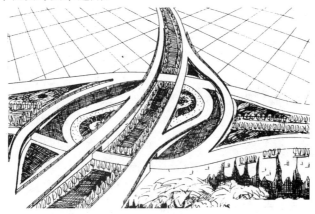

图 3-64 半定向型立交示意图

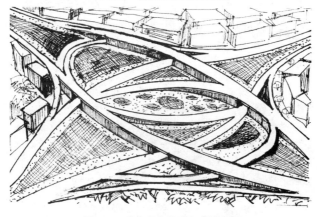

图 3-65 半定向交织型立交示意图

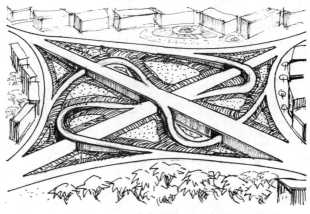

图 3-66 半定向钩状立交示意图

7.定向型立交

定向型立交是最高级的立交形式,它是采用定向型匝道从一个路口直接进入另一路口(不绕行)来实现左转车辆转向构成的立交形式。由于这种立交造价昂贵,目前国内采用较少。

(1)主要特点:

①匝道直接进出,不绕行,路线短捷,转向角小(一般只有90°),转弯半径大,故平面线形好。

②各转弯车辆均在独立、定向的匝道上单向行驶,无平交冲突点、无交织路段,行车干扰小,因而行车速度高且通行能力大,安全性好。

③匝道布设向空间竖向发展,结构紧凑,用地省,拆迁少。

④由于左转车直接左进、左出,路线重叠交叉多,匝道向空间发展,跨越构造物增多,且建筑物高,因而立交结构复杂,造价昂贵,设计施工难度很大。

(2)适用条件:定向型立交适用于高速公路、一级公路及城市快速路、主干路之间相交的情况,能适应的车速高、交通量大,特别适用于人口密集、建筑物多、交通繁忙的高速公路和城市快速路。

(3)各类定向立交图示:定向型立交匝道布设灵活,跨越形式多样,空间层次多且无固定的模式,变换匝道布局、改变跨越方式和空间层次,可构成各种类型的定向型立交。一般多按结构层次不同来划分,其种类有两层式、三层式、四层式三种。

①两层式立交。

图3-67为主线直行的两层式定向型立交透视图。

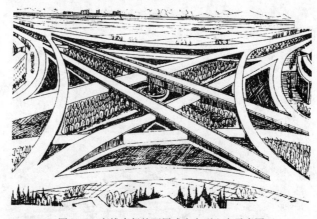

图3-67 主线直行的两层式定向型立交示意图

图3-68为主线绕行的两层式定向型立交示意图。

图3-68 主线绕行的两层式定向型立交示意图

②三层式立交。

图 3-69 为一个方向主线直行的三层式定向型立交示意图。

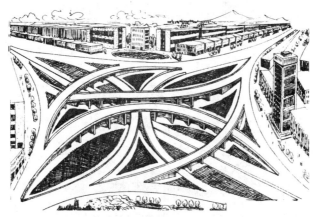

图 3-69　三层式定向型立交示意图(一)

图 3-70 为主线两个方向均绕行的三层式定向型立交示意图。

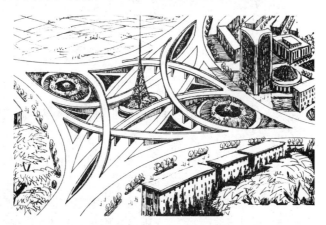

图 3-70　三层式定向型立交示意图(二)

③四层式立交。

图 3-71 为主线布设在一、四层的四层式定向型立交示意图。

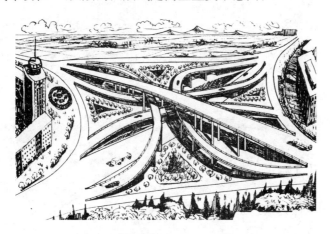

图 3-71　四层式定向型立交示意图(一)

图 3-72 为主线布设在下面一、二层的四层式定向型立交示意图。

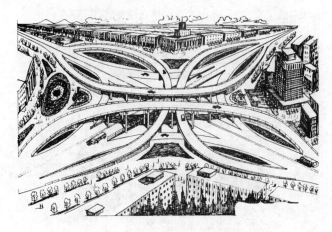

图 3-72 四层式定向型立交示意图(二)

8. 迂回式立交

迂回式立交是把一个方向左转匝道延长,形成迂回式匝道,先右转,跨过相交道路后,左转进入相交道路,而另一方向左转车辆则直行通过相交道路后进入迂回式匝道左转的立交形式。从本质上讲,该形式立交应属于半定向型立交,只不过采用半定向型匝道绕行路线很长而已。

(1)主要特点:

①由于左转匝道远离交叉点,使立交结构分散,占地较少,据统计一般比苜蓿叶形立交减少用地 20%～25%。

②立交总体布局为长条形,与道路用地一致,对两侧建筑物拆迁要求较小。

③左转车绕行路线长,有交织段,因而行车功能较差。

④一般需修建两座以上跨线桥或地道桥,且左转匝道跨线为曲线桥,造价较高,施工复杂。

(2)适用条件:该立交主要适用于街道宽度有限制、用地紧张、拆迁困难、主干道与其他道路相交的情况。

迂回式立交的图式见图 3-73、图 3-74。图 3-73 为右转匝道布设于左转迂回道外侧的透视图,图 3-74 为右转匝道布设于左转迂回匝道内侧的示意图。

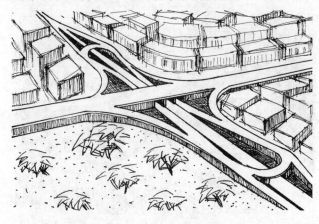

图 3-73 迂回式立交示意图(一)

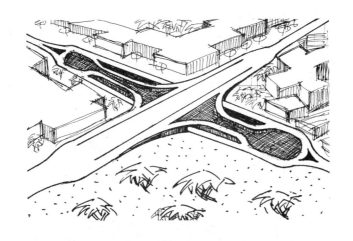

图 3-74　迂回式立交示意图(二)

图 3-75 为重庆江南立交采用迂回式结构的实照。

图 3-75　重庆江南立交(实照)

9.组合式立交

以上 8 种类型,除去类型相近的部分苜蓿叶形、迂回式和不宜组合的简单跨越式,其余五种,即苜蓿叶形、菱形、环形、半定向型、定向型,相互组合可构成十种立交形式,称组合式立交。组合式立交结构复杂,形式变化多样,可利用各种立交的特点,结合立交区的条件和设计要求,灵活运用,设计出结构新颖、功能齐全、经济合理的立交形式。下面仅介绍三种形式:

(1)苜蓿叶形与定向型的组合式。

图 3-76 为苜蓿叶形与定向型组合式立交示意图。图 3-77 为对角线半苜蓿叶形与定向型组合式立交示意图。图 3-78 为对角线半苜蓿叶形与定向型组合三层式立交示意图。

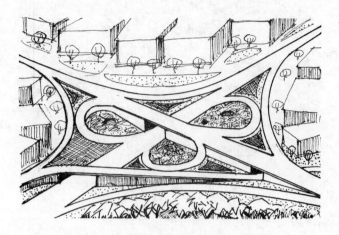

图 3-76　苜蓿叶形与定向型组合式立交示意图(一)

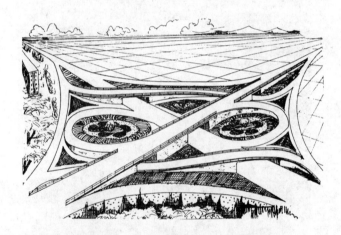

图 3-77　对角线半苜蓿叶形与定向型组合式立交示意图(二)

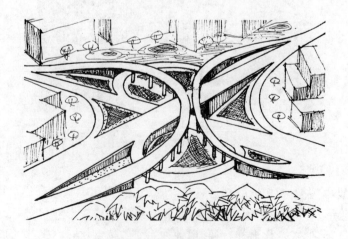

图 3-78　对角线半苜蓿叶与定向型组合三层式立交示意图(三)

(2)苜蓿叶形与半定向型的组合式。

图 3-79 为三条小环道与一个半定向型匝道的组合形式,图 3-80 为两条小环道与两条半定向型匝道的组合形式。这两种组合立交左转匝道均匀布设在四个象限,占地面积较大。为了节省占地,减少拆迁,当条件受限制时,可将四个左转匝道集中布置在两个象限内,使立交布局更为紧凑。图 3-81 为相邻象限布置的半苜蓿叶形与半定向型的组合形式,图 3-82 为对角象限半苜蓿叶形半定向型组合立交的示意图,图 3-83 为此种立交的实照,即重庆黄花园立交。

图 3-79　苜蓿叶形与半定向型组合式立交平面图(一)　　图 3-80　苜蓿叶形与半定向型组合式立交平面图(二)

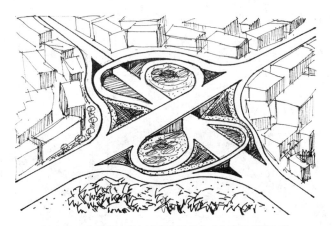

图 3-81　半苜蓿叶形与半定向型组合式立交示意图(三)

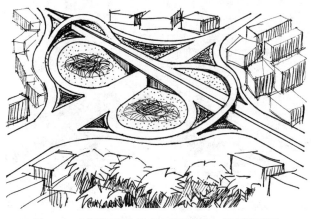

图 3-82　半苜蓿叶形与半定向型组合式立交示意图(四)

图 3-83 重庆黄花园立交(实照)

(3)其他组合式。

组合式立交形式多样,运用灵活,适应性强。图 3-84 为部分苜蓿叶形、半定向型与菱形的组合型立交示意图,图 3-85 为部分苜蓿叶形与环形的组合型立交示意图,图 3-86 为环形、部分苜蓿叶形与定向型的组合型立交示意图。

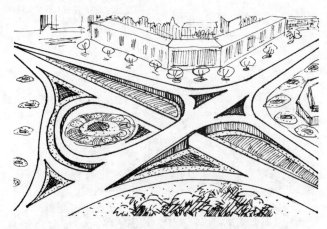

图 3-84 其他组合式立交示意图(一)

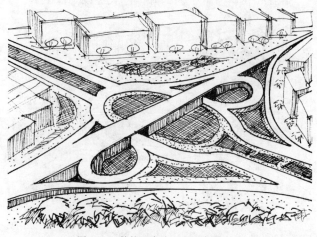

图 3-85 其他组合式立交示意图(二)

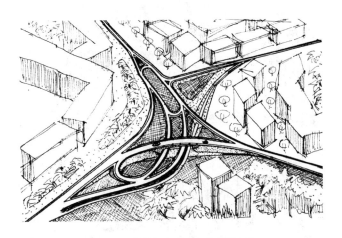

图 3-86　其他组合式立交示意图(三)

三、多路立交

多路立交,由于相交道路条数多(一般为五条路及五条路以上的交会立交),因而行车路线十分复杂,匝道布设困难;同时五路立交构造物庞大,占地面积大,设计与施工难度大。理论上讲,要实现五路交叉全互通、全立交,就必须设置 20 个独立匝道,并且可能分布在 5 个不同高度的层次上,这种复杂和庞大的结构可能有多种结构类型。

1. 定向型五路立交

这种立交在每一转弯方向均设有独立匝道,车辆直接转向,路线短捷,行车功能好,占地少,如图 3-87 所示。但空间层次多,立交结构复杂;同时立交的纵向起伏大,桥跨结构物多,造价昂贵。在工程中很少采用这种立交。

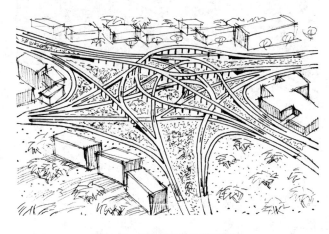

图 3-87　定向型五路立交示意图

2. 多路环形立交

将所有转弯车辆集中于环道实现转向,即构成多路环形立交,如图 3-88 所示。这类立交结构简单、桥跨少,是一种较实用的立交形式,适用于高速、一级公路与几条支线相交的情况。但由于有交织路段,通行能力低,车速较低。

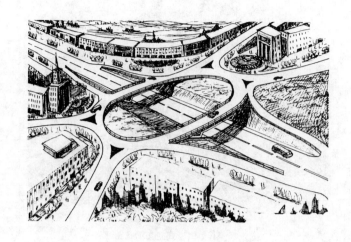

图 3-88　多路环形立交示意图

3. 复合式多路立交

将五路交叉分离为一个四路和一个三路交叉(或三个三路交叉)分别按两个(或三个)立交设计，即构成复合式五路立交。图 3-89 为一个四环形与一个三路半苜蓿叶与半定向型组合的三路立交构成的复合式立交。与全定向型立交相比，这种立交匝道少、桥跨少、费用省，但分离后立交的平面范围增宽，用地较多。

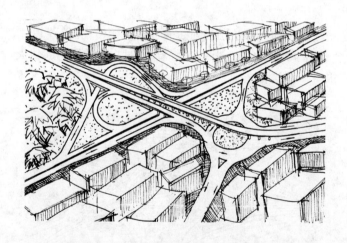

图 3-89　复合式五路立交示意图

将六路交叉分为三个四路交叉复合起来即可构成六路立交，如图 3-90 所示。

4. 采用立交交换匝道的多路立交

结合实地条件，因地制宜，运用立交交换匝道，将邻近的两个路口连通，组织单向交通，从而变五路为四路立交，减少了相交道路条数和冲突点，如图 3-91 所示。这种立交结构简单，布局紧凑，费用较省。

图 3-92、图 3-93 为灵活布设匝道，采用复合方式构成的多路立交示意图。

图 3-94 为各类集中布置的多路立交平面图。

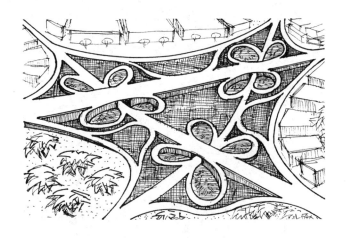

图 3-90 复合式六路立交示意图

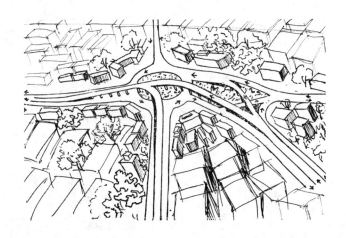

图 3-91 采用立交交换匝道的多路立交示意图

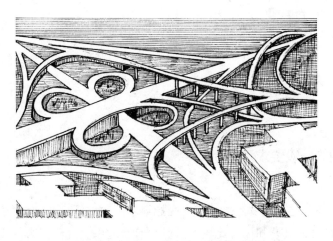

图 3-92 灵活布设的复合式五路立交示意图

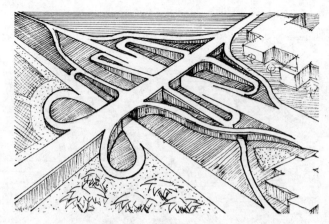

图 3-93　灵活布设的复合式六路立交示意图

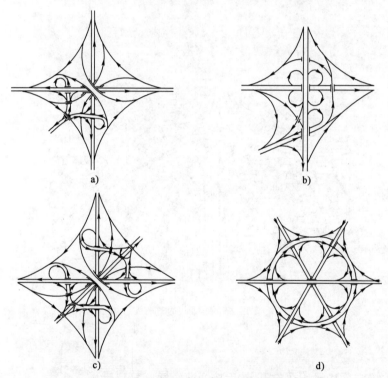

图 3-94　集中布设的多路立交平面图

第三节　立体交叉选型

一、立交选型的一般要求及原则

1. 一般要求

立交类型选择是立交规划设计中具有全面指导意义的重要工作,其主要目的是:通过对立交可行的方案进行分析、研究和综合比较,优选出合理、适用、经济、美观的立交形式。因此,立交类型选择是否恰当,不仅影响道路交叉本身的功能和经济,如通行能力、行车安全、行程时间、运营经济等，而且对地区的规划、地方交通的功能发挥、区域经济的发展以及环境市容等都有十分密切的关系。选型时应满足以下要求：

(1)立交的形式首先应与相交道路的性质、任务和远景交通量相适应。相交道路的性质主要指相交道路的类型、等级、区域的重要性、交通性质、设计车速及交通量等，这些都是立交类型选择的基本依据。

(2)选用的立交形式必须与当地条件相适应，即应与立交所在地点的自然、地形、地物和环境等条件相适应。因而，选型时要做好区域的调查、勘测和资料收集工作，充分考虑地区规划的要求结合立交区的地形、地质、地物及公用设施的分布条件，在满足交通要求的前提下，因地制宜，灵活布局，使立交类型达到工程经济、环境协调、造型美观的效果。

(3)选型应注意远近期结合，既要考虑近期交通要求，力图减少投资费用，又要考虑远期交通发展、改建提高的需要和可能性。为了减少近期投资，选型时要考虑分期修建方案。例如，近期交通量不大时，可考虑选用部分苜蓿叶形，既可节省投资，又能适应近期交通量要求，然后逐步改造提高为全苜蓿叶形，以保证前期工程为后期改造所充分利用。

(4)类型选择应从实际出发，充分考虑施工、养护及排水的要求，尽量采用新技术、新结构、新工艺，以提高施工质量、缩短工期、降低成本。

(5)选型要注意主次分明、全面安排。首先满足主要道路和主流方向交通的要求，然后考虑次要道路，处理好相交道路的关系。在上跨、下穿、匝道类型选择和平面安排、进出口位置确定时，都要优先保证主要道路和主流方向交通的要求，尽量为主要道路、主流方向创造较好的行车条件。例如，在处理相交道路竖向位置关系时，铁路与公路相交一般以公路下穿有利，可减少净空高度；高速公路、一级公路与其他道路相交，原则上高速公路及一级公路不变，次要道路抬高或降低，以保证主要道路纵面线形的顺适性。

选型还应与路线及构造物设计、立交总体布局、环境条件要求、交通组织方式等相配合，做到综合考虑、全面安排，使选择的类型能照顾各方面的要求。

(6)选型与定位相结合。立交形式与所在位置条件密切相关，不同的立交位置，地形地物条件均不相同，适宜修建的形式也不一样。有时由于某些区域条件限制，如地形、地质不允许或有不可拆迁的建筑物，都可能引起立交类型的改变；有时也因立交形式的确定反过来选择恰当的立交位置。一般应先定位后选型，选型与定位相结合，在初定位置的基础上，结合所选定类型对立交位置进行适当的调整。

(7)形式选择必须考虑是否收费的问题及所实行的收费制。如果是收费立交，根据转弯交通量大小，首先确定连接线所在象限，然后按变速车道长度要求确定连接线的具体位置，连接线两端三路交叉的形式应与相交道路的性质相适应。

(8)城市道路上的立交，选型时应考虑城市的特点，尽量少占地，少拆迁，少下挖，结构应简单，行车方向应明确，充分考虑非机动车及行人的要求，并尽可能考虑在景观和城市建筑协调等方面的要求。

2.基本原则

为了达到上述要求，在选型过程中还应遵循以下原则：

(1)车道数和车道平衡的原则。道路设计应满足相应的设计交通量的要求，为此，必须具有基本的车道数，立交范围内基本车道数不应因车流转换而有过大的削减，应保证各方向、各部位车道数平衡，一般应遵循下列原则：

①相邻两段在同一方向上的基本车道数增减不得多于一条且变化点应距互通式立交

0.5~1.0km,并设渐变率不大于1/50的过渡段。

②分、合流处应按车道数平衡公式进行计算,以检验车道数是否平衡,如图3-95所示。

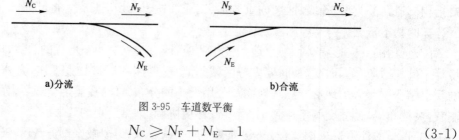

图 3-95　车道数平衡

$$N_C \geqslant N_F + N_E - 1 \tag{3-1}$$

式中:N_C——分流前或合流后的主线车道数;

N_F——分流后或合流前的主线车道数;

N_E——匝道车道数。

(2)一致性原则。一条线路上的立交布置方式的变化不宜过分复杂而缺乏一致性。在一条路上,车辆进、出的方式如果变化无常,如时而左出,时而右出,时而在立交前流出,时而在立交后流出等,往往使驾驶员行车迷惑,甚至走错路线,发生事故。通常一致性原则应避免以下情况:

①一条路上平交、立交交替出现或连续多个立交突然接一个平交。

②车辆左出与右出或左进与右进的路口交替出现或突然出现。

③立交桥跨前的出口(或进口)与桥跨后的出口(或进口)交替出现或突然出现。

④连续多个全立交型交叉后突然出现一个平交型交叉。

(3)立交形式多样统一的原则。在一个城市或一个地区主要环线与放射线的交叉点的立交是城市的重要建筑物,代表城市的特征和风格,构成城市景观之一,因而立交的形式不能千篇一律,应结合城市景观设计布置有特色的立交,使立交形式千姿百态。如北京的玉蜓桥立交、三元立交、四元桥立交,天津的蝶式立交,广州的区庄立交都具有雄伟的建筑气魄,构成了城市的新景观。

(4)与环境协调的原则。立交选型要与周围的环境结合,郊外公路上立交因人口较少,建筑物稀少,主要从功能上多考虑。城市立交,尤其是市中心地带立交,除了满足功能上的要求外,还应注重与周围建筑和人文环境相配合,既要保持立交本身的建筑艺术完美,又要注意与区域建筑及自然环境协调一致,体现立交造型上的内在美和与外界相结合的自然美。

二、影响立交选型的因素分析

一个成功的立交选型是综合平衡了各种影响因素后经分析、计算、论证、优化的产物。然而,影响立交的因素是多方面的。因此,在选型时,认真分析影响立交的各种因素,权衡利弊,对于选好立交形式十分重要。影响因素可归纳为如下4类。

1.道路因素

(1)道路等级。

(2)道路性质。

(3)设计车速。

(4)设计通行能力。

(5)原路状况:原交叉口形式,交叉口几何形状(正交、斜交、相交道路条数、交角等)。

2. 交通因素

(1)地区交通联系的要求。
(2)交通量(现有交通量、远景交通量)。
(3)交通组成:机动车(小汽车、载重车、半挂车、摩托车),非机动车(自行车)。
(4)交通比重(机动车、非机动车比例,各方向车比例)。
(5)邻近地区交通状况(火车站、客运站、货运站、公共集散点)。

3. 环境因素

(1)用地条件:用地面积,用地性质(市内、郊区、乡村)。
(2)地物条件:房屋建筑(密度、新旧程度、重要程度、分布情况、拆迁的可能性),管线情况(地下及地面)。
(3)地形条件(山区、丘陵区、平原区)。
(4)地质水文条件。

4. 人文及社会因素

(1)规划要求(总体规划、交通规划、道路规划)。
(2)主管部门意见。
(3)涉及(相关)部门意见。
(4)投资条件(资金来源、可能的投资额)。
(5)施工条件(工期要求、施工队伍状况、材料情况)。
(6)环保要求。
(7)重点文物保护要求。
(8)收费要求(是否收费、收费方式)。

综上分析,影响立交选型因素见图 3-96。

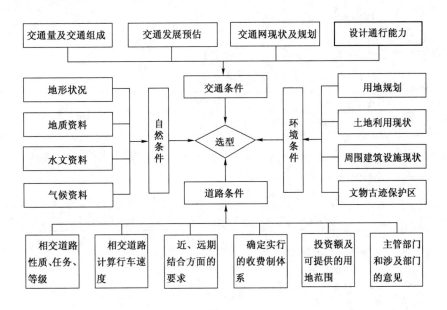

图 3-96 影响立交选型因素

三、立交形式的确定

上述各种因素在每个地区的情况均不相同,对每个立交选型的影响程度也各异。总结已建成的立交,在各种条件下适宜的立交形式选择已有不少的经验,现介绍如下:

1. 按相交道路等级、性质选型

1)城市道路立交选型

城市道路按等级、性质选择立交形式,可参见表 3-4。

按道路等级选择立交类型参考表 表 3-4

相交道路类别	高速公路	快速路	主干路	次干路	支路
高速公路	定向型、半定向型	定向型、半定向型	部分定向型、部分苜蓿叶形、喇叭形、菱形	部分苜蓿叶形、菱形	分离式
快速路	—	定向型、半定向型、部分苜蓿叶形	环形、菱形、苜蓿叶形、部分苜蓿叶形	分离式	分离式或平交
主干路	—	—	环形或不设	不设或分离式	不设

注:本表所列为常用基本类型,不含组合式立交。

2)公路立交选型

(1)直行和转弯交通量均大,相交公路的设计车速较高要求尽快集散时,可采用定向型或半定向型。

(2)相交公路等级相差较大,且转弯交通量不大时可采用菱形、部分苜蓿叶形或喇叭形立交。

(3)不设收费站的高速公路、一级公路相互交叉时,可采用苜蓿叶形;若用地受限,可考虑半定向型或定向型。

(4)汽车专用公路与一般公路相交,不设收费站时,应优先采用菱形。若设收费站,而主线转弯交通量较小时,可允许采用平交型或交织型立交。

2. 立交形式适用条件

一些立交形式适用条件表,见表 3-5。

一些立交形式适用条件表(供选型参考) 表 3-5

立交类型 \ 项目	设计速度(km/h)			交叉口总通行能力(辆/h)	占地面积(公顷)	相交道路等级交叉口情况
	直行	左转	右转			
定向型立交	80～100	70～80	70～80	13 000～15 000	8.5～2.5	1. 高速公路相互交叉; 2. 高速公路与市郊快速路相交
全苜蓿叶形立交	60～80	30～40	30～40	9 000～13 000	7.0～9.0	1. 高速公路相互交叉; 2. 高速公路与快速、主干路相交; 3. 市区主要交叉口,用地允许时
迂回式立交	60～80	25～35	30～40	7 000～9 000	4.5～5.5	1. 高速路与其他高级公路相交; 2. 市区交叉口,用地紧张时
部分苜蓿叶形立交	30～80	25～35	30～40	6 000～8 000	3.5～5.0	1. 高速路与快速主干路相交; 2. 苜蓿叶形立交的前期
菱形立交	30～80	25～35	25～35	5 000～7 000	2.5～3.5	1. 高速公路与次要公路相交; 2. 快速路与主干路相交

续上表

项目 立交类型	设计车速(km/h)			交叉口总通行能力(辆/h)	占地面积（公顷）	相交道路等级交叉口情况
	直行	左转	右转			
三、四层式环形立交	60～80	25～35	25～30	7 000～10 000	4.0～4.5	1.快速路与快速路相交； 2.市区交叉口； 3.高等级公路与次要道路相交
三层式扁平苜蓿叶形立交	60～80	25～35	25～35	6 000～9 000	6.0～7.0	1.高等级公路相互交叉； 2.市区交叉口
三路喇叭形立交	60～80	30～40	30～40	6 000～8 000	3.5～4.5	1.高速公路与快速路相交； 2.其他高等级公路相互交叉； 3.地形允许的市区交叉口
三路环形立交	60～80	25～35	25～35	5 000～7 000	2.5～3.0	1.高等级公路相互交叉； 2.市区T形、Y形交叉口
三路半定向型叶形立交	60～80	25～35	25～35	5 000～7 000	3.0～4.0	1.高等级公路相互交叉； 2.叶形可作为苜蓿叶形的前期
三路定向型立交	80～100	70～80	70～80	8 000～11 000	6.0～7.0	1.高速公路与高速公路相交； 2.相交道路为双向分离行驶且地形适宜时
组合式立体交叉	30～100	25～80	25～80	5 000～13 000	2.5～12.0	适于各种交叉口，但地形适宜

3.国内外立交类型采用情况

1)我国的情况

对我国13个城市32座立交(其中北京13座、外地19座)进行抽样，得到各种类型所占比例情况，见表3-6。

我国城市部分立交类型统计表　　　　　　　　表3-6

类型 项目	环　形			苜蓿叶形		其他形式		
	二层环形	三层环形	四层环形	二层	三层	菱形	喇叭形	定向型
分项数量	3	6	4	4	10	2	2	1
小计数量	13			14		5		
比例	41%			44%		15%		
总计	32							

注：本表为1996年统计资料，近年来有较大变化。

2)日本的情况

表3-7为日本高速公路上447座立交的类型统计表。由表分析，可得出如下结论：

(1)日本高速公路的立交，组合式占有的比例为91%，占绝对优势，非组合式只占9%。

(2)单喇叭与其他立交形式(平交型立交、T形立交、苜蓿叶形立交或其他形式)的组合形式立交在日本采用最多，占55%；其次是双喇叭形，占18.3%。这两种类型都属于含有喇叭形的组合式立交，占73.3%，是采用最多的立交。

(3)在高速公路四路立交组合式中，双喇叭形占绝对优势，为立交型组合式的73.2%；单喇叭形与其他形式组合型占 22.3%。两者合起来占 95%，也就是说日本的高速公路四路立交型组合式立交几乎全为双喇叭形和单喇叭形与其他形式的组合类型。分析其原因，主要从收费制考虑。因为这两种类型的立交是收费道路立交的典型形式。

日本高速公路立体交叉形式统计一览表　　表 3-7

	形式	高速公路一侧——一般道路一侧	处数	占本系统内百分率(%)	占统计总数百分率(%)
1	立交型组合式	双喇叭形	82	73.2	18.3
		喇叭形——Y形	7	6.2	1.6
		喇叭形——苜蓿叶形或其他形式	13	11.6	2.9
		Y形——喇叭形	5	4.5	1.1
		Y形——Y形或其他形式	5	4.5	1.1
		立交——立交组合式小计	112	100.0	25.0
2	平交型组合式	喇叭形——平面交叉	221	74.9	49.4
		Y形——平面交叉	25	8.5	5.6
		平面Y形——平面交叉	12	4.1	2.7
		菱形——平面交叉	4	1.4	0.1
		半菱形——平面交叉	32	10.8	7.2
		部分苜蓿叶形——平面交叉	1	0.3	0.02
		立交——平交组合式小计	295	100.0	66.0
3		其他立体交叉形式	40	—	8.9
Σ		各种形式统计总数	447	—	100.0

四、立交选型步骤及要点

(1) 立体交叉位置的选定。

(2) 选择立体交叉的基本形式。先选立交的基本类型，如采用上跨式或下穿式，全互通式或部分互通式，立交型、平交型或交织型，二层式、三层式或四层式，机动车与非机动车分行式或不分行式，收费式或不收费式等。在上述基础上进一步考虑具体的类型，如苜蓿叶形、喇叭形、环形、菱形、半定向型、定向型、组合式等。

(3) 立交总体结构布局。基本类型初定后，就可进一步对立交的总体结构进行布局。主要内容包括：立交主线的安排、立交匝道形式的选择、匝道的布置和安排、匝道几何形状的初定。

立交的总体布局主要取决于交通运行的特点及效果和环境的适应性，特别要研究几何形状和结构对车速、延误时间、服务水平、通行能力、行车视距、视野范围、行车安全及舒适等方面的影响。环境适应性方面要着重研究用地范围的利用效果，环境约束条件满足的情况（如红线控制、拆迁控制、特定条件控制等）。

通过分析研究，徒手勾绘出各种能满足设计和各方面控制要求的立交总体布局草图，作为拟定初步方案的基础。

(4) 方案比较。基本选型和总体结构布局完成后，将初步拟定的结构草图（有可比性的）绘于 1:500 或 1:1000 地形图上，形成几个方案，再从技术、经济、社会和环境效益等方面进行方案比较，从而选出最优的立交类型和方案。这一步工作是通过方案设计来完成的。

五、细则及规范中有关立交选型的规定

1. 公路规定

(1)被交叉公路为双车道公路或具集散功能的一级公路的互通式立体交叉,宜采用一般互通式立体交叉。

(2)高速公路之间、高速公路与具干线功能的一级公路之间或具干线功能的一级公路之间相交叉的互通式立体交叉,宜采用枢纽互通式立体交叉。

(3)设置匝道收费站的互通式立体交叉可按一般互通式立体交叉设计。

(4)一般互通式立体交叉可采用平面交叉型。

(5)枢纽互通式立体交叉宜采用完全立体交叉型。

(6)当个别方向无交通转换需求,或虽存在少量交通转换需求但完全连通特别困难时,可采用不完全互通型(即部分互通式立交),未连通方向的交通转换功能应通过路网交通组织由邻近节点承担,并应与完全互通型综合比较论证后确定。

2. 城市道路规定

城市道路交叉口设计规程根据相关道路等级、直行及转向(主要是左转)车流行驶特征、非机动车对机动车干扰等将立交分为 A、B、C 三类。

1)A 类:枢纽立交

立 A_1 类:主要形式为全定向、喇叭形、组合式全互通立交。宜在城市外围区域采用。

立 A_2 类:主要形式为喇叭形、苜蓿叶形、半定向、定向—半定向组合的全互通立交。宜在城市外围与中心区之间区域采用。

2)B 类:一般立交

立 B 类:主要形式为喇叭形、苜蓿叶形、环形、菱形、迂回形、组合式全互通或半互通立交。宜在城市中心区域采用。

3)C 类:分离式立交

立 C 类:分离式立交。

各类立交的类型及特征如表 3-8 所示。

立体交叉口类型划分及功能特征   表 3-8

立交类型	主线直行车流行驶特征	转向(主要指左转)车流行驶特征	非机动车及行人干扰情况
立 A_1	快速或按设计速度连续行驶	经定向匝道或经集散、变速车道行驶	机非分行,无干扰;车辆与行人无干扰
立 A_2	快速或按设计速度连续行驶	一般经定向匝道或经集散、变速车道行驶,或部分左转车减速行驶	机非分行,无干扰;车辆与行人干扰
立 B	快速或按设计速度连续行驶,次要主线受转向车流交织干扰或受平面交叉口左转车冲突影响,为间断流	减速交织行驶或受平面交叉口影响减速交织行驶,为间断流	机非分行或混行,有干扰;主线车辆与行人无干扰
立 C	快速或按设计速度连续行驶	—	—

城市道路立交类型选择,应根据交叉节点在城市道路网中的地位、作用、相交道路的等级,并应结合城市性质、规模、交通需求及立交节点所在区域用地条件按表 3-9 选定。

立 体 交 叉 选 型 表 3-9

立体交叉类型	选 型	
	推荐形式	可用形式
快速路—高速公路	立 A_1 类	—
快速路—快速路(一级公路)	立 A_1 类	—
快速路—主干路	立 B 类	立 A_2 类、立 C 类
快速路—次干路	立 C 类	立 B 类
快速路—支路	—	立 C 类
主干路—高速公路	立 B 类	立 A_2 类、立 C 类
主干路—主干路		立 B 类
主干路—次干路		立 B 类
次干路—高速公路	—	立 C 类
支路—高速公路	—	立 C 类

注:主干路与高速公路相交,经分析论证,可选立 A_1。

第四节 立体交叉方案设计

一、方案设计的任务和主要成果

1. 任务

立交方案设计是指在立交设计前进行的立交总体安排布局工作,目的是进行类型选择及比较,确定最优立交形式。方案设计的任务是:通过对立交区的实地调查、勘测,收集立交范围的地形和交通量大小及分布资料,再经过方案拟定、分析、比选、评定,确定合理的立交结构类型、布置形式和总体轮廓,为下一步初步设计和施工图设计提供实用、可行、经济、合理的最优方案。

2. 主要成果

方案设计从大的设计阶段来看,不是一个独立的设计阶段,但在实际生产过程中又具有相对独立性,因而在具体做法上目前尚未完全定型,一般都安排在立交工程可行性研究之后,初步设计之前进行。通常是当确定修建立交后(已形成计划任务书后),采取向社会或有关单位公开征集方案的方法,集思广益,产生多个应征方案,再经论证,专家评审,综合各方案的优点,最后形成一个(或多个)采用(或推荐)方案。当方案有争议或利弊相当时,可同时对两个(或两个以上)方案进行初步设计,进行进一步比较,再决定取舍。方案设计一般应提供以下成果:

(1)方案设计说明(含项目概况、项目背景、方案拟定依据、拟定情况、方案论证及有关说明等)。

(2)立交方案表现图。

(3)立交方案设计图,包括:总体平面布置图、主线及匝道纵断面图、典型断面图、桥型布置图、立交交通组织图。

(4)立交方案比较表。

(5)立交工程及费用估算表。

(6)其他有关附件资料。

二、方案比较

1. 一般程序

(1)确定可比方案。根据初步拟定的各个方案,经过初步分析、筛选,剔出明显的不可行方案或由于某种特定因素限制不可能成立的方案,确定有可比性的方案,一般为2～5个。

(2)建立方案比较指标体系。分析影响立交方案的因素,分层次确定各项评价指标,可量化的指标如通行能力、行车速度、造价等。

(3)指标评价。将各方案的各类指标进行综合,采用不同的方法进行评选。

(4)比选结论及方案推荐。

2. 评价指标体系的建立

(1)指标体系结构。目前立交方案评价的指标体系多数是按层次来划分的。指标分层是将各指标性质、影响特性和影响效果进行归类,并按隶属关系进行分层。层次划分一般不宜过多,以四层为宜。第一层通常为目标层,是表征方案的最终评价结果,用于不同方案间的比选;第二层为准则层,是综合评价的中间层次,表征方案在某一方面特征的大类指标,如方案的运行情况、实用情况、费用情况等是同一类分项指标的集合,这是方案比较的基本层次;第三层为指标层,是描述方案细部特征的指标,如用地面积、回收期、景观协调等,这是方案比较的基础层;第四层为子指标层,根据需要设计各子指标,见图3-97。

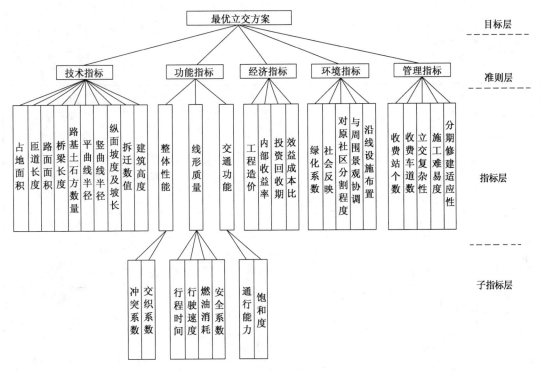

图 3-97 立交方案评价指标体系

(2)评价指标的确定。影响立交方案的各方面因素复杂,指标繁多。对于每个交叉口,由于地理位置、使用功能、社会条件、环境条件、自然条件的差异,影响因素及其影响的程度也不相同,具体的指标也不一样。下面归纳了一般常见的 8 类 46 项指标,供方案比较参考:

Ⅰ 立交功能:①平面线形;②纵面线形;③匝道长度;④视距条件;⑤净空条件;⑥收费条件;⑦交通组织。

Ⅱ 工程数量:⑧用地面积;⑨拆迁面积;⑩土石数量;⑪路面面积;⑫桥跨面积;⑬圬工体积;⑭排水设施;⑮照明设施;⑯其他工程。

Ⅲ 工程实施:⑰施工难易;⑱分期修建;⑲维持交通;⑳拆迁难易;㉑投资条件。

Ⅳ 费用经济:㉒建设费用;㉓养护费用;㉔运营费用。

Ⅴ 投资效益:㉕时间受益;㉖速度受益;㉗交通受益;㉘投资回收;㉙开发受益。

Ⅵ 运行特征:㉚运行时间;㉛行驶速度;㉜通行能力;㉝车损油耗;㉞行车舒适;㉟行车安全;㊱视线诱导;㊲交通组织。

Ⅶ 环境效益:㊳绿化系数;㊴景观协调;㊵隔离效果;㊶环境污染。

Ⅷ 社会效益:㊷造型评价;㊸地价增减;㊹居民迁移;㊺居民干扰;㊻居民出行。

3. 评价的方法

方案设计的最终目标是提供最后的采用方案(或推荐方案),为此需要进行方案评价。对上述各项指标进行多方案的比选时,往往会遇到不同质的指标之间的比较;同时方案指标的优劣不一样,如 A 方案的一些指标较好,占优势,而另一些指标却不如 B 方案好,特别是当考虑因素较多时,使比选工作显得复杂,总体优劣就难以确定,这就需要对各项指标综合评价比较。目前方案的评价方法很多,归纳起来有两大类:

(1)技术经济比较法。这种方法直接计算各方案的主要技术、经济和使用指标,如表 3-10 所示,用综合分析的办法进行比较,相对择优,选出最佳方案。这种方法以分析方案的技术经济指标为主,未进行指标的综合量化,带有很大的经验性,但方法简便、直观,是目前生产中常用的方法。

主要指标汇总表　　　　　　　　　　表 3-10

主要指标		单 位	第一方案 半苜蓿叶形	第二方案 喇叭形	第三方案 喇叭形
技术指标	占地面积	m²	41 795	43 928	40 462
	日车辆运行总距离	km	3 537	5 429	2 622
	匝道最小半径	m	50	40	40
	匝道最大纵坡	%	7.0	7.0	7.0
	匝道全长	m	869	1 100	1 045
	路面面积	m²	11 972	13 984	13 388
	土方总量	m³	212 471	219 186	193 660
	桥长	m	128	176	176
	涵洞	m/道	92/4	92/4	92/4
	浆砌片石防护	m³	2 526	2 779	3 242

续上表

主要指标		单位	第一方案 半苜蓿叶形	第二方案 喇叭形	第三方案 喇叭形
使用指标	$T_{左+右}$	s	50	77	80
	$t_{左+右}$	s	60	93	96
经济指标	造价	万元	1 156	1 254	1 250
	一年养护费	元	35 541	45 241	44 617
	一年运输费	元	61 001	93 632	96 961

注：$T_{左+右}$—左右转弯车辆以设计车速通过交叉口的平均时间。
$t_{左+右}$—左右转弯车辆以最佳车速通过交叉口的平均时间。

由表 3-7 中可以看出，第一方案大部分指标均较另外两种方案好，而该方案又容易改建成全苜蓿叶形，利于发展；后两种方案，尽管也可以改成双喇叭形，但因增加跨线桥对原匝道的车流会产生阻碍，故推荐第一方案。

(2) 综合评价法。这类方法的基本程序如下：

① 首先按指标体系的项目内容，列出需要比较的项目，剔出对于指标体系中与方案比选关系不大的项目，保留指标体系中未剔出的项目，增补对方案比选影响较大的项目。

② 对每个方案的各个单项指标进行评价。评价的方法一般是：对于能量化的指标进行计算，并算出各方案的相对比值。对于不能量化的指标，采用专家评价的方法。

③ 对各单项指标进行权重分析，确定其权重，综合评价各方案的总体优劣。

综合评价法对完整的指标体系进行评价，并通过数学方法和专家评审进行综合评价，定性与定量相结合，最后得出反映方案总体优劣的综合分值。因而，此方法具有系统、全面、可操作性强，便于计算机技术的应用等特点，但此方法在权重确定、指标换算、评价矩阵建立等方面不太成熟，有待进一步深入研究。

综合评价方法的关键是各项指标的换算和综合。方案比选指标的复杂性以及指标对方案影响的方式和效果的差异，给指标的换算和综合带来困难。目前在换算和综合方法方面研究成果较多，归纳起来主要有综合评分法、排队法、模糊评判法等，下面简要介绍综合评分法。

综合评分法方法对每个方案各项指标的优劣进行分项评分，然后确定各项指标的权重指数，最后按权重指数与分项评分的乘积进行累计的总分作为评价方案的优劣的标准，一般分数最高者为最佳方案，见表 3-11。

三、方案构思

立交方案的产生是在了解立交区的条件，弄清立交的任务和功能的基础上，通过方案构思形成的。所谓立交方案构思是指对立交总体布局的一个基本设想，产生满足设计条件立交方案的总体轮廓，是一个从无到有的创作思维的过程。立交方案构思是立交方案设计的关键步骤，也是一个立交设计经验积累的过程。通过构思形成多个立交的初步方案，为下一步方案比选提供依据。下面着重介绍立交方案构思的要点和一般程序两个问题。

1. 构思要点

立交方案构思要点归纳起来有"新、借、活、重、紧、美"6 个字。

综 合 评 价 表　　　　　　　　　　　　　　　表 3-11

比较项目		权重指数	第一方案		第二方案		第三方案	
			分项评分	评分乘积	分项评分	评分乘积	分项评分	评分乘积
1		2	3	4	5	6	7	8
运行特点 (指数和 30)	车速	5	10	50	8	40	6	30
	运行距离	5	10	50	9	45	7	35
	安全程度	10	9	90	10	100	7	70
	交通容量	10	10	100	8	80	6	60
费用 (指数和 25)	建筑费用总和	15	6	90	9	135	10	150
	运行费和	10	10	100	10	100	10	100
执行计划特点 (指数和 15)	分期修建的适应性	10	6	60	10	100	8	80
	施工期间维持交通措施	5	8	40	10	50	10	50
环境及社会 经济影响 (指数和 30)	环境污染	5	6	30	10	50	10	50
	美化评价	5	6	30	9	45	8	40
	隔离效果	5	5	25	10	50	7	35
	发展趋势	15	5	75	9	135	10	150
合计		100		740		930		850

(1)新——指立交构思要有创意,要大胆设想,广开思路。立交是一个庞大的交通基础设施建筑物,是道路工程与桥梁工程实体的结合产物,因此立交方案构思应在"新"字上下功夫,要按照设计创造的理念突出创造,体现新意,不能千篇一律照抄了事。构思中可采用"仿生法"、"类比法"、"融合法"等手段进行创新设计。如北京玉蜓立交就是借用仿生原理,模拟蜻蜓的形象,由苜蓿叶立交变形后构成,达到自然融洽,构思新颖的效果,是一个有新意的立交范例,见图 3-98。

(2)借——指立交构思可以借用以往立交方案设计的经验,但不能生搬硬套,千篇一律。构思时,可借鉴国内外立交设计的成功经验,借用或参考其基本结构,结合本立交的特点和条件,经完善、优化,反复调整后形成新的方案。一个新方案的产生绝不是凭空设想,而是对前人的方案修改完善的结果。

(3)活——指方案构思要机动灵活,因地制宜。每个立交的区位条件和要求均不相同,因地制宜是立交方案构思的根本。特别是立交的地形、地物、环境及投资条件的适应和满足,是决定立交成败的关键。立交层次应合理安排,匝道应灵活布设。如重庆黄花园立交结合周边建筑拆迁和长江江岸条件,采用对角线式半苜蓿、半定向型立交就是一个较好的灵活设计的范例,见图 3-99。

(4)重——指立交的方案形成一定要有重点,要以功能为重,主次分明。影响立交方案形成的因素很多,而影响各个立交的因素又不尽相同,在分析影响立交的各种因素的基础上,应抓住重要因素,突出主要矛盾,找准关键性问题,采取有针对性的措施,深化突破,形成合理方案。

图 3-98　北京玉蜓立交

图 3-99　重庆黄花园立交

(5)紧——指立交方案总体结构要紧凑,要注意经济实用,有效利用空间,匝道布设应精打细算,节省用地,减少拆迁,在平面和立面上保证匝道及主线最小间距和净空的基础上合理布局,达到结构紧凑、布局合理的要求。如重庆长江一桥南桥头立交在长江河岸控制和山坡陡峻的环境条件下,充分利用空间,采用多层次(五层)迂回布局的手法,以达到结构紧凑,满足车辆转向的要求,是一个有创意的立交实例,见图3-100。

图3-100 重庆长江一桥南桥头立交

(6)美——指立交方案设计应注意造型美观、环境协调的要求,在不过分增加造价的前提下,巧妙灵活布设匝道,使立交造型美观,环境协调,有较强的文化氛围和地域特色。图3-101为某市莲花寺附近的城市立交方案,立交采用莲花为主题,灵活布设三个小环道,构成莲花形布局。达到了造型美和具有地域特色的要求。

图3-101 某市莲花形立交方案图

2. 构思一般程序

归纳起来立交构思主要有六大程序:
(1)确定目标,抓住重点。
(2)查阅资料,参考图示。
(3)找出难点,重点突破。
(4)绘制草图,构成雏形。
(5)权衡利弊,综合比较。
(6)优选劣汰,推荐方案。

四、方案设计流程

立交方案设计是立交设计前期的重要工作。立交方案的好坏对立交的建设和建成后使用的营运效果影响很大,直接关系到立交工程的优劣和成败。在方案设计中,应严格按照拟订的各方案进行平、纵、横及结构设计。立交方案设计的流程见图 3-102。

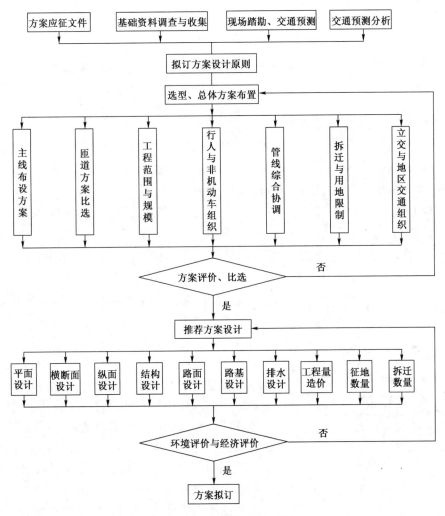

图 3-102 立交方案设计流程图

第四章 立体交叉主线及总体设计

第一节 主线设计要求及技术标准

一、主线的特点及设计要求

1. 立交区主线的特点

立交范围内主线,与一般路线相比,具有如下特征:

(1)主线上交通复杂。互通式立交范围内,主线作为基本的交通流线与各种转弯流线之间关系复杂。转弯车辆要进出主线,主线与匝道间常常产生合流、分流、交织甚至交叉运行,对主线车流产生干扰,使主线交通复杂,从而影响行车安全性,因此,立交主线线形标准比一般路段要高。

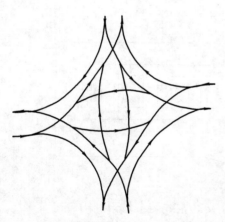

图 4-1 主线在立交区线形的复杂性

(2)影响主线线形的因素众多。立交主线线形设计除了考虑路线本身的影响因素外,还要考虑与相交路线在平面和竖向上的相互影响及主线与匝道进出口的连接关系。例如主线与主线交叉的形式、交角是立交主线平面线形设计中必须要考虑的问题。竖向设计中,相交道路在竖向位置上的处理(如上跨或下穿)、确保下线车辆通过净空都是纵断面设计的重要控制因素。主线线形设计还要考虑与匝道在平面和竖向上的连接。因此,主线设计应与匝道的布设通盘考虑。图 4-1 所示的定向型立交,由于匝道从主线左侧分流,从另一主线左侧会合,要求相交的两条主线中间有足够的距离布设匝道,这就使得主线平、纵面线形组合的复杂多变。

(3)立交范围内主线,跨线桥、地道、支挡结构较多且复杂(弯、坡、斜桥占多数),如图 4-2 所示。在线形设计中要充分考虑主线与这些构造物在平面和竖向上的要求,这就增加了线形设计的复杂性。同时,主线下线桥梁墩台对视线的障碍以及对道路净宽的限制,主线上线桥跨位置较高,这些不利的行车条件给驾驶员行车心理带来了不良的反应,直接影响行车的速度和安全性。

(4)立交区路基横断面构造复杂。主线与匝道连接端部,行车道宽度的变化、超高和加宽的过渡、车道安排等与其他一般路段相比较,有所不同,从而影响主线行车。尤其在出口处,甚至会产生由于错误的视线诱导使直行车流误入转弯车道。

图 4-2 主线在立交区桥跨构造物的复杂性

2. 主线设计要求

(1)主线设计应满足立交的易识别性,保证足够的行车视距,使主线上行驶的驾驶员从较远处看清立交,有充裕的时间注意立交出入车辆及出入口位置。为此,立交应尽可能布置在通视良好的直线或大半径的曲线路段,并位于大半径的凹形竖曲线中。

(2)为了满足立交主线上车辆行驶的要求,以及进出口车辆行驶安全、便利,在主线设计的同时,还应综合考虑其他交通措施,如变速车道、集散道路、导流岛、方向岛等。分、合流处主线右侧,一般要求设置变速车道、辅道,以减少合流、分流对主线的交通影响,条件允许时还应设置导流岛等设施,以改善主线的行驶条件。

(3)在线形设计中,原则上匝道线形应服从主线线形的要求,在保证主线线形的前提下,主线和匝道综合考虑,为匝道设计创造较好的条件,便于进出口连接。

(4)主线线形应满足标准要求,在条件允许下用较高的技术指标。相交主线力求正交,并在直线或大半径的曲线段相交,这样可减小桥跨或地道长度,避免斜、弯桥,利于设计、施工和运营。路线必须斜交时,其交角一般不小于45°。

(5)力求主线纵坡平缓,注意排水问题。互通式立交区主线陡下坡不利于流出车辆的减速,而主线陡上坡则不利于流入车辆的加速。此外,陡坡处主线与匝道、主线与变速车道的连接竖向处理困难。因此,纵面设计应尽可能采用缓坡。纵面设计还要注意满足下线排水的要求,这一点在平原区尤为重要。采用自流排水方式时,应尽量使主线的下线最低点高出雨水管或排水沟出口,尽量减小水流的汇集范围,减少汇流量。

(6)处理好跨线构造物与道路的连贯性,避免平面、纵面和横断面的突变。

(7)保证相交路线有足够的跨越高度,满足行车及行车视距条件以及桥下净空要求。

二、主线线形设计标准

1. 公路规定

1)平曲线最小半径

互通式立体交叉范围内,设有变速车道路段的主线圆曲线半径不应小于表4-1的规定值。

变速车道路段的主线圆曲线最小半径　　表4-1

主线设计速度(km/h)		120	100	80	60
圆曲线最小半径(m)	一般值	2 000	1 500	1 100	500
	极限值	1 500	1 000	700	350

2)最大纵坡

互通式立体交叉范围内,减速车道下坡路段和加速车道上坡路段的主线纵坡不应大于表4-2的规定值。

减速车道下坡路段和加速车道上坡路段的主线最大纵坡　　表4-2

主线设计速度(km/h)		120	100	80	60
最大纵坡(%)	一般值	2.0	2.0	3.0	4.5(4.0)
	最大值	2.0	3.0	4.0(3.5)	5.0(4.5)

注:当互通式立体交叉位于主线连续长大下坡路段底部时,减速车道下坡路段取表中括号内的值。

3)最小竖曲线半径

互通式立交范围内,主线竖曲线半径不应小于表4-3的规定值及图4-3的规定范围。

互通式立体交叉范围内主线竖曲线最小半径　　表4-3

主线设计速度(km/h)			120	100	80	60
竖曲线最小半径(m)	凸形	一般值	45 000	25 000	12 000	6 000
		极限值	23 000(29 000)	15 000(17 000)	6 000(8 000)	3 000(4 000)
	凹形	一般值	16 000	12 000	8 000	4 000
		极限值	12 000	8 000	4 000	2 000

注:在分流鼻端前识别视距控制路段,主线凸形竖曲线最小半径取表中括号内的值。

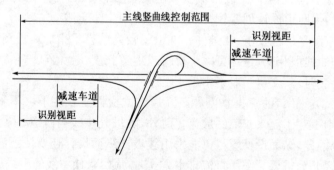

图4-3　主线竖曲线半径控制范围示意图

2.城市道路规定

1)主线平面线形

立交主线平面线形技术要求应与路段一致。在进出立交的主线路段,其行车视距宜大于或等于1.25倍的停车视距。

2)主线纵面线形

(1)机动车道最大纵坡。

机动车道最大纵坡应符合表4-4的规定。

机动车道最大纵坡度 表4-4

设计速度(km/h)	100	80	60	50	40
最大纵坡度推荐(%)	3	4	5	5.5	6
最大纵坡度限制(%)	5	6	7		8

注:1.机动车道最大纵坡应采用小于或等于最大纵坡度推荐值;受地形条件或特殊情况限制时,方可采用最大纵坡限制值。
2.山区城市设计速度为40km/h的道路,经技术经济论证,最大纵坡可增加1%。
3.越岭路线连续上坡(或下坡)路段,地形相对高差为200m~500m时,平均纵坡不应大于5.5%;地形相对高差大于500m时,平均纵坡不应大于5%,且连续3km路段的平均纵坡不应大于5.5%。
4.海拔3 000m以上高原城市道路的最大纵坡推荐值可按表列值减小1%,最大纵坡折减后若小于4%,则仍采用4%。
5.冰冻积雪地区快速路最大纵坡不得超过4%,其他道路不得超过6%。

(2)机动车道最小坡长。

道路纵坡最小长度应符合表4-5规定,且应大于相邻两个竖曲线切线长度之和。

纵坡坡段最小长度 表4-5

设计速度(km/h)	100	80	60	50	40	30	20
坡段最小长度(m)	250	200	150	140	110	85	60

(3)机动车道坡长限制。

当道路纵坡大于表4-4所列推荐值时,可按表4-6的规定限制坡长。当道路纵坡超过5%,坡长超过表4-6的规定时,应设纵坡缓和段。缓和段的纵坡不应大于3%,其长度应符合表4-5最小坡长的规定。

纵坡限制坡长 表4-6

设计速度(km/h)	100			80			60			50			40	
纵坡度(%)	4	4.5	5	5	5.5	6	6	6.5	7	6	6.5	7	6.5	7
纵坡限制坡长(m)	700	600	500	600	500	400	400	350	300	350	300	250	300	250

(4)非机动车道平、纵线形。

非机动车道线形应符合下列规定:

①非机动车道与主线平行布置时,其平面线形应与主线一致。

②独立布置的非机动车道平面线形由直线和圆曲线组成,其缘石圆曲线最小半径应为5m。兼有辅道功能的非机动车道,其圆曲线最小半径应采用机动车道技术指标最小值。

③非机动车道纵坡度宜小于2.5%;当大于或等于2.5%时,其坡长控制应符合表4-7的规定。

非机动车道限制坡长(m) 表4-7

坡度(%) \ 车种	自行车	三轮车、板车
3.5	150	—
3	200	100
2.5	300	150

④非机动车道变坡点处就设竖曲线,竖曲线最小半径宜为500m。

第二节 主线线形设计

一、主线线形设计要点

1. 平面线形设计

立交主线平面线形设计的主要任务是确定两条路线交叉点的位置、交叉角度以及主线的曲线要素(圆曲线半径、缓和曲线长度或参数 A)。交叉点的位置和交叉角度一般在立交规划中确定。主线线形设计方法与一般道路相同,考虑立交主线的交通特征,主线平面设计应注意以下几点:

(1)尽量采用直线或大半径的曲线,避免使用小半径的曲线,以便进、出口连接和匝道、集散道路的设置。

(2)立交桥跨主线宜采用直线,避免设置曲线桥,以便于桥梁设计和施工。不得已采用曲线桥时,应尽可能使相交路线走向沿曲线桥的圆心方向。

(3)在考虑交叉角、交点位置及确定线形要素时,应先满足主要道路的线形要求,尽可能为主线创造较好的行车和车辆出入的条件。

(4)平面设计应按《公路工程基本建设项目设计文件编制办法》的规定交付平面设计成果。

2. 纵断面线形设计

立交主线纵面线形设计方法与一般道路纵面线设计方法相同,除满足一般纵面设计的要求外,还应注意以下几点:

(1)注意满足控制高程的要求。立交交叉点的控制高程包括上线、下线的高程,是立交纵面设计的基本依据,是在立交规划中已经确定的,设计时应作为纵面设计的"死点"控制。

(2)当需调整立交上线或下线的高程时,应注意保证相交路线有足够的跨越高度 H。H 的最小值可由下式计算:

$$H = H_1 + h_j + bi_1 + ai_2 \tag{4-1}$$

式中各参数含义如图 4-4 所示。

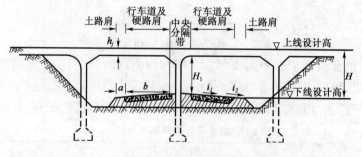

图 4-4 跨线桥跨越高度 H

(3)主线进出口处的高程应与匝道设计通盘考虑,一般是先定主线高程,再控制匝道。但当匝道布设困难、展线长度很紧时,也可能先定匝道进出口高程,控制主线纵断面设计。在主线与匝道相互交叉时,要注意处理好主线与匝道空间的关系,通常将这些点位的高程标注在主线纵断面上,作为主线纵面设计的参考点。

(4)跨线桥下凹形竖曲线上方的净空高度应满足鞍式列车有效净空的要求,应使有效净空高度大于规定的净空高度,见图4-5。

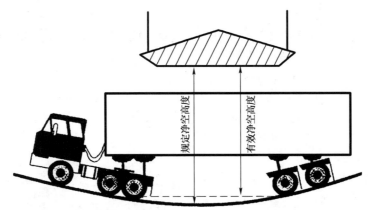

图4-5 跨线桥下凹形竖曲线的有效净空

(5)主线纵断面设计的一般步骤:
①点绘地面线。
②标注主线与主线交叉点的控制高程、主线与匝道交叉点的控制高程、主线上匝道进出口的控制高程以及其他控制高程。
③进行主要道路的纵坡设计。
④进行次要道路的纵坡设计。
⑤核对和调坡。
⑥定坡。

二、主线视距保证

1. 平面视距的保证

为了保证平面曲线视距条件,需求出如图4-6所示的视线与障碍物间所必需的横净距。

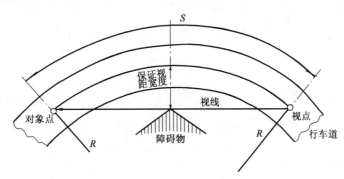

图4-6 保证视距宽度

(1)障碍物是铅垂状时的横净距。

若障碍物是混凝土栏杆、防护栏等铅垂状的物体时,所必须保证的横净距仅需考虑平面线形,即视线进入平曲线内时所必需的横净距,按式(4-2)计算:

$$y = R\left(1-\cos\frac{S}{2R}\right) = \frac{S^2}{8R} \tag{4-2}$$

式中:y——必须保证的横净距,m;
   R——平曲线半径,m;
   S——停车视距,m。

式(4-2)仅适用于驾驶员视线两端落在圆曲线范围内的情况。视线位于缓和曲线范围时,横净距要小些,此时可用图解方法求得。

(2)障碍物不是铅垂状时(如边坡等)的横净距。

视线在平面上进入圆曲线、纵面上进入直坡段时,必需的横净距按式(4-3)计算:

$$y = \frac{S^2}{8R} + \frac{N^2(h_e-h_0)^2}{2S^2}R - \frac{N(h_e+h_0)}{2} \tag{4-3}$$

式中:y——必需的横净距,m;
   R——平曲线半径,m;
   S——停车视距,m;
   h_e——视点高,$h_e=1.2$m;
   h_0——障碍物高,$h_0=0.1$m;
   N——边坡值。

视线在平面上进入圆曲线、纵面上进入竖曲线,此时所必需的横净距按式(4-4)计算:

$$y = \frac{S^2}{8R} \cdot \frac{K-NR}{K} + \frac{N^2(h_e-h_0)^2}{2S^2}R\frac{K}{K-NR} - \frac{N(h_e+h_0)}{2} \tag{4-4}$$

式中:K——竖曲线半径,m,凸形 $K>0$,凹形 $K<0$;
   其他参数意义同前。

(3)临界曲线半径。

平面为曲线、纵面为直坡段、横面为挖方边坡(1:1)路段,为保证视距,根据侧向余宽(1/2车道宽+路肩宽+保护路肩宽),用以判断是否有必要做视距台或后退建筑物的临界曲线半径 R 为:

$$R = \frac{S^2}{8y+5.2} \tag{4-5}$$

式中:R——临界平曲线半径,m;
   y——横净距,m;
   S——停车视距,m。

2. 纵面视距保证

纵面视距保证的措施和方法与一般道路相同,一般主要考虑跨线桥下视距的要求。跨线桥下位于凹形竖曲线处,驾驶员视线受上部桥跨结构阻挡。这时,应根据视距长度和桥下净高来选择适当的竖曲线半径和长度。

(1)当 $S \leqslant L_V$ 时。

当 $S \leqslant L_V$ 时,见图 4-7,竖曲线半径 R 为:

$$R = \frac{S^2}{[\sqrt{2(h_{max}-h_e)}+\sqrt{2(h_{max}-h_0)}]^2} \tag{4-6}$$

$$L_V = R\omega = R(i_2-i_1) \tag{4-7}$$

式中:R——竖曲线半径,m;
   L_V——竖曲线长度,m;
   S——停车视距,m;

h_{max}——桥下设计净空高度,m;

h_e——视线高,m;

h_0——障碍物高,m;

ω——坡度角,$\omega = i_2 - i_1$。

(2)当 $S > L_V$ 时。

当 $S > L_V$ 时,见图4-8,竖曲线半径 R 为:

$$R = \frac{2S}{\omega} - \frac{h_{max}}{\omega^2}\left[1 - \frac{h_e + h_0}{2h_{max}} + \sqrt{(1-\frac{h_e}{h_{max}})(1-\frac{h_0}{h_{max}})}\right] \tag{4-8}$$

$$L_V = R \cdot \omega = R(i_2 - i_1) \tag{4-9}$$

式中各参数意义同前。

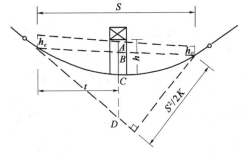
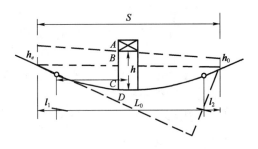

图4-7 $S \leqslant L_V$ 时桥下视距保证　　　　图4-8 $S > L_V$ 时桥下视距保证

3.注意问题

(1)立交范围内当侧墙、挡土墙、防护栏、挖方边坡、桥台等障碍不能获得足够的视距时,可采用后退障碍和加宽中央分隔带或路肩等措施保证视距。但宽度变化处原则上宜采用缓和曲线使中央分隔带宽度或路肩宽度圆滑顺适地过渡。

(2)主线上跨时,凸形竖曲线半径应大于立交区主线纵平面半径相应的规定值,以保证凸形竖曲线部分的通视条件。

(3)立交匝道主线及桥跨构造物在立交区相互交错和不同层次上布置,应对车道上各视距不良段进行检查和验算,以确保在立交区内车辆行驶的安全。

第三节　立体交叉总体设计概要

一、任务及目的

总体设计是指对工程项目外部与内部各专业之间关系的协调布局及设计工作。立交总体设计的任务则是对立体交叉的总体布局、择位、间距、技术标准、建设规模、主要技术指标和设计方案的全面、系统地安排和设计工作。其目的是:通过总体设计,掌握立交设置条件;控制立交间距;确定立交区主线、匝道及各组成部分的技术指标;统一立交进出口的形式;确保车道平衡和连续,从而使立交与相交道路成为一个完整统一的系统,符合安全、经济、环保、可发展的总目标,保障用路者的安全,提高道路交通的服务质量。

二、总体设计的原则

(1)多因素原则。应综合考虑功能、经济、安全、环境、资源、全寿命周期成本、驾乘者的舒适和便利等因素。

(2)系统性原则。组成节点系统的各单元之间、节点与整体路网系统之间、节点与环境之间应相互协调。

(3)一致性原则。公路立体交叉形式、几何构造及信息分布等应与驾驶人期望相一致,并应与车辆行驶动力特征相适应。

(4)连续性原则。交通流运行方向、车道布置和运行速度等应具有连续性。

三、总体设计主要内容

(1)在工程可行性研究阶段,应提出总体设计目标、设计思想和设计原则;全面分析路网结构,明确主线、被交路及节点的功能定位;根据预测交通量和建设条件,拟定节点基本类型、基本形式和建设规模等。

(2)在设计阶段,应在工程可行性研究成果及批复意见的基础上,进一步明确总体设计原则;分析并选定交叉位置;根据交通量分布及其组成,确定交通流线主次、匝道形式、匝道车道数及匝道连接方式。在初步设计阶段,应结合现场建设条件及各方面影响因素,比选并推荐公路立体交叉设计方案。

(3)对于交通组织和交叉形式复杂的立体交叉,在设计阶段应进行运行特征分析和运行安全性评价。

(4)互通式立体交叉、服务区和停车区等有接入需求的所有设施应纳入全线总体布置,相邻出、入口间距应满足有关规定的要求。

四、总体设计应收集的资料

(1)立体交叉设计应全面收集项目区域及工点有关社会资料、交通资料和自然条件资料等,并应满足相应设计阶段的深度和要求。

(2)社会资料应包括项目区域国民经济与社会发展现状及规划、城镇分布及规划、产业布局及规划、土地开发规划、水利工程及规划、文物分布情况、相关单位及公众的意见和要求等。

(3)交通资料应包括项目区域路网结构及规划、综合交通运输体系及规划、交通量分布及其组成等。当路网结构或交通源的分布有较大变化时,应对上阶段交通资料做补充调查和分析。

(4)自然条件资料应包括项目区域及工点地形、地物、地质、水文、气象、植物、野生动物和矿产资源等资料。

第五章 立体交叉匝道设计

第一节 匝道组成

匝道是相交道路间互相转向的连接道,主要供转弯车辆行驶使用。立交匝道设计,主要是选择匝道类型,进行匝道布置,并确定匝道几何尺寸。

一条转弯匝道通常由 3 部分组成,如图 5-1 所示。

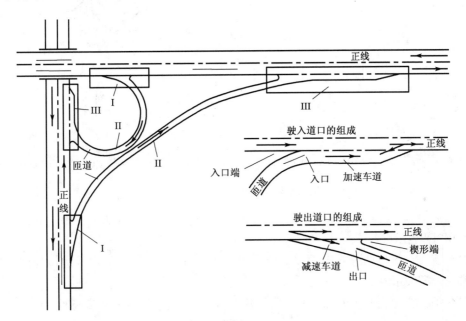

图 5-1 匝道的组成
Ⅰ-驶出道口;Ⅱ-中间匝道路段;Ⅲ-驶入道口

(1)离开原线的驶出道口。
(2)匝道经行的路段。
(3)汇入另一路线的驶入道口。

匝道出入口有控制式(如红绿灯)和畅通式两种。对于一些次要道路的出入口,交通受限制,采用控制式。对于高速公路和其他主要干道的出入口,通常采用畅通式。

驶出口的位置必须明显,驾驶员易识别,最好设置在立交构造物前,以便车辆及早识别、顺利驶出;驶入口则应位于构造物之后,这样驾驶员视线不受构造物影响,视野开阔,有利于驾驶员伺机汇入主线,安全行车。

立交是主线和匝道的集合体,匝道与匝道之间、匝道与主线之间关系复杂,甚至多层相互交错。因此,匝道设计力求结构简明、布设合理、通透性好,并能与周围环境融为一体,使立交具有较好的功能和观瞻性。

第二节　匝道交通流动线分析

动线,即交通流线。动线分析的目的就是通过研究匝道分、合流点的交通流线的相互位置关系,进一步掌握交通流线的基本规律,从而更好地选择匝道类型,合理布置匝道以及确定具体的形状尺寸,以便更好地为转弯车辆服务。

一、匝道动线布置基本形式

根据匝道与主线连接的进、出口的动线分布,可有 4 种基本形式,如图 5-2 所示。

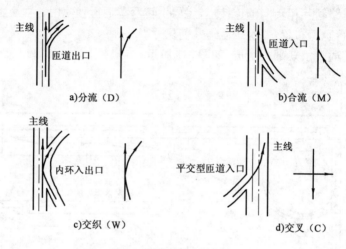

图 5-2　动线布置的基本形式

(1)分流。分流指一个方向的交通流分为两个方向的交通流,如主线出口处即为分流情况,通常用"D"表示。

(2)合流。合流指两个方向的交通流合为一个方向的交通流,如主线进口处即为合流情况,通常用"M"表示。

(3)交织。交织指两个方向的交通流合流又分流的组合情况,如环道与匝道的车流相交时即形成交织,通常"W"表示。

(4)交叉。交叉指两个不同方向的交通流以接近或大于 90°的交角相交的情况,如平交型立交中次要道路上的入口,通常用"C"表示。

二、动线布置的组合形式

正线与匝道或匝道与匝道连接处车流轨迹线分流与合流的组合,可以是自身的组合,也可以是相互的组合。这样,分、合流的组合形式应有连续分流、连续合流、合分流及分合流 4 种类型,如图 5-3 所示。根据分流与合流在正线(或匝道)的左侧或右侧位置的不同,又有不同形式的组合,如表 5-1 所示。

从行车安全方便的角度分析,各类的第Ⅰ、Ⅱ种形式使用较多,它们均属正线行车道右侧分流(简称右出)和右侧合流(简称右进)的行驶过程;而各类的后 3 种形式使用较少,它们都存在左侧分流(左出)或左侧合流(左进)的行驶过程。这是因为,我国行车规则为右侧行驶,当单方向车行道有两条或两条以上车道时,靠中线的车道为快速车道或超车车道,而靠右外侧的车道为慢速车道或主车道,如果分、合流为左出和左进运行,那么车辆必须高速驶出和汇入正线,这对行车安全是非常不利的,同时,对于右侧行驶的慢速车要加速分离和汇入也是非常困难的。但若采用右出和右进的分、合流运行,对行车安全和方便进出是非常有利的。另外,连续分流和连续合流的第Ⅱ种形式比第Ⅰ种形式更有利于行车,因为第Ⅱ种形式正线上只有一处分流或合流,对正线车流干扰最小。合分流类都存在交织运行,第Ⅰ种形式为正线与匝道车流交织,第Ⅱ种形式为匝道与匝道车流交织。分合流类是常用形式,其中第Ⅱ种形式为正线分流匝道合流运行,也可采用匝道分流正线合流的分合流形式。

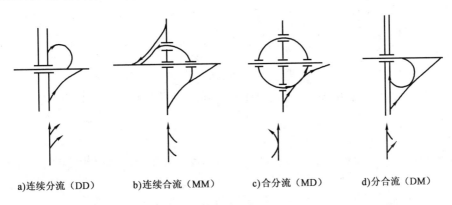

a)连续分流(DD)　　b)连续合流(MM)　　c)合分流(MD)　　d)分合流(DM)

图 5-3　动线布置的基本组合形式

动线布置的各种组合形式　　表 5-1

种类	Ⅰ	Ⅱ	Ⅲ	Ⅳ	Ⅴ
连续分流					
连续合流					
合分流					
分合流					

第三节　匝道布置形式及分类

立体交叉中主线与交叉线处于不同高程上,需用道路将其互相联系,便于各方向车流通达。这些起联系作用的道路通常称为匝道。

正如前文分析,多种动线组合形式不同的出入口,用匝道将其互相连通,设置必要的跨线桥,与主线、交叉线共同组合成各式各样的互通式立交,因此,匝道布置形式多样。匝道布置是否得当,线形是否舒顺、紧凑、简洁、合理,对于满足交通、保证安全、少占土地、节省投资都极为关键。下面就常用的几种匝道布置形式加以介绍。

一、匝道基本布置形式

就整个立交而言,由于地形、地物的限制,交通功能要求不同,线形布置繁杂多变。然而,其基本要求并不复杂,即每条进入交叉的主线或交叉线除已具有直行交通功能之外,还应增加向左、向右转弯的交通功能,也就是增加右转匝道和左转匝道。

1. 右转匝道

右转匝道的基本形式如图 5-4 所示。车辆从交叉线右侧分流,通过匝道,从主线右侧进入主线。此种匝道特点是:右出右进,出入直接,方向明确,线形顺适,曲线半径较大,车速较高,车辆行程最短,采用较为广泛。

2. 左转匝道

供车辆实现左转弯行驶的匝道。左转匝道与直行车道之间以及与相邻的左转匝道之间干扰大,布置复杂,因而,左转匝道的布置形式直接影响立交的功能及造型。左转匝道应根据相交道路的性质、交通量大小及其分布、地形条件,灵活合理布设,如图 5-5 所示。

3. 左右共行的匝道

供车辆同时实现左转和右转行驶的匝道。如菱形立交、环形立交、双喇叭形立交等,左右转车辆共用一条匝道,如图 5-6 所示。

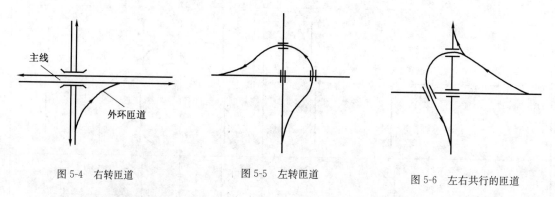

图 5-4 右转匝道　　　　图 5-5 左转匝道　　　　图 5-6 左右共行的匝道

二、左转匝道的分类

匝道的分类,主要针对左转匝道而言,根据其几何布置可分为以下类型:

1. 直接型(定向型)

直接型又称 DD 型,匝道从主线左侧驶出,左转弯行驶后,直接从另一主线左侧驶入,如图 5-8 所示。直接型匝道主要特点如下:

(1)左出左进,转向约 90°,行驶路线短捷,立交营运费用低,能承担较大的左转交通量。

(2)左转车辆自主线左侧驶出,没有反向运行,平面线形较好。

(3)行车方向明确,行车顺适,出入口明显、易识别,一般不会在立交处发生错路运行。

(4)行车路线交叉多,使跨线构造物增加,立交工程费用增大。

(5)一般要求主线的双向行车道之间必须有足够的距离才能满足匝道上跨或下穿主线立

面布置的要求。

(6)当主线单向有两个以上的车道时,主线快车道上的车辆自主线左侧驶出时,减速段的要求严格;主线慢车道上的重型车辆横移变换到左侧车道上再驶出去时,困难较大,进入另一主线后,车辆从高速车道左侧汇入困难也较大。

(7)匝道需连续两次跨越主线,纵面线形较差,并使桥跨增长。

这类匝道适用于左转交通量特别大的情况,一般情况下较少选用。

直接型匝道布置可有 3 种形式,如图 5-7 所示。

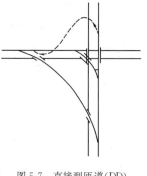

图 5-7　直接型匝道(DD)

2. 半直接型(半定向型)

根据进出口匝道与主线连接关系的不同,这半直接型的匝道有如下 3 种形式:

(1) A 型,又称 DS 型,如图 5-8 所示。这种匝道的主要特点如下:

①左出右进,匝道路有绕行。

②DD 型匝道左出缺点仍然存在。

③连接匝道出口的主线双向行车道之间必须有相当大的间距,以便匝道竖向布置,因此,主线设计时应与匝道设计一并考虑。

④转弯车流从主线右侧驶入,对主线车流干扰较小。

DS 型匝道的布置形式有图 5-8 所示的两跨两层、一跨三层和一跨两层等。

(2) B 型,又称 SD 型,如图 5-9 所示。这种匝道的主要特点如下:

①转弯车辆右出左进,匝道绕行略长。

②DD 型匝道左进的缺点仍然存在,若当驶入的道路是双车道次要道路时,左进右进关系不大,此时采用这种匝道是可行的。

③由于匝道左进,驶入主线双向车道之间必须有足够的距离,因此,主线设计应与匝道设计一并考虑。

④转弯车流从主线左侧驶出,对主线车流干扰较小。

与 DS 型相似,SD 型匝道的布置形式有两跨两层、一跨三层和一跨两层等。

(3) C 型,又称 SS 型,如图 5-10 所示。这种匝道具有如下特点:

①右出右进,匝道绕行距离较长,匝道需连续两次跨越主线,故桥跨较多。

②右出右进,避免了左出左进在运行上的困难和缺陷,车辆出入对主线干扰小,行车安全。

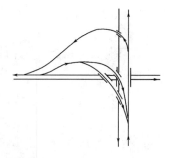

图 5-8　半直接 A 型左转匝道(DS)

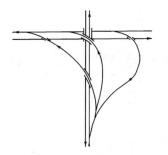

图 5-9　半直接 B 型匝道(SD)

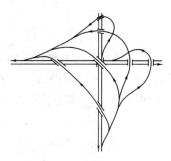

图 5-10　半直接 C 型匝道(SS)

③驶出或驶入主线双向车道不必分开。
④匝道的纵面线形较好。
⑤这种匝道一般较适用于两条四车道以上的高等级公路相交且匝道连接象限左转交通量较大的情况。

SS 型匝道有如图 5-11 所示的几种布置形式。

直接型和半直接型匝道都是直接左转的方式行车,两者主要区别在于绕行路线长以及进出方式不同而已。

3. 间接式匝道

(1)小环道。

小环道,又称 L 型匝道,有如图 5-11 所示四种形式。这种匝道的主要特点是:

①车辆过交叉点后,从主线右侧驶出,变左转为右转,转向 270°,形成一个环道。

②匝道从右侧驶出、右侧驶入,不需设置任何构造物就达到独立左转的目的,经济安全。

③小环道绕行路线长,一般平曲线半径较小,出口设置在主线跨线桥(或地道)后面,行车不易识别,因而要求跨线桥下(或地道)具有良好的视距条件。

④小环道半径较大时,占地较多,采用小环道匝道构成的苜蓿叶形立交中两小环道间存在交织段,直接影响主线行车和立交匝道的通行能力,可采取增设集散道的措施加以改善。

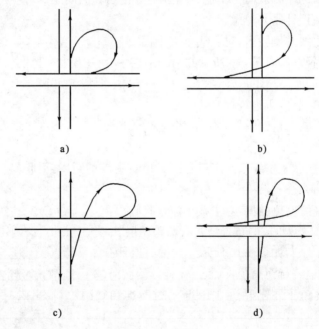

图 5-11 小环道(L)

(2)迂回式匝道。

迂回式匝道是一种先右转行驶一定距离后,再回头左转 180°的左转匝道,由于绕行路线长,称迂回式匝道,如图 5-12 所示。迂回式匝道布置为长条形,当用地受限时可考虑采用。由于迂回绕行,常布置为公用匝道,可减少匝道数,节省用地。

4. 环道

环道是一种左转车辆在公用车道上交织行驶的匝道。这种匝道变左转为右转、绕中心岛行驶,实现立交全互通,如图 5-13 所示。

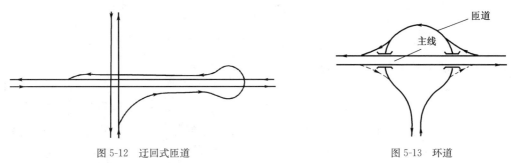

图 5-12 迂回式匝道　　　　　　　　　图 5-13 环道

这种匝道的主要特点如下:
(1)左转车辆与直行车辆、左转车辆与左转车辆共用一条匝道,产生交织运行。
(2)环道半径较大,左转车行车方向明确,行车条件较好。
(3)由环道构成的环形立交结构紧凑,占地较少。
(4)环道上有交织路段,对通行能力及行车速度影响较大。
(5)转弯车辆绕行较长。
(6)环道构成的环形立交需要建两座构造物,造价较高。

第四节　匝道设计标准

一、设计速度

1. 规范规定

互通式立交匝道的设计速度主要是根据立交的等级、转弯交通量的大小以及用地和投资费用等条件确定。如果匝道的设计速度能和正线一样,即使是采用不同设计速度的相交道路中较低者,车辆运行也是顺畅的。然而,由于地形、用地和投资费用等的限制,匝道的计算行车速度通常都较正线低,但降低不得过大,以免车辆在离开或进入正线时急剧减速或加速,导致行车危险和不顺畅。匝道计算行车速度期望值以接近主线平均行驶速度为宜,当受用地或其他条件限制时,可适当降低,一般为主线设计速度的50%～70%。

公路立交和城市道路立交匝道设计速度的规定分别见表 5-2、表 5-3。

公路立交匝道设计速度(单位:km/h)　　　　表 5-2

匝道类型		直连式	半直连式	环形匝道
匝道设计速度	枢纽互通式立交	80、70、60、50	80、70、60、50、40	40
	一般互通式立交	60、50、40	60、50、40	40、35、30

注:1. 右转弯匝道宜采用上限或中间值。
　　2. 直连式或半直连式左转弯匝道宜采用上限或中间值。
　　3. 表中直线式即为本书中的直接型;半直连式即为半直接型;环型即为小环道。

城市道路立体交叉主线及匝道设计速度规定　　　　表 5-3

立交部位	有关规定	说　明
立交主线范围	采用相应道路设计速度	
立交匝道	采用相应道路设计速度的50%～70%	1. 定向、半定向匝道取上限; 2. 一般匝道取下限; 3. 菱形立交的平面交叉部分可采用平面交叉的设计速度; 4. 环形立交的环道可采用环形平交的设计速度

2.注意问题

选用匝道设计速度时,应注意以下几点:

(1)考虑最佳车速要求。

匝道采用较主线低的车速不一定意味着会降低立交的通行能力,因为车速高时,由于制动距离增加而使车头间距变大,使通行能力降低。所以,为保证行车安全,满足通行能力要求,并考虑用地及行驶条件,匝道设计速度宜接近最大通行能力时的车速,即最佳车速 V_k(m/s)。简化计算公式为:

$$V_k = \sqrt{\frac{L+L_0}{C}} \tag{5-1}$$

式中:L——车长,m;

L_0——安全距离,m,一般取 5~10m;

C——制动系数,s^2/m,一般取 0.15~0.30s^2/m。

一般,最佳车速 V_k 为 40~50km/h。

(2)按匝道的不同形式选用。

同一座立交每条匝道的设计速度应不同,原则上应根据匝道的形式选用。右转匝道宜采用上限或中间值,定向式左转匝道宜采用上限或接近上限值,半定向式宜采用中间或接近中间值,环道式宜采用下限值。

(3)适应出、入口行驶状态需要。

驶出匝道分流鼻端的设计速度不能小于主线设计速度的50%~60%;驶入匝道与加速车道连接处的设计速度应保证车辆驶至加速车道末端的速度能达到主线设计速度的70%;接近收费站或次要道路的匝道末段,设计速度可酌情降低。

二、匝道线形标准

1.匝道平面线形

匝道的平面线形应根据匝道设计速度、交叉类型、交通量、地形、用地条件、造价等因素确定。

1)匝道的圆曲线半径取值规定

匝道的圆曲线半径的大小直接影响到立体交叉的形式、用地、规模、造价以及行车的安全性和舒适性。最小半径的大小取决于匝道圆曲线最小半径,通常应选用大于一般值的半径。当受地形条件或其他特殊情况限制时,方可采用极限值。

2)公路匝道平面线形技术指标及规定

(1)公路立交匝道圆曲线最小半径(表5-4)。

匝道圆曲线最小半径　　　　　表5-4

匝道设计速度(km/h)		80	70	60	50	40	35	30
圆曲线最小半径(m)	一般值	280	210	150	100	60	40	30
	极限值	230	175	120	80	50	35	25

注:在积雪冰冻地区匝道圆曲线最小半径不应小于表中的一般值。

(2)公路不设超高的匝道圆曲线最小半径(表5-5)。

公路不设超高的匝道圆曲线最小半径 表5-5

匝道设计速度(km/h)		80	70	60	50	40	35	30
不设超高的圆曲线最小半径(m)	反向横坡≤2.0%	2 500	2 000	1 400	1 000	600	500	350
	2.0%<反向横坡≤2.5%	3 350	2 600	1 900	1 300	800	600	450

(3)公路匝道回旋曲线的最小参数及长度(表5-6)。

匝道回旋线的最小参数及长度 表5-6

匝道设计速度(km/h)	80	70	60	50	40	35	30
回旋线最小参数(m)	140	100	70	50	35	30	20
回旋线最小长度(m)	70	60	50	40	35	30	25

(4)匝道平面线形设计应符合下列规定:
①各曲线元长度不宜小于以设计速度行驶3s的行程。
②直线与圆曲线、不同半径及不同方向圆曲线之间宜插入回旋线。
③当匝道为下坡且采用本细则规定的最大纵坡值时,匝道末段圆曲线半径不宜采用表5-4规定的极限最小值。
④凸形竖曲线前后的平面线形宜一致或具备良好的线形诱导条件,小半径凸形竖曲线之后应避免紧接反向平曲线。

(5)公路立体交叉分流鼻端处匝道平曲线的最小曲线半径(表5-7)。

公路立体交叉分流鼻端处匝道最小平曲线最小半径 表5-7

主线设计速度(km/h)		120	100	80	60
最小平曲线半径(m)	一般值	350	300	250	200
	极限值	300	250	200	150

3)城市道路匝道平面线形技术指标
(1)最小平曲线半径(表5-8)。

城市道路匝道圆曲线最小半径(m) 表5-8

匝道设计速度(km/h)		80	70	60	50	40	35	30	25	20
积雪冰冻地区		—	—	240	150	90	70	50	35	25
一般地区	不设超高	420	300	200	130	80	60	45	30	20
	$I_{max}=0.02$	315	230	160	105	65	50	35	25	20
	$I_{max}=0.04$	280	205	145	95	60	45	35	25	15
	$I_{max}=0.06$	255	185	130	90	55	40	30	25	15

注:不设缓和曲线的匝道圆曲线极限最小半径与不设超高情况相同。积雪冰冻地区超高不大于4%。

(2)平曲线、圆曲线最小长度。
匝道平曲线可由一条圆曲线及两条缓和曲线组成,也可由两条缓和曲线直接衔接,平曲线与圆曲线长度应大于或等于表5-9的规定。

匝道平曲线、圆曲线最小长度 表5-9

匝道设计速度(km/h)	80	70	60	50	40	35	30	25	20
平曲线最小长度(m)	150	140	120	100	90	80	70	50	40
圆曲线最小长度(m)	70	60	50	45	35	30	25	20	20

(3)缓和曲线及回旋曲线参数(表5-10、表5-11)。

匝道缓和曲线最小长度　　　　　　表5-10

匝道设计速度(km/h)	80	70	60	50	40	35	30	25	20
缓和曲线最小长度(m)	75	70	60	50	45	40	35	25	20

匝道回旋曲线参数　　　　　　表5-11

匝道设计速度(km/h)	80	70	60	50	40	35	30	25	20
回旋曲线参数 A(m)	135	110	90	70	50	40	35	25	20

注:1.反向曲线间的两个回旋线,其参数宜相等,不相等时其比值应小于1.5。
　　2.回旋线的长度还应满足超高过渡的需要。

2. 匝道的纵面线形
(1)公路匝道的最大纵坡规定如表5-12所示。

公路匝道最大纵坡　　　　　　表5-12

匝道设计速度(km/h)			80、70	60、50	40、35、30
最大纵坡(%)	出口匝道	上坡	3	4	5
		下坡	3	3	4
	入口匝道	上坡	3	3	4
		下坡	3	4	5

注:因地形困难或用地紧张时可增大1%。非冰冻积雪地区在特殊困难情况下出口匝道上坡和入口下坡可增加2%。

(2)公路匝道竖曲线的最小半径及最小长度,城市立交匝道最大纵坡规定如表5-13所示。

公路匝道竖曲线的最小半径及长度　　　　　　表5-13

匝道设计速度(km/h)			80	70	60	50	40	35	30
竖曲线最小半径(m)	凸形	一般值	4 500	3 500	2 000	1 600	900	700	500
		极限值	3 000	2 000	1 400	800	450	350	250
	凹形	一般值	3 000	2 000	1 500	1 400	900	700	400
		极限值	2 000	1 500	1 000	700	450	350	300
竖曲线最小长度(m)		一般值	100	90	70	60	40	35	30
		最小值	75	60	50	40	35	30	25

(3)城市道路匝道最大纵坡(表5-14)

匝道最大纵坡(%)　　　　　　表5-14

匝道设计速度(km/h)	80	70	60	50	≤40
一般地区	5	5.5	6	7	8
积雪冰冻地区	4		4	4	4

(4)城市道路匝道竖曲线最小半径(表5-15)

匝道竖曲线最小半径及长度　　　　　　表5-15

匝道设计速度(km/h)			80	70	60	50	40	35	30	25	20
竖曲线最小半径(m)	凸形	一般值	4 500	3 000	1 800	1 200	600	450	400	250	150
		极限值	3 000	2 000	1 200	800	400	300	250	150	100
	凹形	一般值	2 700	2 025	1 500	1 050	675	525	375	255	165
		极限值	1 800	1 350	1 000	700	450	350	250	170	110

续上表

匝道设计速度(km/h)		80	70	60	50	40	35	30	25	20
竖曲线最小长度(m)	一般值	105	90	75	60	55	45	40	30	30
	极限值	70	60	50	40	35	30	25	20	20

(5)匝道纵面设计的有关规定

公路匝道纵面设计的有关规定：

①匝道与主线相连接的纵断面线形应连续，并应避免指标的突变。

②出口匝道宜采用上坡。

③入口匝道宜采用下坡；当入口匝道为上坡时，在合流鼻端通视三角区范围内，匝道与主线之间的高差不应对相互通视产生影响。

④反向平曲线拐点附近或匝道相互分、合流鼻端前不宜设置凸形竖曲线顶点。

⑤匝道合成纵坡不宜大于9%，积雪冰冻地区不应大于7.5%。

城市道路匝道纵面设计的有关规定：

①匝道纵断面线形应平缓，不宜采用断背纵坡线（两同向竖曲线间隔一短直线段）。机非混行匝道纵坡应满足非机动车行驶纵坡要求。

②匝道驶入（出）主线附近的纵断面，宜与主线有适当长度的平行段。

③对凸形竖曲线和在立交桥下的凹型竖曲线应校核行车视距。验算时物高宜为0.1m；目高在凸型竖曲线上宜为1.2m，在凹型竖曲线宜采用2.2m。

④匝道合成纵坡最大不应超过8%，冰雪冰冻地区不应超过6%。

3. 匝道超高及加宽要求

1)公路匝道超高

(1)超高值，见表5-16。

匝道圆曲线路段超高值　　　　　　　　　表5-16

匝道设计速度(km/h)	80		70		60		50		40		35		30		超高(%)
最大超高(%)	8	6	8	6	8	6	8	6	8	6	8	6	8	6	
圆曲线半径R(m)	230≤R<290	—	175≤R<240	—	120≤R<160	—	80≤R<100	—	50≤R<60	—	35≤R<40	—	25≤R<30	—	8
	290≤R<390	—	240≤R<320	—	160≤R<220	—	100≤R<140	—	60≤R<90	—	40≤R<60	—	30≤R<40	—	7
	390≤R<510	230≤R<290	320≤R<420	175≤R<230	220≤R<300	120≤R<160	140≤R<200	80≤R<100	90≤R<130	50≤R<70	60≤R<90	35≤R<50	40≤R<60	25≤R<30	6
	510≤R<660	290≤R<430	420≤R<560	230≤R<360	300≤R<400	160≤R<250	200≤R<270	100≤R<160	130≤R<180	70≤R<100	90≤R<130	50≤R<70	60≤R<90	30≤R<50	5
	660≤R<900	430≤R<660	560≤R<770	360≤R<560	400≤R<560	250≤R<400	270≤R<380	160≤R<260	180≤R<260	100≤R<170	130≤R<190	70≤R<120	90≤R<130	50≤R<80	4
	900≤R<1330	660≤R<1050	770≤R<1130	560≤R<910	560≤R<830	400≤R<670	380≤R<570	260≤R<460	260≤R<400	170≤R<320	190≤R<290	120≤R<230	130≤R<210	80≤R<160	3
	1330≤R<2500	1050≤R<2500	1130≤R<2000	910≤R<2000	830≤R<1500	670≤R<1500	570≤R<1000	460≤R<1000	400≤R<600	320≤R<600	290≤R<500	230≤R<500	210≤R<350	160≤R<350	2

(2)最大超高渐变率见表5-17。

匝道超高最大渐变率　　　　　　　　　　　　　　表5-17

旋转轴位置		车道中心		左侧路缘带外边缘	
匝道横断面类型		单向单车道 对向分隔式双车道	单向双车道 对向非分隔式双车道	单向单车道 对向分隔式双车道	单向双车道 对向非分隔式双车道
匝道设计速度 (km/h)	80	1/250	1/200	1/200	1/150
	70	1/240	1/190	1/175	1/140
	60	1/225	1/175	1/150	1/125
	50	1/200	1/150	1/125	1/100
	≤40	1/150	1/150	1/100	1/100

(3)最小超高渐变率见表5-18。

排水困难路段匝道超高最小渐变率　　　　　　　　表5-18

匝道横断面类型		单向单车道 对向分隔式双车道	单向双车道 对向非分隔式双车道
旋转轴位置	车道中心	1/800	1/500
	左侧路缘带外边缘	1/500	1/300

2)城市道路匝道超高渐变率

超高渐变率见表5-19。

超　高　渐　变　率　　　　　　　　　　　　　　　表5-19

匝道设计速度(km/h)	20	30	40	50	60	70	80
超高渐变率 $\varepsilon_{中}$	1/100	1/125	1/150	1/160	1/175	1/185	1/200
超高渐变率 $\varepsilon_{边}$	1/50	1/75	1/100	1/115	1/125	1/135	1/150

3)公路匝道加宽

匝道圆曲线路段路面加宽值应根据匝道类型、路面标准宽度、通行条件所需宽度和圆曲线半径等确定。当采用一般通行条件时,匝道圆曲线路段的路面加宽值可由表5-20查取。

匝道圆曲线路段路面加宽值　　　　　　　　　　　表5-20

匝道圆曲线半径 R(m)				路面加宽值(m)
单向单车道 (Ⅰ型)	无紧急停车带的 单向双车道(Ⅱ型)	对向分隔式双车道(Ⅵ型)		
		曲线内侧车道	曲线外侧车道	
—	—	25≤R<26	—	3.50
—	25≤R<26	26≤R<27	—	3.25
—	26≤R<27	27≤R<28	—	3.00
—	27≤R<28	28≤R<30	—	2.75
—	28≤R<30	30≤R<32	25≤R<26	2.50
25≤R<27	30≤R<31	32≤R<35	26≤R<29	2.25
27≤R<29	31≤R<33	35≤R<38	29≤R<32	2.00
29≤R<32	33≤R<35	38≤R<42	32≤R<36	1.75
32≤R<35	35≤R<37	42≤R<46	36≤R<40	1.50

续上表

匝道圆曲线半径 R(m)				路面加宽值(m)
单向单车道（Ⅰ型）	无紧急停车带的单向双车道（Ⅱ型）	对向分隔式双车道（Ⅵ型）		
		曲线内侧车道	曲线外侧车道	
35≤R<38	37≤R<39	46≤R<53	40≤R<46	1.25
38≤R<43	39≤R<42	53≤R<60	46≤R<55	1.00
43≤R<50	42≤R<46	60≤R<73	55≤R<67	0.75
50≤R<58	46≤R<50	73≤R<92	67≤R<85	0.50
58≤R<70	50≤R<55	92≤R<123	85≤R<117	0.25
R≥70	R≥55	R≥123	R≥117	0

注：Ⅵ型匝道的圆曲线半径为中央分隔带中心线半径，其余为车道中心线半径。

4) 城市道路匝道加宽

匝道在曲线弯道处应设置加宽，每条车道加宽值应符合表 5-21 所列值。曲线加宽的过渡应按主线加宽的方式执行。

圆曲线每条车道的加宽值(m)　　　　表 5-21

车型＼圆曲线半径(m)	200<R≤250	150<R≤200	100<R≤150	60<R≤100	50<R≤60	40<R≤50	30<R≤40	20<R≤30	15<R≤20
小型汽车	0.28	0.30	0.32	0.35	0.39	0.40	0.45	0.60	0.70
普通汽车	0.40	0.45	0.60	0.70	0.90	1.00	1.30	1.80	2.40
铰接车	0.45	0.55	0.75	0.95	1.25	1.50	1.90	2.80	3.50

4. 匝道视距

(1) 公路在匝道全长范围内应具有不小于表 5-22 规定的视距。

匝道停车视距　　　　表 5-22

设计速度(km/h)	80	70	60	50	40	35	30
停车视距(m)	110(135)	95(120)	75(100)	65(70)	40(45)	35	30

注：在积雪冰冻地区，应不小于括号内的数值。

(2) 城市立交匝道视距见表 5-23。

匝道停车视距　　　　表 5-23

匝道设计速度(km/h)	80	70	60	50	40	35	30	25	20
停车视距(m)	110	90	70	55	40	35	30	25	20

第五节　匝道平面线形设计

一、匝道平面曲线的形式

根据前文所述各种立交和匝道形式，不难发现所有匝道都是由不同半径的曲线组成，个别匝道曲线间夹有直线段。现就几种常见的匝道曲线布置形式介绍如下：

1. 右转匝道曲线布置形式

外环中的曲线布置,常用如下 5 种形式:

(1)如图 5-14a)所示,布置一个半径较大的单圆曲线,其两端应按规定配置缓和曲线(下同)。

(2)如图 5-14b)所示,布置不同半径按规定组合的复曲线,以适合地形、地物限制,或减少拆迁、少占良田。该匝道曲线半径 $R_1<R_2$,大圆应靠近主线,对于汽车进入主线前可能提前加速行驶有利。

(3)如图 5-14c)所示,同样布置了复曲线,但 $R_1>R_2$,小圆靠近主线,对于车辆进入主线前可能提前加速行驶不利。如能布置较长的变速车道,或城市道路主线车速不高时方可采用。

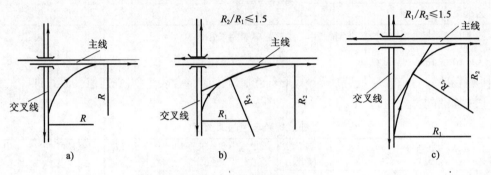

图 5-14 右转匝道曲线形式(一)

(4)如图 5-15 所示,把外环匝道布置成连续三个反向曲线,其中中间一个曲线的曲率半径最好与内环曲率半径协调布置为同心圆,使两线在一定范围内互相平行,便于设置桥梁或路基。该类型匝道布置非常紧凑,占地较少,对于城市立交来说,能最大限度节约用地,减少拆迁工程量。由于三个曲线的半径一般都比较小,当匝道车速较高时不适用。当不受条件限制,曲线半径相当大时可以采用,如济青高速公路某处,即采用了连续三个反向曲线的匝道。

(5)如图 5-16 所示,由于某种需要,可以把匝道布置成两个曲线夹一段直线。这种布置较图 5-15 显然会增大占地和拆迁范围,在用地紧张或拆迁过多时不宜采用。

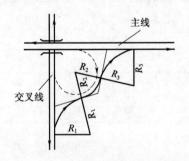

图 5-15 右转匝道曲线形式(二)

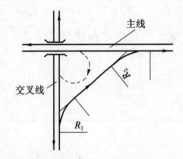

图 5-16 右转匝道曲线形式(三)

2. 左转小环道曲线布置形式

小环道是一种封闭形回头曲线,由于各种不同条件约束,曲线形状有所不同,常用的有如下 4 种:

(1)如图 5-17a)所示为单圆曲线两端配置较长的缓和曲线作为内环匝道,是城市道路立交中常被采用的一种线形。此种形式曲率变化单一,行车适顺,线形对称优美,设计施工都较简便,一般情况下常被采用。

(2)如图 5-17b)所示,用双心复曲线两端配置较长的缓和曲线作内环匝道,能更好地适应地形、地物变化,减少拆迁,节约工程投资。但是,为适应汽车进出主线前可能提前加速或未能及时减速行驶,大圆半径曲线以紧靠主线设置为宜。

(3)如图 5-17c)、d)所示的三心复曲线,两端配置必要的缓和曲线作为内环匝道是比较理想的线形。前者多用于喇叭形立交,后者多用于苜蓿叶形立交。汽车驶离主线或交叉线进入内环时,经过变速车道变速,车速应该达到内环曲线要求,但往往因为某种原因或驾驶员稍有不慎,车速仍然较高。而在汽车进入环道之后,驾驶员感觉到了曲线存在,才本能地减低车速达到符合曲线的限速。汽车在将要驶出内环之前,驾驶员意识到即将进入主线高速行驶,往往会不自觉地提前加速行驶。这一短暂而复杂的驾驶过程,几乎都出现在本来不是很长的内环中,且随驾驶员技能和心理状态不同而有所不同。为安全考虑,要求内环曲线曲率大小随驾驶员心理变化与车速高低相适应。三心复曲线包括内环两端配置的缓和曲线,可以较为理想地满足这一要求。但是,反映三心复曲线大小圆半径变化的半径比值不能过大,必须符合通常的规定,即 $R_1/R_2 \leq 1.5 \sim 2.0$。

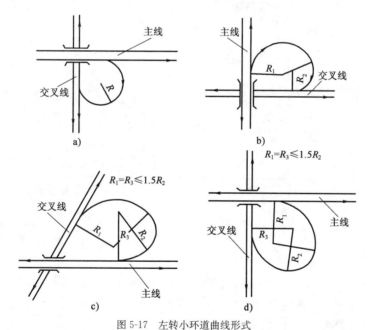

图 5-17 左转小环道曲线形式

(4)当大小圆半径变化过大时,必须在大小圆曲线半径变化处插入缓和曲线,形成通常所见的卵形曲线。用它作为内环曲线也较理想,因而常被采用。其线形与三心复曲线相似。但是,它的计算如果没有专门的图表资料就较为烦琐,对于设计、施工都较为不便。

3. 半定向型曲线布置形式

(1)如图 5-18a)所示的 S 形曲线为两个单圆曲线连续反向连接,注意反向曲线间留出足够配设缓和曲线的长度,但不要出现断背曲线。

此种 S 形曲线常用于喇叭形或 Y 形立交的外环匝道。内环配以圆形曲线或各类复曲线。

(2)如图 5-18b)所示的 S 形曲线为一个双心复曲线或卵形曲线与一个单圆曲线反向连接

组成,同样要注意反向曲线间留出配设缓和曲线长度,但不得出现断背曲线。

此种 S 形曲线常用于喇叭形或 Y 形立交的外环匝道,内环配以复曲线或卵形曲线。

4. 环道曲线形式

(1)如图 5-19a)所示的环道,内环为封闭的单圆曲线,外环采用较大半径的单圆曲线,两端配设缓和曲线。内、外环相切点横向间距依环道宽度(设几条车道)而定,一般需设三条车道。

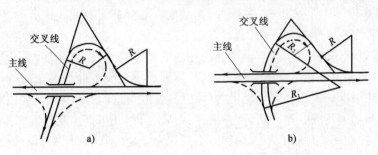

图 5-18　左转半定向匝道曲线形式

(2)如图 5-19b)所示为一长圆或椭圆形内环,外环按需要可以采用如图所示的单圆曲线,或双心复曲线,或两个单圆曲线夹一直线段。直线段应设置在交织段处。内外环相切点横向间距依环道宽度(设几条车道)而定,一般需设三条车道。

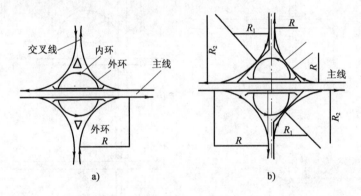

图 5-19　环道曲线形式

5. 扁苜蓿叶曲线形式

如图 5-20 所示为扁苜蓿叶形立交的部分匝道,其中内环为一单圆曲线与一回头曲线,中间夹一直线段。直线段长度随纵坡大小及需克服的上下线高程差而定;曲线半径大小依匝道车速要求及整体布置而定,一般为 20m 左右,有的更小。

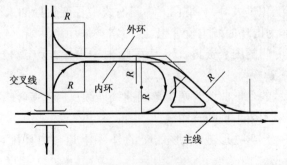

图 5-20　扁苜蓿叶曲线形式

外环自主线分出,经过S形反向曲线和直线段,再经过一单圆曲线与交叉线接上。其中直线段长度和单圆曲线半径应与内环协调一致。S形曲线半径大小取决于公切线长度及整体布置,注意反向曲线间应考虑留出设置缓和曲线所必需的长度。城市道路场地条件十分困难,该S形曲线往往处于高架桥上,当设计车速较低可以不设超高时,可不设缓和曲线。此种形式匝道多用于扁苜蓿叶形立交。

二、匝道平面线形设计方法及要求

1. 设计方法简介

立交匝道线形,尤其是平面线形设计,与一般公路平面线形设计有较大的差别。立交平面线形约束条件多,组合形式复杂,且曲线占整个线形比例很大,采用传统的直线型设计方法难以满足要求。主要体现在:第一,直线型设计方法以直线为骨架,在路线转弯处连以曲线,这样一种设计方法,以直线为主体,能满足的约束条件有限,难以适应立交匝道布线时多约束条件的需要;第二,目前无论国内还是国外,立交匝道因车辆转向的要求,曲线为主体线形,有时甚至整个匝道全是由曲线构成的,加之曲线组合类型复杂,因而用传统的交点和导线来描绘复杂多变的组合型曲线匝道的位置,显得非常困难。综上分析,直线型设计方法在匝道平面线形设计中的诸多不足,迫使人们去探索以曲线为主体的线形设计方法,即先定曲线再连以直线的方法,曲线型设计方法,概括起来有以下几种:

(1)积木法(亦称线元设计法)。所谓线元设计是指线形分段的基本单元,线元可以是直线、圆曲线、缓和曲线3种基本要素,也可以是这3种要素的组合段。积木法就是将复杂多变的匝道曲线"化整为零",分为多个线元。若已知曲线起点的数据(包括起点坐标、切线或法线方向及曲率半径),由起点沿规定的线元方向延伸,则可计算出单元终点数据。计算出来的前一线元终点的数据,作为后一线元起点数据进行计算,以此类推,如同搭积木一样,积零为整,构成一条匝道线形。

(2)基本模式法。此法从建立线元的基本模式出发,将一匝道曲线按两种基本模式进行解析计算,然后由两种基本模式组成一条圆滑连续的匝道线形。这两种基本模式是:

① 已知直线和圆曲线,用缓和曲线连接的模式。

② 已知两个半径不同的圆曲线用缓和曲线连接的模式。

这两种基本模式如图 5-21 所示。

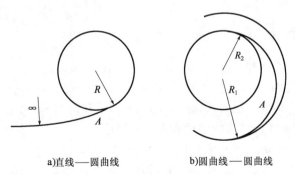

a)直线——圆曲线　　b)圆曲线——圆曲线

图 5-21　基本模式法

(3)拟合法。这种方法主要针对直线型设计难以满足匝道平面线形约束条件多而且严格提出的。在工程绘图时,为了把一些指定点连接成一条光滑的曲线,常常采用几段自由曲线尺把几组相近的点连接起来,而且每段两端的连接处也是光滑的。这样连成的曲线称为样条曲线,所用的自由曲线尺称为样条,通过的各指定点称为样点,模拟这条曲线的表达式称为样条函数。因此,所谓拟合法,就是根据已知坐标点(即控制点),推求样条函数的方法。

(4)综合法。由上分析,积木法以线元为基础进行组合,然而各线形要素大小(半径、回旋曲线参数以及直线长度等)如何选定以及如何保证选定的线形要素及其组合能满足地形、地物约束条件、终点边界条件等都十分困难,这是积木法的缺陷。同样,拟合法虽然能很好地满足匝道平面线形约束条件,并能保证曲线光滑性。但是,样条函数毕竟不是由公路平面线形的基本要素——直线、圆曲线和缓和曲线组成的,同时要保证曲线上每一点的曲率半径均满足规范要求难度很大,另外路线里程不便确定,这些都是拟合法的缺陷。基于此,便产生了综合法。这一方法的原理是:先采用样条拟合绘制满足约束条件的匝道初步线形(徒手线),建立拟合函数,然后绘制拟合线的长度——曲率图,再对曲率图进行拟合,形成由直线、圆线和缓和曲线组成的匝道平面线形要素,最后利用积木法的原理进行曲线计算。这一方法既克服了拟合法的不确定性,又避免了积木法中选用曲线要素的盲目性,同时能很好地满足约束条件,是一种较好的曲线型设计方法。

2. 设计一般要求

匝道平面线形设计应与匝道的设计车速及类型相适应,同时考虑地形、地物、占地等条件,从而保证匝道上行驶的车辆连续、稳定、安全。具体要求如下:

(1)匝道平面线形设计要考虑匝道承担的交通量大小。通常在繁重交通量的匝道上,应尽量设计成较好的线形。

(2)匝道的起、终点以及匝道的分、合流点,交通复杂,易发生事故,设计时应注意保证视距,并创造良好的视线诱导条件。

(3)匝道起、终点、收费站等处,横断面组成、尺寸、横坡及线形等都应满足行车要求并做到线形顺适圆滑,做好过渡段的设计。

(4)从出、入口至匝道中平面线形紧迫路段的范围内,圆曲线的半径应与变化着的速度相适应。

(5)右转弯匝道和左转弯直连式或半直连式匝道应采用较高的平面指标。

(6)直连式互通式立体交叉中,纵面起伏时凸形竖曲线前后的平面线应一致,或具备良好的线形诱导。严禁在小半径凸形竖曲线以后紧接反向平曲线。

(7)应避免不必要的反弯。

三、匝道平曲线计算

1. 匝道中心线控制点坐标计算

匝道中心线,一般应附合于主线或导线,即从主线或导线引出,最后又闭合于主线或导线,使之形成闭合多边形。其控制点和线段的坐标及方向通过闭合而得到检验,及时反映出计算的正确性或误差,以保证各种结构物设计和施工正确定位。

2. 匝道与主线整体构成几何关系分析

无论匝道如何复杂,它与主线、交叉线整体构成的几何关系,即其坐标、方向均应闭合无误。当某些控制点位置未知时,可通过已知条件及几何关系分析计算求出点位坐标及点间距离。即使在初步设计条件下,也应利用地形图上导线网和图上定线坐标值(图上量取)计算闭合。实地定线及施工时,可随时利用这些坐标值把匝道及主线、交叉线敷设到实地上去。这种方法对于城市道路立交尤其准确可靠,且易于控制设计范围,不会超出红线或侵入其他重要设施范围,施工放线准确度高。

为具体说明上述两项的计算方法及过程,下面以某部分互通式立交线位图及计算资料作为实例,进行讲解。

3.单曲线例(小环道)

(1)已知资料如下:

①立交平面线形如图 5-22 所示。

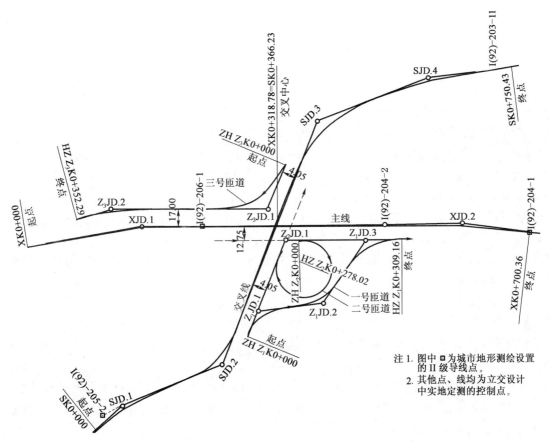

图 5-22　某立交线位图(示意)

②导线网点资料:

I(92)—206—1	$x=7\,537.873$	$y=40\,830.960$
I(92)—204—2	$x=7\,214.615$	$y=40\,919.986$
I(92)—204—1	$x=7\,044.947$	$y=40\,943.724$
I(92)—203—11	$x=7\,209.136$	$y=41\,164.936$
I(92)—205—2	$x=7\,583.146$	$y=40\,599.911$

从图 5-22 可知,主线和交叉线都通过导线点,整个立交线形处于导线网中,各线段方向、坐标都在高等级导线网控制下。通过联系计算,求出主要控制点坐标,立交线位即可处于正确状态。如果主线和交叉线未通过导线点,应设线联系。

(2)主线中心线控制点坐标、点间距离及方向计算见表 5-24。

125

主线中心线控制点坐标点距离、方向角计算　　　　　　　　　　表 5-24

点　号	点间距离(L)	方向角(φ)	坐 标 增 量		坐　标	
			Δx	Δy	x	y
设计起点 XK0+000					7 722.350 （量出）	40 774.100 （量出）
	136.577	SE17°50′50″	−130.005	+41.858		
XJD.1					7 592.345	40 815.958
	56.5 （量出）	SE15°23′51.6″	−54.472	+15.002		
I(92)−206−1					7 537.873	40 830.960
	335.293	SE15°23′51.6″	−323.258	+89.026		
I(92)−204−2					7 214.615	40 919.986
	77.0 （量出）	SE15°23′52.2″	−74.236	+20.445		
XJD.2					7 140.379	40 940.431
	95.489	SE1°58′35″	−95.432	+3.293		
I(92)−204−1					7 044.947	40 943.724

表 5-24 中 XJD.1～XJD.2 是直线，该直线上有 I(92)−206−1、I(92)−204−2 两导线点为已知，按其坐标求得方向角及距离（$\varphi = \tan^{-1}(\Delta y/\Delta x) = \text{SE}15°23′51.6″$，$L = \sqrt{\Delta x^2 + \Delta y^2} = 335.293\text{m}$）。再从设计图上量得 I(92)−206−1～XJD.1 距离为 56.5m，I(92)−204−2～XJD.2 距离为 77.0m 及已知 $\varphi = \text{SE}15°23′51.6″$，从而求得 XJD.1 及 XJD.2 两点坐标值。设计起点 XK0+000 坐标从图上量得，据以算出 XJD.1～XK0+000 的距离 L 及方向角 φ；主线终点 XK0+700.36 为导线点 I(92)−204−1，坐标已知，可求得点间距离及方向角。上述计算结果中，XJD.1～XJD.2 为一直线，但分段计算求得的方向角 $\varphi = \text{SE}15°23′51.6″$ 及 $15°23′52.2″$，这种细小误差不会影响设计质量，可采用 $\varphi = 15°23′52″$。

用同样方法可求得交叉线上各控制点坐标、点间距离及方向角（计算略）。当某些点无坐标值时，可从线形设计图上量取，但应与导线网点联系闭合。

（3）主线与交叉线交叉中心坐标计算。前已求得 $x_c = 7\,416.660$，$y_c = 40\,864.344$（见本章第一节两直线交叉点坐标计算举例）。

（4）匝道与主线、交叉线几何关系分析及坐标计算。匝道与主线、交叉线的几何关系，线形设计时已大体确定，但点、线的准确位置仍须进一步分析，求出其控制点坐标，才能据以进行施工设计及施工放线。以前文所述新华路立交为例，说明如下：

①二号匝道交点 $Z_2\text{JD}.1$ 与主线、交叉线几何关系如图 5-23 所示。由图 5-24 可知：

$\gamma = 90° − 50°34′47″ = 39°25′13″$；

$a = 4.05/\cos\gamma = 5.243(\text{m})$；

$c \cdot \cos\gamma = 12.75$；

$c = 12.75/\cos\gamma = 16.505(\text{m})$；

$b = c\sin\gamma = 16.505\sin 39°25′13″ = 10.481(\text{m})$；

$b − a = 10.481 − 5.243 = 5.238(\text{m})$；

$d = \sqrt{12.75^2 + 5.238^2} = 13.784(\text{m})$；

$d\sin\beta = 5.238$；

$\beta = \sin^{-1}\dfrac{5.238}{13.784} = 22°20′03″$；

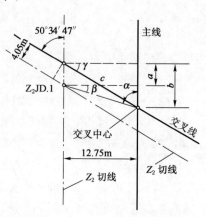

图 5-23　$Z_2\text{JD}.1$ 与主线关系图
注：d——$Z_2\text{JD}.1$～K 的距离。

$\alpha = 90° - \beta = 90° - 22°20'03'' = 67°39'57''$。

根据已求得的 d、α、β 即可计算 $Z_2JD.1$ 的坐标值。

② 计算 $Z_2JD.1$ 曲线要素及起终点里程：

已知：$\alpha = 50°34'47''$，$R_2 = 45\text{m}$，$L_s = 35\text{m}$，见图 5-24。

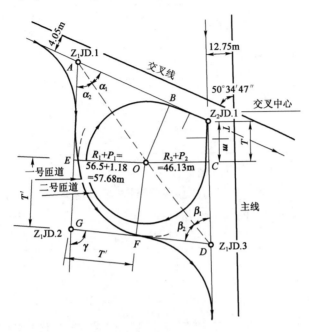

图 5-24 一、二号匝道平面图

解：$p_2 = \dfrac{L_s^2}{24R_2} = \dfrac{35^2}{24} \times 45 = 1.13(\text{m})$；

$m = \dfrac{L_s}{2} - \dfrac{L_s^3}{240R_2^2} = 17.5 - 0.088 = 17.41(\text{m})$；

$T' = (R_2 + p_2)\tan\dfrac{\alpha}{2}$

$= (45 + 1.13)\tan\dfrac{50°34'47''}{2} = 21.80(\text{m})$；

$T = T' + m = 21.80 + 17.41 = 39.21(\text{m})$；

$L = \dfrac{\pi}{180}R_2(360° - 50°34'47'') + 35$

$= 278.02(\text{m})$；

ZH——$Z_2K0+000$，HZ——$Z_2K0+278.02$。

按前文回头曲线要素计算公式：

$\alpha' = 360° - \alpha = 360° - 50°34'47'' = 309°25'13''$；

$\beta = \dfrac{90}{\pi R_2}L_s = \dfrac{90 \times 35}{3.14159 \times 45} = 22°16'54''$；

$T = (R_2 + p_2)\tan(180° - \dfrac{309°25'13''}{2}) + 17.41 = 39.21(\text{m})$；

$L = \dfrac{\pi}{180}R_2(\alpha' - 2\beta) + 2L_s = \dfrac{3.14159}{180}(309°25'13'' - 44°33'48'') + 70 = 208.018 + 70 = 278.02(\text{m})$。

计算结果无误。

由以上计算资料及图 5-24、图 5-25 可进行坐标计算。

③计算 $Z_2JD.1$ 及圆心 O 点坐标(表 5-25)。

$Z_2JD.1$ 及圆心 O 点坐标计算   表 5-25

点 号	点间距离(L)	方向角(φ)	坐标增量		坐 标	
			Δx	Δy	x	y
XJD.1		SE15°23′52″				
交叉中心	$d=13.784$	NW83°03′49″	+1.665	−13.683	7 416.660	40 864.344
$Z_2JD.1$	21.80	SE15°23′52″	−21.018	+5.788	7 418.325	40 850.661
切点 C	46.13	SW74°36′08″	−12.248	−44.474	7 397.307	40 856.449
圆心 O					7 385.059	40 811.975

④计算一号匝道交点坐标及 O 点坐标校核：

a)自 $Z_2JD.1 \sim Z_1JD.1$ 及 $Z_1JD.3$ 的距离从设计图上量得为 93.4m 及 107.0m。

b)计算 $Z_1JD.1$、$Z_1JD.3$ 坐标(表 5-26)。

$Z_1JD.1$ 及 $Z_1JD.3$ 坐标计算   表 5-26

点 号	点间距离(L)	方向角(φ)	坐标增量		坐 标	
			Δx	Δy	x	y
$Z_2JD.1$	93.4	NW65°58′39″	+38.023	−85.310	7 418.325	40 850.661
$Z_1JD.1$					7 456.348	40 765.351
$Z_2JD.1$	107.0	SE15°23′52″	−103.159	+28.411	7 418.325	40 850.661
$Z_1JD.3$					7 315.166	40 879.072

c)计算 A、D、G 三点转向角值：

设 α_a、β_d、γ_g 为三点转和角值，见图 5-25。

$CD=107.0-21.80=85.20(m),OC=46.13(m),OF=57.68(m)$；

$OD=\sqrt{46.13^2+85.2^2}=96.887(m)$；

$DF=\sqrt{96.887^2-57.68^2}=77.847(m)$；

$\tan\beta_1=46.13/85.20$；

$\beta_1=\tan^{-1}46.13/85.20=28°25′57″$；

$\tan\beta_2=57.68/77.847$；

$\beta_2=\tan^{-1}57.68/77.847=36°32′10″$；

$\beta_d=\beta_1+\beta_2=64°58′07″$；

$AB=93.4-21.8=71.60(m),OB=46.13(m),OE=57.68(m)$；

$OA=\sqrt{46.13^2+71.6^2}=85.174(m)$；

$AE=\sqrt{85.174^2-57.68^2}=62.671(m)$；

$\tan\alpha_1=46.13/71.60$；

$\alpha_1=\tan^{-1}46.13/71.60=32°47′33″$；

$\tan\alpha_2=57.68/62.671$；

$\alpha_2 = \tan^{-1} 57.68/62.671 = 42°37'31''$;

$\alpha_a = \alpha_1 + \alpha_2 = 75°25'04''$。

已知 AB 方向角为 SE65°58′39″,

则 AG 方向角为 $65°58'39'' - 75°25'04'' = $ SW9°26′25″;

已知 CD 方向角为 SE15°23′52″,

则 GD 方向角为 $15°23'52'' + 64°58'07'' = $ SE80°21′59″;

$\gamma_g = 9°26'25'' + 80°21'59'' = 89°48'24''$。

用四边形内角和等于360°检核 A、G、D、Z_2JD.1 形成的四边形各线段方向是否闭合：

A 点内角 $= 75°25'04''$；

G 点内角 $= 180° - 89°48'24'' = 90°11'36''$；

D 点内角 $= 64°58'07''$；

Z_2JD.1 内角 $= 180° - 50°34'47'' = 129°25'13''$；

$\Sigma = 360°00'00''$，误差 $= 0$。

由此已求得一号匝道交点的转向角为：

Z_1JD.1 $\alpha = 75°25'04''$；

Z_1JD.2 $\alpha = 89°48'24''$；

Z_1JD.3 $\alpha = 64°58'07''$。

可根据这些转向角计算各交点曲线要素及起讫里程(略)。

d) 计算 Z_1JD.2、Z_1JD.3、圆心 O 点坐标。其中有的重复可起校核作用。

求 AG、GD 两边长度，首先计算 Z_1JD.2 未设缓和曲线时的切线长 T'：

$$T' = (R_1 + p_1)\tan\frac{\alpha}{2} = 57.68\tan\frac{89°48'24''}{2} = 57.49 \text{(m)};$$

$AG = AE + T' = 62.671 + 57.49 = 120.161$(m)；

$GD = DF + T' = 77.847 + 57.49 = 135.337$(m)。

Z_1JD.2、Z_1JD.3 及圆心 O 点坐标如表 5-27 所示。

Z_1JD.2、Z_1JD.3、圆心 O 点坐标 表 5-27

点号	点间距离(L)	方向角(φ)	坐标增量		坐标	
			Δx	Δy	x	y
Z_1JD.1		SE65°58′39″			7 456.348	40 765.351
	120.161	SW9°26′25″	−118.534	−19.709		
Z_1JD.2					7 337.814	40 745.642
	135.337	SE80°21′59″	−22.648	+133.428		
Z_1JD.3		SE15°23′52″			7 315.166	40 879.070
					0.000	0.002
	Z_1JD.3 坐标与前面计算相差					
Z_1JD.2					7 337.814	40 745.642
	57.49	SE80°21′59″	−9.621	+56.679		
切点(F)					7 328.193	40 802.321
	57.68	NE9°38′01″	+56.867	+9.653		
圆心(O)					7 385.060	40 811.974

注：1. Z_1JD.1～Z_1JD.2 方向角利用 Z_1JD.1 转向角求得。

2. 一号匝道起点～Z_1JD.1 切线方向角应与交叉线该处方向角相同，Z_1JD.3～一号匝道终点切线方向角应与主线该处方向角相同。

3. 二号匝道终点、起点线段方向角亦同，因为该处匝道与交叉线或主线互相平行，不应出现不同的方向角值。

4. 圆心 O 点横、纵坐标与前面计算分别相差 0.001、0.001。

经过上述计算及分析,一、二号匝道的线形与主线或交叉线在平面位置上没有不符合设计的问题发生,对于各项设施(桥梁、挡墙等)布置具有可靠的根据。该立交的三号匝道,同样进行了分析计算(略)。

4. 喇叭形立交三心复曲线例

匝道线形按交通和环境条件需要,常常采用双心圆或三心圆复曲线。这类线形与通常采用的基本线形不同,尤其内环匝道,还具有回头曲线且封闭于主线与交叉线等特性,一般采用切线控制,使起讫点适当准确定位,计算较为烦琐。下面介绍几个实例,推荐一种"几何分析计算法",供设计、测设施工中参考。采用这种方法,容易确定线位,准确可靠,计算简便。

(1)已知某城市道路互通式立交设计资料为:交叉角 $\varphi=70°00'00''$;匝道曲线半径 $R_1=R_3=90\mathrm{m}$,$R_2=50\mathrm{m}$;缓和曲线长度 $L_{s_1}=L_{s_3}=50\mathrm{m}$,$L_{s_2}=0$。

(2)图上定线如图 5-25 所示,图中除三心复曲线外,其余为一般基本形曲线,不在计算实例之内。图中 A 点为延伸 CD 与交叉线上右侧行车道中心线相交而得。

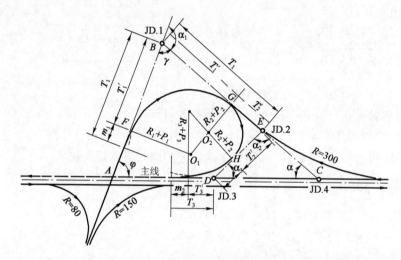

图 5-25 喇叭形立交内环匝道计算图

(3)从立交线形设计图上量得大三角形 ABC 各边长:$AB=195\mathrm{m}$,$BC=289\mathrm{m}$,$CA=290\mathrm{m}$;还量得 JD.1~JD.2$=T'_1+T'_2=186\mathrm{m}$。这些距离应尽量量得准确一些。

(4)求大三角形三内角 φ、γ、α。

$\varphi=70°00'000''$(已知);

$AB\sin\varphi=BC\sin\alpha$;

$\alpha=\sin^{-1}\dfrac{195\sin70°00'000''}{289}=39°20'58''$;

$\alpha_1=\varphi+\alpha=70°00'000''+39°20'58''=109°20'58''$;

$\gamma=180°-\alpha_1=180°-109°20'58''=70°39'02''$;

$\varphi+\gamma+\alpha=70°+70°39'02''+39°20'58''=180°$。

(5)求 p、m、T'_1、T_1。

$p_1=p_3=\dfrac{L_{s_1}^2}{24R_1}=\dfrac{L_{s_3}^2}{24R_3}=\dfrac{50^2}{24\times90}=1.157(\mathrm{m})$;

$m_1=m_2=\dfrac{L_{s_1}}{2}-\dfrac{L_{s_1}^3}{240R_1^2}=\dfrac{L_{s_3}}{2}-\dfrac{L_{s_3}^3}{240R_3^2}=25-\dfrac{50^3}{240\times90^2}=24.936(\mathrm{m})$;

$$T'=(R_1+p_1)\tan\frac{\alpha_1}{2}=91.157\tan\frac{109°20'58''}{2}=128.625(\text{m});$$

$$T_1=T'_1+m_1=128.625+24.936=153.561(\text{m})。$$

注意：$R_2=50\text{m}$，$L_{s2}=0$，因其邻接曲线内移值 $p_1=p_3=1.157\text{m}$，所以采用 $p_2=p_1=p_3=1.157\text{m}$，曲线衔接才能顺适。另外，如果采用 $R_3\neq R_1$ 时（非对称型），为使 $p_3=p_1$，应用 $p_3=L_{s_3}^2/24R_3$ 反求 L_{s_3} 的长度，再求出相应 m_3 值即可。

(6) 求 α_2、α_3、T'_3。

已知 $T'_1+T'_2=186(\text{m})$（量得）；

$$T'_2=186-128.625=57.375(\text{m});$$

由 $T'_2=(R_2+p_2)\tan\dfrac{\alpha_2}{2}=57.375(\text{m});$

$$\frac{\alpha_2}{2}=\tan^{-1}\frac{T'_2}{R_2+p_2}=\tan^{-1}\frac{57.375}{50+1.157}=48°16'44'';$$

$$\alpha_2=48°16'44''\times2=96°33'28'';$$

$$\alpha_3=180°-96°33'28''-39°20'58''=44°05'34'';$$

$$T'_3=(R_3+p_3)\tan\frac{\alpha_3}{2}=(90+1.157)\tan\frac{44°05'34''}{2}=36.916(\text{m})。$$

(7) 检算大三角形 ABC 各边长是否正确。

因为各边长是从图上量得，未必符合几何关系，应进行如下检算和调整。

利用小三角形 CDE 的已知条件下，下式两边应该相等，否则应调整大三角形各边长，但"角值及曲线要素不变"这个条件必须遵守，下同。

$$\frac{T'_2+T'_3}{\sin\alpha}=\frac{BC-(T'_1+T'_2)}{\sin\alpha_3}$$

上式左边：$(T'_2+T'_3)/\sin\alpha$

$\qquad =(57.375+36.916)/\sin39°20'58''=148.713(\text{m});$

上式右边：$\dfrac{BC-(T'_1+T'_2)}{\sin\alpha_3}$

$\qquad =\dfrac{289-(128.625+57.375)}{\sin44°05'34''}=148.026(\text{m})<148.713(\text{m})。$

上式右边算得数值小于左边算得数值，说明大三角形各边长度有误差，不符合几何关系，应予调整。

(8) 调整大三角形各边长以适合几何关系。

设 $A'B'$、$B'C'$、$C'A'$ 为调整后各边长度正确值。

由 $\dfrac{T'_2+T'_3}{\sin\alpha}=\dfrac{B'C'-(T'_1+T'_2)}{\sin\alpha_3},$

式中：$T'_1+T'_2=128.625+57.375=186.00(\text{m});$

$B'C'=148.713\sin44°05'34''+186.00=289.478(\text{m})。$

由 $\dfrac{B'C'}{\sin\varphi}=\dfrac{A'B'}{\sin\alpha}=\dfrac{C'A'}{\sin\gamma},$

$$A'B'=\frac{289.478}{\sin70°}\sin39°20'58''=195.322(\text{m});$$

$$C'A'=\frac{289.478}{\sin70°}\sin70°39'02''=290.656(\text{m})。$$

设小三角形 CDE 中 $DC=C$,

则 $(T'_3+T'_2)/\sin\alpha=C/\sin\alpha_2$;

$C=[(T'_3+T'_2)/\sin\alpha]\sin\alpha_2=[(36.916+57.375)/\sin 39°20'58'']\sin 96°33'28''=147.740(\text{m})$。

根据以上计算结果:

$B'C'=289.478(\text{m}), \varphi=70°00'00''$;

$A'B'=195.322(\text{m}), \alpha=39°20'58''$;

$C'A'=290.656(\text{m}), \gamma=70°39'02''$;

$c=147.740(\text{m}), \alpha_3=44°05'34''$;

$T'_3=36.916(\text{m}), \alpha=39°20'58''$;

$R_1+p_1=91.157(\text{m})=R_3+p_3$;

$R_2+p_2=51.157(\text{m})$;

$T'_2=57.375(\text{m}), T'_1=128.625(\text{m})$;

$(R_3+p_3)-(R_2+p_2)=40(\text{m})$。

可以计算出三心复曲线上各控制点及三个圆心点的坐标值。

(9)控制点坐标计算(见表5-18)。

①假定 A 点坐标为:$x=1\,000.000, y=800.000$。

②假定 AC 线段(主线)方向角为 NE42°50'00''。

③计算各点坐标如表5-28所示。

控制点坐标表 表 5-28

点 号	点间距离(m)	方 向 角	Δx	Δy	x	y
A					1 000.00	800.00
	195.322	NW27°10'00''	+173.774	−89.180		
JD.1					1 173.774	710.820
	289.478	NE82°10'58''	+39.373	+286.786		
JD.4					1 213.147	997.608
	147.740	SW42°50'00''	−108.343	−100.444		
JD.3					1 104.804	897.164
	36.916	SW42°50'00''	−27.072	−25.098		
I					1 077.732	872.066
	91.157	NW47°10'00''	+61.975	−66.849		
O_3					1 139.707	805.217
	40	NE88°44'27''	+0.879	+39.990		
O_2					1 140.586	845.207
	51.157	NE88°44'27''	+1.124	+51.145		
H					1 141.710	896.352
	57.375	NW1°15'33''	+57.361	−1.261		
JD.2					1 199.071	895.091
	57.375	SW82°10'58''	−7.804	−56.842		
G					1 191.267	838.249

续上表

点　号	点间距离(m)	方　向　角	Δx	Δy	x	y
	91.157	SE7°49′02″	−90.310	+12.399		
O_1					1 100.957	850.648
	91.157	SW62°50′00″	−41.621	−81.101		
F					1 059.337	769.547
	128.625	NW27°10′00″	+114.435	−58.728		
JD.1					1 173.772	710.819
闭合差		闭合无误			−0.002	−0.001

注：实际设计时，起始坐标和方向角应与主线所采用的或城市坐标系统联系求得，一般不得假定。

(10) 计算曲线长 L 及起讫里程。

JD.1　$\alpha_1 = 109°20′58″, R_1 = 90, L_{s_1} = 50$,

$$\beta_1 = \frac{90 L_{s_1}}{\pi R_1} = \frac{90 \times 50}{\pi 90} = 15°54′56″;$$

$$L_1 = \frac{\pi}{180} R_1 \alpha_1 + \frac{L_{s_1}}{2} = 0.0174533 \times 90 \times 109.34944° + 25 = 196.766(\mathrm{m});$$

或　$L_1 = \frac{\pi}{180} R_1 (\alpha_1 - \beta_1) + L_{s_1} = 0.0174533 \times 90 \times 93.43389° + 50 = 196.766(\mathrm{m})$。

JD.2　$\alpha_2 = 96°33′28″, L_{s_2} = 0, R_2 = 50$,

$$L_2 = \frac{\pi}{180} R_2 \alpha_2$$

$$= 0.0174533 \times 50 \times 96.55806° = 84.263(\mathrm{m})。$$

JD.3　$\alpha_3 = 44°05′34″, R_3 = 90, L_{s_3} = 50$,

$$\beta_3 = \beta_1 = 15°54′56″;$$

$$L_3 = \frac{\pi}{180} R_3 \alpha_3 + \frac{L_{s_3}}{2} = 0.0174533 \times 90 \times 44.0925° + 25 = 94.260(\mathrm{m}),$$

或　$L_3 = \frac{\pi}{180} R_1 (\alpha_3 - \beta_3) + L_{s_3} = 0.0174533 \times 90 \times 28.17694° + 50 = 94.260(\mathrm{m})$。

根据以上计算资料，在取得曲线起点里程之后，即可计算曲线各部起讫里程（计算略）。

5. 首蓿叶立交的三心复曲线(平行式出口)计算

(1) 已知某城市道路互通式立交设计资料为：交叉角 $\varphi = 90°00′00″$；匝道曲线半径 $R_1 = R_3 = 120\mathrm{m}, R_2 = 80\mathrm{m}$；缓和曲线长 $L_{s_1} = L_{s_3} = 60\mathrm{m}, L_{s_2} = 0$。

(2) 图上定线如图 5-26 所示（图中 A 点为内环两端为平行式出入口时切线交点，仅是立交一部分）。

(3) 三心复曲线要素计算。

① 从立交线形设计图上量得 $AB = 197.6\mathrm{m}$，还量得 A 点离曲线起点 ZH 为 50m。

② $p_1 = p_3 = \frac{L_{s_1}^2}{24 R_1} = \frac{L_{s_3}^2}{24 R_3} = \frac{60^2}{24 \times 120} = 1.25(\mathrm{m})$。

$m_1 = m_3 = \frac{L_{s_1}}{2} - \frac{L_{s_1}^3}{240 R_1^2} = 29.94(\mathrm{m})$。

③ $T_1' = 197.6 - 50 - m = 197.6 - 50 - 29.94 = 117.66(\mathrm{m})$。

$T'_2 = 86.29(\text{m})$;
$m_1 = m_3 = 29.94(\text{m})$;
$p_1 = p_2 = p_3 = 1.25(\text{m})$;
$R_1 + p_1 = R_3 + p_3 = 120 + 1.25 = 121.25(\text{m})$;
$R_2 + p_2 = 80 + 1.25 = 81.25(\text{m})$。

根据这些数据可计算出三心复曲线上各控制点及三个圆心点的坐标值。

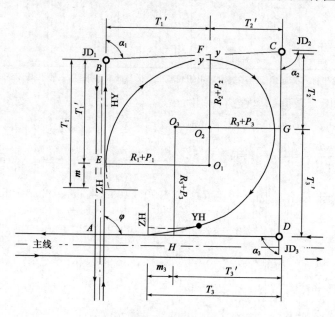

图 5-26　苜蓿叶形立交内环道计算图

(4)控制点坐标计算。

①设已知 A 点坐标：$x = 1056.425$，$y = 936.843$，AD 方向角 NE37°56′00″(主线资料)。

②计算各控制点坐标，并检查闭合情况以验证整个计算的正确性(表 5-29)。

坐 标 计 算 表　　　　　　　　　　　　　　　　表 5-29

点　号	点间距离 L(m)	方　向　角	Δx	Δy	x	y
A					1 056.425	936.843
	197.60	NW52°04′00″	+121.473	−155.852		
JD.1					1 177.898	780.991
	203.95	NE36°12′42″	+164.555	+120.488		
JD.2					1 342.453	901.479
	203.95	SE50°20′42″	−130.153	+157.021		
JD.3					1 212.300	1 058.500
	117.66	SW37°56′00″	−92.802	−72.331		
H					1 119.498	986.169
	121.25	NW52°04′00″	+74.538	−95.633		
O_3					1 194.036	890.536
	40.00	NE39°39′18″	+30.796	+25.527		

续上表

点 号	点间距离 L(m)	方 向 角	Δx	Δy	x	y
O_2					1 224.832	916.063
	40.00	SE53°47′18″	−23.631	+32.274		
O_1					1 201.201	948.337
	121.25	SW37°56′00″	−95.633	−74.538		
E					1 105.568	873.799
	117.66	NW52°04′00″	+72.331	−92.802		
JD.1					1 177.899	780.997
	117.66	NE36°12′42″	+94.933	+69.510		
F					1 272.832	850.507
	81.25	SE53°47′18″	−48.000	+65.556		
O_2					1 224.832	916.063
	81.25	NE39°39′18″	+62.554	+51.851		
G					1 287.386	967.914
	117.66	SE50°20′42″	−75.086	+90.587		
JD.3					1 212.300	1 058.501
	197.60	SW37°56′00″	−155.852	−121.473		
A					1 056.448	937.028
	$\sum L=1\,758.74$					
闭合差		(闭合无误)			+0.023	+0.185

(5)计算曲线长度及各部里程。

曲线长度与起讫里程计算(略),其方法与前文所述喇叭形立交三心复曲线计算相同。

计算结果闭合于 A 点,方向角误差为零;距离误差 $\Delta L=\sqrt{0.023^2+0.018\,5^2}=0.186(\mathrm{m})$,精度约为 1/9 455。

第六节 匝道纵断面线形设计

一、纵断面设计一般要求

与一般主线纵断面线形相比,由于互通式立体式交叉具有路线相互跨越的特点,匝道纵面线形往往受到上、下线高程的限制,因而如何满足上、下线竖向连接的要求,是匝道纵面设计的根本任务。匝道纵面设计应满足下列要求:

(1)匝道纵面线形应尽可能连续、顺适、均衡,并避免生硬而急剧变化的线形,纵坡应平缓,避免不必要反坡。

(2)在可能条件下,尽可能用较大的竖曲线半径,特别是在匝道端部,这一点尤为重要。要从行车安全、畅通、不阻塞延误出发做好纵面线形设计。

(3)驶入主线附近的匝道纵面线形,必须有一段同主线的纵面线形一致的平行路段,充分保证主线通视条件,便于汇入车辆的驾驶员识别。

(4)应尽量避免同向竖曲线间插入短直线。如有这种情况,可以采用大竖曲线包络两个竖曲线,予以改善。

(5)匝道应尽量采用较缓的纵坡以保证行驶的舒适与安全,尤其是加速上坡匝道和减速下坡匝道,更应采取较缓的纵坡,严禁采用纵坡值等于或接近最大纵坡值的纵坡。

(6)匝道的纵面线形设计应与平面线形设计相结合,构成良好的空间线形。设计变速车道及其与主线的连接部分时,应特别重视匝道纵断面与横断面之间的关系。

(7)收费站附近的纵坡应尽量小,竖曲线半径应尽量大,同时做成圆滑曲线,纵坡及竖曲线最小半径应满足规范规定。

(8)出口匝道宜为上坡匝道,以利于车辆减速。

二、纵断面竖曲线高程控制方法

匝道由于不同层次跨线桥控制高程和进出口与主线接线点的要求,其纵面设计控制因素多,设计较复杂。但其基本方法与一般纵面设计没有太大区别。下面仅对当设计高程或其他控制条件较严时的竖曲线设计方法加以介绍。

(1)当竖曲线上任一点的高程已定时的竖曲线设计。如图 5-27 所示,i_1,i_2 已知,P 点为要求通过的竖曲线上任意点。由于 P 点固定,即纵距 y_p 及 P 点至变坡点距离 a 已知,一般可解下列联立方程组求解 R,即可设计竖曲线:

$$\begin{cases} T = \dfrac{R(i_1 - i_2)}{2} \\ y_p = \dfrac{(T-a)^2}{2R} \end{cases} \tag{5-2}$$

式中:R——竖曲线半径,m;

i_1、i_2——纵坡段;

T——竖曲线切线长,m;

y_p——控制点 P 的纵距,m;

a——控制点 P 到变坡点距离,m。

(2)当竖曲线起点 A 和任意点 P 已知时的竖曲线设计。由于竖曲线上有两个控制点,不能用单圆曲线,只能用复竖曲线。如图 5-28 所示,A、P 点为控制点,则第一竖曲线的 L_1、i_1 和 P 的纵距 y_p 为已知,则首先可用下列联立方程组解第一竖曲线的 R 和 L_1:

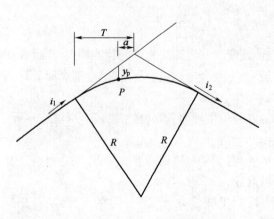

图 5-27 竖曲线上 P 点控制

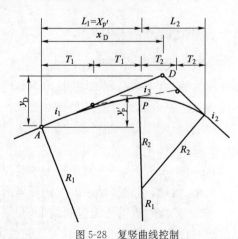

图 5-28 复竖曲线控制

$$\begin{cases} L_1 = R_1(i_1 - i_3) \\ y_p = \dfrac{L_1^2}{2R_1} \end{cases} \tag{5-3}$$

式中：L_1——第一竖曲线的曲线长，即竖曲线起点与控制点 P 的水平距离，m；

$\quad\quad i_3$——通过中间控制点 P 的切线的坡度；

其他符号意义同前。

第二竖曲线的 L_2 可按下式求得：

$$L_2 = \frac{y_D - y_p' + i_2(L_1 - x_D)}{i_3 - i_2}$$

式中：L_2——第二竖曲线长度，即竖曲线终点至第一竖曲线终点的水平距离，m；

$\quad\quad x_D$、y_D——变坡点的坐标（以竖曲线起点为原点），m；

$\quad\quad y_p'$——控制点 P 的纵坐标，m。

利用 L_2 即可由下式计算 R_2：

$$R_2 = \frac{L_2}{i_1 - i_3}$$

上述两种情况算出的竖曲线半径 R，R_1，R_2 均应满足标准规定的最小值要求。

三、出、入口处匝道纵坡衔接

匝道的起、终点即匝道与主线或交叉线纵坡连接点。此点的设计高程属于匝道纵坡设计的起始或终止高程，必须与主线或交叉线设计高程协调一致。

一般情况下，出口处匝道纵坡第一个变坡点设在匝道与主线分岔之后，相当于一个竖曲线切线长的距离之外。也就是说，在匝道与主线平面分岔之前匝道纵坡度应与主线纵坡度完全一致，这样才不致两线因纵坡度不同而出现高程差，造成横断面上路面横坡不协调。入口处纵坡衔接也是如此。

匝道起点的设计高程，是匝道纵断面设计起始高程。该高程应根据该点横断面上主线设计高程减去主线横向坡度（路拱或超高横坡度）引起的高差而求得。匝道终点亦同。

特殊情况下，匝道可能从主线的竖曲线范围内分岔，这就要求更详细地计算出匝道起点在主线横断面上的实际位置和高程，作为匝道纵坡断面设计的起始高程。在分岔点前匝道与主线尚未完全分开的路段，应按主线竖曲线要求协调好高程变化，满足纵横坡度顺适要求。

四、匝道纵断面与平面线形及桥跨布置协调配合

匝道在立交整体线形布置中，其纵断面也受许多因素控制，诸如主线、交叉线与匝道连接（包括交织交叉）；匝道与主线、交叉线相互跨越（如定向式立交）；匝道跨越非机动车道及人行道；有时匝道与匝道相互跨越。这些连接、交织、跨越点，各自设置不同结构物或路基都有一定要求，其设计高程都控制着匝道纵坡设计。设计中要相互协调配合，合理安排平面位置，合理抬高或压低纵断面高程适应结构物设置，但不能过于恶化纵断面线形。必要时可适当修改平面线形，使平、纵、横三面和各种结构物总体配合协调，求得合理的整体布置。这些问题在立交形式设计、方案选择时就要考虑并大体确定，后阶段的纵断面设计中，只是更细致具体加以落实而已。

这项总体性协调配合工作做好了，能使线形更趋合理，工程费用节省，行车效能提高。它

实质上是设计优化过程之一。当然,这项工作绝不是轻而易举就能做好的,而是要反复推敲,耐心修改,尤为重要的是相关专业间的密切配合与互相适应。

第七节　匝道横断面设计

一、匝道横断面形式

根据交通需要有单向单车道、单向或对向双车道、对向分离双车道3种形式。

1. 单向单车道横断面

其组成内容如图5-29所示。它有一个单向行车道,两侧分别设有左路肩和右路肩;左、右路肩中都包括路缘带、硬路肩和土路肩,硬路肩中包含路缘带。右侧硬路肩宽度一般都考虑能临时停车。匝道常采用这类断面形式。

2. 单向或对向双车道横断面

其组成内容大体与单向单车道横断面相同,只是行车道为同向双车道。由于它具有双车道,便于偶尔停车而不致堵塞交通,两侧硬路肩都较窄,如图5-30所示。

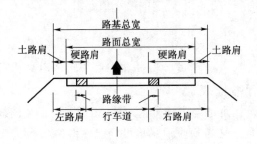

图5-29　单向单车道断面

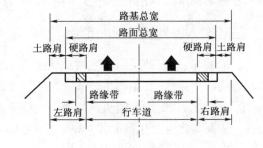

图5-30　单向或对向双车道断面

困难条件下,或为减少工程投资,某些对向双车道也可不设中间分隔带而采用单向双车道横断面。为安全起见,应设简易分隔设施或双黄线。

3. 对向分离双车道横断面

其组成内容不同的是,两侧各设无左路肩的单向单车道,中间设分隔带以保证对向行驶车辆安全,如图5-31所示。这是对向行车道的一般断面形式。特殊条件下,如场地条件十分紧迫,车速较低,也可取消中间分隔带而设置简易分隔设施或画双黄线,但其安全度会随之降低。场地条件宽松时,对向行车匝道还可互相分离一定距离,各自设计成单向单车道横断面。

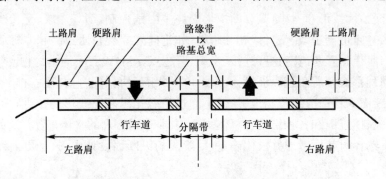

图5-31　对向分离双车道断面

4. 匝道与主线连接处横断面

匝道与主线或交叉线衔接处，一般即为匝道起点或终点。该点横断面一般按匝道标准设计，但又可能属于变速车道范围之内。一般情况下，平行式变速车道出入口处，匝道左侧紧靠主线左侧路缘带；直接式变速车道出入口处，匝道并不靠近主线，离开主线的间距应按匝道平面布置计算决定。

平行式变速车道出入口处匝道起点横断面如图 5-32 所示。

从图可知，此处匝道横断仅有行车道和右路肩，与变速车道横断面一致，便于衔接，左侧紧靠主线或三角区，无须设置左路肩。一直到匝道分岔尖端之后，才能成为匝道的完整横断面。

如果与交叉线衔接，情况类似，可针对交叉线具体情况处置。

匝道与直接式变速车道连接，情况就不同了，因为变速车道与主线并非平行关系，主线为直线时，匝道与变速车道连接点一般已在分岔尖端以外，匝道与主线不发生关系，只注意匝道与变速车道横断面衔接顺适即可。如横断面标准不一致，应予以渐变接顺。

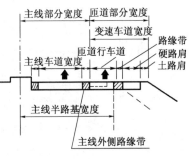

图 5-32 匝道主线连接处断面

二、匝道横断面类型及尺寸

1. 公路匝道横断面

1）一般规定

(1) 匝道横断面的组成应满足车辆运行、管理、养护及应急救援等需要，并应考虑互通式立体交叉类型及环境影响等因素。

(2) 匝道车道数及横断面类型应根据匝道设计小时交通量、交通组成、设计速度、服务水平及超车需要等确定。

2）横断面各部组成及尺寸

匝道横断面应由车道、路缘带、硬路肩和土路肩等组成，各组成部分的宽度应符合下列规定：

(1) 当匝道设计速度小于 70km/h 时，车道宽度应采用 3.5m；当匝道设计速度大于或等于 70km/h 时，应采用 3.75m。

(2) 路缘带宽度应采用 0.5m。

(3) 设紧急停车带的单向双车道匝道，左侧硬路肩宽度宜采用 0.75m；其余匝道应采用 1.0m。

(4) 当设紧急停车带时，右侧硬路肩宽度宜采用 3.0m，条件受限时可适当减小，但单向单车道和单向双车道匝道不应小于 1.50m，对向分隔式双车道匝道不应小于 2.00m；当不设紧急停车带时，可采用 1.00m。

(5) 土路肩宽度宜采用 0.75m；当条件受限时，可采用 0.5m。

(6) 中央分隔带宽度不应小于 1.00m。

3）横断面基本类型

匝道横断面类型根据匝道的车道布置及功能不同可分为Ⅰ型、Ⅱ型、Ⅲ型、Ⅳ型四类，其布置及尺寸规定如图 5-33。

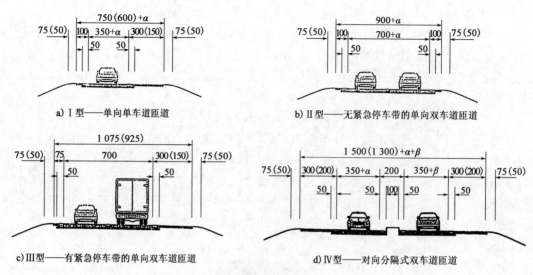

a) Ⅰ型——单向单车道匝道
b) Ⅱ型——无紧急停车带的单向双车道匝道
c) Ⅲ型——有紧急停车带的单向双车道匝道
d) Ⅳ型——对向分隔式双车道匝道

图 5-33 匝道横断面的基本类型(尺寸单位:cm)
注:α、β 为圆曲线路段加宽值。

Ⅰ型——单向单车道匝道。
Ⅱ型——无紧急停车带的单向双车道匝道,可用作对向非分隔双车道匝道。
Ⅲ型——有紧急停车带的单向双车道匝道。
Ⅳ型——对向分隔式双车道匝道。

4)基本类型的选用

(1)单向匝道横断面类型和变速车道的车道数选择应符合下列规定:

①匝道横断面类型和变速车道的车道数宜根据匝道设计速度、设计小时交通量和匝道长度由表 5-30 选取。

单向匝道横断面类型和变速车道的车道数选择条件　　表 5-30

匝道设计速度 (km/h)	80	70	60	50	40	35	30	匝道长度 (m)	匝道横断面类型	变速车道的车道数
匝道设计小时交通量 (pcu/h)	DDHV<400	DDHV<400	DDHV<400	DDHV<400	DDHV<400	DDHV<400	DDHV<400	≤500	Ⅰ	单车道
								>500	Ⅱ	单车道
	400≤DDHV<1 500	400≤DDHV<1 400	400≤DDHV<1 300	400≤DDHV<1 200	400≤DDHV<1 100	400≤DDHV<900	400≤DDHV<800	≤350	Ⅰ	单车道
								>350	Ⅱ	单车道
	1 500≤DDHV<1 800	1 400≤DDHV<1 700	1 300≤DDHV<1 600	1 200≤DDHV<1 500	1 000≤DDHV<1 400	900≤DDHV<1 350	800≤DDHV<1 300	不限	Ⅱ	双车道
	1 800≤DDHV≤2 900	1 700≤DDHV≤2 600	1 600≤DDHV≤2 300	1 500≤DDHV≤2 000	1 400≤DDHV≤1 700	1 350≤DDHV≤1 500	—	不限	Ⅲ	双车道

注:匝道长度指分、合流鼻端之间的长度。

②当匝道设计小时交通量小于单车道设计通行能力,但匝道采用双车道时,变速车道宜取单车道。

③当匝道设计小时交通量大于或等于单车道设计通行能力时,变速车道应取双车道。

④当减速车道上游或加速车道下游的主线设计小时交通量接近主线设计通行能力时,应对分、合流区通行能力进行验算,当不能满足设计通行能力要求时,宜增加变速车道长度或车道数,必要时,可调整匝道横断面类型。

(2)对向匝道横断面类型的选用应符合下列规定:

①对向匝道各单向车道数及横断面类型宜符合表5-29的有关规定。

②当对向双车道匝道连接多车道公路时,宜采用Ⅳ型。

③当对向双车道匝道连接双车道公路时,可采用Ⅱ型。

5)城市道路匝道横断面

(1)横断面各部分组成及尺寸。

①匝道横断面由分隔带、路缘带、侧向净宽、安全带、分车带最小宽度及匝道建筑限界等组成,见图5-34。

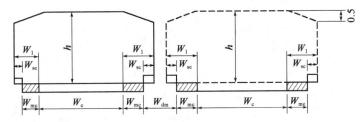

图5-34 匝道横断面组成

W_c-车行道宽度(m);W_{mc}-机动车道路缘带宽度(m);W_1-侧向净宽(m);W_{dm}-中间分隔带宽度(m);W_{sc}-安全带宽度(m)

②行道宽应根据车道数、车型及设计速度确定,机动车车道宽度应符合表5-31所列数值。单车道匝道必须设停车带,停车带含一侧路缘宽度应为2.75m;当为小型汽车专用匝道时可为2.0m。

机动车车道宽度   表5-31

车型及行驶状态	设计速度(km/h)	车道宽度(m)
大型汽车或大小型汽车混行	≥60	3.75
大型汽车或大小型汽车混行	<60	3.5(3.25)
小型汽车专用道	≥60	3.5
小型汽车专用道	<60	3.25(3.0)

注:括号内数值为设计速度不超过40km/h时,或在困难情况下可采用的最小宽度值。

③分车带最小宽度应满足表5-32的要求。

分车带最小宽度   表5-32

分车带类型	中间带			两侧带		
设计速度V(km/h)	80~70	60~50	≤40	80~70	60~50	≤40
分隔带最小宽度W_{dm}(m)	1.5	1.5	1.5	1.5	1.5	1.5
路缘带最小宽度W_{mc}(m)	0.5	0.5	0.25	0.5	0.5	0.25
安全带最小宽度W_{sc}(m)	0.5	0.25	0.25	0.25	0.25	0.25
最小侧向净宽W_1(m)	1	0.75	0.5	0.75	0.75	0.5
分车带最小宽度W_{sm}(m)	2.5	2.5	2	—	—	—

注:分车带由分隔带及两侧路缘带组成。

④匝道上最小净高 h(表 5-33)。

城市道路交叉口最小净高　　　　　表 5-33

行车道种类	机动机			非机动车	
行驶车辆种类	各种汽车	无轨电车	有轨电车	自行车、行人	其他非机动车
最小净高(m)	4.5	5.0	5.5	2.5	3.5

注：穿越铁路、公路的最小高度还应满足相关规范的规定。

(2)匝道断面布置。

城市立交匝道横断面应由车道、路缘带、停车带和防撞护栏或路肩组成，并应符合下列规定：

①匝道横断面布置宜符合表 5-34 中的图示要求。匝道横断面形式单向交通应采用单幅式断面，双向交通应采用双向分离式断面。在匝道范围内，路、桥同宽，中央分车带困难路段可采用分隔物(钢护栏和混凝土护栏)。

匝道横断面布置(尺寸单位:m)　　　　　表 5-34

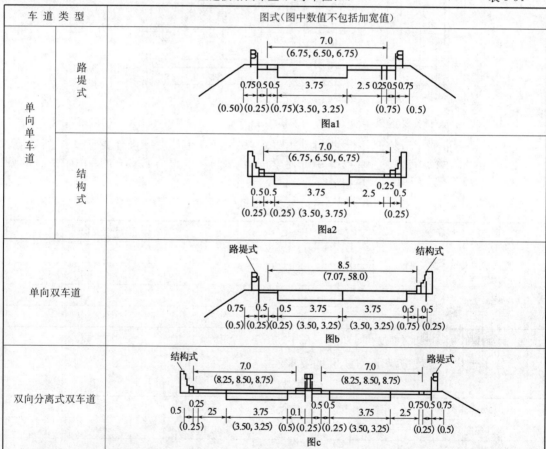

②双车道匝道设置应符合下列条件：

a. 交通量超过单车道匝道设计通行能力时。

b. 在单车道匝道和匝道出入口通行能力满足交通量要求，但遇以下情况之一仍采用双车道匝道，且宜采用画线方式控制出入口为一车道：

(a)匝道长度大于 300m。

(b)预计匝道上或匝道和街道连接处的管制(如信号灯控制)可能形成车辆排队,需增加蓄车空间。

(c)纵坡采用极限值的陡坡匝道。

三、匝道超高与加宽设计

1. 公路匝道超高与加宽

1)超高一般规定

(1)当匝道圆曲线半径小于不设超高的最小半径时,圆曲线路段应设置超高,不同路面横坡度的路段之间应设置超高过渡段。

(2)当匝道圆曲线路段的路面宽度不能满足通行条件的要求时,圆曲线路段的路面应予加宽,不同路面宽度的路段之间应设置加宽过渡段。

(3)当匝道为直线路段或圆曲线半径大于或等于表5-5的规定值时,该路段可不设超高。在不设超高路段,单向匝道宜采用单向横坡;对向匝道可根据匝道长度、线形条件、路面类型和路面宽度等采用双向路拱或单向横坡。

(4)在不设超高路段,当位于中等强度降雨地区时,匝道路面横坡度宜采用2%;当位于降雨强度较大地区时,匝道路面横坡度可适当增大。

(5)当匝道圆曲线半径小于表5-5的规定值时,圆曲线路段应设置超高,并应由曲线内侧倾斜。匝道圆曲线路段的最大超高宜采用6%,在积雪冰冻地区,最大超高不得大于6%。在非积雪冰冻地区,当交通组成以小客车为主时,匝道最大超高可适当增大,但不应大于8%。

(6)匝道两侧土路肩应设置向路基外侧倾斜的横坡。在不设超高路段的两侧和设置超高路段的曲线外侧,土路肩横坡度宜采用3%。在设置超高路段的曲线内侧,当超高值大于或等于3%时,土路肩横坡度宜与超高值相同;当超高值小于3%时,土路肩横坡度宜采用3%。

(7)匝道圆曲线路段的超高值可根据匝道设计速度、最大超高和圆曲线半径由表5-16选取。

2)超高过渡方式及计算

(1)绕车道中心旋转:以车道中心线为旋转轴,路面绕其旋转,直至达到超高横坡值[图5-35a]。当有中央分隔带时,旋转轴为两侧车道中心线,两侧路面分别绕其旋转,使之各自成为独立的单向超高[图5-35b]。

(2)绕左侧路缘带外边缘旋转:以左侧路缘带外边缘线为旋转轴,路面绕其旋转,直至达到超高横坡值[图5-35c]。当有中央分隔带时,旋转轴即中央分隔带两外边缘线,两侧路面分别绕其旋转,使之各自成为独立的单向超高,中央分隔带维持原水平状态[图5-35d]。

(3)当对向分隔式匝道的中央分隔带铺筑路面时,可将中间带的中心线作为旋转轴,按绕车道中心旋转的方法进行超高过渡。

(4)超高过渡计算。

①最小长度。

匝道超高过渡宜在回旋线路段进行(图5-36),且超高过渡段长度不应小于按式(5-4)和式(5-5)计算得出的最小长度。

$$L = \frac{H}{\rho} \tag{5-4}$$

$$H = B_2 i_2 - B_1 i_1 \tag{5-5}$$

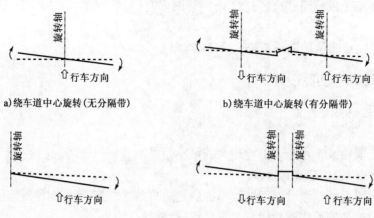

图 5-35 超高过渡方式示意图

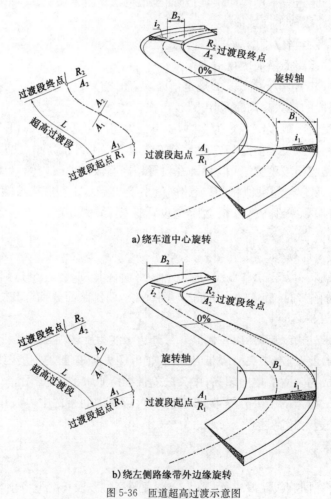

图 5-36 匝道超高过渡示意图

式中：L——超高过渡段最小长度，m；

H——超高过渡段起终点路面边缘的高差，m；

ρ——超高最大渐变率，由表 5-16 查取；

B_2——超高过渡段终点路面边缘至旋转轴的宽度,m;

i_2——超高过渡段终点的超高;

B_1——超高过渡段起点路面边缘至旋转轴的宽度,m;

i_1——超高过渡段起点的超高。

②过渡方式

a. 线形过渡:当匝道超高渐变率小于表 5-35 的规定值时,超高可采用线性过渡(图 5-37)。超高过渡段上任一点路面边缘与起点路面边缘的高差可按式(5-6)和式(5-7)计算。

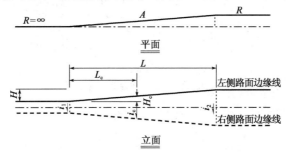

图 5-37 匝道超高线性过渡示意图

$$H_C = H\alpha \tag{5-6}$$

$$\alpha = \frac{L_C}{L} \tag{5-7}$$

式中:H_C——超高过渡段上任一点路面边缘与起点路面边缘的高差,m;

H——超高过渡段起终点路面边缘的高差,m,由式(5-5)计算确定;

α——超高过渡段上任一点至起点距离与超高过渡段全长比;

L_C——超高过渡段上任一点至起点的距离,m;

L——超高过渡段全长,m。

可采用线性过渡的匝道超高最大渐变率 表 5-35

旋转轴位置	车道中心		左侧路缘带外边缘	
匝道横断面类型	单向单车道对向分隔式双车道	单向双车道对向非分隔双车道	单向单车道对向分隔式双车道	单向双车道对向非分隔双车道
匝道设计速度(km/h) 80	1/300	1/250	1/250	1/200
70	1/285	1/235	1/235	1/185
60	1/275	1/225	1/225	1/175
50	1/260	1/210	1/210	1/160
≤40	1/250	1/200	1/200	1/150

b. 三次抛物线过渡。

当匝道超高渐变率大于或等于表 5-35 的规定值时,超高宜采用三次抛物线过渡(图 5-38)。超高过渡段上任一点路面边缘与起点路面边缘的高差可按式(5-8)和式(5-9)计算。

$$H_e = H(3\alpha^2 - 2\alpha^3) \tag{5-8}$$

$$\alpha = \frac{L_e}{L} \tag{5-9}$$

式中:H_e——超高过渡段上任一点路面边缘与起点路面边缘的高差,m;

H——超高过渡段起终点路面边缘的高差,m 由式 5-5 计算确定;

α——超高过渡段上任一点至起点距离与超高过渡段全长比；
L_e——超高过渡段上任一点至起点的距离，m；
L——超高过渡段全长，m。

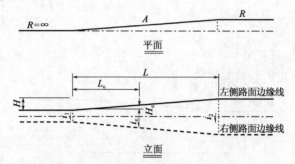

图 5-38 匝道超高三次抛物线过渡示意图

③超高过渡段上任一点的超高值可按式(5-10)计算。

$$i_C = \frac{H_C + B_1 i_1}{B_C} \tag{5-10}$$

式中：i_C——超高过渡段上任一点的超高值；
H_C——超高过渡段上任一点路面边缘与起点路面边缘的高差，m，由(式 5-6)或(式 5-8)计算确定；
B_1——超高过渡段起点路面边缘至旋转轴的宽度，m；
i_1——超高过渡段起点的超高；
B_C——超高过渡段上任一点路面边缘至旋转轴的宽度，m。

④当超高渐变率小于表 5-17 规定的最小渐变率，且过渡段位于排水困难路段时，应减短过渡段长度或采用如图 5-39 所示的分段过渡方式进行超高过渡。

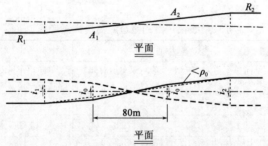

图 5-39 匝道超高分段过渡方式示意图
ρ_0-超高最小渐变率；i_0-不设超高路段的路面横坡度

3）加宽的通行条件要求
(1)匝道圆曲线路段路面加宽的通行条件应符合表 5-36 的规定。

匝道路面通行条件 表 5-36

匝道横断面类型	通 行 条 件	
	一般通行条件	特殊通行条件
单向单车道（Ⅰ型）	当路肩停有载重汽车时，铰接列车能慢速通过	当路肩停有小客车时，铰接列车能慢速通过
对向分隔式双车道（Ⅳ型）		
无紧急停车带的单向双车道（Ⅱ型）	两辆铰接列车能慢速并行或错车通过	铰接列车与载重汽车能慢速并行或错车通过
有紧急停车带的单向双车道（Ⅲ型）		

(2)匝道圆曲线路段加宽值应符合表 5-19 规定,并满足以下要求:
①当Ⅰ型匝道与Ⅳ型匝道在相同半径圆曲线路段衔接时,应按Ⅳ型匝道的单侧加宽。
②当通行条件或匝道路面标准宽度有变化时,加宽值应重新计算确定。
③当Ⅲ型匝道硬路肩宽度为 3.00m 且圆曲线半径大于 32m 时,可不加宽。
④匝道圆曲线路段的路面加宽宜在曲线内侧进行,对向分隔式匝道宜在内、外侧分别进行加宽。

4)加宽过渡方式
(1)匝道路面加宽过渡宜在回旋线路段或超高过渡段进行,且加宽过渡段长度不应小于 10m。
(2)当匝道路面加宽渐变率小于 1/25 时,加宽可采用线性过渡(图 5-40),加宽过渡段上任一点的路面加宽值可按式(5-11)、式(5-12)计算。

$$B_x = B\beta \quad (5-11)$$

$$\beta = \frac{L_x}{L} \quad (5-12)$$

式中:B_x——加宽过渡段上任一点的路面加宽值,m;
B——圆曲线路段路面加宽值,m;
β——加宽过渡段上任一点至起点距离与加宽过渡段全长比;
L_x——加宽过渡段上任一点至起点的距离,m;
L——加宽过渡段全长,m。

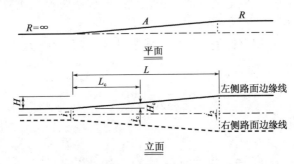

图 5-40 匝道路面加宽过渡示意图

(3)当匝道路面加宽渐变率大于或等于 1/25 时,加宽可采用三次抛物线或四次抛物线过渡,加宽过渡段上任一点的路面加宽值可按式(5-13)或式(5-14)计算。
①当采用三次抛物线过渡时:

$$B_x = B(3\beta^2 - 2\beta^3) \quad (5-13)$$

②当采用四次抛物线过渡时:

$$B_x = B(4\beta^3 - 3\beta^4) \quad (5-14)$$

式中:B_x——加宽过渡段上任一点的路面加宽值,m;
B——圆曲线路段路面加宽值,m;
β——加宽过渡段上任一点至起点距离与加宽过渡段全长比,由式(5-12)计算确定。

5)收费广场加宽过渡
匝道收费广场两端与相邻路段间的路面加宽渐变率不宜大于 1/5,当条件受限时,不应大于 1/3。当路面加宽采用线性过渡时,两端应插入曲线,且其切线长不小于 10m(图 5-41);当采用抛物线过渡时,加宽过渡段上任一点的路面加宽值可按式(5-13)或式(5-14)计算。

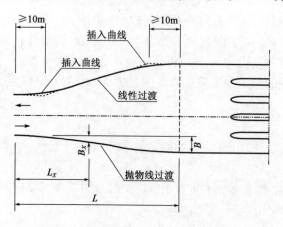

图 5-41 匝道收费广场两端路面加宽过渡示意图

2.城市道路匝道超高与加宽

1)匝道横坡与超高的一般规定

(1)立交匝道路拱横坡应满足最低路表排水要求。路拱(双向坡和单向坡)横坡不应大于2%。

(2)设计速度条件下,当匝道平曲线半径引起的离心力不能由正常路拱横坡和正常轮胎摩阻力所平衡时,应取消反向横坡,采用单向路拱和设置超高横坡。

(3)最大超高横坡的取值应根据当地气候、地形、地区性质和交通特点来确定。一般地区最大超高横坡不应超过6%,积雪冰冻地区不应超过3.5%。

(4)设计超高横坡度根据容许最大超高横坡度、最大横向摩阻力系数、圆曲线半径和设计速度,应按式(5-15)计算:

$$i = \frac{V^2}{127R} - \mu_{max} \tag{5-15}$$

式中:i——设计超高横坡度,%;

R——圆曲线半径,m;

μ_{max}——最大容许横向摩阻力系数,可按表5-37取用;

V——设计速度,km/h。

最大容许横向摩阻力系数 表 5-37

匝道设计速度(km/h)	80	70	60	50	45	40	35	30	25	20
横向摩阻力系数 μ_{max}	0.14	0.15	0.16	0.17	0.175	0.18	0.18	0.18	0.18	0.18

(5)正常路拱与全超高路段之间应设置超高缓和段,其长度可按下式计算:

$$L_\varepsilon = \frac{b \times \Delta i}{\varepsilon} \tag{5-16}$$

式中:L_ε——超高缓和段长度,m,不少于2s的设计速度行驶距离;

b——超高旋转轴至路面边缘的宽度,m;

Δi——超高横坡度与正常路拱坡度的代数差,%;

ε——超高渐变率,超高旋转轴与路面边缘之间相对升降的比率,可按表5-19取值。

(6)坡道上平曲线设置超高,必须考虑纵坡对实际超高的不利影响。合成坡度一般地区最

大不应超过8%,冰雪冰冻地区不应超过6%。合成坡度应按下式计算:

$$i_H = \sqrt{i_N^2 + i_Z^2} \tag{5-17}$$

式中:i_H——合成坡度,%;
    i_N——超高横坡,%;
    i_Z——纵坡,%。

(7)缓和曲线长度实际取值为超高缓和段长度和平曲线缓和段长度两者中的大值。

2)匝道超高方式

超高设置方式可根据地形状况、车道数、景观要求、排水需要在下述方式(图 5-42)中选择:

(1)车道绕中心线旋转。
(2)车道绕内侧边缘线旋转。
(3)车道绕外侧边缘线旋转。

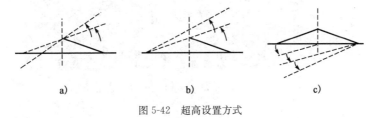

图 5-42 超高设置方式

第八节 匝道安全性设计

一、安全因素分析

互通式立交具有交通转换功能和空间多层结构形态两大特征。在有限的区域空间内要完成各方向的交通转换,加剧了其运行方向的复杂性。同时,受项目投资、现场条件及环境限制,互通式立交的技术指标往往较低,而当几个低限指标组合不当时,所构成的线形可能造成运行条件更为复杂。这些复杂的因素导致互通式立交成为高速公路交通事故的多发地。

因此,互通式立交匝道设计的重要目标之一就是交通安全,对设计者最大的挑战就在于要在投资和环境条件限制内使互通式立交达到最高的安全水平。

影响立交安全的因素很多,从设计角度而言,某些指标就单个来讲是安全的,但有时组合起来可能不安全了。在匝道布局和设计中,以下情况是不安全的:

1. 流出点不明确

在凸形竖曲线顶部设置出口,最容易产生流出点不明确的问题。由于视距不良,当驾驶员接近出口时,不能提早看见出口部分的构造及匝道走向,若减速车道同时又是平行式时,则更不能自如、有效地利用减速车道长度和有效控制方向,从而导致交通事故。

2. 流入点不明确

首先是匝道的流入点不明确,其次是高速公路的合流点不明确。由于几何设计或标志标线设置等方面的原因,导致合流路段过短或合流点不明,致使驾驶员迷茫而造成运行效率下降。特别对于双车道加速车道,如果连接部设置不当或标线划分使车道不明,在外侧车道上最容易产生此种情况。

3. 不自然的分、合流形式

左侧分合流不符合驾驶员的驾驶习惯且能见范围小,导致不自然的交通运行,这也是左侧分合流具有较高事故率的原因。

4. 速度急剧变化

许多流出匝道的几何线形变化急剧,造成运行速度突变,超出了驾驶员所期待和所能接受的程度,见图 5-43。

图 5-43　右侧出口急剧变化造成速度急减

5. 能见范围不够

许多设计不能提供足够的能见范围,导致驾驶员不能正确判断线形变化和交通状况并进行相应操作。如前方上坡的拱顶后有复杂的线形变化,驾驶员在分流前看不清出口,在合流前难以清楚看到正在合流的交通状况等。一个典型的例子是,当完全苜蓿叶形互通出入交通量较大时,在凸形竖曲线交织段附近难以及时发现出口。

6. 令人困惑的几何线形

有很多平面交叉和匝道连接部,从图纸上看渠化水平是较高的,但从车里看去,驾驶员对方向和线形的变化却是不确定的。

7. 多个连续的出口

连续的多个出口,导致信息繁杂,驾驶员判别困难,从而极易出现误行现象。在匝道布设时应尽量避免类似情况。

8. 超出驾驶员能力的"负荷"

有些流入匝道需要驾驶员通过从侧面车窗看出去,以寻找主线车流中的可插车间隙。一方面要力图看清主线交通状况,另一方面又要驾车通过复合曲线,超高和三角区段等,然后再流入到高速公路的曲线上。这些超"负荷"的要求使驾驶员很难在短时间内有效地完成。

二、安全设计对策

1. 基本要求

在设计中除了要遵循标准要求以外,还应针对互通式立交的安全特点,灵活运用互通式立交的各要素,使其达到以下基本要求:

(1)清晰的方向。

通过互通式立交各部位的构造,使驾驶员能在高速行驶状态下较易识别前方路线走向,即所谓"易感知前方"的要求。

(2)良好的运行。

所采用的分合流方式和匝道线形,符合驾驶员行为和车辆行驶动力学的要求,并保证运行速度的连续性。

(3)适宜的位置。

各互通式立交之间以及各出入口之间有足够的时间和空间距离,以给驾驶员提供足够长的判断和反应时间。

(4)完善的信号。

通过完善的交通信号标志,预告、警告和引导驾驶员,保证车辆安全和高效运行。

2. 确保分合处和匝道上的视距

为满足"易感知前方"的要求,需要保证足够的视距。互通式立交范围内主线的视距比其他路段有更高的要求,特别在互通式立交出口之前,应根据主线的运行速度预测值保证判断出口所需的识别视距。作为一般性的控制原则,该视距最好保证主线停车视距的2倍,当受地形等的限制时,最少应保证主线停车视距的1.5倍。识别视距的能见范围,应保证驾驶员能在出口前清楚地看见匝道第一个曲线的起点及曲率趋势。对于合流端,应保证匝道与主线间具有足够的通视范围,以使来自匝道的车辆驾驶员能看清主线车流状况,从而能从容地寻找可插车间隙。

对于按照规范规定的最小技术指标进行设计的互通式立交,其主线和匝道线形一般能够满足相应设计速度下的识别视距要求,但须对以下一些情况引起重视,必要时应按照运行速度预测值对识别视距进行检查。

(1)主线下穿时,跨线桥桥墩对视距的影响。

当主线下穿,且出口位于桥梁之后不远处时,如果桥梁布孔不当,桥墩对出口的识别视距可能会形成遮挡,见图 5-44。

(2)主线上跨时,出口匝道线形对识别视距的影响。

由于出口匝道处于下坡段,当出口匝道纵坡较大或出口凸型竖曲线半径较小时,匝道的路线走向可能会很快消失在视线中。当右转弯匝道长度较短时,这种情况更易发生,见图 5-45。

图 5-44 桥墩台遮挡影响视距

图 5-45 出口下坡且凸型竖曲线半径小导致出口视距不足

(3)挖方路段,路堑边坡对视距的影响。

在挖方路段,当路线平曲线半径较小,且路侧横向净宽不足时,曲线内侧路堑边坡的遮挡有可能造成视距不足。在匝道尤其是环形匝道的挖方路段,这种情况极易发生。因此互通式立交内部的挖方最好修整成圆滑缓和的坡面。

(4)在较小半径曲线路段,路侧障碍物对视距的影响。

无论是主线还是匝道,平曲线半径尽管满足了规范规定的最小值,但由于护栏、防眩或防眩植物的影响,曲线内侧车道有可能存在视距不足的问题,应当按照运行速度预测值对该路段的视距进行检验。当不能满足视距要求时,可通过加大平曲线半径、改善纵断面设计、加宽中间带等方法来满足视距要求。为保证视距所需的曲线内侧车道中心至路边障碍物的距离的横净距验算(图5-46)公式如下:

$$D_{计} = R\left[1 - \cos\left(\frac{28.65S}{R}\right)\right] \tag{5-18}$$

式中:$D_{计}$——计算的所需横净距,m;
R——曲线内侧车道中线的曲线半径,m;
S——规定的停车视距,m。

当 $D_{计} > D$ 时表明视距不够,应作调整,或采取相关措施。

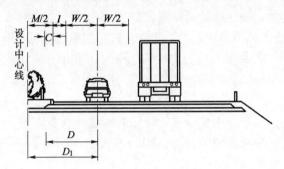

图 5-46 横净距的计算图式

M-分隔带宽度,m;W-内侧车道宽度,m;D-内侧车道实际的横净距,m

(5)树或灌木长大以后可能对视距的影响。

在进行景观设计时,应充分考虑所栽植的乔灌木在长大后可能对视距的影响。

3.出口设计应注意的问题

出口是车辆在运行状态下方向和速度都发生较大改变的区域,因此出口是交通事故较为集中的地方。基于安全方面考虑的出口设计要点有:

(1)尽量避免左侧流出。

左侧流出不符合驾驶员的习惯和期望,最容易出现驾驶员犹疑、车辆错过出口、退返、误行等情况,从而导致交通事故。而位于最右侧车道的大型车辆要转移至左侧车道流出,也会给直行交通带来干扰。因此,应尽量避免从左侧流出。

(2)避免多个连续的出口。

设置多个连续的出口,容易造成驾驶员对出口信息的迷惑,甚至错行或操作失误。因此高速公路的出口应尽可能只有单一的选择,多个连续出口应尽量合并,其后的分流放至匝道或集散道上。左侧流出和多个出口的不良例子及改善方案见图5-47和图5-48。

(3)流出最好在桥墩之前。

如果流出分岔端部设置在被交叉道路跨线桥之后,桥墩、桥台等容易对流出方向产生遮挡。当主线位于凹型竖曲线底部时,桥梁上部结构也可能对大型车的识别视距产生影响。因此,流出匝道的分岔端部最好设置在跨线桥之前,当不可避免时,应尽可能将其移至桥梁之后的较远处,以使驾驶员穿过桥梁后仍能判断分岔端部的情况。B形喇叭或B形部分苜蓿叶要将分岔端部远移较为困难,因此从安全角度,宜首选A形喇叭和A形部分苜蓿叶形式,当为B

形时,出口最好设在桥墩之前。

(4)分岔点之间保持足够的距离。

在多个连续的出口时,首先应考虑将其合并为一个。但不管是在高速公路还是在匝道上,相邻分岔点之间必须保证足够的距离,以使驾驶员有充足的阅读标志的时间和反应时间。同时,如果相邻分岔点距离过近,两处标志的信息容易在第一个分岔点前造成信息干扰,增加驾驶员的辨认难度。

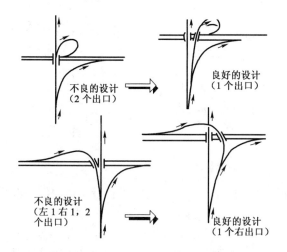

图5-47 右侧连接的两个出口应合并为一个右出口,一左一右的两个出口也应该在右侧合并为一个出口

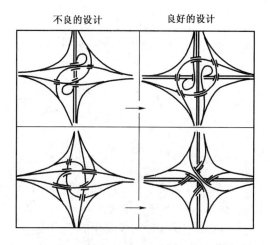

图5-48 出现左侧流出和多个连续出口时,应通过调整匝道和合并出口予以解决

第六章 立体交叉进、出口及其他设计

立交进、出口是指立交匝道两端与主线及相交道路连接的驶入和驶出道口,是立交匝道的重要组成部分。因其结构复杂,行车速度变化较大,平、竖线形要求较高,成为立交设计的重点和难点。本章主要讲述加、减速车道设计,端部设计及分流、合流连接部的设计等内容。

第一节 变速车道设计

一、设计原则

变速车道是匝道起终点的一部分。匝道出入道口通常指匝道临近主线直行车道的那一部分,包括出入正线的三角渐变段与正线之间的地带。立交匝道起终点为车辆行驶的变速、分流、合流提供区段,为主线车流的进出提供通道。出入道口设计若不合理,则会成为阻碍高速公路车流畅通,影响立交通行能力的"瓶颈"地段,同时会影响车辆行驶安全。因此,应对匝道起终点的设计予以足够重视。设计时应遵循下列原则:

(1)出入道口处的变速车道应与主线和匝道的线形一致,使线形连接圆滑,车辆进出顺适、安全,并满足车道连续和车道平衡要求。

(2)匝道起终点应具有良好的识别性,尤其是出口,要保证驾驶员在足够的距离内就能识别出口的位置。

(3)保证主线与匝道相互通视,视野开阔,符合视距要求,便于主线车辆出入,保证车辆安全运行。

(4)变速车道的形式、长度、宽度、车道数,应能满足车辆出入加减速的要求。

二、变速车道的功能

在匝道与主线相连接的地方应设计变速车道,车辆从主线以较高的速度驶出到较低速度的匝道上必须有一定长度的减速路段,使得主线车辆在不影响其交通情况下分流;同样,车辆从速度较低的匝道驶入速度较高的主线,必须有一定长度的加速路段,使驶入主线的车辆在不间断主线交通的情况下合流,这就是变速车道的功能。

在主线进口附近右侧增设的、为车辆加速进入主线而设的附加车道,称为加速车道。

在主线出口附近右侧增设的、为车辆减速进入匝道而设的附加车道,称为减速车道。

加速车道和减速车道总称为变速车道。

三、变速车道的形式及其适用条件

变速车道一般分为平行式变速车道和直接式变速车道两种,如图6-1所示。

1.平行式

具有一定宽度的车道与主线车道平行,在其端部做成斜锥形(渐变段)与主线相连接。其特点是:车道划分明确,行车容易辨认,但车辆出入须按S形行驶,即行驶在反向曲线上,对行车不利,尤其在短的变速车道上,出入车辆因来不及转动方向盘,易偏离行车道。

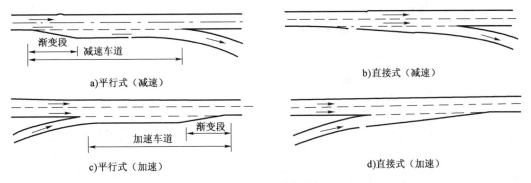

图 6-1　变速车道的形式

2. 直接式

直接式亦称定向式。直接式变速车道不设平行于主线的路段,由出入口处主线渐变加宽,逐渐变成一个附加的车道与匝道相连接,整个变速车道全段均为斜锥形状。其特点是:与平行式变速车道相比较,线形顺适圆滑,与进出匝道转弯车辆的行驶轨迹较吻合,车速能充分利用,行车有利;但变速车道起点位置不易识别,易使行车方向混淆。设计时至少约500m前就要让驾驶员识别三角端部。为此,应采用不同颜色的路面或地面画线予以区分,明显提醒驾驶员进出口位置,则更有利于行车。

3. 适用条件

由于直接式变速车道行车较平行式变速车道直捷,驾驶员进出主线都希望走直接式变速车道,尤其是驶出主线的驾驶员更是如此,因而减速车道多采用直接式。研究表明,汽车从起步、加速到某一速度所需要的长度较以从某一速度减速到停车所需要的长度要长很多。同时对于加速车道,当主线交通量较大时,车辆寻找汇入主线交通流的同时,使得变速车道长度更长,这样,若采用直接式变速车道,会使三角端变得细长而难以布置,因而加速车道多采用平行式。概括起来,平行式、直接式变速车道的适用条件如下:

(1)一般情况下,原则上加速车道采用平行式,减速车道采用直接式。
(2)当需要的减速车道很长,采用直接式使得三角段变得细长而难以布置时,则宜采用平行式。
(3)当主线交通量很小,匝道上车流汇入较容易,所需要的加速车道长度很短时,可采用直接式。
(4)当变速车道为双车道时,加、减速车道均采用直接式。
(5)道路的设计车速低于80km/h,主线采用半径较小的尖锐曲线时,采用平行式变速车道较为有利,不宜使用直接式,如图 6-2 所示。

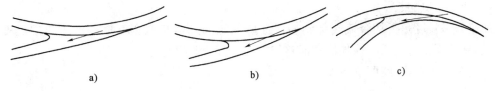

图 6-2　曲线上不宜设直接式变速车道的情况

对于图 6-2a),主线右转,若设计线形接近于切线的变速车道,则通过此处的主线上车辆容易误入匝道,视线诱导不良。

对于图 6-2b)，主线右转，半径较小时，直接式减速车道长度会设置不下。

对于图 6-2c)，主线左转，半径很小，主线与减速车道间横坡变化很大，超高不易过渡。

4. 变速车道的组成

(1)直接式和平行车变速车道的组成及平面布置如图 6-3、图 6-4 所示。

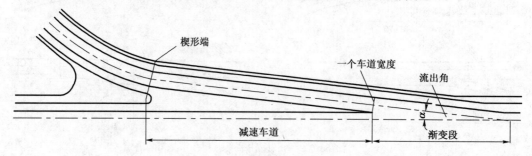

图 6-3 直接式变速车道的组成

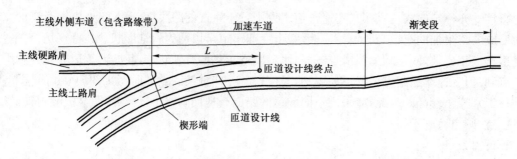

图 6-4 平行式变速车道的组成

(2)当车道不平衡，设辅助车道时如图 6-5 所示。

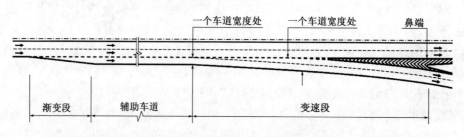

图 6-5 变速车道的组成(设辅助车道时)

四、变速车道几何设计

1. 变速车道长度计算

(1)加速车道的长度。

加速车道长度是指从合流端部到能保证所规定的加速车道宽度那一点为止的长度(见图 6-4)，并要保证把匝道车速加快到能够与主线进行合流的速度。

加速车道长度，一般可按下式计算：

$$L = \frac{V_1^2 - V_2^2}{26a} \tag{6-1}$$

式中：V_1——与主线合流必须达到的速度，km/h，取值如表 6-1 所示；

V_2——初速度,即匝道的设计速度,km/h;

α——汽车由匝道汇入主线的平均加速度,m/s²,一般取 $\alpha=0.8\sim1.2$m/s²。

车辆汇入速度 V_1 表6-1

主线设计速度(km/h)	120	100	80	60	50	40
V_1(km/h)	70	65	63	60	50	40

加速车道总长度是由三角段长度和加速车道长度组成。

(2)减速车道的长度。

减速车道长度是指从分流端部到能确保一个车道宽度那一点为止的长度,如图6-3所示。在三角渐进段内,汽车尚未完全脱离正线原来车道,不能计入减速车道长度内。

车辆由主线直行车道上分离出来进入减速车道,再通过减速车道进入匝道的整个运行过程,可以分为如下三个步骤,如图6-6所示。

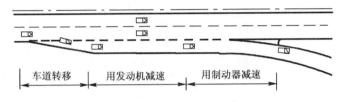

图 6-6 分流车辆行程图

①车辆先按主线的平均行车速度由三角段转移车道进入减速车道,再进行减速。

②第一次汽车采用发动机制动减速。

③第二次汽车通过制动器减速,直到车速达到匝道的平均行车速度为止。

显然,减速长度可采用下列公式计算:

$$L=L_1+L_2=\frac{V_0 t}{3.6}-\frac{\alpha_1 t^2}{2}+\frac{V_1^2-V_2^2}{26\alpha_2} \qquad (6-2)$$

式中:t——发动机制动持续时间,s,一般取 $t=3$s;

V_0——分流初始速度,km/h,与主线设计车速有关,取值如表6-2所示;

α_1——发动机减速度,m/s²,取值如表6-3所示;

α_2——制动器制动减速度,m/s² 取值如表6-4所示;

V_1——发动机减速后的车速,km/h,$V_1=V_0-\alpha t$;

V_2——匝道的设计车速,km/h。

分流初始速度 V_0 表6-2

主线设计车速(km/h)	120	100	80	60	50	40
初始速度(km/h)	90	80	70	60	50	40

发动机减速度 α_1 表6-3

主线设计车速(km/h)	120	100	80	60
平均减速度(m/s²)	1.0	0.9	0.8	0.6

制动器制动减速度 α_2 表6-4

主线设计车速(km/h)	120	100	80	60
平均减速度(m/s²)	2.0	1.8	1.6	1.2

2.变速车道及渐变段长度规定

(1)公路。

①我国《公路立体交叉设计细则》(JTG/D 21—2014)规定变速车道长度及有关参数见表6-5。

变速车道各路段最小长度及出、入口最大渐变率 表6-5

变速车道类型		主线设计速度(km/h)	变速段长度(m)	渐变段长度(m)	出、入口渐变率	辅助车道长度(m)	全长(m)
减速车道	单车道	120	145	100	1/25	—	245
		100	125	90	1/22.5	—	215
		80	110	80	1/20	—	190
		60	95	70	1/17.5	—	165
	双车道	120	225	90	1/22.5	300	615
		100	190	80	1/20	250	520
		80	170	70	1/17.5	200	440
		60	140	60	1/15	180	380
加速车道	单车道	120	230	90(180)	1/45	—	320(410)
		100	200	80(160)	1/40	—	280(360)
		80	180	70(160)	1/40	—	250(340)
		60	155	60(140)	1/35	—	215(295)
	双车道	120	400	180	1/45	400	980
		100	350	160	1/40	350	860
		80	310	150	1/37.5	300	760
		60	270	140	1/35	250	660

注:括号内数值为直接式单车道加速车道的渐变段长度或全长,平行式采用括号外的值。

②变速车道长度修正。

a.当变速车道位于纵坡大于2%的路段时,应按表6-6规定的系数对变速车道长度进行修正。

大纵坡路段变速车道长度的修正系数 表6-6

主线纵坡 i(%)		$2<i\leqslant3$	$3<i\leqslant4$	$i>4$
修正系数	下坡减速车道	1.10	1.20	1.30
	上坡加速车道	1.20	1.30	1.40

b.当减速车道纵坡小于2%但紧接主线纵坡大于4%的下坡路段时,减速车道长度宜采用1.1~1.2的系数进行修正。

c.当匝道基本路段设计速度小于40km/h时,减速车道最小长度宜按高一级主线设计速度取值。

d.当双车道匝道采用单车道加速车道时,加速车道的长度应增加10~20m。

(2)城市道路。

①我国《城市道路交叉口设计规程》CJJ 152—2010对变速车道长度规定见表6-7。

变速车道长度为加速或减速车道长度与过渡段长度之和,应根据主线设计速度采用大于

表 6-7 所列值。

城市道路变速车道长度 表 6-7

主线设计速度(km/h)		120	100	80	60	50	40
除宽度缓和部分外的减速车道规定长度(m)	1车道	100	90	80	70	50	30
	2车道	150	130	110	90	—	—
除宽度缓和部分外的加速车道规定长度(m)	1车道	200	180	160	120	90	50
	2车道	300	260	220	160	—	—
宽度缓和路段长(m)	1车道	70	60	50	45	40	40

②匝道进出口渐变率见表 6-8。

城市道路变速车道出入口角度（渐变率） 表 6-8

主线设计速度(km/h)		120、100	80	60、50、40
出口角度	1车道	1/25	1/20	1/15
	2车道			
入口角度	1车道	1/40	1/30	1/20
	2车道			

③下坡路段的减速车道和上坡路段的加速车道，其长度应按表 6-9 所列修正系数予以修正。

变速车道长的修正系数 表 6-9

纵坡度(%)	$0<i\leqslant2$	$2<i\leqslant3$	$3<i\leqslant4$	$4<i\leqslant6$
下坡减速车道修正系数	1.00	1.10	1.20	1.30
上坡加速车道修正系数	1.00	1.20	1.30	1.40

④渐变段长度应满足以下条件：

a. 平行式变速车道过渡段的长度不应小于表 6-10 所列数值。

城市道路平行式变速车道过渡段长度（单位：m） 表 6-10

干道计算行车速度(km/h)	120	80	60	50	40
过渡段长度(m)	80	60	50	45	35

b. 直接式变速车道过渡段按外边缘斜率控制。驶出端过渡段外边缘斜率为 1/20～1/15（驶出角接近 3°～4°），驶入端过渡段外边缘斜率为 1/30（驶入角接近 2°）。

3. 主线为曲线时变速车道的线形

(1) 平行式变速车道。

平行式变速车道与主线相依部分应采用与主线相同的曲率。

平行式变速车道同匝道的连接段的线形：当为同向曲线时，线形分岔点 CP 以外宜采用卵形回旋线或复合回旋线，如图 6-7a)、b)所示；当为反向曲线时，则 CP 以外宜采用 S 形回旋线，如图 6-7c)所示；当主线的圆曲线半径大于 2 000m 时，可采用完整的回旋线。

(2) 直接式变速车道。

直接式变速车道直至分、汇流鼻的全长范围内应用与主线相同的线形，当主线为设置大于 3%超高时可在外侧加入反向的 S 形回旋线使之顺接，如图 6-7e)所示。

4. 平行式变速车道三角渐变段长度的计算和三角渐变段布置方式

平行式变速车道三角渐变段布置方式有图 6-8～图 6-10 所示 3 种。

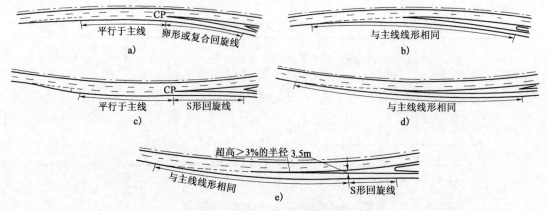

图 6-7 曲线上变速车道的线形

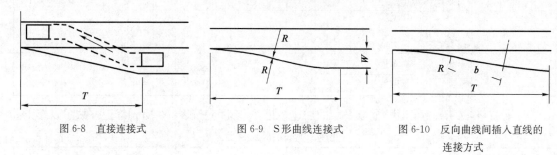

图 6-8 直接连接式　　图 6-9 S形曲线连接式　　图 6-10 反向曲线间插入直线的连接方式

(1)直线连接方式。渐变段长度为：

$$T=\frac{1}{3.6}V_a t \tag{6-3}$$

式中：T——三角段长度，m；
　　　V_a——平均行驶速度，km/h；
　　　t——行程时间，$t=3\sim 4$s。

(2)S形曲线连接方式。渐变段长度为：

$$T=\sqrt{W(4R-W)} \tag{6-4}$$

式中：T——渐变段长度，m；
　　　W——变速车道宽度，m；
　　　R——反向连接曲线半径，m。

(3)反向曲线间插入直线的连接方式，三角渐变段长度为：

$$T=\sqrt{W(4R-W)+b^2} \tag{6-5}$$

式中：b——直线段长度，m；
　　　其他参数意义和取值同前。

5.直接式变速车道流入、流出角的确定

变速车道采用直接式时，流出角一般取为 1/20～1/15，流入角一般取为 1/40～1/20。

6.变速车道纵坡设计

1)设计应注意的几个问题

(1)匝道出入口处的竖曲线长度。一般情况下,匝道出口处的第一个竖曲线的起点不宜进入楔形端点,即匝道的第一个变坡点应设在匝道与主线分岔之后相当于一个竖曲线切线长的距离之外,在匝道与主线平面分岔之前匝道纵坡度应与主线纵坡完全一致,这样才能避免因两线纵坡度不同而出现的高程差,造成横断面上路面横坡不协调的情况。入口处竖曲线长度要求类似。

(2)匝道出入口处的纵坡。在设计出口处匝道纵坡时,一般在分岔处鼻端点以及距其一定距离另取一点,从主线分别推算该点和鼻端点处匝道中线高程,两点高差除以点间距,作为出口处匝道纵坡值。两点的距离根据有利于匝道克服高差的原则而定。当匝道从主线的竖曲线范围内分岔时,出口匝道纵坡值要根据分岔处主线竖曲线的瞬间纵坡(即点斜率)、该点的横坡值及主线与匝道在该点切线方向的方位角差值计算。匝道入口处的纵坡确定方法类似。

(3)匝道起、终点的设计高程。匝道起、终点的设计高程是根据该点主线或被交线横断面上的设计高程减去横向坡度(路拱或超高横坡度)引起的高差而求得高程,必须与主线或被交线的设计高程协调一致。对于匝道有时从主线或被交线的竖曲线范围内分岔,要求更详细计算出匝道起、终点在主线或被交线上的实际位置和高程,作为匝道纵断面设计的起始或终止高程。

2)变速车道接坡设计要点

(1)加、减速车道纵坡接坡设计。加、减速车道的接坡设计与横坡设计紧密相关。图 6-11 中减速车道的接坡点为 A 点(一般为鼻端),A 点至 N 点的设计高程是由主线的设计高程和主线在该段的横坡决定。匝道接减速车道的纵坡只能接至 A 点(或往后)。匝道所接纵坡可由减速车道上离 A 点较近的几个点(B 点、C 点、D 点等),计算出平均坡度。一般 AB、AC、AD 等的长度不宜大于 50m,且不宜小于 10m。

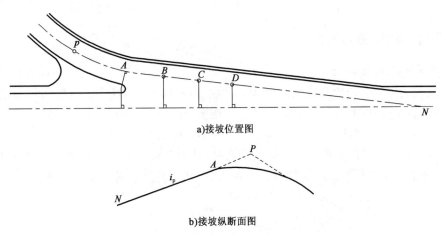

图 6-11 减速车道接坡

具体计算过程如下:

①计算出主线纵坡,横坡以及高程控制的 A 点、B 点、C 点、D 点的高程。A 点、B 点、C 点、D 点的高程需要根据各点对应于主线的里程以及到主线的宽度和该断面的横坡来计算。

②计算出 A 点、B 点、C 点、D 点在匝道上的里程桩号。

③计算出 AB、AC、AD 等各段的纵坡,并计算出平均坡度 i_p。

④以 i_p 为匝道的第一段纵坡来设计匝道纵坡。

⑤估计下一段匝道纵坡以及第一个变坡点处的竖曲线切线长度 T。

⑥从 A 点向匝道前进方向至少一个长度为 T 的位置确定匝道的第一个变坡点 P 的位置。

⑦完成另一端的接坡设计。

⑧完成整个匝道接坡设计。

加速车道的接坡设计与上述方法相同。

(2)匝道与被交路的接坡设计。当匝道与被交路以加减速车道的形式相接时,方法同上。当匝道与被交路以平交直接相接时,匝道在接坡点处的纵坡应满足被交路的路拱横坡的要求,如图 6-12 所示。

图中 i 为接坡的坡度值,当匝道与被交路正交时,为被交路的横坡,斜交时由被交路横坡、纵坡和匝道斜交角度来综合计算。在设计时,同样要注意匝道的变坡点 P 的位置,不要使竖曲线的切点 A 进入被交路范围内,否则会对平交口的设计不利,对行车也有不利影响。

(3)匝道分岔处的纵坡设计。当两匝道的设计线位不连接时,在匝道分岔处设计线位产生横向偏移,此时,匝道的设计起点的高程(图 6-13 中 A 点、B 点)应根据分岔处(图 6-13 中 N 点)的横坡和设计高程来计算,纵坡则需要在过分岔点(D 点或 C 点)后一直保持同分岔前一样的纵坡至少一个竖曲线切线的长度。

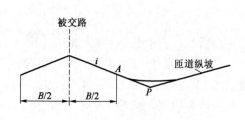

图 6-12 匝道与被交路的接坡图

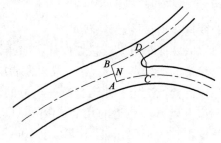

图 6-13 匝道分岔处的位置图

五、变速车道横断面设计

1. 横断面渐变典型断面

在互通式立体交叉的所有横断面设计中,端部横断面设计是最困难的。下面以直接式单车道匝道为例,说明常用横断面的设计方法,其他平行式及匝道分岔点可参照使用。

如图 6-14 所示,在直接式减速车道中可分为 A、B、C、N 四个典型断面,不同段落的横断面图见图 6-15。当 BC 段断面不采用折线断面时,其所有断面均归主线,但匝道部分的所有宽度将增加,方法烦琐。所有的特殊横断面设计均应绘图,并保证满足施工的要求。

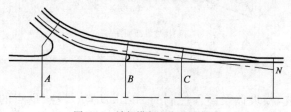

图 6-14 端部横断面位置示意图

2. 变速车道横断面布置

(1)基本组成及宽度。

变速车道横断面由行车道、右路肩(包括路缘带)和左路缘带组成。各部分宽度如图 6-16 所示。

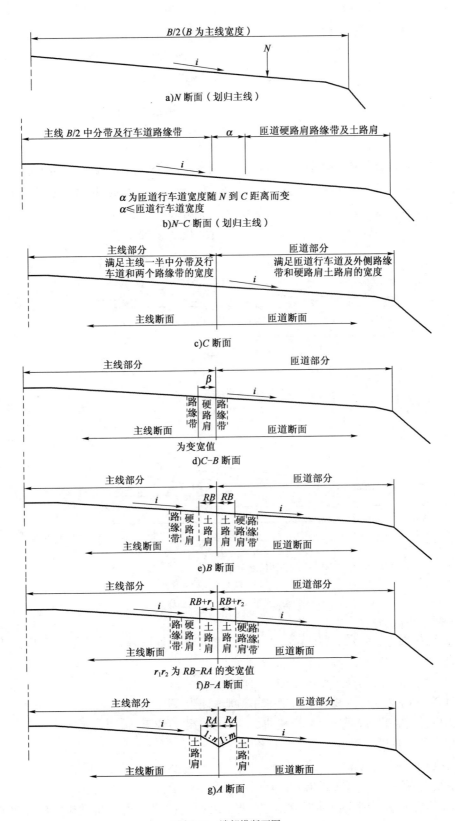

图 6-15 端部横断面图

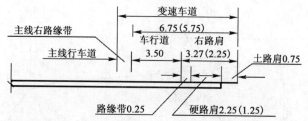

图 6-16 单车道变速车道组成及其宽度(尺寸单位:m)

(2)变速车道路肩的布设。

变速车道右路肩与匝道单车道部分相比,速度较高,所以硬路肩部分(侧向余宽)最小要保证 1.25m。特别是双车道匝道,由于路肩只有 0.75m 或 0.5m,所以变速车道右路肩宽 1.25m 是必要的。变速车道部分的路肩过渡及其布设方式如图 6-17 所示。

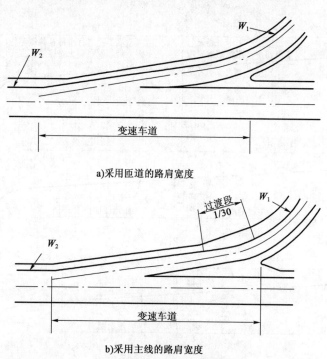

a)采用匝道的路肩宽度

b)采用主线的路肩宽度

图 6-17 路肩的宽度过渡

W_1-匝道路肩宽度;W_2-主线路肩宽度

3. 变速车道超高过渡

(1)匝道的出入口附近、变速车道上,为使主线的超高逐渐过渡到匝道的超高,需要设置超高过渡段。

(2)变速车道附近超高过渡应遵循下列原则:

①超高过渡,必须与主线线形和变速车道形式相协调。

②超高过渡应顺适,不产生突变扭曲。一般以主线边缘不动,均匀变化。

③变速车道的超高渐变率应小于 1/150。

(3)变速车道超高的设置方式如下。

①主线为直线段上,直接式出、入口处,变速车道位于直线段,主线正常路拱横坡延伸到变速车道上,从楔形端部到匝道曲线起点这一段,逐渐过渡到与匝道曲线相同的超高横坡,如图 6-18 所示。

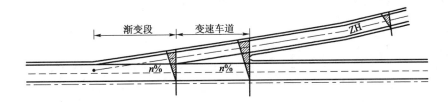

图 6-18 直线段直接式出、入口处超高过渡

②主线为直线段,平行式出、入口处,变速车道位于直线段上,主线正常路拱横坡延伸到变速车道上,直至楔形端部才开始按匝道曲线半径设置超高,显然楔形端部过后有一段超高渐变段,如图 6-19 所示。

图 6-19 直线段平行式出入口超高过渡

③主线曲线内侧接直接式和平行式出、入口处,主线的超高横坡延伸到变速车道上,直到楔形端部为止。然后再逐渐过渡到匝道曲线半径超高值,如图 6-20 所示。

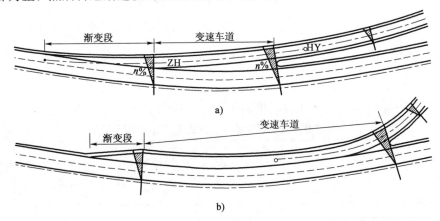

图 6-20 曲线内侧出入口超高过渡

④主线外侧设变速车道、主线超高小于 3% 时,主线曲线外侧的直接式出、入口处,楔形端匝道的横坡应尽量缓一些。在达到变速车道宽度之前,采用与主线相同的超高值。从达到变速车道宽度那一点到楔形端之间,使变速车道横坡向匝道弯道内侧倾斜 2%。楔形端以后的超高,采用适当的渐变率过渡到匝道所需要的曲线超高值,如图 6-21 所示。

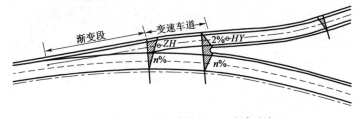

图 6-21 曲线外侧直接出、入口超高过渡

主线曲线外侧的平行式出、入口处,在楔形端匝道的横坡应尽量缓一些,其超高过渡方式与外侧直接式相同,如图6-22所示。

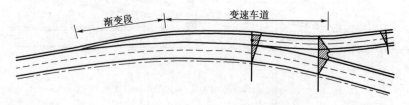

图6-22 曲线外侧平行式出、入口超高过渡

⑤主线曲线外侧设置变速车道,而主线超高大于3%时,匝道的超高横坡在楔形端处采用匝道曲线内侧倾斜1%的横坡,然后采用适当的渐变率过渡到匝道弯道半径正常的超高,其过渡方式同④所述,但在楔形端部的横坡代数差,不应大于表6-11中的上限。

转弯匝道端部路面横坡的最大代数差　　　　　　　　　　　　　　　　表6-11

出入口曲线设计速度(km/h)	在转移拱顶线处的最大代数差(%)
<30	5.0~8.0
30~50	5.0~6.0
≥50	4.0~5.0

第二节　进出口匝道线形设计

一、公路进出口匝道线形设计

1. 出口匝道

(1)在分流鼻端处,出口匝道平曲线的曲率半径不宜小于表6-12的规定值。

分流鼻端处出口匝道平曲线的最小曲率半径　　　　　　　　　　　　表6-12

主线设计速度(km/h)		120	100	80	60
匝道最小曲率半径(m)	一般值	350	300	250	200
	极限值	300	250	200	150

(2)从分流鼻端至匝道控制曲线起点路段,出口匝道应按运行速度过渡段设计图6-23设计。运行速度过渡段上任一点的平曲线曲率半径不宜小于由图6-24查取的曲率半径值,当线形设置困难时,可按低一级主线设计速度取值。

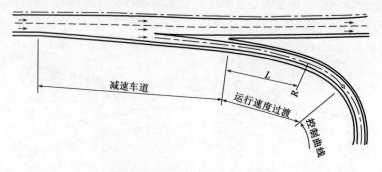

图6-23 出口匝道运行速度过渡曲线

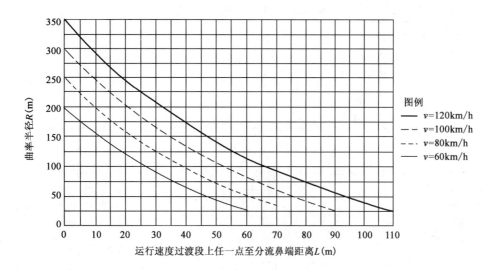

图 6-24 运行速度过渡段上任一点的平曲线最小曲率半径

注:v 为主线设计速度;L 和 R 符号意义见图 6-23

(3)在分流鼻端附近,出口匝道回旋线参数不宜小于表 6-13 的规定值,长度不宜小于超高过渡所需要的最小长度。当按匝道基本路段设计速度选取的回旋线最小参数大于表 6-13 中规定值时,应按匝道设计速度取值。

分流鼻端附近出口匝道回旋线最小参数　　　　　表 6-13

主线设计速度(km/h)		120	100	80	60
匝道回旋线最小参数(m)	一般值	100	80	70	60
	极限值	80	70	60	40

(4)当出口匝道采用基本型回旋线不能满足运行速度过渡段最小长度的要求,或线形布局困难时,可采用复合型回旋线(图 6-25)。

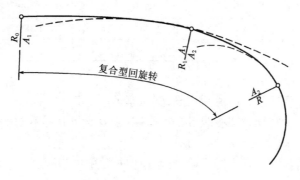

图 6-25 复合型回旋线示意图

R_0-第一回旋线起点曲率半径;R_1-两回旋线衔接点曲率半径;R-匝道控制曲线曲率半径;A_1-第一回旋线参数;A_2-第二回旋线参数

(5)在分流鼻端附近,出口匝道竖曲线半径不宜小于表 6-14 的规定值。当按匝道基本路段设计速度选取的竖曲线最小半径大于表 6-14 中值时,应按匝道设计速度取值。

(6)出口匝道应设在主线通视条件良好路段。当被交叉公路上跨时,出口匝道宜设在跨线桥之前。

鼻端附近匝道竖曲线最小半径 表 6-14

主线设计速度(km/h)			120	100	80	60
匝道竖曲线最小半径(m)	凸形	一般值	3 500	2 800	2 000	1 800
		极限值	2 000	1 800	1 400	1 200
	凹形	一般值	2 000	1 800	1 500	1 200
		极限值	1 500	1 200	1 200	850

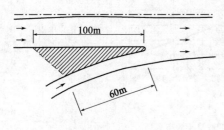

图 6-26 合流鼻端前通视三角区示意图

2. 入口匝道

(1) 在合流鼻端附近，入口匝道竖曲线半径不宜小于表 6-14 的规定值。当按匝道基本路段设计速度选取的竖曲线半径大于表 6-14 中值时，应按匝道设计速度取值。

(2) 在合流鼻端前，主线距合流鼻端 100m，匝道距合流鼻端 60m 形成的通视三角区内，主线与匝道之间应满足车辆相互通视的要求（图 6-26）。

二、城市道路进出口匝道线形设计

1. 出口匝道

驶出匝道出口端部，在减速车道终点，应设置缓和曲线（图 6-27）。

分流点的曲率半径与回旋线参数应符合表 6-15 的规定。

分流点的曲率半径与回旋线参数 表 6-15

主线设计速度(km/h)	分流点的行驶速度(km/h)	分流点的最小曲半径(m)	回旋参数 A(m)	
			一般值	低限值
120	80	250	110	100
	60	150	70	65
100	55	120	60	55
80	50	100	50	45
60	≤40	70	35	30

2. 入口匝道

(1) 匝道端部出入口应包括匝道渐变段、变速车道。

(2) 匝道端部出入口宜设置在主线行车道右侧；且宜设置在跨线桥等构造物前，或凸形竖曲线上坡道上。

(3) 匝道端部出入口宜设在主线下坡路段，应保持足够的视距（图 6-28）。

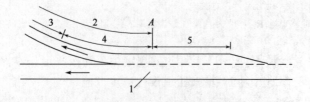

图 6-27 匝道出口端部缓和曲线
1-主线；2-匝道；3-圆曲线；4-回旋线；5-减速车道；A-分流点

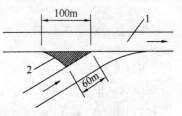

图 6-28 匝道入口端部视距
1-主线；2-确保通视区域

第三节 分、合流连接部设计

一、公路分、合流连接部设计

1. 主线相互分、合流

1)分流方式的规定

(1)在分流交通量中,当左行交通量为主交通流时,宜从左侧直接分流[图 6-29a)]。

(2)在分流交通量中,当左行交通量为次交通流时,宜从右侧分流[图 6-29b)]。

(3)当左行交通量从左侧直接分流且以大型车为主时,可在主线分流前设置半直连式左转弯大型车专用匝道[图 6-29c)]。

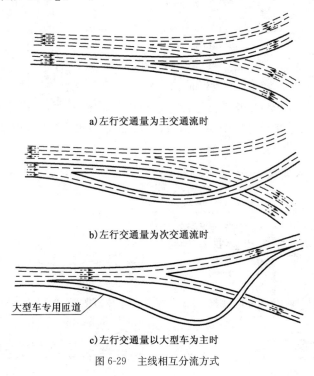

图 6-29 主线相互分流方式

2)分流过渡方式

(1)自分流起点开始,两主线宜分别进行平面线形设计,两设计线起点位于同一断面,且起点方位角宜保持一致,起点至一个车道宽度处的距离不应小于 150m[图 6-30a)]。

(2)当两条主线主次分明时,从分流起点至一个车道宽度处路段,次路侧可采用渐变加宽方式设计,渐变段长度不应小于 150m,且渐变率不应大于 1/40[图 6-30b)]。

(3)连接部纵断面线形和路面横坡宜由左侧主线的设计基线控制设计,横坡过渡可采用变速车道横坡过渡方式。

3)合流方式的规定

(1)在合流交通量中,当来自左方的交通量为主交通流时,宜从左侧直接合流[图 6-31a)]。

(2)在合流交通量中,当来自左方的交通量为次交通流时,宜从右侧合流[图 6-31b)]。

(3)当合流前的交通量均接近设计通行能力时,可按原有车道数直接合流[图 6-31c)]。

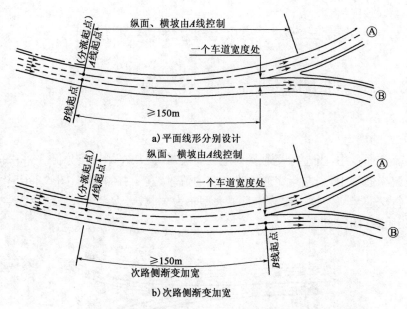

图 6-30 主线相互分流连接部线形设计示意图

(4) 当合流前其中一方的交通量接近设计通行能力时,另一方交通量较小时,交通量较小一方应从右侧合流,且合流后可减少一个车道,但应有辅助车道过渡,辅助车道长度不应小于400m[图 6-31d]。

(5) 当合流前的交通量均较小时,合流后可减少一个车道,并可采用直接合流的方式[图 6-31e]。

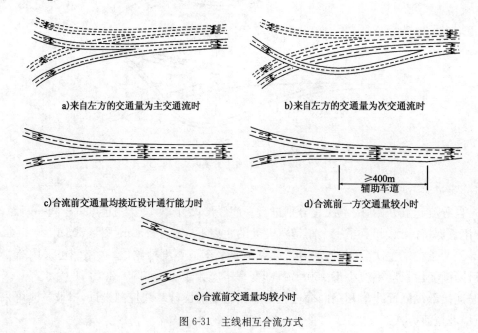

图 6-31 主线相互合流方式

4) 合流过渡方式

(1) 至合流终点,两条主线宜分别进行平面线形设计,两设计线终点应位于同一断面,且终点方位角宜保持一致,一个车道宽度处至合流终点的距离不应小于 300m[图 6-32a)]。

(2) 当两条主线主次分明时,从一个车道宽度处至合流终点路段,次路侧可采用宽度渐变方式设计,渐变段长度不应小于300m,且渐变率不应大于1/80[图6-32b)]。

(3)连接部纵断面线形和路面横坡宜由左侧主线的设计基线控制设计,横坡过渡可采用变速车道的横坡过渡方法。

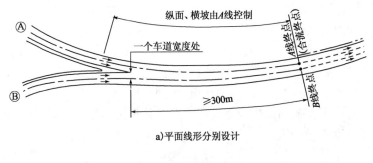

a)平面线形分别设计

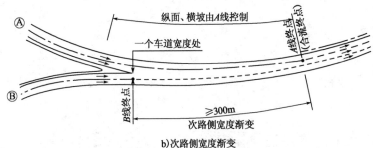

b)次路侧宽度渐变

图6-32　主线相互合流连接部线形设计示意图

2.匝道相互分、合流连接部设计

1)匝道相互分流方式的规定

(1)当车道平衡时,可采用直接分流的方式[图6-33a)]。

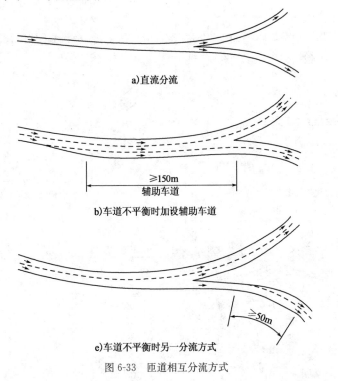

图6-33　匝道相互分流方式

(2)当车道不平衡时,可增设一条辅助车道,辅助车道长度不应小于150m[图 6-33b)]。

(3)当非因通行能力需要而采用双车道匝道并导致车道不平衡时,该匝道可先按单车道分流再渐变为双车道,渐变段长度不应小于50m[图 6-33c)]。

2)匝道相互合流方式的规定

(1)当车道平衡且合流前的交通量均较小时,可采用直接合流的方式[图 6-34a)]。

(2)当车道平衡但合流后的交通量接近设计通行能力,或单车道匝道流入速度相对较高的双车道匝道时,应增加渐变段长度或增设一条辅助车道,辅助车道长度不应小于100m[图 6-34b)]。

(3)当车道不平衡时,应增设一条辅助车道,辅助车道长度不应小于150m[图 6-34c)]。

(4)当非因通行能力需要而采用双车道匝道并导致车道不平衡时,该匝道可先渐变为单车道再合流,渐变段长度不应小于50m[图 6-34d)]。

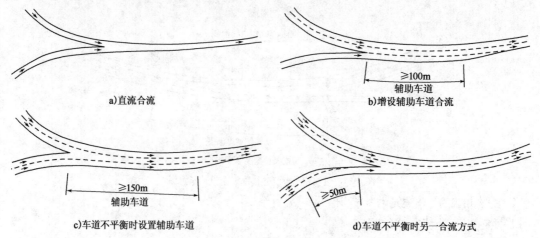

图 6-34 匝道相互合流方式

3)匝道相互分合流过渡方式

(1)在分、合流路段,两条匝道宜分别进行平面线形设计,分流起点和合流终点处各设计基线的方位角宜保持一致[图 6-35a)、图 6-35b)]。

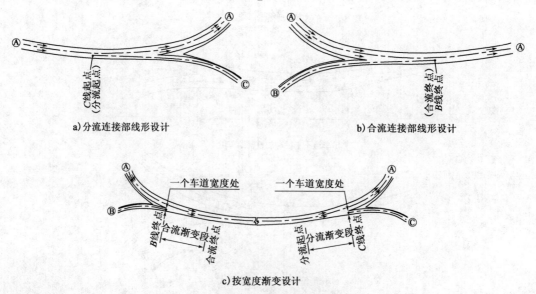

图 6-35 匝道相互分、合流连接部设计示意图

(2)当分、合流路段按宽度渐变设计时[图6-35c)],渐变段长度不应小于表6-16的规定值。

匝道相互分、合流连接部渐变段最小长度　　　　　　表6-16

分、合流速度(km/h)		80	70	60	50	40	35	30
渐变段最小长度(m)	分流	80	70	60	55	50	50	50
	合流	120	100	90	80	70	60	50

4)连续分、合流连接部设计

(1)匝道上相邻分流鼻端之间的距离(图6-36)不应小于表6-17的规定值。

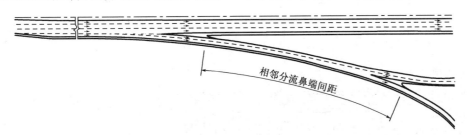

图6-36　匝道上相邻分流鼻端间距示意图

匝道上相邻分流鼻端最小间距　　　　　　表6-17

主线设计速度(km/h)	120	100	80	60
相邻分流鼻端最小间距(m)	240	210	190	170

(2)匝道上相邻合流鼻端之间的距离(图6-37)不应小于表6-18的规定值。

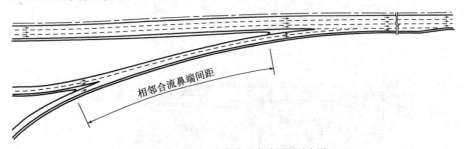

图6-37　匝道上相邻合流鼻端间距示意图

匝道上相邻合流鼻端最小间距　　　　　　表6-18

匝道设计速度(km/h)	80	70	60	50	40	35	30
相邻合流鼻端最小间距(m)	210	180	160	140	120	110	100

(3)当因条件限制、主线侧按连续分流或连续合流设置时,连续分、合流鼻端之间的距离不应小于表6-19的规定值,当连续合流的上游加速车道为双车道时,连续合流鼻端之间的距离不应小于表6-19中一般值。连接部设计应符合下列规定:

①当为连续分流且下游减速车道为单车道时,减速车道可直接设于主线侧[图6-38a)]。

②当为连续分流且下游减速车道为双车道时,上游减速车道应设于辅助车道上,且辅助车道自减速车道起点向上游延伸长度不应小于150m[图6-38b)]。

③当为连续合流且上游加速车道为单车道时,加速车道可直接设于主线侧[图6-38c)]。

④当为连续合流且上游加速车道为双车道时,下游加速车道应设于辅助车道上,且辅助车道自加速车道终点向下游延伸长度不应小于本书表6-5中辅助车道长度的规定值[图6-38d)]。

主线侧连续分、合流鼻端最小间距   表 6-19

主线设计速度(km/h)		120	100	80	60
连续分、合流鼻端最小间距(m)	一般值	400	350	310	270
	极限值	350	300	260	220

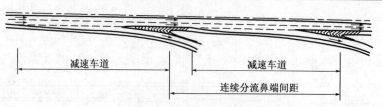

a) 连续分流且下游减速车道为单车道

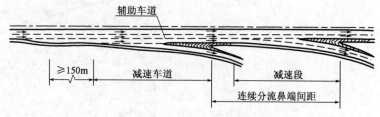

b) 连续分流且下游减速车道为双车道

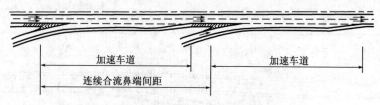

c) 连续合流且上游加速车道为单车道

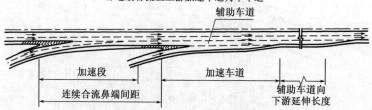

d) 连续合流且上游加速车道为双车道

图 6-38 主线侧连续分、合流连接部设计示意图

二、城市道路分、合流连接部及鼻端设计

1. 立 A_1 类立交主线驶出分流连接部设计

立 A_1 类立交主线与驶出匝道的出口分流点处,当需给误行车辆提供返回余地时,行车道边缘宜设偏置加宽,并应采用圆弧连接主线和匝道路面的边缘(图 6-39)。偏置加宽值和楔形端部鼻端半径应符合表 6-20 的规定。高架结构段可不设偏置加宽。

分流点处偏置值与端部半径   表 6-20

分流方向	主线偏置值 C_1(m)	匝道偏置值 C_2(m)	鼻端半径 r(m)
驶离主线	≥3.0	0.6~1.0	0.6~1.0
主线相互分岔	1.8		0.6~1.0

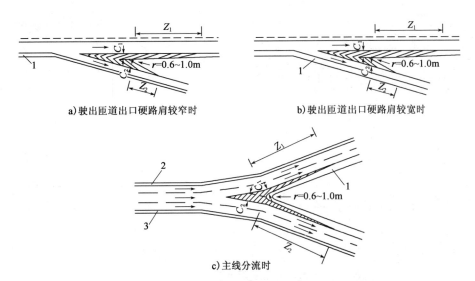

a) 驶出匝道出口硬路肩较窄时　　b) 驶出匝道出口硬路肩较宽时

c) 主线分流时

图 6-39　分流点处楔形端布置
1-硬路肩；2-左路肩；3-右路肩

楔形端端部后的过渡长度 Z_1、Z_2 应根据表 6-21 的渐变率计算。

分流点处楔形端的渐变率　　表 6-21

设计速度(km/h)	120	100	80	60	≤40
渐变率	1/12	1/11	1/10	1/8	1/7

当主线硬路肩宽度能满足停车宽度要求时，偏置值可采用该硬路肩宽度，渐变段部分硬路肩应铺成与行车道路面相同的结构。

2. 主线岔口分流、合流连接部设计

(1) 枢纽立交处，为能在与主线车速基本相同行驶条件下实现大交通量的分流、合流和路线的转换，道路分岔端部[图 6-40a)]应按分岔方式保证主线基本车道数连续和主线车道数的平衡，必要时增设辅助车道。其中，相对较次要分岔流向应靠右侧进出。

(2) 高速公路或城市快速路在起讫点处可分成两条定向多车道，与类似的高等级道路相衔接。大交通量的分、合流或路线间交通流转换期间车速基本保持不变。多车道岔口分流、合流端部可按如图 6-40b)所示方式主线进行设计。

(3) 枢纽立交的主要岔口除了按车道数平衡原则进行设计外，还应按树枝状分岔，以每两个流向分别进行分流、合流设计[图 6-40c)]。

3. 主线匝道出入口连接部设计

1) 单车道匝道入口

(1) 直接式入口，如图 6-41 所示。

单车道直接式入口应按 1∶40～1∶20（横纵比）均匀的渐变率和主线连接，汇合点设定在主线直行车道右侧边缘 3.5m（一条车道）处，汇合点后方为加速段，汇合点前方为过渡段。

(2) 平行式入口，如图 6-42 所示。

单车道平行式入口是在汇流点处起，提供一条附加变速车道，并在其末端设置过渡渐变段，供车辆驶入。

2) 单车道匝道出口

(1) 直接式出口，如图 6-43 所示。

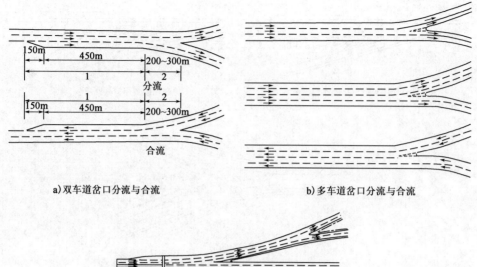

a) 双车道岔口分流与合流　　　　　b) 多车道岔口分流与合流

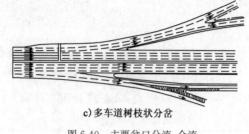

c) 多车道树枝状分岔

图 6-40　主要岔口分流、合流

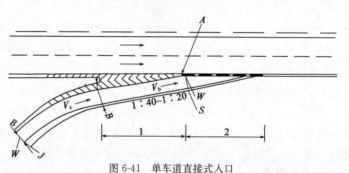

图 6-41　单车道直接式入口

A-合流点；B-单车道匝道宽度；W-车道宽；S-路缘带宽；J-紧急停车带宽；1-加速段；2-渐变段

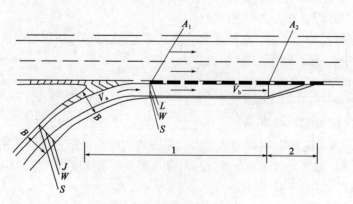

图 6-42　单车道平行式入口

A_1-并流点；A_2-汇合点；B-单车道匝道宽度；W-车道宽；S-路缘带宽；J-紧急停车带宽；L-出入口标线宽；1-加速段；2-渐变段

　　直接式出口线形应符合行车轨迹，其出口横纵比应按 1∶25～1∶15 均匀的渐变率和主线相接，分散角宜为 2°～5°。

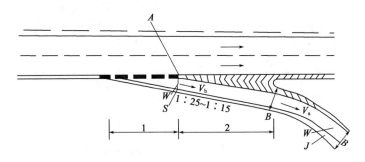

图 6-43　单车道直接式出口

A-分流点；B-单车道匝道宽度；W-车道宽；S-路缘带宽；J-紧急停车带宽；1-渐变段；2-减速段

(2)平行式出口,如图 6-44 所示。

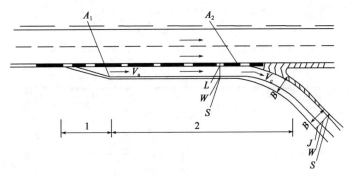

图 6-44　单车道平行式出口

A_1-分离点；A_2-分流点；B-单车道匝道宽度；W-车道宽；S-路缘带宽；J-紧急停车带宽；I-出入口标线宽；1-渐变段；2-减速段

平行式出口线形其渐变段及减速车道线形特征应明显,能提供驾驶员注目的出口区域,以防止主线车辆误驶出主线。

3)多车道匝道出入口

多车道出入口除和单车道出入口一样根据交通流线分两类外,还应按功能分类:一种是按出入口进行设计,适应于一般立交匝道的出入口设计;另一种按主要岔口分、合流进行设计,适应于城市主干道和更高级别道路在立交范围内岔口的分、合流设计,并应符合下列规定:

(1)不设辅助车道的出入口布设。

①双车道匝道直接式出入口,布置形式和单车道一样,第二条变速车道加在第一条变速车道右侧,内侧车道加减速段长是单车道规定值的 80%(图 6-45、图 6-46)。

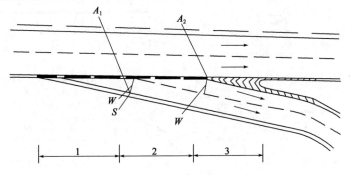

图 6-45　双车道匝道直接式出口

A_1-分离点；A_2-分流点；W-车道宽；S-路缘带宽；1-渐变段；2-减速段；3-0.8×减速段

177

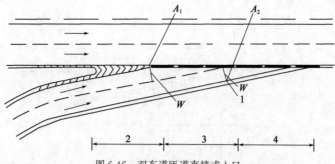

图 6-46 双车道匝道直接式入口

A_1-汇流点；A_2-汇合点；W-车道宽；1-路缘带；2-0.8×加速段；3-加速段；4-渐变段

②双车道平行式出入口，形式和单车道一样布置，第二条车道加在第一条车道右侧，右侧变速车道较左侧第一车道短一个渐变段长度（图 6-47、图 6-48）。

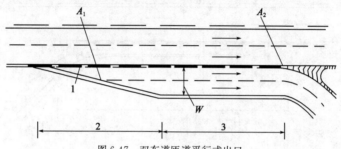

图 6-47 双车道匝道平行式出口

A_1-分离点；A_2-分流点；W-双车道宽；1-路缘带；2-渐变段；3-减速段

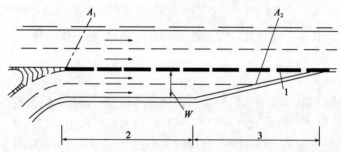

图 6-48 双车道匝道平行式入口

A_1-汇流点；A_2-汇合点；W-双车道宽；1-路缘带；2-加速段；3-渐变段

(2)增设辅助车道双车道匝道出入口（图 6-49）。

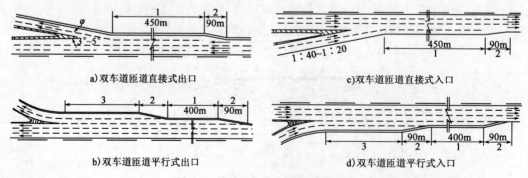

a)双车道匝道直接式出口　　　　c)双车道匝道直接式入口

b)双车道匝道平行式出口　　　　d)双车道匝道平行式入口

图 6-49 设辅助车道双车道匝道出入口

φ-分离角；1-辅助车道；2-渐变段；3-减速段

一般位于枢纽立交的定向匝道,当出入口交通量很大时,双车道出入口应在下行方向按车道数平衡、基本车道数连续两条原则,增设辅助车道。

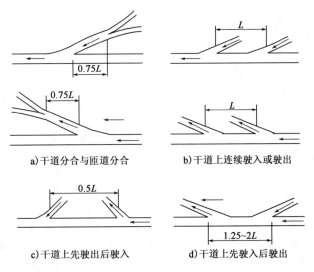

图 6-50 匝道口最小净距

4.连续分、合流连接部设计

(1)相邻匝道出入口之间的最小净距 L(图 6-50)应符合表 6-22 的要求。

相邻匝道口最小净距 L   表 6-22

距离 L(m)	干道设计速度(km/h)					
	120	100	80	60	50	40
极限值	165	110	110	80	70	55
一般值	330	280	220	160	140	110

注:图 6-50 中的 b)、d)情况不宜采用极限值。

(2)匝道出入口之间最小净距还应满足下列要求:

①相邻驶入或驶出匝道之间的间距还应考虑变速道长度及标志之间需要的距离,并按最长需要距离决定取用值。

②驶入匝道紧接着有驶出匝道的情况下[图 6-50d],枢纽立交匝道间距取上限,一般立交取下限;并应根据交织交通量计算其交织所需长度,按最长需要距离决定取用值。对于延伸交织长度不能达到足够通行能力或是苜蓿叶立交相邻环形匝道,应设置集散车道。

第四节 辅助车道、集散车道及交织区设计

一、公路辅助车道、集散车道及交织区设计

1.辅助车道设计

(1)主线侧合分流连接部的辅助车道宽度宜采用与主线直行车道相同的宽度,与主线直行车道间可不设路缘带。辅助车道右侧硬路肩宽度宜与主线基本路段的右侧硬路肩相同,当条

件受限时,可适当减窄,但宽度不应小于1.5m。

(2)主线侧合分流连接部的辅助车道设计应符合下列规定:

①当入口匝道为单车道、出口匝道为双车道时,入口匝道应以平行式与主线相接;出口匝道宜以直接式与主线相接,其渐变率应符合双车道减速车道的有关规定。辅助车道宜由分流点开始渐变结束,渐变率不应大于1/40[图6-51a)]。

②当入口匝道为双车道、出口匝道为单车道时,入口匝道宜以直接式与主线相接,其渐变率应符合有关规定;出口匝道应以平行式与主线相接。辅助车道宜由分流鼻端开始渐变结束,渐变率不应大于1/40[图6-51b)]。

③当入口匝道为双车道,且合流前匝道交通量接近设计通行能力时,辅助车道应由分流鼻端向下游延伸一段距离后再渐变结束,延伸长度不应小于150m,渐变率不应大于1/40[图6-51c)]。

④当入口和出口匝道均为单车道时,入口和出口匝道均应以平行式与主线相接。辅助车道宜由分流鼻端开始渐变结束,渐变率不应大于1/40[图6-51d)]。

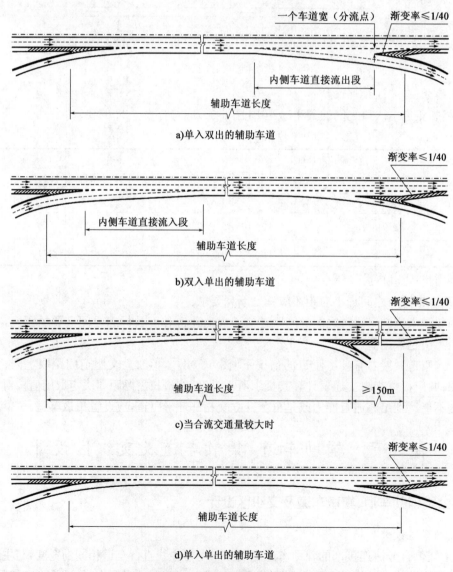

图6-51 主线侧合分流连接部辅助车道的设置示意图

(3)主线侧合分流连接部的辅助车道长度不应小于表6-23的规定值,当主线单向基本车道数大于3车道或匝道中有双车道时,不应小于一般值。

主线侧合分流连接部的辅助车道最小长度 表6-23

主线设计速度(km/h)		120	100	80	60
辅助车道最小长度(m)	一般值	1 200	1 100	1 000	800
	极限值	1 000	900	800	700

注:辅助车道长度的定义见图6-51。

(4)主线基本车道数的增减方式应根据互通式立体交叉的形成、匝道车道数及交通量的分布等确定,并应符合下列规定:

①基本车道数的增加宜由双车道入口的辅助车道延伸而成[图6-52a)]。

②当入口匝道为单车道时,基本车道数可在互通式立体交叉内减少。被减去的车道由分流鼻端下游不小于150m处开始渐变结束,渐变率不应大于1/50[图6-52b)]。

③当入口匝道为单车道但在互通式立体交叉内减少车道存在困难,或入口匝道为双车道时,基本车道数宜在互通式立体交叉外减少。被减去的车道应自加速车道终点向下游延伸一段距离后再渐变结束,延伸长度不应小于500m,渐变率不应大于1/50[图6-52c)]。

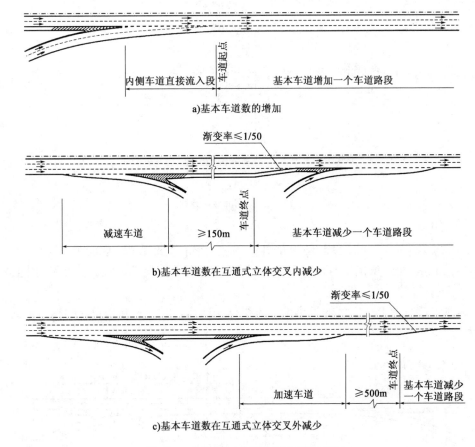

图6-52 主线基本车道数的增减方式示意图

2.集散车道设计

(1)互通式立体交叉集散道线形设计可采用匝道设计速度及相关技术指标。

(2)互通式立体交叉集散道连接部(图6-53)设计应符合下列规定：
①集散道与主线的连接部应按变速车道设计，匝道与集散道连接部宜按匝道相互分、合流设计。

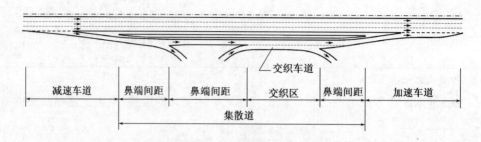

图6-53 集散道及连接部示意图

②当集散道上有连续分、合流端部时，相邻鼻端之间的距离应符合匝道相关间距的有关规定。

(3)集散道横断面(图6-54)设计应符合下列规定：
①互通式立体交叉集散车道数及横断面类型的选择宜按匝道车道数有关规定执行。
②集散道与主线之间应设置分隔带，分隔带宽度不宜小于2.0m。
③主线在设有集散道路段应维持原有硬路肩的宽度。

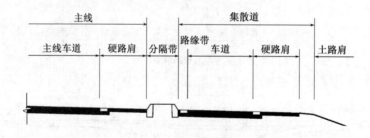

图6-54 集散道横断面示意图

3.交织区设计

(1)集散道或匝道上的交织车道宜由分流点开始渐变结束，渐变率不应大于1/30(图6-55)。当入口匝道或出口匝道为双车道时，车道布置及连接部的设置可采用相同情况下辅助车道的设计方法。

(2)集散道或匝道上交织区的最小长度应根据交通量及其分布和交织区的构造形式等，经通行能力验算后确定。

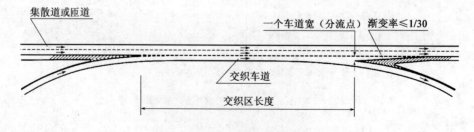

图6-55 交织区连接部的设置示意图

二、城市道路辅助车道、集散车道设计

1. 辅助车道设计

(1)辅助车道用于互通式立交分、合流段。辅助车道的宽度应与直行车道相同。

(2)在城市快速路的全长或较长的路段内基本车道数应保持一致,相邻两段同一方向的增减必须符合基本车道数连续和车道数平衡原则,每次增减不得多于一条,分、合流处(图6-56)应按下式进行计算:

$$N_C \geqslant N_f + N_e - 1$$

式中:N_C——分流前或合流后的主线车道数;
N_f——分流后或合流前的主线车道数;
N_e——匝道车道数。

(3)在设置双车道匝道的分、合流处,应增设辅助车道[图6-57a)]。辅助车道长度(包括渐变段)在分流端宜为1 000m,且不得小于600m,在合流端宜为600m。辅助车道过渡段渐变率应大于等于1/50。当前一个互通式立体交叉的加速车道末端至下一个互通式立体交叉的减速车道的起点之间的距离小于500m时,应设辅助车道并连接[图6-57b)]。

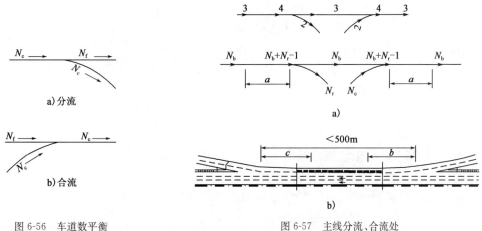

图6-56 车道数平衡　　图6-57 主线分流、合流处
N_b-基本车道数;a-辅助车道;b-加速道;c-减速道

2. 集散车道设计
1)设置条件

当有下列情况之一,可考虑设置集散车道:

(1)通过车道交通量大,需要分离。

(2)两个以上出口分流岛端部靠得很近。

(3)三个以上出入口分流岛端部靠得很近。

(4)所需要交织长度得不到保证。

(5)因交通标志密集而不能用标志诱导。

2)一般规定

集散车道可为单车道或双车道,每条车道宽应为3.5m。在主线出入口处应保持车道平衡,对集散道路可不作规定。

第五节 匝道出入口鼻端构造设计

一、一般要求

匝道出入口端部指匝道与主线分、合的端部,又叫鼻端,见图 6-58。鼻端处车辆要分流或合流,行车复杂,且易发生碰撞(出口鼻端),因此是匝道细部设计的重要内容。设计时应注意满足以下要求:

1. 流入匝道端部

设计时应注意以下事项:

(1)流入楔形端的流入角度应尽量小一些,与主线最好有一定长度的能够相互通视的平行部分。为此,应该使主线的纵坡与匝道的纵坡在距楔形端较远之前取得一致。为保证主线与匝道互相通视,

图 6-58 出口分流鼻端

利于匝道车流安全汇入主线,应清除主线离楔形端 100m,匝道离楔形端 60m 范围内一切障碍物。

(2)流入部分最好不设在使速度降低的上坡路段。

(3)整个三角区都应当铺砌。为了诱导驾驶员严格按车道行驶,除标出匝道两边的车道线外,三角区的构造与颜色应与行车道路面有所不同。

(4)由于流入匝道行车方向明确,一般驾驶员不会弄错行驶方向,因而,流入楔形端一般不需设置缩进间距。

2. 流出匝道端部

(1)主线路肩较窄时,分流楔形端部,为给弄错方向、误入匝道的直行车辆提供返回空间,必须设置缩进间距,并考虑减速车道的形状及形式。

(2)流出鼻端是易发生车辆碰撞护栏的地点,因此端部应缩进、后退,并设置防碰的安全设施(如防撞桶等),流出端应有足够的视距,并容易识别,避免产生不良的视线诱导,造成车辆误行。

二、鼻端构造设计(高速公路)

(1)分流鼻端应设偏置,鼻端的设置应符合下列规定:

①在减速车道分流鼻端,主线侧可按偏置值控制,匝道侧可按偏置加宽值控制[图6-59a]。

②在主线相互分流鼻端,鼻端两侧均可按偏置值控制[图 6-59b]。

③在匝道相互分流鼻端,左匝道侧可按偏置值控制,右匝道侧可按偏置加宽值控制[图 6-59c]。

④偏置值及偏置加宽值不应小于表 6-24 的规定值。当硬路肩宽度大于或等于表 6-24 中规定的偏置值时,偏置值可采用硬路肩宽度。

⑤偏置过渡段长度不宜小于 10m,且过渡段渐变率不应大于表 6-25 的规定值。

⑥分流鼻端圆弧半径宜采用 0.6～1.0m。

分流鼻端最小偏置值及偏置加宽值 表 6-24

分 流 类 型	最小偏置值 C_1(m)	最小偏置值 C_2(m)
减速车道分流	3.0	0.6
主线相互分流	1.8	—
匝道相互分流	2.5	0.6

分流鼻端偏置过渡段最大渐变率 表 6-25

设计速度(km/h)	120	100	80	60	≤40
最大渐变率	1/12	1/11	1/10	1/8	1/7

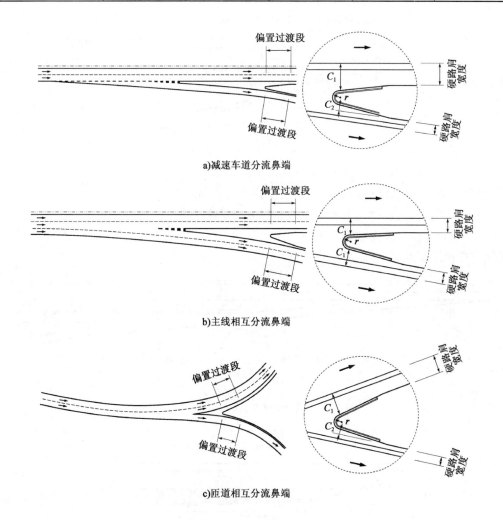

a)减速车道分流鼻端

b)主线相互分流鼻端

c)匝道相互分流鼻端

图 6-59 分流鼻端构造示意图
C_1-偏置值；C_2-偏置加宽值；r-鼻端圆弧半径

(2)当分流鼻端位于路基段，且土路肩上设置防撞护栏时，护栏端部距分流鼻端之间的距离应大于 6m，在分流鼻端与护栏端部之间应安装防撞垫等缓冲设施(图 6-60)。

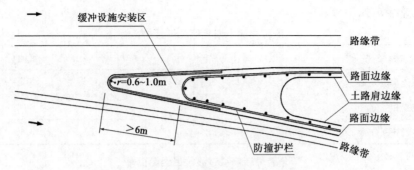

图 6-60 路基上的分流鼻端构造示意图

(3)当分流鼻端位于构造物路段,或路面外缘设置刚性护栏时,护栏端部应从常规分流鼻端位置后移 6~10m,并应在分流鼻端与护栏端部之间安装防撞垫等缓冲设施(图 6-61)。

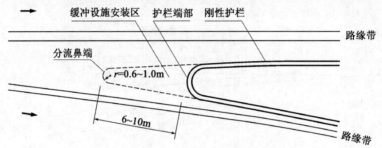

图 6-61 构造物上的分流鼻端构造示意图

(4)合流鼻端不应设偏置,鼻端圆弧半径宜采用 0.6m。
(5)主线侧合分流连接部辅助车道的鼻端应按变速车道鼻端设计。
(6)互通式立体交叉集散道与主线之间的鼻端应按变速车道鼻端设计,匝道与集散道之间的鼻端宜按匝道相互分、合流鼻端设计(图 6-62)。

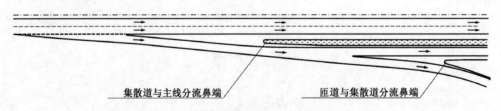

a) 集散道鼻端的分布

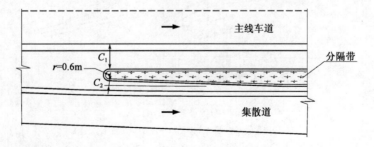

b) 集散道与主线分流鼻端

图 6-62

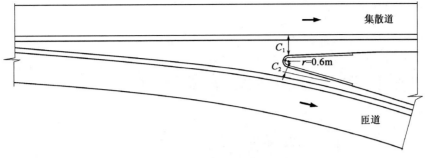

c) 匝道与集散道分流鼻端

图 6-62 集散道分流鼻端构造示意图
C_1-偏置值；C_2-偏置加宽值

第七章 立体交叉跨越构造物设计

第一节 立体交叉桥跨的特点及要求

立交桥跨构造物是立体交叉的主要组成部分,是立交的主体工程。跨越方式有桥梁、地道及隧道,常用的是桥梁和地道。本章主要介绍桥跨的技术要求、桥跨布置、构造特征及布设要点。

一、立交桥跨的特点

1. 数量多,规模庞大

立交桥跨在道路和立交中占有很大的比例,无论从数量或造价来看规模都很大。如日本关东高速公路,道路全长 32.2km,其中桥梁总长 7.4km,占 24.5%,17 座桥梁中只有 3 座是跨河桥,其余都是跨线的立交桥或高架桥,占桥梁总长的 84%。就一座立交工程来说,如四川成渝公路上的重庆上桥立交,立交范围内路线全长 4 275.3m,桥梁总长 2 076.85m,占 48.6%,桥梁混凝土总体积 21 544m³,钢材 2 986t。就费用来看,每平方米道路造价为 100~200 元;而每平方米桥梁造价为 2 000~3 000 元,相差 15~20 倍。

2. 样式多、结构复杂

立交桥跨,特别是匝道上的桥跨,因必须服从匝道线形的要求,再加上需跨越的障碍较多,因而使得桥跨的形式多样。从桥跨类型来看有梁式、拱式、刚架式及组合式等。从桥跨结构来看,弯、坡、斜、曲线桥、竖曲线桥以及异形桥很多,这增加了桥梁设计的难度。

3. 层次多、布设困难

由于立交匝道布置及跨线的要求,行车道(包括立交匝道)往往分布在不同空间,一般为 2、3、4 层,使得桥跨结构物具有多层次性,构成多层的空间结构,这给桥跨的布孔、墩台的设置带来困难。为了保证桥下足够的净空、减小结构物的高度、缩短匝道长度、减少每一层建筑高度具有较大的技术、经济意义。

4. 旱桥多,基础简单

立交桥跨一般多跨越主线、匝道或地面障碍物,很少跨越水道,一般没有水下工程。因而地基较好,基础施工简单。但要注意保证桥下车辆、行人及其他地面障碍物的要求。

5. 桥梁孔数多、跨径不等

由于立交桥跨主要是跨越路线,下线道路宽度一般为 7~30m,因而跨径多在 10~35m 内。加之层次多、跨越的路线及障碍物分布的随机性,各跨的跨径一般都不相等。由于跨径小,多孔连续,使得桥面接缝增加。

6. 桥下行车条件差

立交桥以跨越线路为主,一般桥下均需通行车辆和行人,因此,下线交通多受墩台、净空以及竖曲线的影响,一般视距条件差,给行车的快速、安全、舒适带来影响。

二、技术要求

1. 基本要求

跨线桥设计,除应满足一般桥跨结构要求外,还应着重满足以下基本要求:

(1)满足桥下净空要求。当桥下通行机动车时应满足《公路工程技术标准》(JTG B01—2014)规定的行车净空。通行自行车及行人时,最小净空不小于2.5~3.0m。

(2)满足桥面净空要求。无论主线桥或匝道桥,桥上的车道数、净宽、净高均应与主线或匝道一致,满足主线或匝道设计车速及交通量的要求。

(3)桥跨布置应与路线配合。从行车来看,主线桥或匝道桥是道路的一个部分,桥跨布置应服从路线的要求,根据路线布设采用弯、坡、斜、曲线桥及异形桥。桥头接线应做到变化均匀、线形圆滑、连续、顺适,不产生突变现象。

(4)满足行车安全的要求。桥上应按路线要求设置必要的安全设施,如分隔带、防撞栏杆、护栏、护轮带及安全防护网等设施。桥下应保证车辆及行人交通的安全,特别要注意防止汽车冲撞跨线桥桥跨结构的下部和墩台。设置必要的安全设施如防护栏、安全标志、标线、防烟板、安全带、安全道等。

(5)桥跨布设与结构形式应满足技术经济要求。力求做到标准化、系列化、施工工业化及结构轻型化。尽量使用新技术、新桥型、新工艺,减少桥梁建筑高度和桥梁总高度,减少上下线的高差和桥跨长度,以节省工程数量。

(6)立交桥跨应注意与环境协调和注意美观。力求结构轻盈、造型美观、环境协调,少拆迁,少占地,并减少对环境的破坏和干扰。

2. 特殊要求

跨线桥与一般桥梁相比较,技术上有以下几方面的特殊要求:

(1)主梁建筑高度要矮,以节省总桥长和工程造价。

(2)净高和净宽由桥下道路的要求而定,一般情况下跨径不是很大,属于中桥或者小桥。

(3)景观要求较高。

(4)一般情况下,相交两线中以等级较低的线路上跨,造价较经济。

(5)通常遵守桥梁服从路线的原则,跨线桥多为斜弯坡桥,尤其是互通式立交中的匝道跨线桥,绝大多数是斜弯坡桥。

第二节　立体交叉桥跨总体布置

桥跨总体布置是在立交总体规划布局的基础上对桥跨的平面、纵面及横断面的布局和设计,通过总体布置确定桥跨的平面和纵面以及横断面。

一、桥跨立面布置

桥跨立面布置主要包括纵面线形设计、桥长确定,桥孔分跨及基础位置的确定等内容。

1. 纵面线形

立交桥跨的纵面线形除满足主线或匝道路线设计的要求外,应考虑桥跨纵面线形的要求。

(1)纵坡。

对于公路上的立交桥,桥上纵坡不宜大于 4%,桥头引道纵坡不宜大于 5%;位于城镇非机动车较多的路段,桥上及桥头引道纵坡均不得大于 3%。

对于城市道路上的立交,机动车专用道纵坡不宜大于 4%;机动车与非机动车道混行时,不宜大于 2.5%～3%;若非机动车流量很大时,宜采用 2.5%的纵坡。

(2)竖曲线。

桥面中心线纵断面可做平坡、斜坡和竖曲线,当用预制梁时,可用折线代替曲线,但在纵坡变更的凸形交点处,主线桥两坡度之代数差不大于 0.5%,匝道桥两坡度之代数差不大于 1%。为了保证下线的行车视距,竖曲线最低点不宜设置在桥下或地道内。下线竖曲线半径取值应满足桥跨下视距标准要求。必要时应进行验算。

2. 桥长

据国内立交桥调查资料,立交桥主桥长度随立交形式不同而异,长的达 600～700m,短的仅 40m 左右。一般两层式苜蓿叶形立交的主桥长度较短。立交的层数越多,主桥的长度越长,四层式立交,最上层的主桥长度在 400m 以上。主桥长度与立交顶层的相对高差关系较大,当立交底层下挖不多或基本沿原地面走时,最上层的主桥长度较长。如广州大北立交,加修的第三层跨线桥长度达 885m。

从工程经济的观点来看,为了节省工程造价,确定桥长时,可考虑满足下穿线(被跨越线)宽度的最小桥长作为推荐桥长。当跨越堑式道路时,应按路堑的总宽度要求确定桥跨长度。

城市立交由于取土不便,并考虑景观要求,桥长可适当增加,桥下空间可为城市设施,如停车场综合利用。据我国城市立交的经验,桥头挡土墙的高度控制在 3～3.5m 以下,以增加桥下的通透感,扩宽视野,不致造成压抑感。当然立交引桥也不宜过长,否则不仅不经济,而且桥梁过低,边梁底离地很近,视觉效果反而不好。据分析计算,桥梁结构与挡土墙引道相比,其单位面积的工程造价一般约为 3:1,在立交工程中,是否以桥跨代替挡墙引道应从经济、技术或景观效果等方面综合比较来确定。

3. 孔径

(1)考虑因素。

桥跨的孔径包括孔数、净跨和桥下净高。孔径的选择和确定应综合考虑以下因素:

①桥下交通要求的净空尺寸。

②桥跨结构的合理性。

③桥跨立面的外观效果。

④立交区的地形、地物和地质情况。

(2)孔径尺寸的确定。

确定孔径的基本尺寸是桥跨立面布置的重要工作,其要点如下:

①桥梁跨径一般不受水流的影响,因而布孔比较容易。根据下线要求,一般跨主线桥跨径为 20～30m,最大不超过 45m;跨匝道桥跨径为 7～20m。在满足跨越要求的条件下,尽可能用较小的跨径。其理由是:跨径小能减小梁的高度,从而使桥梁总长缩短;同时,匝道展线长度缩短,也使桥梁显得轻巧、美观,能更好地满足美学要求。

②控制高跨比(即桥梁建筑高度与跨径的比值),使桥跨结构合理,保证桥梁立面尺寸美观协调。高跨比一般以 1/30～1/20 为宜。

③从桥梁美学的观点,还应注意两个比例关系:一是桥孔净跨与桥下净高的比例,一般以 2∶1～5∶1 为宜,通常城市立交桥下净高为 4.5m,因此桥梁的理想净跨相应为 9～22.5m。如桥下净跨过长,桥也显得扁平、低矮,给人以压抑感。二是桥梁结构的建筑高度与桥下净高的比例要协调,一般以 1∶6～1∶4 较为适宜。即当桥下净高为 4.50m 时,桥梁的合理建筑高度为 0.75～1.10m,桥下净高为 5.0m 时,桥梁合理建筑高度为 0.85～1.25m。

(3)确定分孔。

立交桥主桥的分孔,主要按下线的横断面形式确定。一般下穿线为双向无分隔带时(即一块板时),可考虑单孔跨越;有中央分隔带时(即为两块板布置时),以双孔为宜;当下线为三块板或为路堑式时,通常多采用三孔;当下线有中央分隔带和两个路侧带时(即为四块板时),以四孔跨越为宜,如图 7-1 所示。

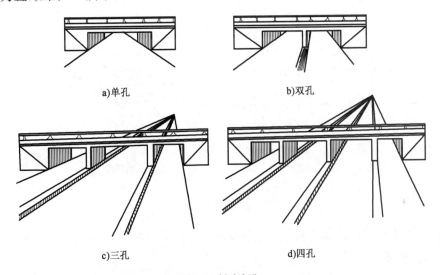

图 7-1 桥跨布孔

为了使相邻孔跨径的比例协调美观,合理使用桥跨材料,对于三孔的混凝土连续梁桥,主跨与边跨比按黄金分割的比例 5∶3 为宜(美学要求),或 5∶4 为宜(合理使用材料要求),五跨时宜为 1∶0.9∶0.65。

为使立面总体美观,通常多孔桥梁的桥孔布置以沿中心线左右对称的奇数孔为宜。这是因为偶数孔以桥墩为对称轴,会使人们感觉桥梁分为左右两部分。而奇数孔布置,在对称轴上无桥墩,可感到左右两部分是连续的,有稳定可靠的感觉。

二、桥跨平面布置

1.一般要求

立交桥跨的平面线形,原则上应符合路线设计的规定。平面布置应与其相衔接的道路的技术标准相适宜,以满足立交区道路行车的需要。

立交桥跨平面布置原则上应服从路线布置,布置时注意避免斜桥、弯桥。当路线要求需设置斜、弯桥时,一般斜度不大于 45°,曲线桥应按曲线半径大小设置超高、加宽,并设置缓和过渡段,最大超高坡度一般不大于 6%。

2. 立交桥跨平面布置的形式

立交桥跨布置形式有以下几种情况：

(1) 直线桥可有 4 种布置形式,即正交、斜交斜做、斜交正做、分列式斜交正做,如图 7-2 所示。

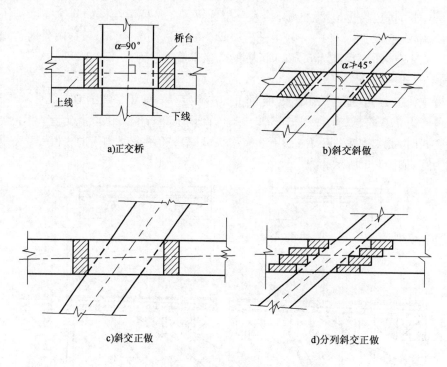

图 7-2 直线桥的平面布置形式

(2) 曲线桥的平面布置形式可有辐射布置和平行布置两种方式,如图 7-3 所示。

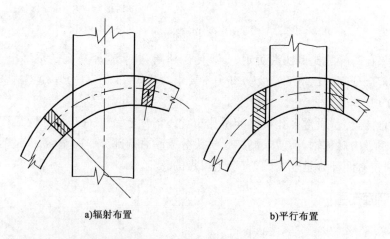

图 7-3 曲线桥平面布置形式

(3) 当上跨环道时,因要连续两次跨越下线,可有两种布置方式,即分设两座桥或连续多孔设一座跨越,如图 7-4 所示。

(4) 当下穿环道时,因要连续两次穿过环道,可有两种布置方式,即分设两座地道或连续设一座地道,如图 7-5 所示。

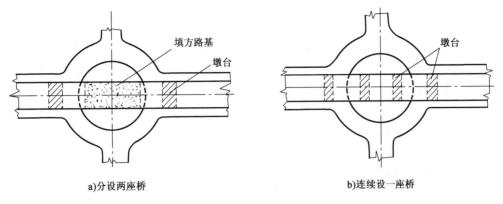

a)分设两座桥　　　　　　　　　　b)连续设一座桥

图 7-4　上跨环道桥梁平面布置形式

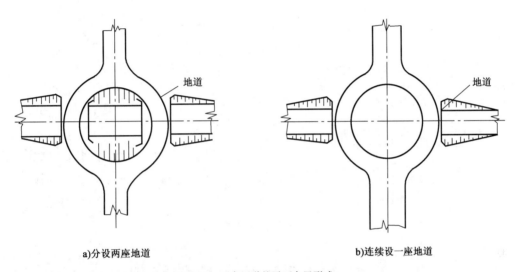

a)分设两座地道　　　　　　　　　b)连续设一座地道

图 7-5　下穿环道的平面布置形式

三、桥跨横断面布置

1. 一般要求

(1)桥跨横断面布置应与其衔接的道路技术标准相适应,应与衔接道路有相同的车道数和通行能力。

(2)桥面横断面的组成、净空、尺寸应与所衔接道路的要求一致,以保证行车的快速和安全。

(3)桥面应设置必要的安全设施,如栏杆、路缘石、防护栏、安全带、防护网等。这些设施的强度和尺寸,必须保障桥上车辆及行人交通的安全。

2. 横断面组成及主要尺寸

桥面横断面主要组成有:车行道、非机动车道、人行道、自行车道、安全道、中间带、路侧带、安全设施和附属设施等。主要尺寸如下:

(1)车行道。我国公路桥面行车道标准分五种:$2\times$净—7.5,$2\times$净—7.0,净—9,净—7 和净—4.5。

(2)非机动车道。其尺寸参照城市道路规定。

(3) 人行道。最小 0.75m 或 1m。当行人交通较大时，应通过交通量计算，按 0.5m 的倍数增加，确定其宽度。

(4) 自行车道。一条自行车道宽度为 1m，当独立设置时，不应小于 2m。车道数按自行车交通量计算确定。

(5) 中间带及路侧带。公路桥上中间带宽度一般应与道路相同。城市道路中间带宽度为 2.0~3.0m，最小可用 1.0m。城市道路路侧带宽度一般为 2.0~2.25m。

(6) 安全带。城市道路跨线桥上，当两侧无人行道时，两侧应设安全道，宽度为 0.5~0.75m。

人行道或安全道路缘石高度一般取 0.25~0.4m，以保证行车及行人安全。

3. 横断面布置形式

横断面布置形式如图 7-6 所示。

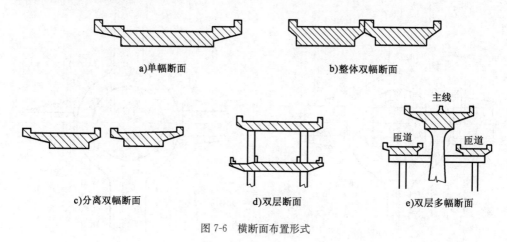

图 7-6 横断面布置形式

第三节 立体交叉桥跨结构

一、上部构造

立交桥跨一般多用钢筋混凝土结构（包括预应力混凝土）。常用桥型及适用条件如下。

(1) 钢筋混凝土箱式地道。

钢筋混凝土箱式地道有闭口箱和开口箱两种形式，如图 7-7 所示。

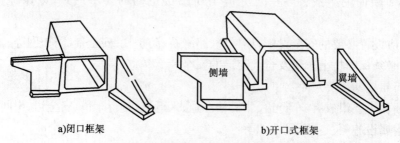

图 7-7 钢筋混凝土箱式地道

钢筋混凝土箱式地道是一种下穿的框架结构。闭口箱底部可支承在土壤地基上，开口两端均设有侧墙或八字墙，以保证路基的稳定。一般跨径不超过 12m。因地道宽度较小，适用于匝道下穿的情况。开口箱因无底板,对地基强度要求较高。箱式地道适用于跨径为10～15m的立交桥,顶板厚度一般可采用跨径的1/30～1/20。

(2)钢筋混凝土板桥。

钢筋混凝土板桥的承重结构为钢筋混凝土板或预应力混凝土板,主要特点是:构造简单,施工简便,建筑高度较小,构件制作方便,预制构件小,重量不大,利于安装。但自重较大,跨越能力小,经济跨径一般限制在13～15m以下,预应力混凝土连续板桥也不宜超过35m。钢筋混凝土板桥的主要类型有:

①简支板。

简支板有整体式结构和装配式结构。整体板跨径一般为4～8m,板厚与跨径之比为1/25～1/10;预制装配板跨径可达16～20m,其形式如图7-8所示。

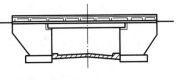

图7-8 简支板桥

②悬臂板。

悬臂板一般为双悬臂式结构,如图7-9所示。双悬臂式中间跨径为8～10m,两端伸出的悬臂长度约为中间长的0.3倍,板中厚度约为跨径的1/18～1/14,支承点处的厚度为跨中厚度的1.3～1.4倍。由于端头与路基衔接处搭板容易损坏,目前较少采用。下线为路堑式边坡路时可采用。

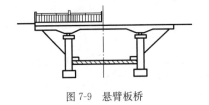

图7-9 悬臂板桥

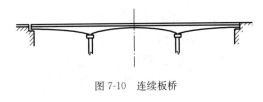

图7-10 连续板桥

③连续板桥。

连续板桥为板不间断连续跨过几孔的超静定结构体系,如图7-10所示。一般为三、四孔,也可四孔以上。当桥较长时可几孔一联。一般跨径在14m以内,当采用预应力混凝土时可达33.5m。连续板一般做不成等跨,边跨与中跨之比为0.7～0.8。五孔一联时,跨径比为1:0.9:0.65。当采用就地浇筑整体式板时,板中厚为 $l/35 \sim l/20$(l 为中跨跨长),支点处板厚为跨中的1.2～1.5倍。

④空心板梁桥。

空心板梁桥是现今高速公路中最常见的跨线桥结构,其一般跨径为10～20m,有先张法预应力混凝土和后张法预应力混凝土两种,跨径10m以下的空心板桥一般采用普通钢筋混凝土。目前,空心板桥发展为宽幅(1.5m)和窄幅(1.0m)两种预制结构,以及墩顶部位断缝而桥面连续的结构和墩顶部位现浇混凝土连续的结构。

⑤无梁板桥。

无梁板桥是用几排桩柱式下部结构直接支撑着连续板式上部构造。桩排顶上没有盖梁,板式上部也没有纵梁,因而称为无梁板。

一座典型的无梁板桥上部为连续平板,下部为墩柱。每根墩柱顶部有扩大的柱头,扩大角不宜大于45°,其作用为减少跨径和增大平板抗剪能力。柱头上为托板,相当于加大柱顶板厚,以承受大的柱顶负弯矩和支点附近的斜拉力。当板为变截面时,可取消托板以及柱头。所有的柱、柱头、托板、桥面板都是浇筑在一起的,即板柱在柱顶是刚性嵌固的。

(3)钢筋混凝土梁桥。

①简支梁。

简支梁是使用最广泛的桥跨形式。这类桥梁受力明确,构造简单,施工方便,结构及尺寸易于系列化、标准化和工业化。跨径在 16～20m(钢筋混凝土桥)和 20～50m(预应力混凝土桥)。当为 T 形梁时,梁高与跨径之比为 1/25～1/15。

②悬臂梁桥。

悬臂梁桥的力学性能好,比简支梁材料省,一般悬臂长为中跨的 0.3～0.4 倍,和悬臂板相近。因与道路衔接处理较难,一般很少采用。

③连续梁桥。

连续梁桥由于是超静定结构,减小了跨中正弯矩,不仅建筑高度小,而且工程量省。连续孔数一般不宜过多。桥跨较多时宜分段连续。等截面连续梁梁高与跨径之比为 1/26～1/16。变截面连续梁梁高跨径之比为 1/35～1/25,边中孔跨径之比可为 0.3∶1～0.8∶1。连续梁桥受基础沉陷影响大,适用的跨径范围较宽。

连续箱梁桥在高速公路跨线桥中也很常见,目前应用呈上升的趋势。有普通钢筋混凝土和后张预应力混凝土两种。箱梁属于薄壁结构,与前文所述的空心板梁不同之处在于:空心板梁的壁厚相对于其外形来说较大,属于一般梁式体系,设计时只考虑其弯曲和扭转作用,而箱梁的壁厚相对于其外形来说较小,设计时必须考虑翘曲。连续箱梁桥在高速公路上广泛用于跨径 25m 以上的桥梁。

④鱼脊式梁桥。

鱼脊式梁桥是箱梁桥的一种形式。当箱梁两边的翼缘板加宽时,需要在两边施加横向预应力,或者在下边加设斜撑支撑。这种桥外形美观新颖,在现今城市跨线桥以及重要景观之处多有采用,图 7-11 为梁跨线桥实例。

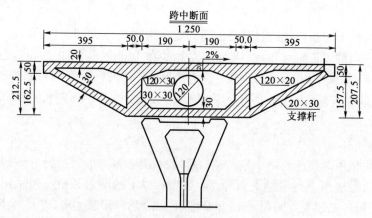

图 7-11　钢筋混凝土箱形鱼脊式梁(尺寸单位:cm)

⑤T 形梁桥。

T 形梁桥的断面有 A、B、C、D、E、F 六种形式,如图 7-12 所示。图中 A 型为有横隔梁的一般 T 形,B、C、D、E、F 型均为腹板减薄式,形成马蹄形的梁肋底部。B 型为挖空横隔梁式;C 型为无横隔梁翼缘部分现浇的形式;D 型为部分横隔及翼板现浇形式,可减轻预制构件重量;E 型为翼缘板及梁预制安装形式;F 型为微弯板形式。T 形梁主要特点是:构造简单、整体性好、接头也较方便,但截面形状不稳定,运输和安装较复杂。常用跨径为 7.5～20m,预应力梁可达 20～40m,由于桥下梁肋视觉效果差,较少采用。

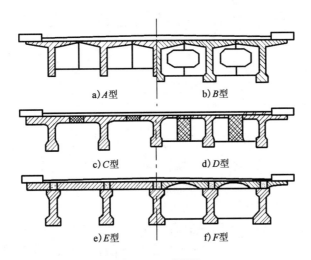

图 7-12 T形梁桥

(4)刚构桥。

刚构体系是介于梁与拱之间的一种结构体系。它是由主要受弯的上部梁(或板)结构与和承压为主的下部柱(或墩)整体结合在一起的有推力结构。可分为直腿刚构、斜腿刚构、连续刚构等类型,如图 7-13 所示。这类结构,桥下净空比拱桥大,跨中高度比梁桥小,适于各种跨径桥梁,是立交桥跨常采用的形式。

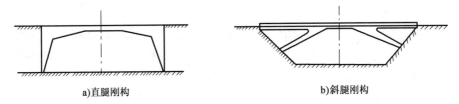

图 7-13 刚构桥

斜腿刚构桥,在结构上,跨度较大,建筑高度小,整体性好,圬工省;在外形上,造型优美,线条简捷明快,给人以有力的感觉,因而是立交中常用的桥跨形式。

单孔刚构桥当采用板式截面时,其跨中厚可取跨径的 1/35~1/20,支点厚度为跨中的 1~2 倍,两悬臂长为中跨的 1/5~1/2 倍。

三孔连续刚构,边孔一般为中孔的 0.7 倍左右,斜腿刚构桥的边孔通常为中孔的 0.5 倍左右。多孔刚构桥的梁高为跨径的 1/40~1/30,采用变截面时,支点梁高为跨中的 1.2~2.5 倍。常见刚架桥的主要尺寸见表 7-1。

常见刚架跨线桥的一般尺寸   表 7-1

刚架形式	门式	斜腿	门式带悬臂	斜腿带悬臂
跨径 t(m)	<16	<20	<50	<80
跨中板厚 h	$\left(\frac{1}{35}\sim\frac{1}{20}\right)t$	$\left(\frac{1}{35}\sim\frac{1}{20}\right)t$	$\left(\frac{1}{40}\sim\frac{1}{20}\right)t$	$\left(\frac{1}{40}\sim\frac{1}{20}\right)t$
支点板厚 h'	$(1\sim2)h$	$(1\sim2)h$	$(1.2\sim2.5)h$	$(1.2\sim2.5)h$
板底曲线	直、抛物	直、抛物	直、抛物	直、抛物
斜腿斜角(°)	—	>40	—	50 左右
支柱一般高 d(m)	3~8	3~8	3~8	3~8

续上表

刚架形式	门式	斜腿	门式带悬臂	斜腿带悬臂
支柱纵向厚度 t	$\left(\dfrac{1}{12}\sim\dfrac{1}{6}\right)d$	$\left(\dfrac{1}{10}\sim\dfrac{1}{6}\right)d$	$\left(\dfrac{1}{15}\sim\dfrac{1}{8}\right)d$	$\left(\dfrac{1}{15}\sim\dfrac{1}{8}\right)d$
斜交角度(°)	80～120	80～100	80～100	80～100

斜腿刚构桥为近年来国内外发展起来的一种新型结构桥梁。其外形整体划一，简捷明快，给人以力的感觉，受力合理，用料经济，大、中、小跨径皆可采用，一般做成单孔跨线桥。在山区高速公路路堑段的跨线桥多有应用，与拱式跨线桥互相映衬，避免了单调。

无桥台斜腿刚构桥，在斜腿刚构桥的基础上，取消桥台，增设边斜杆，将梁端荷载传递到桥墩上。边斜杆的倾角与路堤锥坡一致，一般采用45°。其主要特点是：不设桥台，但满足桥台各功能，无水平推力，适用于软基修建，跨越能力加大，造价低廉。目前我国已经修建了几座无桥台斜腿刚构桥，取得了一定的经验。这种桥型在跨线桥上应具有很大的发展空间。

(5) V形墩桥。

也是近年来国内外发展起来的一种新型结构桥梁，一般是3孔以上。这种桥梁跨径大，受力合理，用料经济，并且造型优美，给人以连续、轻盈的感觉。

(6) 预应力混凝土组合梁桥。

在预制安装的预应力梁上再现浇普通钢筋混凝土形成整体上部构造，其性能与钢梁和混凝土叠合梁基本一样，是一种十分合理的做法。

(7) 上承式拱桥。

一般适用于山区公路路堑的跨线桥。这种拱桥形式十分普遍，例如始建于公元7世纪的中国古代赵州石拱桥。常见的拱桥有石拱桥与钢筋混凝土拱桥，一般跨径20～80m。双曲拱桥、桁架拱桥、刚架拱桥都属于上承式拱桥之列。

(8) 中承式拱桥。

桥面位于拱肋矢高的中部，一部分用吊杆悬挂在拱肋下，一部分借助刚架立柱支撑在拱肋和桥墩上，因而是一种半悬吊、半支撑体系。

(9) 下承式拱桥。

在拱脚水平处设置主梁，全部悬挂在拱肋下。如果主梁与拱脚固结承担拱脚水平推力，或者两拱脚之间另设系杆来承受拱脚拉力，则专称为系杆拱。它是无推力拱，外部静定，兼有拱桥的较大跨越能力和简支梁桥对地基较强适应能力两大特点。当桥面高程受到限制而桥下又要求保证较大的净宽和净高，或当墩台基础处地质条件不良易发生沉降，但又要求保证较大的跨度时，系杆拱是较优越的桥型。

(10) 斜拉桥。

斜拉桥是近代发展起来的新桥型，最大跨径可达1000m以上。但在中小跨径跨线桥上，因斜拉桥具有较大的跨越能力，较小的建筑高度，优美的桥形，故应用较广。

二、下部构造

1. 立交桥桥墩的类型

立交桥下部构造包括桥台和桥墩两个部分，由于桥台的构造和要求与一般桥梁大致相同，本书不作介绍。与一般桥梁相比，立交桥下由于要求通行车辆，对桥跨下的透空度、通视条件、行车安全和净空以及景观效果等都有不同的要求，因而桥墩的布置、形状、尺寸都有其特殊性。

立交桥的桥墩,类型较多,根据不同的条件划分有如下几种类型:

(1)按其力学条件分可有重力式墩和轻型墩两种。重力式墩圬工尺寸较大,透空度小,景观效果差,在立交桥中较少采用。轻型墩的尺寸小,刚度小,受力后允许一定弹性变形,主要采用钢筋混凝土材料,是立交桥跨常用的形式。轻型墩类型很多,如图7-14所示。按其形状分可有:单柱墩[图7-14a)]、双柱或排柱式墩[图7-14b)、c)]、单轻型薄壁墩[图7-14d)]、双轻型薄壁墩[图7-14e)]、Y形墩[图7-14f)]、V形墩[图7-14g)]、四叉形墩[图7-14h)]、X形墩[图7-14i)]、n形墩[图7-14j)]、H形墩[图7-14k)]、不对称的异形墩[图7-14l)]。

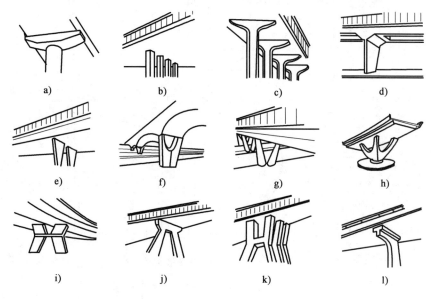

图7-14 轻型桥墩

(2)按墩身断面分可有:矩形、圆形、长圆形、鼓形(或椭圆形)、折线形、方形、哑铃形等,如图7-15所示。

图7-15 桥墩断面形式

2.常用墩型特点及适用条件

1)薄壁墩

这类墩体积小,结构简单,施工简便,比重力式桥墩可节省圬工量70%左右。但与其他轻型墩相比,工程量较大,透空度较差,造型不够美观,如图7-16a)、b)所示。

由于墩身圬工表面积大,往往遗留模板纹路和表面缺陷,影响外形美观,施工时可做成纹理的表面以增加视效果。一般仅用于桥面较窄的匝道桥。

桥墩材料可由钢筋混凝土或圬工材料构成。钢筋混凝土桥墩墩身直立,可有矩形和梯形,其厚度与高度的比值较小,一般为1/10～1/15,厚度为30～50cm。圬工薄壁墩体积较大,立交桥跨中较少使用。

2)柱式墩

(1)单柱式墩。单柱式墩按其构造不同可分为有墩顶盖梁和无墩顶盖梁两类,如图7-17

所示。前者利用盖梁增加了上部构造的支承宽的情况,后者无盖梁,只有一个支承点,直接支承上部构造,构造简单,适用于桥较窄的情况。柱的截面可有圆形、矩形、多角形等形式。矩形或多角形可以在柱身显出线条,外形较好。单柱墩外观轻盈,透空度好,视线开阔,造价经济,但由于支承点少,适用于桥面较窄的情况。单柱直径一般为 1.20m,适宜的桥宽为 7.0~8.5m,单柱式墩为单车道匝道常用桥跨墩型,其布置如图 7-18 所示。

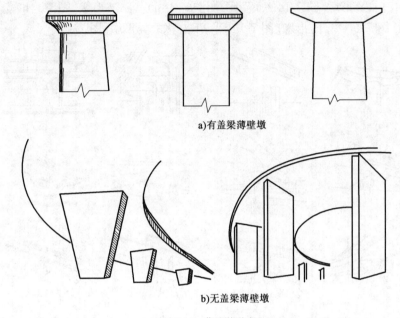

图 7-16 薄壁墩形式

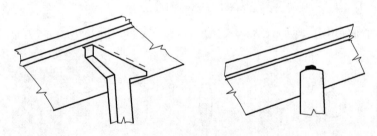

图 7-17 单柱式墩

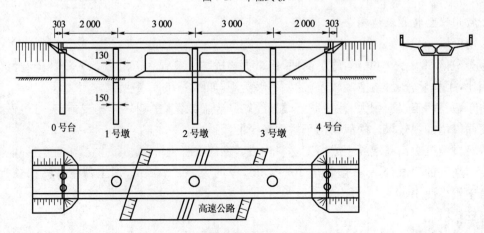

图 7-18 单柱式墩桥跨布置(尺寸单位:cm)

(2)多柱式墩。常用的是双柱式墩。双柱式墩外形美观,圬工体积小,自重轻,比单柱式墩适应的桥面宽。一般柱直径为1.0m左右,适宜桥面宽8.00~11.00m。对于宽桥,可采用三柱式或多柱式墩。多柱式墩各支柱在平面上可采取不同的布置方式,如图7-19所示。

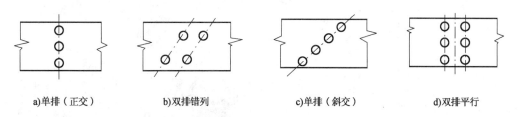

a)单排(正交)　　b)双排错列　　c)单排(斜交)　　d)双排平行

图7-19　多柱墩各支柱排列方式

3) V形墩

也是使用得较多的形式之一,其结构形式很多,如图7-20所示。V形墩造型优美,可减少上部构造的跨径,并节省基础。墩顶与上部构造之间一般用橡胶支座支承,如采用固结,即构成斜腿刚构式。

图7-20　V形墩各种形式

4) Y形墩

这是目前国内使用较多的一种形式,其各种形式如图7-21所示。Y形墩实际为单柱式与V形墩相结合的一种形式,特点与这两种相近。

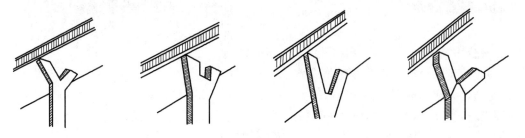

图7-21　Y形墩各种形式

5) X形墩

类似Y形墩,一般的立交桥使用较少。但由于其造型新颖,可在特定的环境中应用。

6) π形墩

一座斜跨另一公路的立交桥,由于净空的限制,用2根斜岔在下面公路路幅之外来支撑墩顶盖梁,形成π形。

7) 特殊形式墩

图7-22~图7-25为特殊形式墩供参考使用。

立交墩形多种多样,千变万化,设计者可遵循设计的基本原则,结合具体情况,设计出美观、适用、经济的墩型来。

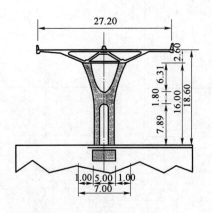

图 7-22　H 形墩（尺寸单位：m）

图 7-23　单侧悬臂墩

图 7-24　不等高 Y 形墩

图 7-25　流畅变化截面墩

3. 墩位布置

（1）简单桥跨的双层式跨线桥位布置。由于只有上层桥跨和下层线路，墩位布置比较简单，主要结合下线车道宽度、平面布置、上下线路线关系（正交、斜交或曲线）等情况，结合下线行车要求布置。墩位布置时，应力求使桥跨结构简单，施工方便，确保下线行车安全和视距要求，并尽可能使墩、台标准化、简单化。当施工要维护通车时，还应注意交通要求，布置形式如图 7-26 所示。

（2）分岔桥的墩位布置。由于分岔桥桥跨复杂，布置时应与桥跨构造配合，各种布置形式如图 7-27 所示。图 7-27a）是设置空间框架墩的形式，图 7-27b）是分岔后由双柱变换到单柱的形式，图 7-27c）是用拓宽桥墩或拓宽盖梁的连接形式，图 7-27d）是设实体横隔梁、不设桥墩的形式。

（3）多层复杂桥跨的墩位布置。由于层次多，上、下桥跨对墩位布置干扰大，布置墩位时应注意两点：第一，桥墩位置应插空布置，尽量避免桥跨的干扰，桥梁的结构与跨径应根据布孔位置确定；第二，当空间干扰大，难于设墩时，可考虑设置公共墩。公共墩可做成重力式空间柱形墩，用以支承上（或下）层桥跨结构。墩上也可设悬臂结构，用以支承分离的上（或下层）结构。图 7-28 为城市多层立交桥墩结构图式。

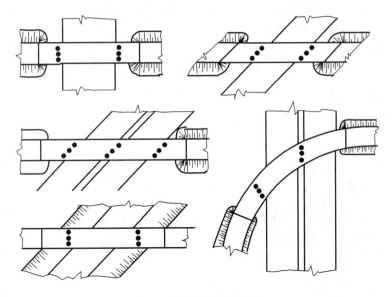

图 7-26 简单跨线桥墩位布置

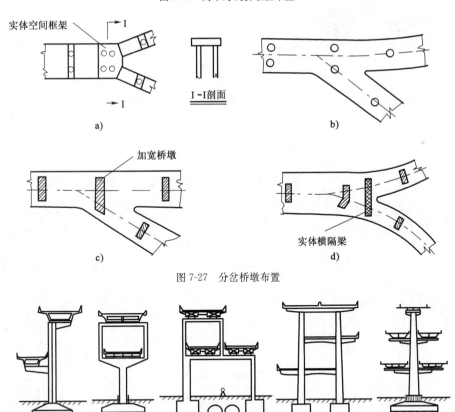

图 7-27 分岔桥墩布置

图 7-28 城市多层立交桥墩结构图

4. 桥墩造型

对柱式墩造型设计,在注意不过分增加施工复杂性的情况下,适当地增加柱体的形状变化,使缺乏新意的桥下空间形成多种变化的风格,可加深人们的感受印象,取得事半功倍的效果。

1960年，意大利工程师纳威尔在设计奥林匹克运动会汽车专用桥时，采用单柱悬臂墩，见图7-29。其柱顶为矩形截面，柱脚是十字形断面，不仅造型赋予了新意，而且从受力来说，它符合于柱脚弯矩大，增大截面模量的合理要求。

独柱式桥墩在城市高架桥中应用很广，也越来越重视其景观效果，从墩帽梁与柱身的连接过渡到墩柱截面和立面的造型都做很多构思。由于圆柱墩身变化余地较少，一般多采用矩形截面墩柱。图7-30为墩帽梁以弧形曲线或折线相连接，墩壁角用斜面过渡，墩身壁面以凹凸变化结合纹理来增强其修饰性。

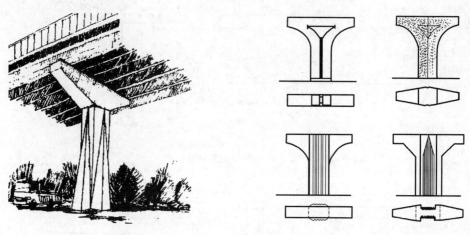

图7-29 单柱变截面悬臂墩　　　图7-30 独柱矩形截面墩柱壁面修饰构思图

图7-31是纳威尔设计的各种变截面柱，被广泛地应用在各种大型建筑上。桥梁墩柱可适当变化，以增加墩柱造型的多样性。

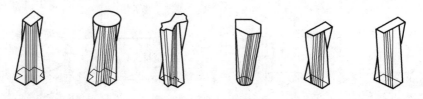

图7-31 纳威尔变截面柱体

图7-32为各种多角截面墩柱，并设计成立面有凹凸变化，使墩身更具明显的立体感。

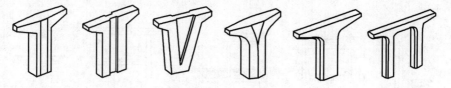

图7-32 墩身立体造型图

5. 桥台

桥台因要承受路堤土压力，因此圬工体积较为庞大，技术发展的方向是力求轻型化。根据目前的发展，除重力式台、埋置式台外，还有轻型桥台、排架桩式桥台、组合式桥台等。

(1) 重力式桥台。如早期的U形桥台，后来也做了一些改进。

(2) 埋置式桥台。将台身埋置于台前溜坡内，台身变为两片或多片薄壁墙肋，台前后土压大部位自行平衡，因而构造得以轻型化，通常不需另设翼墙，仅由台帽两端耳墙与路堤衔接。高速公路跨线桥多数采用这种桥台。

(3)轻型桥台。应用在单跨或少跨的小跨径跨线桥中,两桥台间靠近基础处设支撑梁,主梁与桥台设置锚固栓钉,桥台与支撑梁及上部结构形成四铰框架。

(4)排架桩式桥台。采用桩与墩柱直接相连接,且为一同材质,然后埋置的桥台。

(5)组合式桥台。由直接承受来自桥跨结构的垂直力和水平力的前部台身及承受台后土压力的后部构造两部分组成。在中等跨径的跨线桥或拱桥中常有应用。

三、曲线桥

曲线桥是立交桥跨常用的桥梁,当主线式匝道处于曲线上时,为了适应道路线形,一般均做成曲线桥,如环形立交的环道,定向型立交的匝道,苜蓿叶形、喇叭形的小环道等。曲线桥的布设要点简述如下:

(1)曲线桥弯扭、合、变形比直线桥大,内外受力不均,再加上行车离心力的影响,致使设计、施工都比正桥困难。因而一般多用板式或箱形截面,梁式不太合适。当加箱形截面时,其腹板也做成曲线。

(2)曲线桥跨的平曲线半径不亦太小,其极限值应根据设计车速并设置6%最大超高计算确定,一般采用大于当超高为2%时的半径,尽可能采用不设超高半径,见表7-2。

曲线桥一般最小半径及不设超高最小半径　　　　表7-2

设计车速(km/h)	60	50	45	40	35	30	25	20
平曲线一般最小半径(m)	145	100	80	65	50	40	30	20
不设超高最小半径(m)	180	125	100	80	60	45	35	30

分跨时,单跨梁桥的中心角(两墩中心线的交角)不应大于20°,多跨连续梁中,每跨的圆心角不应超过40°。弯桥一般均设横隔梁,且支点处横隔梁尺寸应加大。

(3)曲线桥施工一般多用整体现浇的方式,这样可保证内外侧的曲线线形。当采用装配式预制钢筋混凝土时,可以用下面两种方式处理。

①主梁做成直线,外缘挑出形成曲线,如图7-33所示。图中外梁挑出C值,则内梁凹进亦为C值,C值可由下式计算:

$$C=\frac{l}{2}\tan\frac{\alpha}{4} \tag{7-1}$$

式中:C——外梁的挑出或内梁的凹进值,m;

　　　α——跨曲线梁对应的中心角,度(°);

　　　l——桥梁跨径,m。

C值不宜过大,一般不大于相邻两片梁的间距,以2~3m为宜。C超过3m时则不能采用。

此时墩、台在面上则做成变宽的形式,如图7-33所示。图中b_B为墩内侧边宽,b_H为墩外侧边宽。当b_B确定时,则b_H由下式计算:

$$b_H=b_B+2B\tan\frac{\theta}{2} \tag{7-2}$$

式中:θ——桥墩轴线间的中心角;

　　　B——桥梁宽度,m;

　　　b_H——桥墩外侧宽度,m;

b_B——桥墩内侧宽度,m。

一般桥墩内侧宽 b_B 为 1~2m,外侧宽 b_H 不宜大于 2~3b_B。若大于时,则不能采用。

②每跨做成直线桥,用折线代替曲线。这时在块件间形成变宽的缝,如图 7-34 所示。安装时用水泥砂将或小石子混凝土填满。内侧宽度 a_B 一般为 3~5cm(对于水泥砂浆)或 20~30cm(对于小石子混凝土)。当外侧宽度 $a_H \geqslant$ 10~15cm(水泥砂浆)或 $a_H \geqslant$ 40~50cm(小石子混凝土)时,则接缝过宽不宜使用。当确定 a_B 后,则 a_H 可用下式计算:

$$a_H = d\frac{B}{2} \cdot \frac{1}{1-0.5B/R} + a_B\frac{1+0.5B/R}{1-0.5B/R} \tag{7-3}$$

式中:d——装配块件的长度(即跨长),m;

B——桥宽,m;

R——平曲线半径,m。

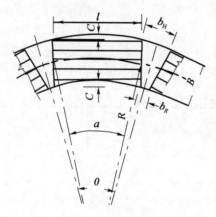

图 7-33 装配式曲线桥(一)

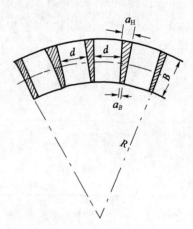

图 7-34 装配式曲线桥(二)

第八章 立体交叉附属设施设计

第一节 交通设施

一、管理设施

1. 交通标志
1）设置要求

立交标志是指示行车方向、地理位置，提醒行车安全及限制行车的管理设施，一般多用标志牌形式。标志牌按其功能分可有警告标志、禁令标志、指示标志、指路标志4种，统称主标志。辅助标志附设在主标志下，对主标志起补充说明作用，不能单独使用。按是否发光，可有照明标志、反光标志和发光标志；按标志信息是否可变，可有固定信息标志和可变信息标志；按设置方式，可有单柱式、双柱式、悬臂式和门式。

立交匝道、主线、桥跨千变万化，行车方向和路线复杂，行车条件多变，如果没有清楚、明确的标志，行车将发生混乱，轻则走错路线，重则发生事故。因而立交标志的设置是立交设计的重要工作。根据立交交通的特点和要求，立交标志设置的要求如下。

（1）交通标志应设在驾驶员和行人容易看到，并且能准确判读的醒目位置。根据需要可设置照明或采用反光、发光标志。

（2）标志一般设置在车辆行进方向右侧、分隔带或道路上空门架上。标志牌不得侵入道路建筑限界。路侧标志牌面下缘至地面高度为1.8~2.5m；架空式牌面下缘距地面高度应大于净空高度，有时可设于立交桥上，指示下线行车。

（3）路侧式标志应尽量减少板面对驾驶员的眩光。牌面应与道路中线垂直或成一定角度：指路和警告标志为0~10°，禁令和指示标志为0~45°。

（4）立交交通标志应根据设置条件，结合实际需要合理设置。要以保证交通畅通、行车安全、方向明确为目的，总体考虑，全面布局。避免出现标志内容互相矛盾、重复、含混现象。尽量用最少的标志把必需的信息展现出来。

（5）同一地点需要设置两种以上标志时，可以安装在一根标志柱上，但最多不超过4种。解除限制速度标志、解除禁止超车标志、干路先行标志、减速让行标志等应单独设置。

2）立交标志
（1）立交常用标志。
①出口预告标志。设在出口2km、1km、500m的位置，预示前方立交出口位置。最后一个出口预告标志设于减速车道的起点。
②出口标志。设在驶出匝道的三角地带端部，或在两个出口的驶出匝道的三角地带端部，都应设置。
③下一出口预告标志。揭示下一出口（立交）距离，设在通过该立交后适当位置。

④收费处预告及收费处标志。收费处预告标志设在距收费处1km处,提示收费口位置。收费处标志设在收费处入口附近。

⑤入口标志。提示高速公路入口(立交)位置,设于加速车道起点。

⑥方向、地点标志。主要提示立交前方各方向的地名,在标志牌上绘出立交示意图,写明地名。设在立交前适当位置。

⑦设在互通式立交匝道驶出段分岔处的地名标志。

⑧方向、地点、距离标志。用于短途路径导向,一般不超过50km。设在距交叉路口30～50m处。

⑨立交行驶路线标志。标志车辆在立交处可以行驶的路线和方向。

⑩单向行驶标志,表示单向行驶路线。设在单行路的路口和入口适当位置。

⑪桥下限高标志。表示禁止高度超过标志所示数值的车辆通行。

⑫限制质量标志和限制轴重标志。表示禁止轴重超过标志所示数值的车辆通行。设于需要限制的桥梁两端。

⑬限制速度标志及解除限制速度。设于限速路段的起点和终点。立交匝道设计车速一般低于主线,通常在匝道终点处需设此标志。

(2)立交标志图形示例见图8-1。

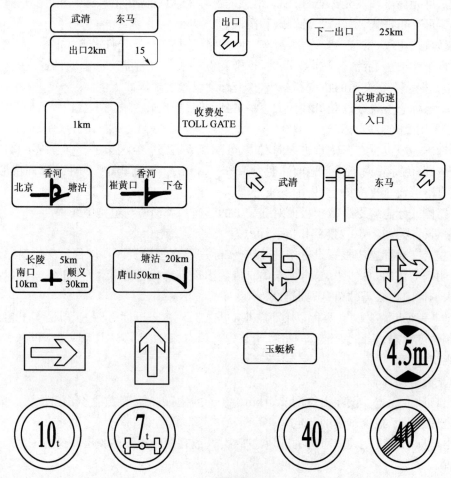

图8-1 立交常用标志

2.交通标线

交通标线是由各种路面标线、箭头、文字、立面标记、突起路标和路边线轮廓标所构成的交通设施,其作用是管制和引导交通。

1)设置要求

(1)路面标线应根据立交道路断面形式、车道数、进出口布置及交通管理的需要划定。

(2)立交路面标线应清晰、明确,在恶劣的气候条件下能具有较好的辨认性。符号、尺寸、形状、色彩应符合有关标准规定。

(3)标线材料应符合有关技术要求,要耐久、耐磨、耐腐蚀,与路面黏结力强,并保持一定的粗糙度。材料应便于施工,对人、畜无害。

2)立交标线的设置

(1)与道路相同主线常用的标线有:车行道中心线、车道分界线、车行道边缘线、停止线。设置方法同一般道路。

(2)车行道宽度渐变段标线。表示车行道宽度变化、车道数增减。用于立交进出口加、减速车道的三角端处,如图8-2所示。

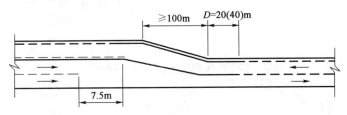

图8-2 车行道变宽渐变段标线

(3)接近路面障碍物标线。表示车辆需绕过路面障碍物,如设于下线上的立交桥跨的桥墩,如图8-3所示。

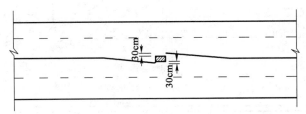

图8-3 接近路面障碍物标线

(4)出入口标线。为立交驶入或驶出匝道车辆提供安全交会,减少与突出部碰撞的标线。包括出入口横向标线、三角地带的标线,如图8-4所示。出入口标线详细尺寸如图8-5a)、b)所示。

图8-6a)、b)为高速公路平行式出入口标线示例。

(5)导向箭头。导向箭头表示车辆行驶方向,用于进出口道口处。如图8-7所示,图中尺寸以cm为单位,图中尺寸为设计速度在60km/h以下的道路,括号内尺寸为设计车速在60km/h及以上的道路。

(6)立面标记。立面标记是为提醒驾驶员注意在车行道内或近旁有高出路面的构造物,以防止发生碰撞的标记,如跨线桥下的墩、台等。立面标记采用黄黑相间的倾斜线条,倾角45°,宽及间距为15cm,斜线向车道方向倾斜,如图8-8所示。

(7)收费站标线布置。

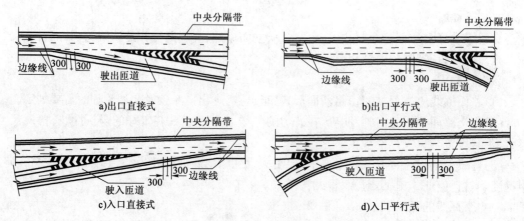

图 8-4 出入口标线(尺寸单位:cm)

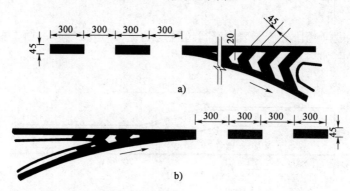

图 8-5 出入口标线尺寸(尺寸单位:cm)

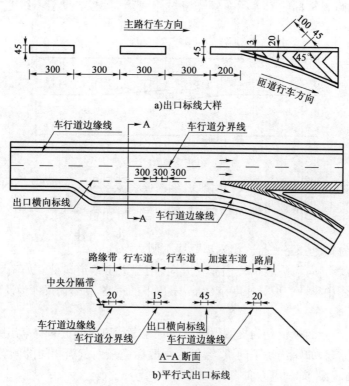

图 8-6 高速公路平行式出入口标线设置示例(尺寸单位:cm)

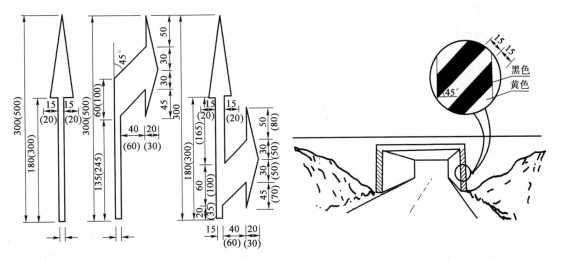

图 8-7 导向箭头(尺寸单位:cm)　　　图 8-8 立面标记(尺寸单位:cm)

①收费广场进口端应设置减速标线、收费岛路面标线、岛头标线,各条减速标线的设置间距应根据驶入速度、广场长度经计算确定。

②收费广场出口端可设置部分车行道分界线。

收费站标线布置示例如图 8-9 所示。

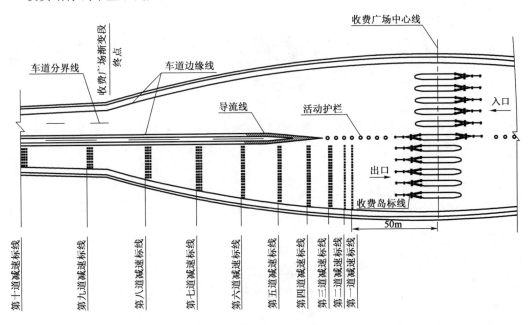

图 8-9 收费广场交通标线示例

(8)突起路标。突起路标是固定于路面上的突起标记块,起辅助和加强标线的作用。用于高速、一级、二级公路和照明不足的城市道路上。它主要用于标记中心线、车道分界线、边缘线,也可用来标记弯道、出入口、车行道宽度变窄、路面障碍物等。

突起路标一般应做成定向反射型,反射面应尽可能与驾驶员视线垂直。一般路段为白色,危险路段为红色或黄色。突起高度一般不超过 25mm,间距为 6~15m,并应符合交通要求。

3)标线材料

标线可用路标漆、塑胶标带和其他材料(如突起路标用的黄铜、不锈钢、合金铝、合成树脂以及陶瓷、白石头、彩色水泥等)制作。

二、安全设施

为确保车辆在立交范围内的行车安全,防止交通事故,在立交区还应设置必要的交通安全设施。安全设施主要有:护栏设施、防眩设施、视线诱导设施。下面主要介绍立体交叉中常用的护栏和视线诱导设施。

1. 护栏

1)护栏的作用

护栏的主要作用如下:

(1)防止失去控制的车辆驶出路外,使车辆能恢复正常行驶方向,以保护车上旅客、路边设施,以及防止与对向车相撞。

(2)对人行道与车行道实行分离,以保护人行道行人安全,并阻止行人任意横穿道路。

(3)预防桥上行人或自行车跌落桥下。

(4)对驾驶员起视线诱导作用。

2)桥梁护栏

桥梁护栏可分为钢筋混凝土墙式、梁柱式刚性护栏、金属梁柱式半刚性护栏和组合式护栏四种,下面仅介绍其中两种。

(1)钢筋混凝土墙式护栏。钢筋混凝土墙式护栏按构造可分为F型、单坡型、加强型3种,构造要求见图8-10～图8-12及表8-1～表8-3。

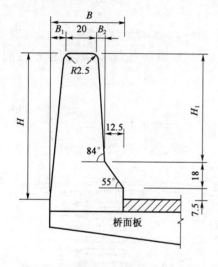

图 8-10 F 型混凝土护栏(尺寸单位:cm)

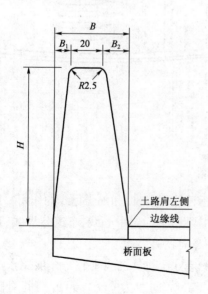

图 8-11 单坡型混凝土护栏(尺寸单位:cm)

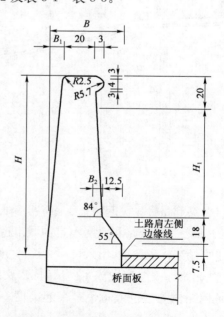

图 8-12 加强型混凝土护栏(尺寸单位:cm)

F型混凝土护栏构造要求（单位：cm）　　　　　　　　　　　　表 8-1

防撞等级	H	H_1	B	B_1	B_2
A、Am	81	55.5	46.4	8.1	5.8
SB、SBm	90	64.5	48.3	9	6.8
SA、SAm	100	74.5	50.3	10	7.8

单坡型混凝土护栏构造要求（单位：cm）　　　　　　　　　　表 8-2

防撞等级	H	B	B_1	B_2
A	81	42.1	8.1	14.8
SB	90	44.5	9	15.5
SA	100	47.2	10	17.2

加强型混凝土护栏构造要求（单位：cm）　　　　　　　　　　表 8-3

防撞等级	H	H_1	B	B_1	B_2
SA	100	54.5	43.2	5	5.7
SS	110	64.5	44.3	5.5	6.8

(2) 组合式护栏。根据需要和施工条件，也可用混凝土和金属横梁构成组合式护栏，其构造要求见图 8-13 及表 8-4。

组合式护栏的构造要求（单位：cm）　　　　　　　　　　　　表 8-4

防撞等级	H	H_1	防撞等级	H	H_2
A、Am	81	56	SA、SAm	100	75
SB、SBm	90	65			

(3) 连接构造。桥梁护栏应与桥梁用螺栓牢固连接，连接方式如图 8-14 所示。

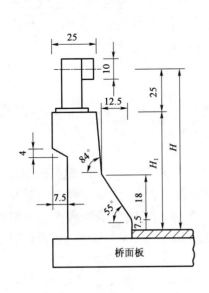

图 8-13　组合式桥梁护栏的构造要求（尺寸单位：cm）

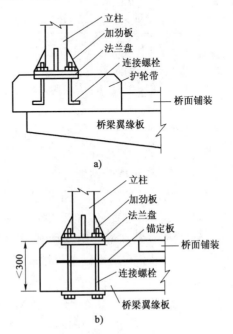

图 8-14　地脚螺栓连接方式（尺寸单位：mm）

3)分隔带端头及出入口三角端护栏布置

分隔带端头护栏又叫分设型护栏,其线形应与分隔带一致。在一定长度(如 16m)范围内,波形梁护栏从两条平行线逐渐按一定比例呈抛物线形缩窄,端头半径 R 为 25cm,布置形式如图 8-15 所示。立交出、入口三角形地带的线形和地形布设,其设置的最短长度为靠主线侧的 8m 范围内和靠匝道一侧的 8m 范围内应用加强型护栏,其结构如图 8-16 所示。

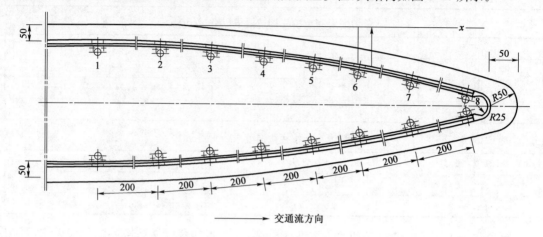

图 8-15 中央分隔带护栏(尺寸单位:cm)

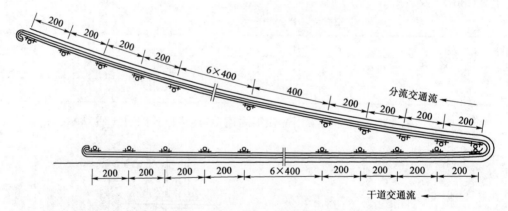

图 8-16 三角鼻端护栏(尺寸单位:cm)

4)活动护栏

活动护栏是设于中央分隔带,有效阻止非紧急车辆在中央分隔带开口处的通行。当有紧急车辆从立交进来进行援助时,打开活动护栏保证紧急车辆通行。

活动护栏有插拔式和充填式两种。

(1)插拔式活动护栏的结构如图 8-17 所示。插拔式活动护栏由护栏片、反射体、预埋基础等组成,其中护栏片由直管、弯管、立柱等钢管构件焊接而成。插拔式活动护栏的每片长度应在 2~2.5m 之间。基础可采用预埋套或抽换式立柱基础,基础混凝土的强度等级不得低于C20。插拔式活动护栏的基础套管顶面高程应高出路面 20mm 左右,在套管周边可设置混凝土斜坡,如图 8-18 所示。

(2)充填式活动护栏由多块护栏预制块连接而成。护栏预制块可采用塑料或玻璃钢制作,断面形式可采用 F 型或单坡型混凝土护栏预制块中空,可以充填水或细砂,如图 8-19 所示。充填式活动护栏预制块的每块长度不应小于 2m,在两端应设置便于护栏块连接的企口。

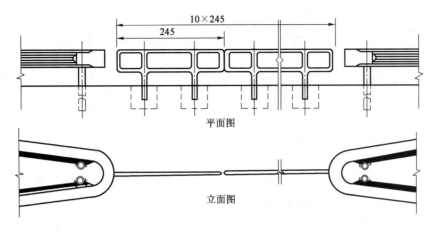

图 8-17 插拔式活动护栏的构造(尺寸单位:cm)

(3)设置要求。

①高速公路的中央分隔带开口处必须设置活动护栏。

②设有中间带的一级公路在禁止车辆掉头的中央分隔带开口处应设置活动护栏。

③活动护栏应设置在中央分隔带开口处的公路中心线位置,设置的长度应能有效封闭中央分隔带开口。

④活动护栏的设置高度应与中央分隔带护栏的高度协调一致。

⑤活动护栏上部应设置轮廓标或反射体。设置反射体时,规格为 4cm×18cm,可由反光片或反光膜制作,反光等级应为二级以上,颜色和设置高度应与中央分隔带轮廓标保持一致。

⑥位于有防眩要求路段的活动护栏上宜设置防眩设施。

2.防眩设施

一般多采用防眩板。在立交中主要设置于主线中央分隔带,防止对向车左射眩光。设置方式有 3 种,一般与分隔带上的防栏相配合:①设于混凝土护栏顶部预埋件上,如图 8-20 所示。②设于两护栏间的连接件上,如图 8-21 所示。③设独立支柱埋于中央分隔带土中,如图 8-22 所示。

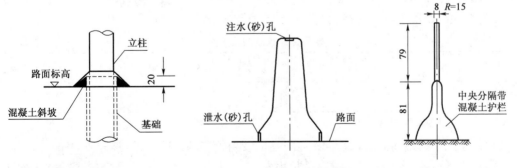

| 图 8-18 插拔式活动护栏的套管构造(尺寸单位:mm) | 图 8-19 充填式活动护栏的构造 | 图 8-20 设于分隔护栏上的防眩板(尺寸单位:cm) |

防眩板及其连接尺寸应结合结构和景观等因素确定。板厚为 2.5~4.0mm,板宽为 8~25cm,方形型钢的外形尺寸可为 40mm×40mm~65mm×65mm,其壁厚可为 2~3mm。防眩板的遮光角、板高、板宽、间距应结合具体条件计算确定,主要设计要素见表 8-5。

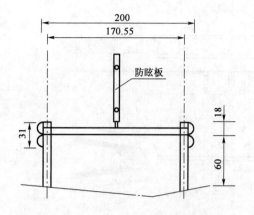
图 8-21 设于连接件上的防眩板(尺寸单位:cm)

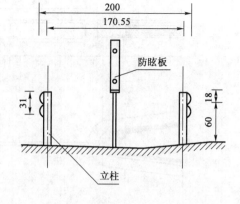
图 8-22 设于独立支柱上的防眩板(尺寸单位:cm)

防眩板设计要素　　　　　　　表 8-5

结构设计要素	一般路段	平(竖)曲线路段
遮光角	8°	8°～15°
防眩高度(cm)	160～170	120～180
板宽(cm)	8～10	8～25
板的间距(cm)	50	50

3.视线诱导设施

视线诱导标志是为了标明公路边缘及线形,诱导驾驶员视线的设施,根据需要设在某一路段上。视线诱导设施主要有:轮廓标、分流诱导板、合流诱导标、指示性线形诱导标、警告性线形诱导标等。

1)轮廓标

轮廓标设于路边或桥梁边,以显示行车道边界,指示道路前进方向,一般在主线两侧对称设置,一般设置间隔为50m。主曲线或匝道上的设置间隔可按表 8-6 选用。在路基宽度及车道数量有变化的路段及竖曲线路段,应适当加大或减小轮廓标的间隔。

轮廓标曲线段的设置间隔　　　　　　　表 8-6

曲线半径(m)	小于30*	30～89*	90～179*	180～274	275～374	375～999	1 000～1 990	2 000以上
设置间隔(m)	4	8	12	16	20	30	40	50

注:*一般指互通立交匝道曲线半径。

(1)设于土中的钢筋混凝土轮廓标,由柱体、反射器和基础等组成,其构造如图 8-23 所示。

(2)附于各类建筑物上的轮廓标,由反射器、支回和连接杆组成。这类轮廓标的结构随附着物不同有多种形式。图 8-24 为附于波形护栏中槽内的形式。图 8-25 为附于波形护栏立柱上的形式,主要用于经常有雾、阴雨、下雪、暴晒等地区,以保证较好的能见度。这种形式也可附于波形护栏梁上,如图 8-26 所示。附于侧墙上的轮廓标(包括隧道壁、挡墙、桥墩、台侧墙、混凝土护栏等)如图 8-27 所示。

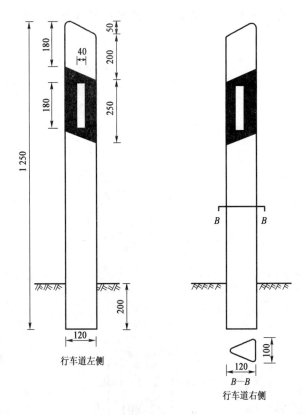

图 8-23 钢筋混凝土轮廓标(尺寸单位:mm)

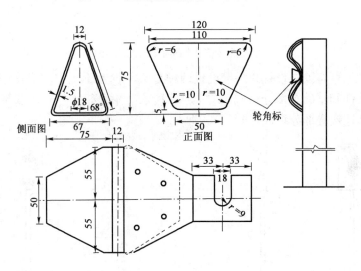

图 8-24 轮廓标附于波形梁护栏中间的槽内(尺寸单位:mm)

2)分流合流诱导标

分、合流诱导标,设在互通式立体交叉的进、出口匝道附近,用以诱导车流方向。分流诱导标设在分流端部前适当地点,合流诱导标设在合流端部适当地点,其结构及设置要求见交通标志的内容。

3)线形诱导标

指示性线形诱导标,设在一般最小半径或通视较差,对行车安全不利的曲线外侧,用以指导行车方向。警告性线形诱导标,应设置在公路局部施工或维修作业等需临时改变行车方向的路段。

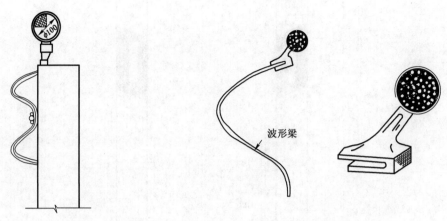

图 8-25 轮廓标安装于波形梁护栏立柱上　　　　图 8-26 固定于波形梁上缘的轮廓标

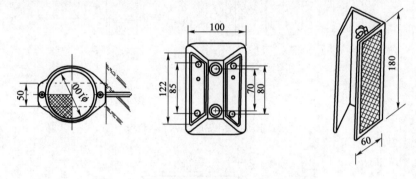

图 8-27 附着于侧墙上的轮廓标(尺寸单位:cm)

线形诱导标志可有独立设置和附着设置两种方式。设置于土中的线形诱导标由反射器、底板、立柱、连接件和基础等部分组成,如图 8-28 所示。附着于护栏上的线形诱导标,由反射器、底板、立柱和连接等部分组成,如图 8-29 所示。

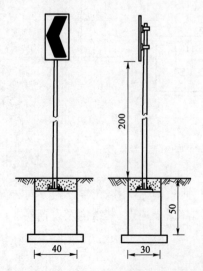 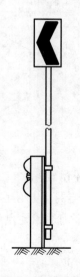

图 8-28 埋置于混凝土中的线形诱导标(尺寸单位:cm)　　图 8-29 附着于护栏柱的线形诱导标

4. 其他安全设施

1) 防撞桶

防撞桶一般设置在公路转弯路段的平曲线外侧、互通立交、服务区出入口三角带端头、桥梁护栏端头、上跨桥桥墩处、收费站入门车道收费岛岛头前等存在严重安全隐患的地点，起警示和缓冲的作用。防撞桶材料一般为玻璃钢，在防撞桶粘贴红、白相间的高强级反光蜡，桶内装 2/3 桶高的细砂以增加防撞的重量。应视使用地点的情况，尽可能地多设几个防撞桶，并以钢带或其他形式联结成一体，如图 8-30 所示。

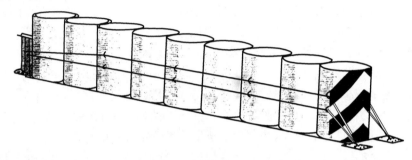

图 8-30 防撞桶示意图

设置防撞桶的作用如下：

(1) 防撞桶色彩鲜明，能引起驾驶员注意危险三角地带，并保证驾驶员视线良好以及行车安全。

(2) 对碰撞车辆有很好的吸收能量、衰减缓冲的作用，减轻交通事故中车辆的损坏和事故的损失。

2) 减速设施

减速设施属于交通镇静设施的一种。交通镇静设施是指通过物理手段，减少车辆使用的影响，改变驾驶员行为的设施。通常包括减速带、减速路面等。

(1) 减速带。

减速带是指在路幅宽度范围内较正常路面高度隆起的强制性减速措施。它的原理是利用自身对行车的阻碍，强制大、中型重载车辆的驾驶员在长下坡路段行驶时使用低速挡位，采用发动机辅助制动来减轻行车制动器的负荷强度，从而降低车辆失控的可能性。在互通立交中减速带多设于出口减速车道，收费站进出口以及陡下坡的匝道路段起强制减速作用。

(2) 减速路面。

减速路面是指设于某些限速路段或陡坡路段两侧的粗糙型路面，车辆行驶其上产生轻微振动、颠簸，以提示驾驶员降低车速，达到减速的目的。减速路面上应设置减速标线，减速路面在互通立交上的运用条件与减速带相同。

第二节 照 明 设 施

一、照明的目的及基本要求

1. 立交照明的目的

照明是人们夜间活动的重要设施，其目的就是给周围的各种对象以适宜的光分布，通过视觉达到正确识别人们所欲知的对象和确切了解周围状况的目的。

道路立交的交通构成复杂,结构层次和空间结构多样,行车方向多变,加之立交区面广、范围大,对道路照明有更高的要求。立交范围内道路照明条件的好坏,直接影响立交区夜间行车和行人的便利与安全。同时照明还能在雾天里给予行车方向的指示,并在渠化交通、衬托立交建筑造型、增添城市街景方面起到很大作用。因此,立交照明设施是保障交通安全、畅通,提高行车效率,美化立交环境的重要设施。

2. 道路立交照明的基本要求

为了达到上述照明目的,道路及立交照明应满足以下基本要求:

(1)道路照明应使路面有足够的平均亮度。路面平均亮度是影响能否看见障碍物的重要因素。亮度的单位为尼脱(nt),它等于 $1m^2$ 表面积上,沿法线方向产生1烛光强度。道路照明标准要求应根据城市的规模、性质、道路分类确定。

(2)路面亮度的均匀度应在规定的容许范围内,均匀度反映路面亮度的均匀性。

(3)避免或尽量减小眩光,眩光是指强烈的灯光(车灯或照明用灯)直接射入人眼的光。照明设施所产生的眩光,不仅能降低驾驶员的视觉能力,而且损伤行车的舒适感。因此,在照明设计中应将引起降低能见度的眩光,控制到不致发生视觉不舒适的程度。

(4)道路及立交的照明设施还应对驾驶员的行车有良好的诱导性。诱导性是指沿道路布置的照明器可以给驾驶员提供有关前方道路方向、线形、坡度等视觉信息的特性。在进行照明器配置时,除了充分考虑路面上的亮度分布外,还要通过透视图或模型来检查其诱导性的优劣。对于道路立交这一条要求更为重要。例如,在曲线外侧布置的单侧照明杆,可以清晰地预示前方道路的方向和线形,见图8-31a);如采用交错的双侧照明杆,使道路前方杆形布置显得混乱,诱导性差,甚至产生错误的诱导,见图8-31b)。

a)单侧配置——诱导性好　　　　　　b)双侧交错配置——诱导性差

图 8-31　照明设施的诱导性

二、照明方式

1. 灯杆照明方式

照明器安装在高度为15m以下的杆顶,沿道路分散布置的方式,主要用于道路立交主线的照明,是应用较广的一种照明方式,其特点如下:(1)可以在需要照明的场所任意设杆,而且可以依道路线形变化而配置照明器,因而布设灵活、适应性强。(2)灯具分散,能有效地照亮道路,耗电经济。(3)能在弯道上得到良好的视线诱导。(4)在大范围集中照明的场所,如立体交叉、平面交叉、收费处广场等采用灯杆照明将会出现灯杆林立的杂乱状况,白天有损于美观,夜间将会形成"光海",给市容带来影响。灯杆过多,维修养护工作量也大。

灯杆照明设计主要包括照明器高度、挑悬长度、安装角、排列方式、间距以及照明选择等内容。其设计内容与一般道路照明相同,故不再赘述。

2. 高杆照明方式

在大于20m的高杆上装有大功率光源的多个照明器,以少数高杆进行大面积照明的方式。高杆照明方式适用于复杂的立体交叉停车场、收费处广场等大规模的广场照明。

高杆照明主要特点如下：①照明器高，路面上的亮度均匀，而且还可以使司机在比较远的地方就预感到将要接近道路会合点或立体交叉了。②由于高杆位置均在车道之外，灯泡更换、清扫照及维修交通干扰小。③耗电多，照明效率低，设备及维修昂贵。

高杆照明是立交照明的主要采用方式，其详细布设在后面介绍。

3. 悬索照明方式

在道路中间的隔离带上，树立 15~20m 的灯杆，在灯杆间拉设悬索，照明器挂于钢索上的照明方式。这种方式宜用于有中央分隔带情况，一般灯杆距离为 50~80m，照明器间距约为安装高度的 1~2 倍。

这种照明方式特点如下：①照明器在道路横剖面方向配光容易控制，可以得到极好的路面均匀亮度。②设施建设后，如需增减路面亮度或均匀度，也无须多花建设费用，增设照明器容易。③照明器排列整齐，有很好的诱导性。④缆索架设较复杂，且缆索的垂度大，灯具不易整齐。

4. 栏杆照明方式

沿着道路中线方向，在车道两侧地上约 1m 高的位置设置照明器的方式。这种方式主要适用于车道较窄的情况，也可设于行人较少的桥跨栏杆上，用以视线诱导。因光源较低，使用时要特别注意眩光的控制，光源不宜太强。

这种照明方式的特点如下：①无灯杆，不影响街景、市容。②诱导性好。③建设费和维护费较高。④照明器位置低，易被污染，对侧发生强烈的阴影效应，路面亮度分布不均。

三、立交照明布设

1. 布设要求

(1)立交照明的要求原则上应与道路的照明要求相同，但由于立交交通及环境条件的复杂性以及有较高的艺术要求，因此比道路上应有更高的要求。

(2)立交照明除应为路面提供足够的亮度、均匀度外，还应考虑下穿道路上产生的光斑和上跨道路的灯具在下穿道路上产生的光斑衔接协调，使该处的照明均匀度不低于规定值，并应防止下穿道路的灯具在上跨道路上造成眩光。

(3)立交范围内应有足够的环境照明。除按常规照明方式满足分合流处、曲线匝道、坡道等照明要求外，还应考虑立交三角区的照明要求，并使各部照明互相协调，构成立交的照明体系。

(4)立交范围相交道路不设连续照明时(如远离城市的立交)，在交叉口、出入口、弯道、坡道等地段都应设置照明，并延伸到立体交叉范围外，逐渐降低亮度，形成过渡照明，以适应驾驶员的视觉。

(5)立交区照明除应满足功能性要求外，还应满足观赏性的要求。在灯位布置、灯光色彩配置、灯具及照明方式选择等方面均应注意与立交的总体艺术效果的配合。

2. 立交照明的内容

根据立交各部位位置的差异，立交照明主要内容包括以下方面：

(1)立交桥上及引道的照明。

(2)立交桥下坡道的照明。

(3)立交桥洞内的照明。

(4)匝道照明。

(5)变速车道端部及进出口处的照明。

(6)立交三角区的照明。

上述立交引道、桥跨、坡道、匝道的照明布置与一般照明相同。下面着重介绍立交三角区常采用的高杆照明。

3. 高杆照明

(1)平面布置。高杆照明一般设于立交中心岛的中心、苜蓿叶形小环道中心、喇叭形小环道、复杂的分合流处以及立交收费广场等地点。布置时除考虑这些部位的照明要求外,还应注意立交区高杆照明的总体布置。

(2)照明设施。高杆照明设施包括:灯杆、照明器及基础3个部分。设计要点如下:

①灯杆。灯杆的高度与照明器的特性、布置方式及照明要求有关。照明器的安装高度 H 可用下式初步决定:

$$H \geqslant 0.5R$$

式中:H——照明器安装高度,m;

R——被照范围的半径,m。

灯杆是照明器的载体,种类很多,可有预应力混凝土杆、混凝土杆、钢杆。从断面形状看可有圆形和多边形;圆形杆又有阶梯圆形和圆锥形。可结合杆子高度与材料供应条件选用。

②照明器。照明器是高杆照明的主体,一般由灯具组构成。各灯具的排列方式有平面对称、径向对称及非对称3种。平面对称排列方式适用于宽直的道路及立交引道,安装高度与间距之比宜采用1:3,不应超过1:4。径向对称排列方式适用于道路布置紧凑的主体交叉和要求式样美观、照明均匀的大面积广场,宜采用泛光灯具。安装高度与间路之比为1:4,不应超过1:5。非对称排列方式适用于复杂的交叉口,应采用泛光灯具。安装高度可比以上两种适当放宽。

灯是照明器的主要组成部分。用于立交照明的光源,有高压荧光汞灯、高压钠灯、金属卤化物灯、氙灯等。各种光源性能见表8-7,各种形式的高杆照明如图8-32所示。

各种光源性能表 表8-7

光源名称	功率(W)	实际功率(W)	光通量(lm)	发光效率(lm/W)	亮度(nt)	使用寿命(h)
白炽灯	200	200	2 920	14.6	40	1 000
荧光灯	40	47	2 400	51	0.65	3 000
高压水银荧光灯	250	290	10 500	42	12	5 000
自镇高压水银灯	450	450	13 000	29		3 000
碘钨灯	500	500	9 750	19.5		1 500
低压钠灯	140	144	14 000	100	6.5~7.5	5 000
高压钠灯	250	300				2 000
高压钠灯	400	480	27 000	80		2 000
镝铊灯	400	480	32 000	80		2 000
管形氙灯	400		34 000	35		1 000

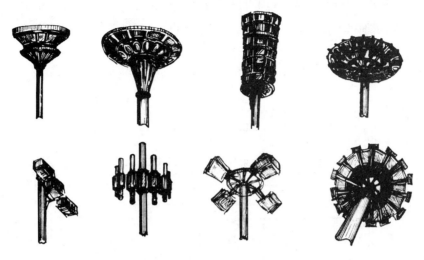

图 8-32 高杆照明灯具

第三节 排 水 设 施

一、立交排水的特点

立交排水与一般道路排水不同,具有以下特点:

1. 高程上的不利条件

无论公路立交或铁路立交,位于下边的道路,其最低点往往比周围干道低约 2～3m,形成盆地,且纵坡较大,雨水很快就汇集到立交最低点,极易造成严重积水。

2. 交通上的特殊性

立交多设在交通频繁的主要干道上,因此防止积水,确保车辆通行,自然成为排水设计应考虑的主要原则,故排水设计标准要高于一般道路。

3. 养护管理上的困难性

由于立交道路一般车辆多、速度快,对排水管道的养护管理、雨水口的清淤,带来一定困难。设计上应适当考虑养护管理的便利。

4. 地下水排除问题

当地下水位高于设计路基时,为避免地下水造成路基翻浆和冻胀,需要同时考虑地下水的排除问题。

二、一般规定

1. 汇水面积

汇水面积应包括引道、坡道、匝道、跨线桥、绿地以及建筑红线以外的适当面积(约 10m),见图 8-33。

立交的类型和形式较多,每座立交的组成部分也不完全相同,但对于划分汇水面积,应当提出一个共同的要求:尽量缩小其汇水面积,以减小流量。在条件许可的情况下,争取将属于立交范围的一部分面积划归附近另外系统,或采取分散排放的原则,即高水高排(地面高的水接入较高的排水系统,可自流排出),低水低排(地面低的水,接入另一个较低的排水系统,不能自流排除者,进泵站抽升),以免使雨水都汇集到最低点,一时排泄不及,造成积水。

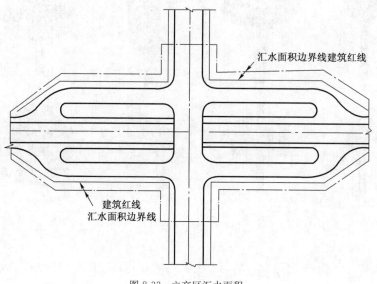

图 8-33 立交区汇水面积

2.流量计算

按一般道路排水计算方法计算。

3.雨水口布置

立交的雨水口,一般沿坡道两侧对称布置,越接近最低点,雨水口布置得越多,往往开始为单箅或双箅,到最低点增加到 8 箅或 10 箅。另一种布置形式为在立交最低点,横跨路面布置一排(或对应两排)雨水口,这种截流式虽截流量较大,但对车辆行驶不便,不如前一种好。面积较大的立交,除坡道外在引道、匝道、绿地中的适当距离和位置,也都应布置一些雨水口。处于最高位置的跨线桥,为了不使雨水径流过长,往往采用泄水孔排水,通过立管引入下层的雨水口或检查井中。

雨水口布置的数量,应与设计流量相符合,并应考虑到树叶、杂草等堵塞的不利情况,一般在计算出雨水口的总数后,还应视重要性乘以 1.2~1.5 的安全系数。

4.管道布置及断面选择

立交排水管道的布置,应与其他市政管道综合考虑,要避开立交桥基础和与其他市政设施的矛盾。如不能避开时,应考虑从结构上加固,或加设柔口,改用铸铁管材料,以解决承载力和不均匀下沉问题。

由于交通量较大,排水管道检修困难,一般将断面适当加大,起点最小断面应不小于 $D=400mm$,以下各段设计断面,均应比计算的加大一些。

5.立交排水应采取分流制

即雨污分流,以免影响环境卫生。

此外若立交工程是在平交基础上改建而成,应在修建新排水系统的同时,解决好旧系统的改建问题。

三、排水方式

立交排水方式有:自流排水、先蓄后排、抽升排水。

1. 自流排水方式

自流排水方式是利用地面或道路坡度自然排水的方式。它是最经济的排水方式,不需要配置专门的排水管理人员,也不消耗能源。因此,在考虑立交排水方案时,应在满足总体规划的要求下,力争采用自流排水。某立交自流排水布置如图 8-34 所示。

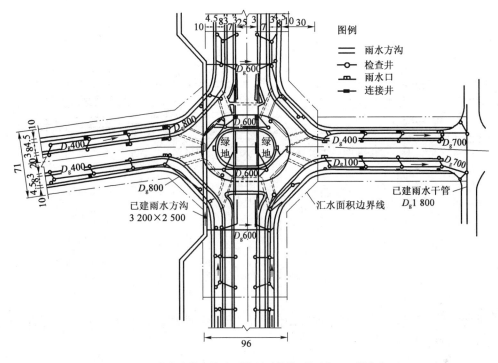

图 8-34 立交自流排水总平面图(尺寸单位:断面为 mm,距离为 m)

该立交工程为分三层行驶之立交桥,机动车行驶在上、下两层,非机动车行驶在中层,具体尺寸如图所示。立交解决范围内拟建 3 200mm×2 500mm 雨水方沟一条,沟内设计水位低于立交路面最低点高程,可将立交中心区北侧、南侧、西侧之面积就近划入,立交中心线以东约 250m 处,有已建 $D_g=1\ 800$mm 雨水干管一条,可将中心线以东 80m 以外引道之面积划入。

2. 调蓄排水方式

在暴雨洪峰时,如水体(或干管)水位高于立交路面最低点,可将不能自流排除之流量引入蓄水池暂存,错开历时较短的洪峰,待水体(或干管)水位回落,再自流排出。这种排水方式可节省设置排泵站。

采用调蓄排水方式一般应具备如下条件:
(1)立交附近有排水干管或河道,只要修建较短的出水管,即可在洪峰过后将蓄水池放空。
(2)汇水面积较小,蓄水量不大,一般一场雨产生的全部水量最好不超过 1 000m³。
(3)立交用地内有布设蓄水池的合适位置。
(4)与其他市政管道无大的交叉矛盾。立交内雨水管道能自流接入蓄水池蓄水,蓄水池也能自流接入干道或河道泄空。

某立交用调蓄排水形式的排水布置图如图 8-35 所示。该立交最低高程 38.30m,设计洪水位 39.00m,沟底高程为 35.10m。蓄水池尺寸及容量为 60m×7.5m×2m=900m³,蓄水池最高水位 38.215m,池底高程 36.215m。

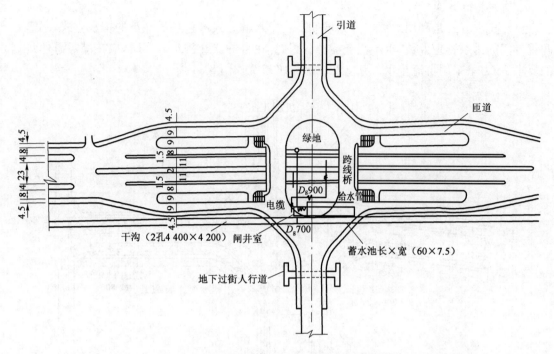

图 8-35 调蓄排水布置图(尺寸单位:断面为 mm,距离为 m)

3. 泵站排水方式

当下游水体(或干管)水位高于立交最低路面,又无条件修建蓄水池(或经济上不合理)时,就需设置泵站解决排水问题。

(1)泵站排水的特点。

由于公路立交和铁路立交的修建,立交范围内的雨水汇流到立交桥下的低点,在无条件自流排水的情况下,需设置排水泵站来解决排水问题,以免造成积水。

立交桥下快车道最低点,一般低于四周正常路面 2m 左右,如不能及时排除雨水,往往影响交通,甚至造成事故,所以其设计标准应高于一般排水泵站,并应结合当地降雨量多寡,汇水面积大小及所处地区交通量而定。

当地下水位高出立交最低点时,地下水的排除应一并考虑,立交本身和立交地下水的集水池和所选用的水泵可分开。

(2)一般规定。

①泵站位置应建于距立交桥最低点尽可能近的位置,使雨水以最短时间排入泵站,使雨水管线最短,泵站挖深最小。

②立交排水必须采用分流制,以防旱季污水气味由雨水口散发出来,影响立交范围的环境卫生。

③在平交路口改建为立交时,应在修建泵站的同时,解决好旧排水系统的改建。

④在较清洁的地区,立交泵站可以取消格栅,但应加强对雨水口的管理。

(3)泵站排水平面布置如图 8-36 所示,立交地面高程 45.30m,河道 $p=20$ 年之设计洪水位 42.40m,快车道最低点高程 40.30m,慢车道最低点高程 41.30m,立交最高点路面高程 45.85m。立交区总汇面积 3.73hm^2,总流量为 1 024L/s。总出水管直径 1 250mm。水泵提升高度(高程)42.90m,比设计洪水位高 0.5m。

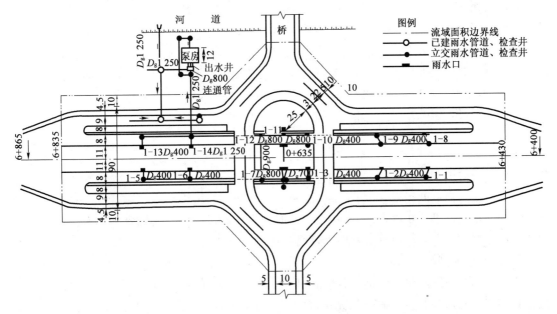

图 8-36 泵站排水平面布置图(尺寸单位:管径为 mm,距离为 m)

四、排水设计要求

(1)对立交桥下的地面水,宜采用自流排除。当不能自流排出且有条件修建蓄水池时,可采用调蓄排水。无调蓄条件时,应设泵站排水。当立交处地下水位较高,影响路基稳定时,应采取降低地下水位的措施。

(2)为了减小桥下排水,在下穿式立体交叉引道两端纵坡起点处,应设倒坡,使分水点以外的水流不流入桥下,如图 8-37 所示,并在道路两侧采取截水措施,以防匝道、绿地、慢车道的地面水流入桥下。

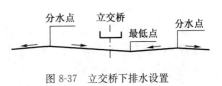

图 8-37 立交桥下排水设置

(3)根据行车道宽度、路面种类、道路纵坡、坡长、降雨强度以及附近地形、雨水口的排水能力,在桥下坡道上及最低点处设置足够的雨水口。纵坡大于 2‰的坡段内,不宜设置雨水口。雨水口数量应按立交系统的设计流量计算确定,雨水口多用并联式雨水口。

(4)立交桥下的行车道应有一定纵坡度,以利水体流入最低点,集中排入雨水口。最小纵坡为 0.15%~0.3%。

(5)立交桥下坡道低于常地下水位的地段,路面下应设盲沟并浆砌接入泵站。

第四节 收费设施

一、概述

1. 收费站定义

收费站是指为收取通行车辆或通行人所规定的通行费用的设施。收费站是收费道路的重要设施,一般多设于收费道路进、出口,因而是立交附属设施的组成部分之一。

2.基本组成

收费站一般有4个部分：

(1)收费口，包括收费岛、收费室、收费遮棚等部分，是收费设施的主体。

(2)收费广场，收费站前后道路加宽的部分，主要用于进车减速、停车等候、加速驶出。

(3)收费站附属设施，包括收费管理办公室、养护办公室、护栏、标志牌等。

(4)公用设施，包括水、电、气供给设施，排水设施，通信设施。

3.收费体制

高速道路的修建，对提高行车速度、通行能力和缓解城市交通现状起到了决定性作用，但其项目建设投资大、费用高，就我国现有经济条件来说，全部费用由国家投资显然是不现实的。总结近年来交通建设的投资情况，采取国家扶持、地方集资、国内贷款以及引进外资等措施，取得了令人满意的效果。所以，在一个相当长的时期内，集资修建的措施仍将继续下去。通常采用的集资收费体制有定期票证制和收费站收费制等。

(1)定期票证制。

有些车辆在一段固定的时期内，使用立体交叉具有一定的规律，称之为规律车辆。如经常通过立体交叉的公共交通车辆，市区出租汽车，立体交叉附近地区单位车辆等。这些车辆的共同特点是在一段时期(如一个月或半年)内通过立体交叉的次数大致均衡不变或少变，对此类规律车辆的收费可采用定期票证制。定期票证可采用月票、季票或年票等，将票证贴在汽车风窗玻璃角上，在收费处外侧通道或专用通道上直行通过。

(2)收费站收费制。

有些车辆通过立体交叉是没有规律的，称为非规律车辆，如外地过境车辆。显然，使用票证制对这些车辆是不合适的，必须设置专门的收费服务站进行收费。

4.收费站的类型

收费站类型的选择是收费道路或收费立体交叉项目设计必须考虑的重要问题之一。它直接影响着互通式立体交叉的数量和位置，一旦收费方案确定以后，再变更是比较困难的。收费站一般有开式和闭式两种。

(1)开式收费站。

设于高速道路正线上的栅栏式分段收费站，计费与车辆行驶的里程无关，适用于城市附近互通式立体交叉较多的路段或需要独立收费的桥梁、隧道路段，也用于某条收费道路(中间为闭式收费站)正线进、出口处(这种用途仅从位置上讲属开式收费站，但从定义上讲不属开式收费站)。

优点：

①开式收费站设在高速道路的正线上，较闭式收费站简单，节省用地及工程费用。

②减少了互通式立体交叉的设置，节省工程费及收费站的维护管理费。

③驾驶员驶近收费站时，由于设置简单明了，较闭式收费站的复杂匝道易于辨别，使事故机会减少，行车安全性较高。

④因计费与车辆行驶里程无关，使不同车型之间的收费差别相对简单，计费方便。

缺点：

①在每一处收费站，车辆需要在高速道路上减速、停车、起步、加速，耽搁行车时间，对于长途运输，开式停车次数较多。

②如果收费站设置过于密集，道路上的交通会受阻。

(2)闭式收费站。

设于高速道路各进出口互通式立体交叉匝道上的收费站，计费按车辆行驶的里程计算，因此，每一个进出口处都必须由收费人员全面控制。一般用于正线收费路段之间的互通式立体交叉，以控制正线上的车辆进、出正线的收费。

优点：

①对长途运输，沿路可不停地行驶，节省行车时间。

②因按车辆行驶里程长短计费，且在出口处交费，是公平合理的。

③正线上车辆运行畅通无阻。

缺点：

①因进出口均须设置互通式立体交叉，使收费站个数增加，影响互通式立体交叉的设置，且增加了工程费用以及收费站的维护管理费。

②因互通式立体交叉与收费站合并一处，致使匝道布设路线复杂，用地及工程费用较多。

③因立体交叉匝道比较复杂，使交通运行不便。

④由于车辆按行驶里程计费，使计费分类系统比较复杂。

5. 收费方式

目前，经常采用的收费方式较多，各国根据实际情况和实践经验所采用的方式也不相同。但总的来说可分为：人工收费、硬币式收费、统一票证收费、磁卡式收费、半自动收费和全自动车辆辨认收费等几种方式。如美国采用的收费方式主要有人工收费、硬币式收费、统一票证收费和全自动车辆辨认收费4种，日本高速公路上的收费方式主要有半自动收费和全自动收费2种。国内各地高速公路收费方式不尽相同，以人工收费方式为主，并逐步向半自动收费和全自动收费方式过渡发展。

(1) 人工收费。

这是目前最简单且仍在使用的收费方式，它是在每个收费室由收费员完成对通过车辆的收费。其收费操作程序分为识别车辆、收取费用、发给收据和放行车辆4步。

识别车辆是由收费员目测车辆的类型，按下计费按钮，在显示牌上向车主显示收费金额。也有少数收费站是用仪器对车辆类型进行识别，然后显示收费金额；收费员手工收取费用完成必要的找零钱准备；发给车主由收款机即时打印或事先印好的收据，并找回零钱（收据上一般记载有时间、地点、收费员编号、金额等，以备查询）；收费员按下通行按钮，显示绿灯信号或打开栅栏放行。

人工收费方式的最大优点是简便易行，需要的收费设备简单，可节省大量资金，但其突出的缺点是在管理上较为麻烦，收费员劳动强度大，易发生少收、漏收、闯岗、人情关系等现象。

(2) 硬币式收费。

硬币收费机在60年代开始使用。在收费站的通道上安装硬币收费机，车辆经过时，车主把规定数额的硬币投入收费机内；收费机自动鉴别硬币的真伪和数量；确认后打开栅栏或亮起绿色信号灯，允许车辆通过。随着收费机的广泛应用，其性能也不断得到改善，如用电磁法代替机械法对硬币进行检验，有的收费机还可以接受信用卡或纸币。

(3) 统一票证收费。

人工收费和硬币式收费方式一般情况下都是单端收费，也就是收费操作是在车辆进入高速道路的入口或离开高速道路的出口处一次完成。统一票证收费方式则广泛用于对不同车辆采用不同的收费率，且从不同的入口进入后在出口处进行收费，是一种多端收费方式。其基本程序是在入口处由管理人员发给车主进入高速道路的凭证，在相应出口处将凭证交给收费员，

229

计算费用,收取费用并发给收据,显示通行信号让车辆通过。发放的凭证一般为直接打印的文字纸票或卡片和磁卡等,凭证上记录有车辆类型、进入高速道路的时间和地点等信息。这种收费方式能使发放凭证和收取费用分开操作,出口计费、打印收据并记录存储收费情况可在计算机上进行,避免了许多人为的差错,适用于全立交、全封闭、控制出入的高速公路收费系统。

(4)磁卡式收费。

车辆通过收费车道时,检测器检测车型,显示应支付费用,车主将磁卡放入磁卡机,磁卡机判断剩余金额及是否有效,退回磁卡,显示绿灯信号,打开栅栏放行。在此过程中如果磁卡失效,工作人员会及时帮助、分析解决问题。

(5)半自动收费。

这种方法实际上是手工与机械相结合使用,目前在日本高速公路上是主要的收费方式。半自动收费方式即收现金,也收通行券,如信用卡、高速公路磁卡、预售联票及一次性预售票等。当收现金时,通过人工操作计算机自动打印出来收据,并将有关资料输送到中央控制室;当收取各类通行券时,同样也能通过计算机处理并存储信息;特别当车主使用高速公路磁卡时,只需将磁卡插入收费机中,就能自动扣除应交费用,当卡中余额不足时,能自动显示并提醒车主用现金补足。半自动收费方式灵活机动,能随时向车主通过显示屏告示收费情况,并输送到中央控制室,也可为精确统计车流量提供数据。

(6)全自动收费。

全自动收费方式是道路收费系统发展的方向。它是多种先进的计算机通讯和激光技术等的合成系统,近几年才投入试用。以美国全自动收费系统为例,采用此法需预先在车辆的规定位置贴上与该车型相对应的识别条码,车辆经过收费站时,激光判读装置自动读取识别条码信息并传送给计算机,计算机按接收到条码来读取预先储存的该车车型、车主姓名和所有计费信息,系统按规定费率计算费用,其构成原理见图 8-38。车主可以预先交付一定数量的费用,车辆每次经过收费站会自动计费并记录存储,到一定时间按累积费用统一结账。另一种是车主不预交费用,收费站定期按累积额发寄收费单,要求车主按规定的时间和方式交费。这种全自动收费方式既可用于单端收费,也可用于多端收费,还可以为收费及其他信息处理工作提供原始数据和资料。此法的最大优点是车辆通过收费站时不需停车,可以大幅度提高收费车道的通行能力。

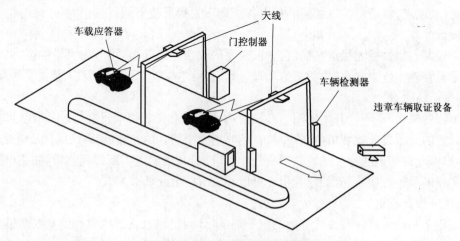

图 8-38　全自动(不停车)收费原理图

6.收费设施的作用

设立道路收费设施的主要目的在于向过往车辆收取通行费,其作用具体表现如下:

(1) 为道路建设、发展筹集资金。

交通运输是社会经济发展的前提和基础,它必须先于经济的发展而发展,所谓"要想富,先修路"、"路通财通"。随着我国大力发展市场经济,国民经济以前所未有的高速度发展。在发展市场经济的同时带来商品的大量流通,商品的大量流通又对交通运输产生巨大的需求。从公路运输方面看,关键在于修建更多、更高等级的道路来适应日益增长的车辆的需要,以提高道路运输网的服务水平,求得更好的经济效益和社会效益。公路建设,特别是高等级公路的建设,需要筹集巨额的资金。我国现阶段正处在经济发展的初期,道路建设面临着资金相对短缺的问题。解决这个问题,必须从多渠道出发。1985年10月,国家经委发布的《关于发展运输、通信若干问题的暂行规定》中明确指出:"集资、贷款(含部分集资、贷款)新建、改建的高等级公路建设资金,可以采取适当收取过路费的办法以归还集资或贷款",其目的是"为调动各方面修路建桥积极性,促进公路交通事业的发展,适应经济发展的需要"。所以,大量建设收费道路在国家财政相对紧张的现阶段,有着十分重要的现实意义。

(2) 为道路养护、运营管理筹集资金。

随着公路建设的不断发展,公路通车里程不断增长,需要投入大量资金,用以对道路的维修养护,或者经营管理。在这种情况下,以传统的养路费、车辆购置附加费,加上国家财政拨款等方式对通车道路进行养护、维修、管理,存在着资金有限的困难。因此,"谁用路,谁出钱"的道路收费方式,便成为道路养护、运营管理资金的重要来源。1990年末,阿根廷政府因无力承担国家公路的维修而将一万多公里的双车道或三车道的国有公路私有化。通过对这些公路进行维修和改造,使之达到一个较高的水准,再转变为收费道路。

(3) 为道路规划、建设和管理提供交通量基础数据。

道路规划、建设的一般程序是:路网规划、立项、项目预可行性研究、项目可行性研究、项目初步设计、项目施工设计、施工、竣工验收并交付使用(图7-1)。所有这些过程,都需要道路交通量的观测和预测资料。其次,道路建成以后,如果需要对道路进行控制管理,如养护人员的配置、服务设施的设置、路政人员的配置、收费人员的配置等,都需要道路的交通量资料。道路收费设施,除了能够对过往车辆征收通行费外,还是进行交通调查的有力工具。开放式收费站,实际上是一个不间断的交通量长期观测站,从收费统计的数据可以得出道路交通量的时间分布特性;封闭式收费站,可得出道路沿线地区的OD交通量,以及各车型车辆的平均行驶距离。这些数据可用于交通量预测,也可作为交通评价、管理,道路运营分析,融资、贷款分析的依据。

(4) 作为道路交通管理的辅助手段。

开放式收费站,可作为交通警察设卡查车的地点。对于封闭式收费系统,可以通过开放和关闭入口收费车道对道路,特别是高等级道路的主线交通流量进行调节,实现匝道控制功能。同时,在入口车道,还能够有效限制行人、非机动车及慢速车辆进入高等级道路,避免混合交通的形成及干扰。设置于收费站的闭路电视,也可以作为交通管理的辅助工具。

7. 收费设施设计原则及要求

道路收费设施的设计,应遵循如下原则:

(1) 满足道路收费功能的要求。

设立道路收费设施的主要目的,在于对道路过往车辆征收通行费,为道路建设、发展、养护、运营等筹集资金,或者用于偿还道路建设贷款。因此,一切道路收费设施的设计,首先应满足收费使用功能的要求。所有设施,无论是土建设施还是机电设施,都必须直接或间接为道路收费服务。

(2)形成一个完整的收费系统。

现代化收费设施通过计算机联网的方式,将收费车道、收费站、收费中心连接成一个计算机网络系统。在进行道路收费设施的设计时,应保证收费系统的完整性。例如,对于封闭式半自动收费系统,必须在道路的起讫点,以及道路所有互通立交的出入口匝道上设立收费车道,安装完整的收费设备,并通过光纤、电缆或其他通信方式将车道设备、收费站设备和收费中心设备连接成一个完整的计算机网络系统,才能保证每一辆通过该道路的车辆,能够按车型、车种及其实际行驶的里程收费。

(3)收费设施应与道路其他设施相协调。

收费设施设计应同其他道路设施的设计相结合,形成一个协调的道路设施整体。例如,收费站出入口的布置、交通组织设计、线形布置应同道路的线形、立交的规模、形式、布置、匝道的车道数、线形等相协调,考虑彼此之间的影响,在设计上保证它们的统一。收费系统工程的设计,还应同道路机电工程(通信系统、供电系统和监控系统)的设计相结合。

(4)多方案设计优化比选、分期实施。

道路收费设施的建设,应该根据道路的性质、地域、建设年限、建设规模、交通状况、资金来源和供给、收费分配、地方对道路收费的政策、法规等因素,经多方案设计、优化比选,以寻求最佳方案,做到既满足功能,达到一定服务水平,又节省投资。在方案设计时,关键在于确定收费制式、收费方式、网络结构、付款方式、车种判别方法、收费车道数、收费站规模等因素。此外,还应该按近、远期划分设计目标。一次规划,分期分批实施,充分发挥各种收费设施的效能,减少早期资金的投入。近期设计,还应该考虑到远期目标中的土建、机房平面布设、房建、管线等工程的预留(埋),确定将来可能增加的设备荷载,数据传输接口的安排等问题,做到统筹规划、经济合理。

(5)尽量减少对道路的交通干扰。

在进行道路收费设施总体设计时,应根据该道路的观测交通量和预测交通量,确定收费车道数和收费站规模,并选择合适的收费制式、收费方式。道路收费设施的设计,首先应满足其收费功能,其次要保证收费车辆尽快通过,并维持一定的服务水平,避免由于收费系统的设立,导致交通阻塞,造成不必要的延误。对于相互连接的收费道路网络,特别是高等级公路网,应尽可能避免在连接部分相邻很近的主线上,重复设立路障式主线收费站,造成驾驶员的多次停车和延误;各道路营运公司,应该在协商的基础上,通过计算机联网的方式,采用电脑进行拆账,减少主线收费站的设置。

(6)技术先进可靠。

由于电子、通信和计算机技术的发展日新月异,产品更新换代快,因此道路收费设施的设计应该考虑到道路建成通车以后短时期内,所选用的产品、设备是否可能已落后或被淘汰,以及将来购置易损零配件(如半自动磁卡机收费系统车道读写器的磁头)和消耗品(如纸磁卡、发票等)的难易程度。为了保证道路收费的准确性、连续性、避免财务漏洞的出现,在设计时应考虑所选用设备的可靠性。

(7)国产化程度高。

由于进口设备价格较高,需要支付昂贵的关税,且在人员培训、设备维修、保养等售后服务上不太方便,因此在设计上,应尽可能选用市场占有率高、性能优良、故障少且经过鉴定信得过的国内产品。另外,应注意该品牌产品的生产是否具有连续性,以利于将来维修,及易损零配件的采购。

(8)有利于防止收费作弊。

十几年来,随着我国实行改革开放和发展市场经济,许多地区兴建了收费道路、桥梁、隧道,道路收费也出现较为严重的作弊行为。据交通部门有关资料统计表明:目前公路收费的总额只占应收总额的 70% 左右,其中有相当一部分流失给国家和道路经营部门,造成极大损失。作弊的方法主要有 3 种:一是在车的数量上作弊;二是在车型上作弊,如大车变小车,一般车当作警车、公务车;三是在里程上作弊。为了有效地防止作弊,除了加强对收费员的职业道德教育,加强道路营运公司的管理外,还应该在收费设施的设计中充分考虑如何防止作弊,如选择封闭式制式,设立收费监视控制系统等。

二、收费站设计

1. 收费站布设方式

收费站设置在主线的起、终点和立交的出入口匝道上。根据收费车道、站房和设备集中的程度可分为:分散式、集中式和组合式。

(1)分散式。

在互通的各个转向象限上都设有收费站。分散式的优点是车辆不需绕行,缺点是人员、设备、服务设施分散,投资大,管理不便,在实际中较少使用。

(2)集中式。

整个互通只存在一个收费站。集中式的优点是便于集中管理,集中布置与收费站配套的设备、人员、服务设施;缺点是所有出入收费道路的车辆都要通过绕行集中在一起,容易引起交通堵塞,车辆相对绕行距离长,互通通行能力较低。

(3)组合式。

介于分散式和集中式之间。组合式的优点是根据实际情况,将两个以上象限相邻的收费站集中在一起,但仍有多于一个收费站的布置形式,即局部集中,车辆绕行距离适中;缺点是人员、设备、服务设施仍然分开,不能集中于一处。

图 8-39 为 3 种封闭式收费站的布置方式。

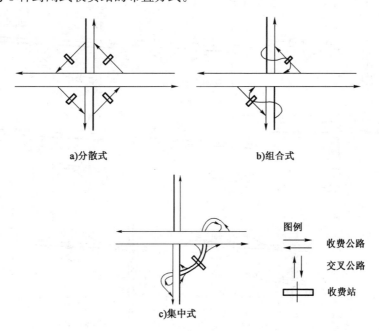

图 8-39 3 种封闭式收费站的平面布置图

由于各分散的收费站每天都要安排收费人员,配备相应的收费设备和收费站服务设施,投资费用和管理费用较多。因此,相对而言,集中式收费站比较合理。

实现集中封闭式收费站的方法是在收费道路与其相交道路的交叉口的适当距离处设一联络线,使联络线分别与收费道路、相交道路形成三肢立交,如图8-40所示。

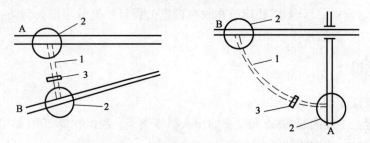

图8-40 收费道路设置立交的方法
1-联络线;2-三肢立交;3-收费站;A-收费道路;B-交叉道路

2.收费站布设示例

(1)苜蓿叶立交收费站布设示例见图8-41。

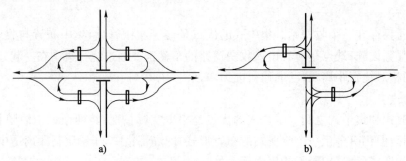

图8-41 苜蓿叶立交收费站位置

(2)连接线组合式收费立交收费站布设示例见图8-42。

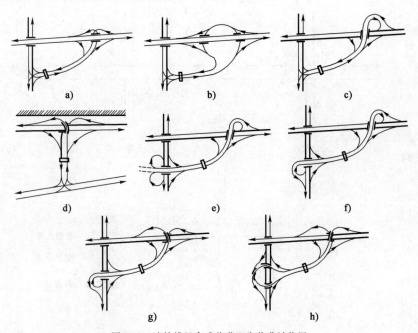

图8-42 连接线组合式收费立交收费站位置

3.收费站总体布局示例

收费站的总体布置(图 8-43)与收费方式、立交类型、主线等级、设计车速、设计交通量以及收费站的地形环境条件有关。规划布局时要综合考虑这些因素和具体条件,经过方案比较确定。总体布局的主要内容有:

(1)收费站位置选择。

(2)收费方式确定。

(3)收费站结构的选定(收费站结构主要是指集中单个收费或分离式的多个收费场,以及收费站的主要组成部分)。

(4)收费站总平面图。

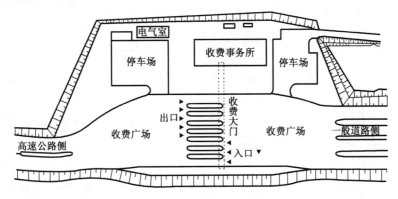

图 8-43 某收费站平面布置图

4.收费站线形及设施设计

收费站一般由收费车道、收费广场和站房设施等组成。收费站的线形设计原则上应保证交费的车辆有足够的视距,便于驾驶员从远处看清,并做好停车准备。收费站的线形布置一般包括:平面线形、纵断面线形、横断面、从收费广场到一般路段的渐变段、收费广场长度。

(1)平面线形。

收费站的平面线形应综合考虑车道、广场、站房及配套服务设施的布置,收费广场的线形以直线为好。

收费广场设在主线上时,平面线形应与主线线形一致。收费广场设在匝道或其连接线上时,要求平曲线的最小半径为 200m。收费车道同样以直线为好。若为曲线段,需要加宽收费车道。不能在曲线车道处设超高,否则容易引起收费车道一侧积水,从而影响收费设备,如检测线圈的损坏。收费站的平面线形应考虑收费站房、附近交通服务区出入口车流的交通组织,避免出现收费的漏洞和交通的不完全。

(2)纵断面线形。

收费站往往是一个交通混乱的区域,车辆处于走走停停的状态。在进入收费广场之前先是减速,以后驾驶员根据收费站标志标线的指示,根据自身的车型选择车道(分流),如军警车选择军警车道,有不停车车载识别装置的车辆选择不停车收费车道,一般车辆选择一般收费车道等。分流车辆先是排队,再完成收费交易手续,如领卡交钱等。最后,离开收费车道的车辆加速同主线车流汇合。由于驾驶员完成的操作较多,注意力分散,因此要求收费广场及收费车道应尽量平坦,一般要求收费站中心线前后各 50m 以上区域最大纵坡小于 2%,特殊地段小于 3%。对于设计车速大于 80km/h 的主线收费站,其最大纵坡限制的范围在中心线前后 100m 以上。

收费广场的竖曲线的半径:收费广场设在主线上时,应与主线标准一致;收费广场设在匝道或其连接线上时,竖曲线半径应大于 800m。

(3)横断面。

为了便于收费广场排水,要求收费广场设置一定的横坡,其标准值为 1.5%,最大值为 2.0%。对于收费车道宽度,《日本高速公路设计手册》认为收费车道宽度为 3.0m,每一方向至少有一条车道宽度为 3.5m,收费岛宽度为 2.2m。美国的收费站,小汽车道为 2.44m,往返变向车道和一般车道大于 3.04m,货车道为 3.96m,收费岛宽 1.83m。我国收费车道净空宽度如图 8-44 所示。

(4)渐变段。

从收费广场向标准宽度路段过渡的渐变段,要求能够使车辆顺畅行驶。设 L 为渐变段长度(5~25m,一般取用 10m),S 为渐变段宽度,对于匝道收费站,则渐变率 S/L 一般应小于 1/3,对于主线收费站一般取 1/7,至少不应大于 1/5,如图 8-45 所示。

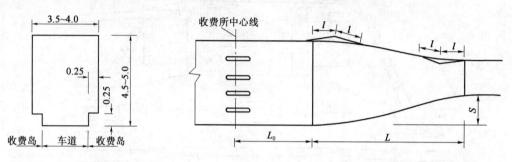

图 8-44 收费室处车道净空尺寸(尺寸单位:m)

图 8-45 从收费广场向标准宽度路段过渡的渐变段

(5)收费广场的长度。

若收费广场入口存在多条通道或入口为多车道道路,车辆在进入收费车道之前必须选择合适的车道,车辆之间会出现交织。当通过收费站的单向车流量大于收费站单向开放的车道数的通行能力时,车辆需要在广场上排队。因此,收费广场的长度必须满足车辆有适当的交织长度,且能够存储一定数量的排队车辆。另外,对于不熟悉路况的驾驶员,如果从收费所中心到匝道分岔点的距离不够,交完费的驾驶员容易产生操作的困难而无法进入相应的匝道。因此,要求收费站中心到匝道分岔点的距离要大于 75m,到被交叉公路的平交点的距离不小于 150m,如图 8-46 所示。不能满足时,应在被交叉公路上增设停留车道。

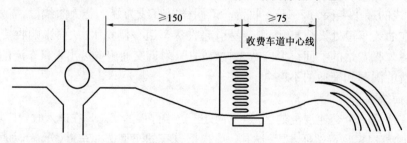

图 8-46 收费广场设置要求(尺寸单位:m)

(6)双停式收费的缓冲区长度。

对一些交通特别繁忙的单停式收费站,在高峰期间为了尽快疏散车辆,有些收费员背着钱袋在停车线后面对车辆进行收费,这就是双停式收费站的雏形。

双停式收费车道是在同一收费岛前后设置两个收费亭,同一车道同时开进两部车,对应于前后两个收费亭,两个收费员同时对两部车进行收费,如图 8-47 所示。在这个系统中,若 B 的交易时间比 A 长,则会增加 A 的等待时间;另外,若 B 为拖挂车,两亭之间的距离不足,则 B 可能影响 A 车进行交易。为了解决这个问题提出两亭之间必须有 20m 缓冲区的设计。这样,若 B 车的交易时间较长,则允许 A 车交易完之后驶进缓冲区,其余车辆跟进交易;若 B 车为拖挂车,也不会影响 A 车进行交易。设立 20m 缓冲区需要较大的用地面积,另外需要增加土建费用,如收费岛需要加长,雨棚需要扩大。

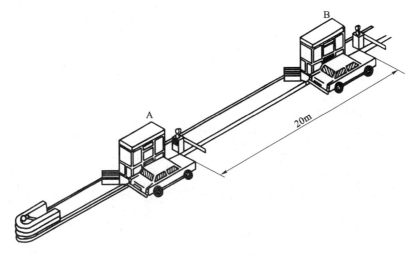

图 8-47 双停式收费的缓冲长度

(7)收费室。

收费室处的车道宽度一般为 3~3.2m,车道是无栅栏开敞的,其宽度为 3.5~4.0m。收费室立面及平面图如图 8-48 所示。

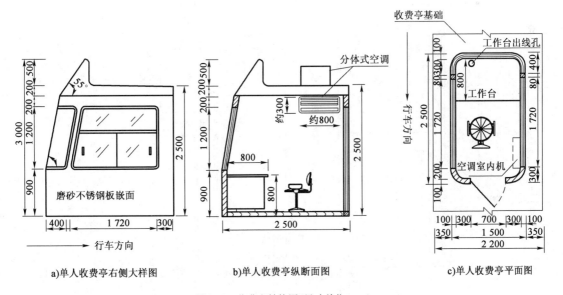

a)单人收费亭右侧大样图　　b)单人收费亭纵断面图　　c)单人收费亭平面图

图 8-48　收费室结构图(尺寸单位:mm)

(8)收费岛。

收费岛是设于收费室两端、用以保护收费人员安全的设施。通常由实体混凝土栅栏或缓冲垫层组成,如图 8-49 所示。收费岛尺寸一般长度为 20~25m,高为 0.15m,宽为 2.0~2.2m。当车道数多于 6 条时,可设天桥或地道,以便联系。

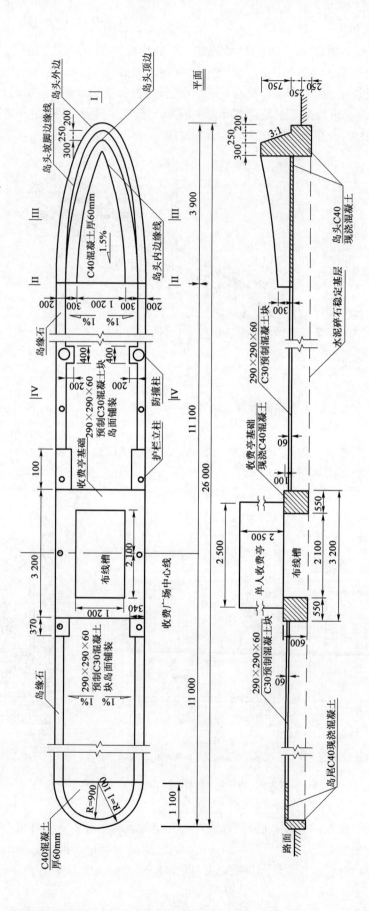

图8-49 收费岛平面及纵剖面图（尺寸单位：mm）

(9)收费广场。

收费广场布置示意如图 8-50 所示。图中 B 由车道数和收费岛数确定。L_0 一般为 20～25m，主线路障式收费站为 40～50m，L 为渐变过渡段长度。一般 L_0+L 不宜小于 75m，这个距离是从起步、加速、开始注意前方道路、作出判断所需时间 5～8s 的行程。渐变率 $S/(L-l)$ 应小于 1/3。图中 l 为宽度为 B 的 L_0 的延伸长度，在 5～20m 内取值，一般取 10m。

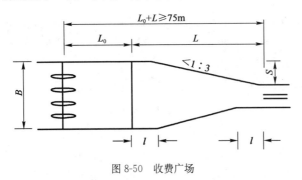

图 8-50　收费广场

(10)收费雨棚。

有的收费站，由于地形条件的限制而将收费站房直接建筑在收费车道上面，如广州北环高速公路广园收费站。除这种情况外，收费岛上方原则上都应设置收费雨棚。图 8-51 为某收费雨棚立面图。

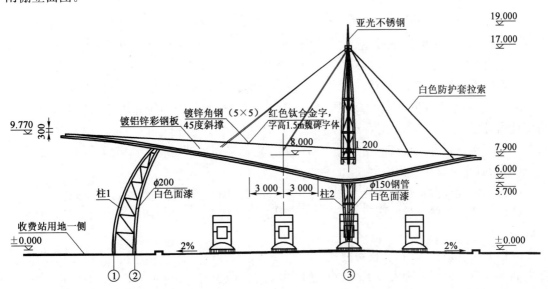

图 8-51　某收费雨棚立面图(①～③立面比例 1：200)(尺寸单位：mm)

收费站是收费道路的门户，而雨棚又是收费站的主要建筑物之一，因此雨棚设计应做到结构新颖，造型大方、美观，最好能体现当地的建筑风格或民俗风情，技术经济合理，见图 8-52。确定雨棚顶板的建筑规模时，应考虑远景交通量时增设收费车道的数量。对于高等级收费道路的每一处收费站，雨棚的结构应结合地形地物，配合周围景观，进行多方案设计，以求新颖、美观、实用。首都机场高速公路收费站作为国门的窗口，其设计具有典型的中国古建筑特色，使前来中国的外国朋友一下飞机就能领略到浓郁的中国民族风情。沈阳至大连高速公路每一处收费站的雨棚的结构、造型均不一样，有单柱、双柱、四柱、六柱，其立柱的形式有圆柱、方柱、八角形和 Y 形等。雨棚顶板四周侧面和下部立柱均宜采用镶面装饰。

图 8-52 某收费雨棚效果图

收费雨棚的设计年限为 10 年,雨棚的高度应考虑多种车辆的通行要求,一般净空高度为 5m。收费站雨棚可以是钢筋混凝土结构,也可以是万能杆件的网架结构,如广州北环高速公路广氮收费站雨棚和广东虎门大桥收费站雨棚。金属网架结构雨棚的所有构件都应做防锈处理,如镀锌、镀铝、油漆等。根据系统设计需要可以在收费雨棚上安装车道指示灯、照明灯具、摄像机等设备,在设计上应预先考虑供电和通信线路的布置,尽可能做到外形简洁美观。收费雨棚应设置排水管。

(11) 收费站房。

收费站房是收费站的管理和控制中心,包括管理楼和附属建筑物。管理楼一般设有收费监控室、财务室、点钞间、站长室、会议室、工作室、仓库、休息室、洗澡间、卫生间、更衣室、厨房和餐厅等。附属建筑物包括变配电房、发电机房、车库等。收费站房的设计一般应注意以下几点:

①在收费站周围,常同时设立服务区,包括加油站、停车场、休息娱乐中心、小卖部等。因此,站房的平面布置应同互通立交、服务区布置统一考虑,按使用功能和用地面积大小进行组合优化设计。

②管理楼原则上应设在收费广场出口一侧。但如果地形、联系通道、场地等因素对设在入口一侧有利,亦可设在入口一侧。

③如果管理楼设置在互通立交用地范围内,原则上不宜太高,一般为 2 至 3 层建筑。

④管理楼的收费监控室应设在管理楼的顶层,其视野开阔,能清楚地看到每一条收费车道和收费亭。

⑤根据收费站管理模式、收费制式、收费方式确定管理楼的平面组成,包括使用房间和辅助房间的组成。根据管理人员的人数及使用功能确定使用房间、辅助房间的建筑面积。

⑥收费站房的设计应符合我国民用建筑设计规范。

第五节 匝道与被交道及平交型立交的平交口设计

一、匝道与被交道平交口设计

1. 一般规定

(1)匝道端部平面交叉设计宜采用互通式立体交叉交通量预测年限的预测交通量。当匝道端部交叉分期修建时,可采用立体交叉建成通车后第 10 年的预测交通量,并应按远期规划方案预留建设条件。

(2)当被交叉公路为二级及二级以上公路时,平面交叉应采用被交叉公路直行车辆优先通行的交通管理方式。当被交叉公路为二级以下公路时,可采用无优先交叉。当平面交叉位于城镇及其附近,或出入平面交叉的交通量接近设计通行能力时,可采用信号控制的交通管理方式。

(3)当平面交叉不能满足设计通行能力要求时,应通过调整互通式立体交叉形式或增设部分立体交叉匝道来减少交叉冲突交通量。

(4)视距要求。

①平面交叉范围内,由各引道视距形成的通视三角区内(图8-53)不得存在任何有碍通视的固定物体,引道视距不应小于表8-8的规定值。

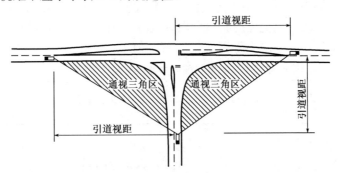

图 8-53　引道视距通视三角区示意图

引　道　视　距　　　　　　　　　　　　　　　　　　表 8-8

设计速度(km/h)		100	80	60	40	30
引道视距(m)	一般地区	160	110	75	40	30
	积雪冰冻地区	175	135	100	45	30

②当引道视距通视三角区的通视条件难以保证,且采用主路优先的交通管理方式时,主路至次路左转弯停车线之间的视距应采用安全交叉停车视距(图8-54),安全交叉停车视距不应小于表8-9的规定值。

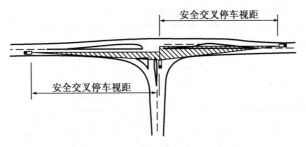

图 8-54　安全交叉停车视距

安全交叉停车视距　　　　　　　　　　　　　　　　表 8-9

主路设计速度(km/h)		100	80	60	40	30
安全交叉停车视距(m)	一般地区	250	175	115	70	55
	积雪冰冻地区	265	200	140	75	55

③引道视距和安全交叉停车视距检验所采用的相关参数应为:视高1.2m,物高0.7m。

2.被交直行路设计

(1)直行道路在平面交叉范围内的设计速度宜采用基本路段的设计速度,且不宜超过80km/h。当受现场条件限制时,平面交叉范围内的设计速度可适当降低,但不宜小于基本路段设计速度的0.7倍,且与基本路段的设计速度差不应超过20km/h。

(2)平面交叉范围内直行道路的圆曲线半径不应小于表8-10的规定值。

平面交叉范围内直行道路圆曲线最小半径　　表8-10

直行道路设计速度(km/h)		80	70	60	50	40	35	30
圆曲线最小半径(m)	一般值	1050	910	670	460	320	230	160
	极限值	660	560	400	260	170	120	80

(3)平面交叉范围内直行道路的纵坡不宜大于2.5%,当条件受限时,不应大于3%。

(4)当平面交叉采用主路优先的交通管理方式时,在平面交叉前后的安全交叉停车视距范围内,主路凸形竖曲线半径不应小于表8-11的规定值。

安全交叉停车视距范围内主路凸形竖曲线最小半径　　表8-11

主路设计速度(km/h)	100	80	60	40	30
凸形竖曲线最小半径(m)	16 000	8 000	3 500	1 300	800

3.平交口转弯道设计

(1)平面交叉转弯车道的设计速度宜采用20~30km/h,最大不应超过40km/h。

(2)平面交叉转弯车道的圆曲线半径不应小于表8-12的规定值,左转弯车道不应小于表中一般值。

转弯车道圆曲线最小半径　　表8-12

转弯车道设计速度(km/h)		40	35	30	25	20
圆曲线最小半径(m)	一般值	70	55	40	30	20
	极限值	55	40	30	20	15

(3)平面交叉转弯车道宽度不宜小于表8-13的规定值,车道两侧应设置不小于0.5m的侧向余宽。当需考虑货车列车等大型车的通行需求时,车道宽度应相应增加。

平面交叉转弯车道宽度　　表8-13

转弯车道圆曲线半径R(m)	15≤R<16	16≤R<18	18≤R<20	20≤R<23	23≤R<28	28≤R<34	34≤R<46	46≤R<69	≥69
转弯车道宽度(m)	7.5	7.0	6.5	6.0	5.5	5.0	4.5	4.0	3.5

(4)平面交叉右转弯车道宜设置不小于2%的超高,当导流岛长度小于25m或超高过度困难时,可适当减小超高值;当不得已出现反向横坡时,反向横坡值不应大于2%,且圆曲线半径不应小于表8-12规定的一般最小值。

(5)当平面交叉右转弯车道超高与相邻路面横坡不一致时,其间应设置超高过渡段,或通过立面设计调整路面高程使其圆滑过渡。

4.平交口渠化设计

(1)被交叉公路侧的平面交叉应通过设置分隔带,导流岛和标线等进行渠化(图8-55)。渠化设计应符合下列要求:

①应为车辆提供清晰的路线引导。
②应提供清晰的转弯车道。
③应为来自直行车道的左转弯车辆提供等候转弯的附加车道。
④应通过渠化减小交叉冲突面积。
⑤应通过渠化防止车辆误行、相互侵占车道和干扰运行路线。

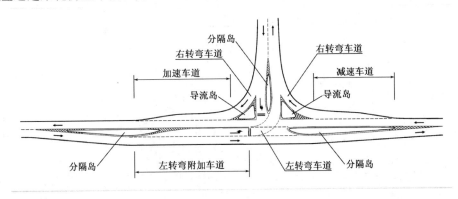

图 8-55 被交叉公路侧平面交叉渠化要素示意图

(2)当平面交叉的交叉角度小于 70°时,应通过调整匝道线形或通过分隔岛和导流岛的布置使交叉角度接近于直角(图 8-56)。

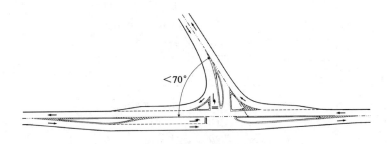

图 8-56 斜交正做的渠化方案示意图

(3)当为部分苜蓿叶形和四岔单喇叭形等互通式立体交叉的 T 形平面交叉时,根据被交叉公路等级和交通量分布等,可采用如图 8-57 所示的渠化方式。渠化方式的采用应符合下列规定:

①当被交叉公路为三级公路和四级公路时,可采用仅设分隔岛或分隔岛加部分导流岛的渠化方式[图 8-57a)、b)]。

②当被交叉公路为三级以上公路时,宜采用设分隔岛加导流岛的渠化方式[图 8-57a)、d)]。

匝道端部平面交叉与其他平面交叉间距设置

在被交叉公路上,匝道端部平面交叉与其他平面交叉之间的交点之间距离应满足渠化和交织等需要,且不应小于表 8-14 的规定值。

匝道端部平面交叉与其他平面交叉最小间距 表 8-14

被交叉公路设计速度(km/h)	100	80	60	40	30
与其他平面交叉最小间距(m)	260	210	180	150	120

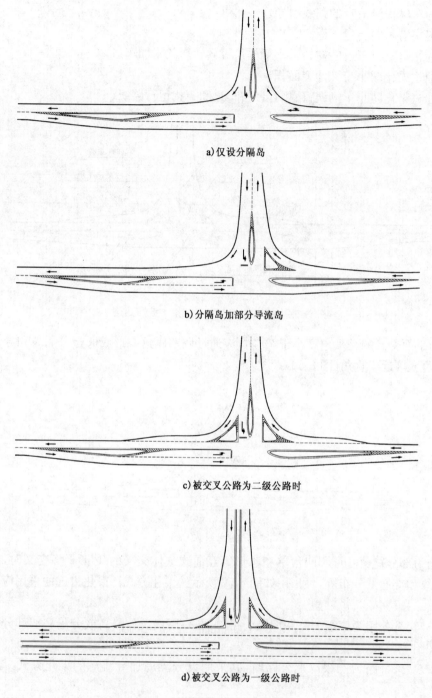

a) 仅设分隔岛

b) 分隔岛加部分导流岛

c) 被交叉公路为二级公路时

d) 被交叉公路为一级公路时

图 8-57　T形平面交叉渠化示意图

二、平交型立交的平交口设计

1. 苜蓿叶立交

部分苜蓿叶形互通式立体交叉两平面交叉之间，应根据互通式立体交叉形式、平面交叉间距和渠化需要等设置附加车道。附加车道的设置和被交叉公路增加的宽度应符合下列规定：

（1）在 A 型部分苜蓿叶形的两平面交叉之间，被交叉公路应增加一个附加车道宽度

[图 8-58a)]。

(2)在 B 型部分苜蓿叶形的两平面交叉之间,应设置两条左转弯附加车道,被交叉公路在两平面交叉之间应增加一个附加车道宽度[图 8-58b)]。

(3)当 B 型部分苜蓿叶形的两平面交叉间距较小,且左转弯附加车道设置困难时,两左转弯附加车道可并列设置,被交叉公路在两平面交叉之间应增加两个附加车道宽度[图 8-58c)]。

(4)AB 型部分苜蓿叶形的两平面交叉之间应设置一条左转弯附加车道,被交叉公路在两平面交叉之间应增加一个附加车道宽度[图 8-58d)]。

(5)当为六匝道部分苜蓿叶形时,A 型两平面交叉之间可不设置附加车道;B 型和 AB 型两平面交叉之间附加车道的设置和被交叉公路增加的宽度应符合(2)~(4)条的规定。

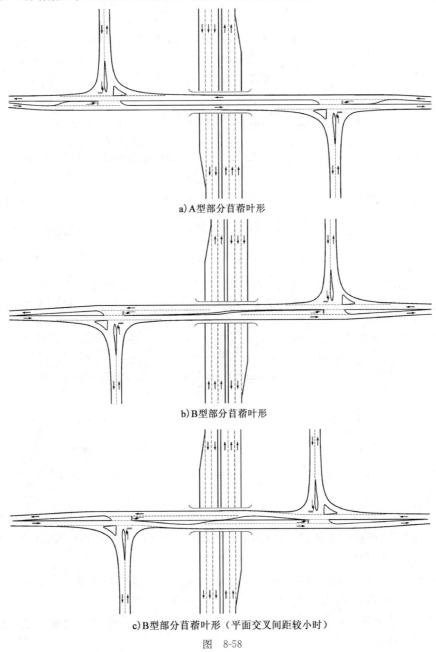

a) A型部分苜蓿叶形

b) B型部分苜蓿叶形

c) B型部分苜蓿叶形(平面交叉间距较小时)

图 8-58

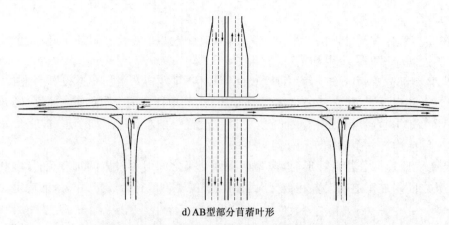

d) AB型部分苜蓿叶形

图 8-58 部分苜蓿叶形互通式立体交叉的平面交叉布置示意图

(6)部分苜蓿叶立交类型见图 8-59、图 8-60。

当各匝道交通量大小相当或出口匝道交通量相对较大时,宜选用 A 型[图 8-59a)]。

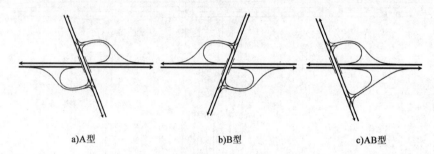

a) A型　　　　　　　　b) B型　　　　　　　　c) AB型

图 8-59 部分苜蓿叶形互通式立体交叉类型

当受现场条件限制或入口匝道交通量相对较大时,可选用 B 型[图 8-59b)]。

当被交叉公路单侧因受现场条件限制设置匝道困难时,可选用 AB 型[图 8-59c)]。

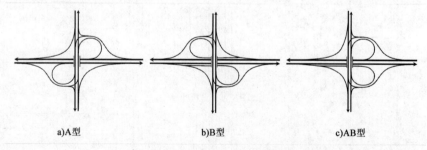

a) A型　　　　　　　　b) B型　　　　　　　　c) AB型

图 8-60 匝道部分苜蓿叶形互通式立体交叉类型

2. 菱形立交

(1)菱形互通式立体交叉的平面交叉应通过渠化防止车辆错误直行、错误右转或错误左转。平面交叉范围内,匝道左侧路面边缘线应与左转弯车辆行驶轨迹相一致,并宜与被交叉公路路面边缘线相割(图 8-61)。

(2)在菱形互通式立体交叉两平面交叉之间,应根据平面交叉间距和渠化需要等设置附加车道。附加车道的设置和被交叉公路增加的宽度应符合下列规定:

①两平面交叉之间应设置两条左转弯附加车道,被交叉公路在两平面交叉之间应增加一个附加车道宽度[图 8-62a)]。

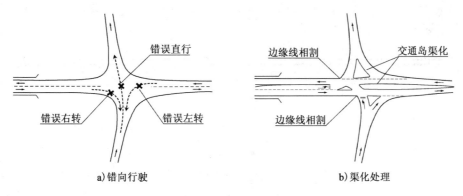

图 8-61 菱形平面交叉渠化示意图

②当两平面交叉间距较小,且左转弯附加车道设置困难时,两左转弯附加车道可并列设置,被交叉公路在两平面交叉之间应增加两个附加车道宽度[图 8-62b)]。

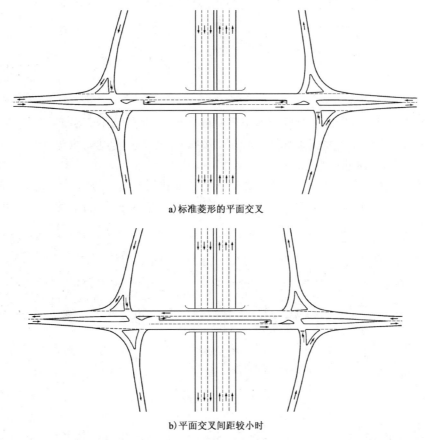

图 8-62 菱形互通式立体交叉的平面交叉布置示意图

(3)三路半菱形立交。

①半菱形立交匝道与匝道之间的平面交叉可采用交叉冲突或交织冲突等类型。当条件受限时,匝道之间或匝道与连接线之间的分、合流连接部可按平面交叉转弯车道的标准设计(图 8-63)。

②匝道平面交叉应采用出口匝道优先通行的交通管理方式,出口匝道在平面交叉之前的视距应采用安全交叉停车视距(图 8-64)。

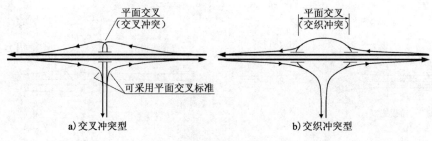

a) 交叉冲突型　　　　　　　b) 交织冲突型

图 8-63　匝道平面交叉的类型

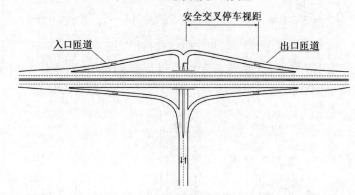

图 8-64　三岔菱形互通式立体交叉

③匝道平面交叉中优先通行的转弯车道应设置超高,且超高不应小于 2%。

④优先通行匝道在平面交叉前后 50m 范围内的纵坡不应超过 2.5%,非优先通行匝道的纵坡应服从优先通行匝道的横坡。

⑤匝道平面交叉应通过渠化防止车辆错误直行或错误右转。匝道路面边缘线应与车辆行驶轨迹相一致,匝道路面边缘线之间及匝道路面边缘线与连接线路面边缘线之间宜相割(图 8-65)。

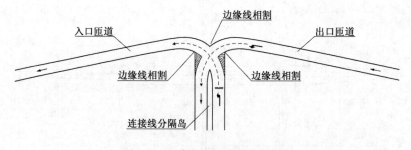

图 8-65　匝道平面交叉的渠化示意图

第六节　其他设施接入主线及服务区与立体交叉合并设计

一、其他设施接入主线设计

1. 一般规定

(1)具有接入需求的其他设施应结合公路立体交叉的分布进行总体布局,所有相邻出入口的间距应符合立交间距控制的相关规定。这些设施包括服务区、停车区、观景台、客运停靠站及U形转弯设施等。

(2)服务区、停车区和U形转弯等其他设施范围内的主线线形指标应按互通式立体交叉范围内的主线线形标准进行控制。当停车区、观景台和客运汽车停靠站等设于主线侧时,该路段主线纵坡不宜超过2.0%,最大不应超过3.0%。

(3)其他设施的匝道线形及连接部等设计应符合互通式立体交叉设计的相关规定。

2.服务区接入的设计

(1)服务区形式应根据服务区功能、规模和现场地形条件等确定。在地形复杂地段,应根据地形条件灵活布置。

(2)服务区相对于主线的立面布局宜根据地形、地质和排水等条件布设为齐平式、上抬式和下压式(图8-66);有条件时,宜采用上抬式。

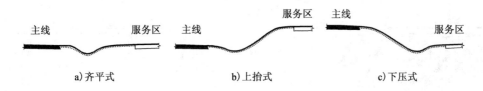

图8-66 服务区相对于主线立面布局示意图

(3)服务区出、入口匝道、连接匝道及贯穿车道的设计速度可采用40km/h。当受地形、地物等限制时,可根据主线设计速度适当降低,但不应小于30km/h。

(4)服务区匝道宜采用互通式立体交叉单向单车道匝道的横断面,服务区匝道平纵面线形、变速车道和鼻端等的设计应符合互通式立体交叉匝道及连接部设计的有关规定。

(5)服务区入口匝道的长度不应小于60m,出口匝道的长度不应小于表8-15的规定值(图8-67)。

服务区出口匝道最小长度　　　表8-15

主线设计速度(km/h)	120	100	80	60
服务区出口匝道最小长度(m)	110	90	80	60

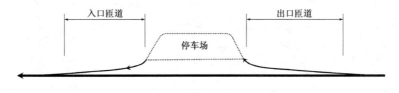

图8-67 服务区出、入口匝道示意图

匝道长度为主线鼻端至停车场入口或出口间的长度,当设有贯穿车道时,为主线鼻端至匝道与贯穿车道鼻端间的长度。

3.停靠站接入的设计

(1)客运汽车停靠站宜与互通式立体交叉或分离式立体交叉合并设置。在被交叉公路或连接线上,应与主线客运汽车停靠站对应设置客运汽车换乘站,两站之间联络步道的长度不宜超过300m。

(2)在客运汽车停靠站与主线及匝道之间,应设置防止乘客进入主线或匝道的隔离设施。

(3)当客运汽车停靠站与互通式立体交叉合并设置时,可根据现场条件采用设于主线侧或主线外等方式。高速公路客运汽车停靠站宜采用设于主线外的方式。

(4)当客运汽车停靠站与互通式立体交叉合并设置且设于主线侧时,客运汽车停靠站的布置应符合下列规定:

①客运汽车停靠站宜设于出、入口匝道之间的三角区内,并应分别与出、入口匝道相连接[图8-68a)]。

②当因条件限制客运汽车停靠站需设于出、入口匝道之间的三角区外时,宜设置集散道将客运汽车停靠站与出、入口匝道相连接[图8-68b)]。

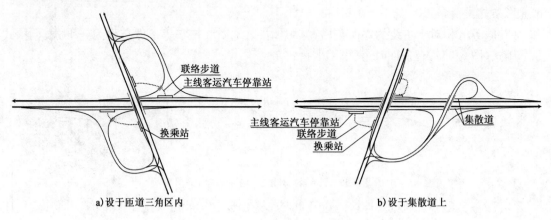

图8-68 客运汽车停靠站设于主线侧示例

(5)当客运汽车停靠站与互通式立体交叉合并设置且设于主线外时,主线客运汽车停靠站宜设于匝道或连接线上,并应设置掉头车道(图8-69)。

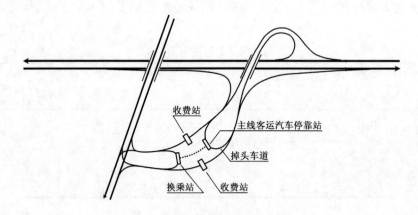

图8-69 客运汽车停靠站设于主线外示例

(6)当客运汽车停靠站与分离式立体交叉合并设置时,可采用设于主线侧的方式,且宜设置在主线下穿路段,客运汽车停靠站的减速车道宜设于跨线桥之前(图8-70)。

(7)主线侧客运汽车停靠站的变速车道设计应符合下列规定(图8-71)。

①变速段长度不应小于表8-16的规定值。
②减速车道渐变段的渐变率宜采用1/20。
③加速车道渐变段长度不宜小于60m。
④变速车道鼻端设计应符合有关规定。

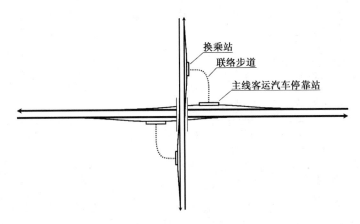

图 8-70　客运汽车停靠站与分离式立体交叉合并设置示意图

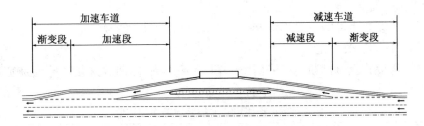

图 8-71　主线侧客运汽车停靠站的变速车道设计示意图

主线侧客运汽车停靠站变速段最小长度　　表 8-16

主线设计速度(km/h)		120	100	80	60
变速段最小长度(m)	减速段	110	100	90	70
	加速段	150	130	110	80

4. 停车区与观景台接入的设计

(1)停车区出、入口匝道设计应符合服务区匝道设计的有关规定。

(2)高速公路停车区和观景台宜采用设于主线外的方式。

(3)当停车区和观景台设于主线侧时,其变速车道的设置应符合变速车道设计的相关规定。

5. U 形转弯设施

(1)高速公路 U 形转弯设施应双向成对布设。根据现场条件,两 U 形转弯设施可集中设置或分散设置。

(2)U 形转弯设施宜利用现有跨线桥或通道设置。根据地形及现有构造物等条件,与主线之间的交叉可选择下穿式或上跨式(图 8-72)。

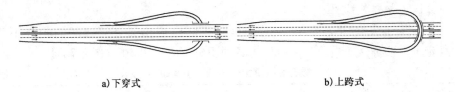

a)下穿式　　　　　　　　　b)上跨式

图 8-72　U 形转弯设施示意图

(3)非完全控制出入的多车道公路可采用平面交叉的壶柄式 U 形转弯设施(图 8-73)。

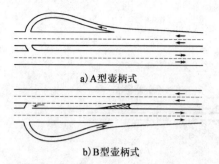

图8-73 平面交叉的壶柄式U形转弯设施示意图

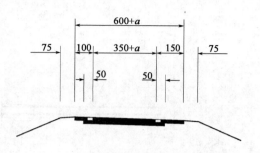

图8-74 U形转弯设施匝道横断面示意图
（尺寸单位：cm）
a-圆曲线路段加宽值

(4) U形转弯设施匝道基本路段的设计速度可采用40km/h，当受现场条件限制时，掉头路段线形可采用平面交叉转弯车道标准，设计速度不宜低于20km/h。

(5) U形转弯设施匝道的平纵面线形、变速车道和鼻端等的设计应符合互通式立体交叉匝道及连接部设计的有关规定。

(6) U形转弯设施匝道横断面可采用图8-74所示类型，圆曲线路段的路面加宽值可由表8-17查取。

U形转弯设施匝道圆曲线路段路面加宽值　　　　表8-17

U形转弯设施匝道圆曲线半径R(m)	$15\leqslant R<16$	$16\leqslant R<18$	$18\leqslant R<20$	$20\leqslant R<23$	$23\leqslant R<26$	$26\leqslant R<30$	$R\geqslant 30$
路面加宽值(m)	2.5	2.0	1.5	1.0	0.5	0.25	0

二、服务区与立体交叉合并设置的条件

1. 合并布设形式的示例

服务区与互通式立体交叉宜分开设置，当分设困难时，可合并设置。服务区与互通式立体交叉的合并设置应符合下列规定：

(1) 互通式立体交叉和服务区的交通流线应统一布置，在保证互通式立体交叉匝道连续和便捷的前提下应简化交通流线的组合。

(2) 互通式立体交叉和服务区在主线上的出、入口宜合并为单一的出、入口。

(3) 服务区宜利用互通式立体交叉内部用地进行布置，并宜分设于主线两侧[图8-75a)]，当条件受限时，服务区可集中设于主线一侧[图8-75b)]。

(4) 当受地形、用地条件限制，或为利用风景资源时，服务区可设置于互通式立体交叉外部，其间利用匝道相连接[图8-75c)]。

2. 服务区匝道相邻鼻端间距

当服务区与互通式立体交叉合并设置时，服务区匝道相邻鼻端之间的距离不应小于表8-18的规定值。服务区匝道分岔后至停车场的距离不应小于40m(图8-76)。

服务区匝道相邻鼻端最小间距　　　　表8-18

主线设计速度(km/h)	120	100	80	60
相邻鼻端最小间距(m)	210	180	160	140

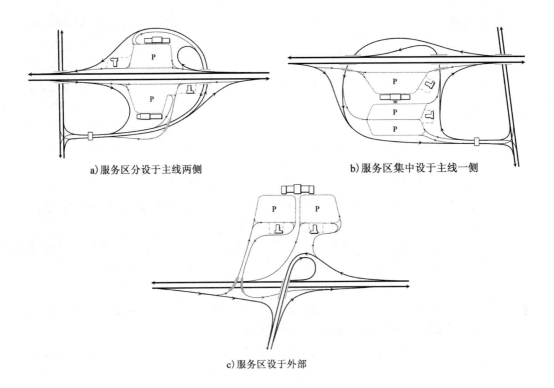

图 8-75 服务区与互通式立体交叉合并设置示例

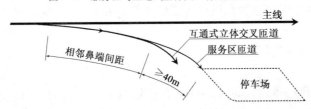

图 8-76 服务区与互通式立体交叉合并设置时各端部间距示意图

上述间距要求主要依据以下三方面确定：

(1)相邻分流鼻端之间的最小距离为驾驶人从发现、认读标志到采取措施所需要的最小距离再加上第二个分流端部斑马线三角区的长度。

(2)相邻合流鼻端之间的最小距离与相邻分流鼻端之间的最小距离取值相同。

(3)服务区匝道分岔后至停车场的最小距离为运行速度过渡所需要的最小距离。

第七节 城市道路立交附属设施设计要求及要点

一、交通标志和标线

交通标志和标线应符合《道路交通标志和标线》(GB 5768—2009)的规定。

二、防撞护栏

防撞护栏应符合《公路交通安全设施设计规范》(JTG D81—2006)的规定。

三、其他设施

1. 防眩设施

防眩设施主要分为防眩板、防眩网和密集植树三大类,并应符合下列规定:

(1)设置条件。

①立交主线或匝道上较小平曲线或竖曲线,对驾驶员造成严重眩目影响路段。

②从匝道或连接道驶入立交主线时,使对向驾驶员有严重眩目影响的主线路段。

③无照明或照明不良高架跨线桥或下穿道路上。

(2)防眩设施的设置应考虑设施的连续性,并应与周围环境协调。

(3)防眩设施与各种护栏配合设置时,应针对不同地区,结合防风、防雪、防眩的综合要求,考虑组合结构的合理性。

(4)防眩设施高度宜为1.7m。防眩设施在凸形或凹形竖曲线上设置时,应对防眩设施高度变化进行验算,避免出现漏光现象。

(5)防眩设施在平曲线半径较小弯道上设置时,应验算相应的停车视距。

(6)当中央分隔带为3~7m宽时,可采用高度为1.7m的密集植树方式进行防眩。但在无封闭设施的路段,宜优先考虑采用防眩板或防眩网形式。

(7)防眩板(或防眩网)与中央分隔带护栏配合设置时,结构形式应符合相关规程的要求。

2. 隔声设施

隔声设施主要分为声屏障和绿化带二大类。当立交主线或匝道经过居民住宅区、学校或医院以及办公大楼,且噪声超过所在城市规定的声级标准时,宜设置隔声设施,并应符合下列规定:

(1)声屏障可与各种护栏配合设置,并应结合环境,采用合理结构形式。声屏障结构形式应符合相关规程的要求。

(2)声屏障应采用吸声材料,同时又要便于清洗,以减少灰尘对材料性能及美观的影响。

(3)声屏障安装高度应适当,不宜小于4m。当道路经过高层建筑时,可采用弧形结构,或在垂直形结构顶端增设吸声筒。

(4)立交主线或匝道外侧宜布置绿化带。

3. 排水设施

城市道路立交的排水设计应在城市总体排水规划指导下进行,并应符合《室外排水设计规范》(GB 50014—2006)的规定。如城市道路交叉所处地区无排水规划,应先作出规划再进行设计,并应符合下列规定:

(1)城市道路立交范围内的排水,应与相交道路的排水统一设计,其排水设计应包括雨水管、雨水口和连接管的布设,特别是竖直方向连接管的布设,并与地面排水系统沟通。城市道路立交的路面水应排泄迅速。

(2)城市道路立交排水设计重现期应符合现行行业标准《城市道路工程设计规范》(CJJ 37—2012)的规定。路面雨水径流量应按《室外排水设计规范》(GB 50014—2006)执行。

(3)在下穿式立体交叉引道两端纵坡的起点处应设倒坡,并在道路两侧采取截水措施,减少坡底聚水量。纵坡大于2%的坡段内,不宜设雨水口,应在凹形曲线最低点道路两侧集中设置并联雨水口,其数量应按设计流量计算确定。

(4)城市道路立交地面水排除的其他规定以及立交的地下水排除应按《城市道路工程设计

规范》(CJJ 37—2012)执行。

4.照明设施

城市道路立交照明设施应安全可靠、经济合理、节省能源、维修方便、技术先进,具有良好的诱导性,并应符合下列规定:

(1)城市道路立交照明应符合下列规定:

①应为驾驶员提供良好的视线引导性。

②应照明道路本身,并提供不产生干扰眩光的环境照明。

③在交叉口、出入口、曲线路段、坡道等交通复杂路段的照明应适当加强。

④一般立交可采用常规照明,但不宜设置太多的光源灯具。采用常规照明时,平面交叉、曲线路段、坡道、上跨道路和下穿地道等的照明应符合《城市道路照明设计标准》(CJJ 45—2006)中道路及其连接的特殊场所照明有关要求。

⑤枢纽立交宜优先采用高杆照明,采用高杆照明时应符合《城市道路照明设计标准》(CJJ 45—2006)的有关要求。

⑥立体交叉的照明除应为路面提供足够的照度外,还应考虑下穿道路的灯具在下穿道路上产生的光斑和上跨道路的灯具在下穿道路上产生的光斑衔接协调,使该处的照明均匀度不低于规定值,并防止下穿道路的灯具在上跨道路上造成眩光。

(2)照明标准应按《城市道路照明设计标准》(CJJ 45—2006)有关条款执行。

(3)照明供电、控制以及节能措施均应按《城市道路照明设计标准》(CJJ 45—2006)有关条款执行。

5.环境绿化

互通式立体交叉范围的环境绿化应符合下列规定:

(1)互通式立体交叉范围内栽植树木时,应栽植不同树种以作为该互通式立体交叉的特征标志。在出、入口处,应栽植引导视线的树木。在出口一侧可栽植灌木以缩小视野,间接引导驾驶者减低车速。

匝道转弯处所构成的三角区内只可种植花、草。平曲线内侧栽植灌木(图8-77)时,应满足视距要求,并起诱导驾驶的作用。

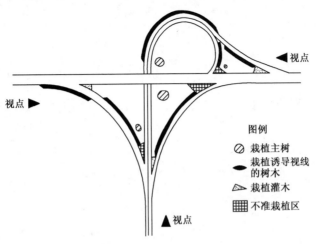

图8-77 绿化布置

(2)应对边坡进行修整,保持坡面规则、坡脚顺适。填方段匝道的边坡,在接近原地面的一定高度内逐渐减缓,使其整齐、美观。坡面可只修饰匝道包围的区域(图 8-78)。

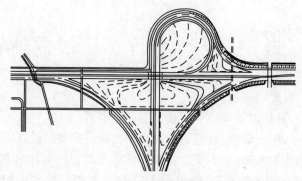

图 8-78 坡面修整

环境绿化其他要求可按《城市道路绿化规划与设计规范》(CJJ 75—1997)及《城市道路工程设计规范》(CJJ 37—2012)中道路绿化有关条款执行。

第九章 立体交叉美学与景观设计

第一节 立体交叉美学概论

一、研究目的

立交是道路与桥梁相结合的庞大构造物,从功能上讲,它具有道路(主线、匝道、引道)和桥梁(跨线桥、地道桥、人行天桥)的双重性,除了通行车辆外,还有车辆转向的功能。组成和构造上的复杂性和功能上的多样性,必然会给立交的美学问题带来新内容。由此,一门新兴的美学分支——立交美学应运而生。立交美学是建筑美学、道路美学、桥梁美学以及交通美学的交叉学科,研究的目的是,在满足立交行车与车辆转换功能和工程经济的原则下,结合立交结构特点和环境条件,研究立交的美学原则、要求以及立交各组成部分的美学设计等问题,使立交构造物不仅功能完善、结构合理、工程经济,而且在美学上达到造型美观、线形流畅、环境协调,使立交具有良好的视觉性、观赏性和一定的游乐性。

由于立交构造的庞大,对区域景观影响很大,特别是在城镇这一影响尤为突出。因此,立交美学已成为立交规划设计的重要课题。在国内一些城市,甚至还用大型立交来显示其市政建设的成就,以此作为城市的标志,形成现代城市的重要景观设施。立交美学已在立交建设中越来越多地显示了它的重要地位和作用。

二、立交美学的特点

作为工程美学的分支,立交美学与建筑美学、桥梁美学以及道路美学相比,有如下特点:

1. 观赏的多方位性

在平面上看,立交为多条路相交的结点,用路者可以从不同的方向观看立交,一般至少有3~5个观看方位。在立面上,立交的多层次性,用路者可由下向上仰视,也可从上向立交两侧的下方俯视,因而在空间上观赏立交的方位多。从观赏立交视点位置来看,无论下穿或上跨,用路者由远及近,从远视观赏总体形象到中视观赏局部形象以及近视观看细部装饰的情况都可能出现。由此可见,立交观赏具有多方位性的特点。这一特点不管是对立交的总体造型或者是局部美化以及细部装饰都提出了更高的要求,特别是立交的空间总体造型的要求。这与一般的建筑造型(主要侧重于临街面的造型,背面方向造型的要求就没有那样高)是不同的。如图9-1所示,某立交采用内含式双小环道与半定向组合立交,车辆在小环道上行驶,视角转动270°,可从多方位,多层次观赏立交和立交的环境景观。

2. 总体造型的重要性

立交在体积上的庞大,结构上的复杂以及观赏的多方位性,使其总体造型显得格外重要。加之立交设置多位于高等道路的交叉点,路幅组成复杂,路基宽,不少立交(特别是城市立交)多处于城市环线与放射线相交的城市进、出口处,都要求立交全景的宏观印象要好。这就要立交的美学设计首先把着力点放在总体造型上,在总体轮廓的构思、类型选择、环境协调等方面下功夫。图9-2为某城进、出口枢纽立交,为配合城市景观采用仿生手法,仿蝴蝶形式构成美丽的画景,用匝道构形成蝴蝶,用绿化图案构成蝴蝶翅膀。

图9-1 具有多方位观赏性的小环道

图9-2 某蝶式立交造型

3. 立交环境协调的复杂性

立交环境一般多处于交通繁忙的枢纽地带,周边商业繁华,建筑林立,人口密集,特别是城市立交这一现象更为突出。由于复杂的环境条件,立交作为一大型构造物,要与周围复杂环境协调和谐困难较大。这就要求立交总体设计时对环境进行充分细致的调查,设想各种可行的方案,通过论证比较才能确定。通常把立交的总体造型和环境协调,作为立交美学设计的两大关键问题。图9-3为山城重庆石板坡立交,在建筑群布,横坡陡峻的复杂条件下布设内置式半定向立交,设计灵活,构思巧妙,较好地适应了复杂的地物、地形条件。

4. 立交造型的多样性

立交组成及环境的复杂性,给立交的美学造型带来多样的综合的特征,多样性主要反映在造型要素的多样。立交造型包括空间、面、线点的各方面要素的造型,这就要求立交在空间形态、平面轮廓、线形组合、线条设计以及细部装饰和景点布置都要周密研究和考虑,才能达到立交总体造型的完善性。综合性反映在立交各组成部分造型、美化的综合,即在各部造型的基础上,综合构成立交的总体造型。在比例、尺度、均衡、韵律、风格、色彩等方面取得协调统一。立交造型及美化的内容很多,包括立交桥跨的上部、下部结构、地道结构物、道路线形、路基及人工构造物、附属设施、绿化、照明、人行天桥或地道、人行梯道、园林小路、游乐设施等,这些部分的美学内容极为丰富,美化的形式和手段繁多。因此,在进行立交各组成部分美学设计时,要强调统一、协调的美学效果,决不能喧宾夺主,顾此失彼。图 9-4 为某五路复杂立交的方案,立交采用集中布置手段,将五路立交匝道布设在三个空间层次上,尺度、比例、风格具有现代立交的宏伟气势和山区环境协调的特色。

图 9-3 复杂环境条件下的石板坡立交

图 9-4 集中布设的五路立交方案

5. 具有较强的观赏性和游乐性

由于立交结构和位置的特殊性,特别是城市立交,作为城市的重要窗口和标志,在具有功能性的同时,还应有很高的观赏价值,这就使得立交美学在立交设计中占据着更重要的地位,在城市景观中起着十分重要的作用。如北京西郊工程的天宁寺立交被称之为北京城的"项链"见图 9-5,北京四元桥立交被誉为镶嵌在"国门第一路"(北京机场高速公路)上的一颗璀璨多彩的明珠,天津的蝶式立交已成为天津城市的标志等。

为了开辟新的城市活动空间,不少城市已将立交的非机动车层中的三角地带,开辟成游乐和休息场所,增添了立交的游乐功能。这些休息和游乐设施的修建更加丰富了立交美学的内容,对立交的美学设计提出了更高的要求。

图 9-5 北京城的"项链"——天宁寺立交

三、建筑美感的基本法则

立交的建筑美感是美学的基本内容之一。但形成美感应有一定的基本法则,掌握建筑美感的基本法则,对于立交的美学设计是很有意义的。这些法则主要有:

1. 安全感

"危楼不可居,危栏不可依"这句成语充分反映了安全感在美感中的意义。缺乏安全感的建筑,绝无美感可言。因此,安全感是美感的基础和前提。在立交造型和结构设计中,要避免产生心理上的压抑感、恐惧感、压迫感、威胁感,为用路者创造良好的心理条件。结构造型上的稳定,对称法则,非对称形体的均衡等都是安全感的内容。

2. 尺度感

形体不仅反映在"形"上,也体现在"量"上。形体在量上的体现,即构成尺度,人们对尺度的反映即为尺度感。造型中的大小、高低、长短、宽窄、厚薄、粗细、斜度以及这些尺度间的比例关系,都属于尺度的内容。

3. 节律感

建筑被视为"凝固的音乐",立交建筑也不例外。节律感,即为建筑形式中的节奏与韵律所激发的美感。如建筑物形式要素有规律的重复、虚与实、明与暗的有规律的重复与交替,形式要素有秩序的变化,尺度及比例有节奏的渐变,都是属于节律感的内容。节律感更加体现了建筑物的生动性、情趣性和整体形象的和谐性。

4. 色质感

指建筑色彩和材质的表现给人的感受。色彩和材质是审美对象的属性之一,是建筑表现的手段。建筑造型中的色彩搭配、色调选择、材质表现、材质选用等均涉及色质感的表现问题。色质感的运用,将给立交以新的内容,使之更加瑰丽多姿,优美鲜艳。

5. 整体感

尽管立交的组成部分很多,作为一个立交结构物,它应是一个完整的实体。整体感则是指构成各种美感的因素有机融合及统一。整体美是造型艺术的一个重要原则。

四、立交美学设计的主要内容

立交美学的内容丰富,涉及的面很宽,仅就立交工程设计的美学范畴而言,主要包括以下内容:
(1)立交线形美学设计。
(2)立交总体造型美学设计。
(3)立交桥跨美学设计。
(4)立交环境美学设计。
(5)局部造型与装饰设计。
限于篇幅,本章仅就上述美学问题的要点加以介绍。

第二节 立体交叉美学法则及设计要点

一、立交线形美学

道路路线是一条空间曲线,具有三维空间的特性。立交一般有两条相交主线加若干条匝道(三路全互通式立交 4 条、四路全互通式立交 8 条),这些空间曲线在立交区内形成了复杂的空间线形群。研究这些线形群的视觉、视线诱导、视线连续、线形元素的协调,平纵线形组合等问题,是立交线形美学的主要内容。其目的是通过线形美学的设计,形成圆滑、舒顺,平纵协调、视觉连续、视线诱导良好的线形群,确保行车的快速、舒适。线形美学设计的要点是:

(1)线形美学的要求,应与立交的规模、等级及环境相适应。显然对于高等级立交、规模大的城市立交,由于其设计车速高、交通类型复杂、周围建筑多,因此线形美学上的要求高。

(2)合理运用线形要素,使之具有良好的路线特征,注重线形的连续性、方向性和桥上、桥下快速行驶的视觉特性和路线的韵律、节奏感,线形设计力求圆滑、舒顺,避免突变。如图 9-6 所示,线形的突变和连续产生不同的视觉效果,很显然图 9-6b)比图 9-6a)的线形的视觉效果好。

图 9-6 线形突变与连续

(3)平面线形与纵面线形组合协调,平、纵面线形要素均衡。平纵面线形组合要有利于驾驶员的视线诱导,驾驶员能在路线上任何位置预知前方的行车方向。通常认为平竖曲线重叠组合可取得在视觉上流畅、顺适、视线诱导优良的效果。如图 9-7 所示的 7 种组合情况,图 9-7e)和 9-7f)的视线诱导较其他 4 种好,而图 9-7b)和图 9-7g)最差。平竖曲线半径应保持均衡,一般为 10～20 倍为宜。平、纵面线形元素间的数值不宜相差过大,技术指标大小均衡,不宜一个方向大而平,而另一方向小而陡,造成比例失调。如一个竖曲线中就不宜包两个以上平曲线,也不宜用一个长缓平曲线把多个竖曲线包起来,这样容易失去视觉平衡,造成线形上的扭曲。要避免陡坡与急弯重合。

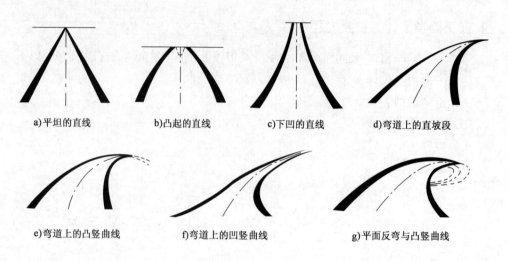

图 9-7 空间线形组合

(4)立交桥跨及引道的线形要和两端的道路线形协调一致,使其有平顺、连续的连接,要避免突变。如上跨式立交的上线或下穿式立交的下线,坡度变换要缓和,变坡点竖曲线半径要大,以使均匀变化。

(5)线形设计时要注意立交桥上或桥下的视觉的连续性,避免视线及街景中断。因此,纵坡及坡度角不宜过大,主线下穿时可能因上下部结构和墩台遮挡,上跨时也可能受凸形竖曲线顶部遮挡;多层立交,桥跨重叠,都会给视觉连续带来影响。在线形及组合设计中,要特别注意这一点。

同时,立交两端坡道,因纵坡影响往往遮挡了两侧的街景,造成视线切割。可通过恰当的选择线形要素,尽量减小桥跨上部及下部结构的尺寸,增大透空度,两侧修建一定高度和体量的建筑物等措施加以改善,如图 9-8 所示。

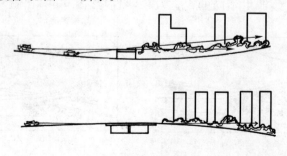

图 9-8 视线连续与中断

二、立交造型美学

造型,属于美学范畴,它反映人的直觉,主要是视觉对形体的感受,好的造型实体给人们以欣慰和欢快的感觉。立交的总体形象是立交美学研究的重要内容之一。

立交总体造型是指立交空间形态、平面轮廓、线形组合、线条设计以及细部装饰和景点布置的协调组合,主要包括总体轮廓的构思、类型选择、环境协调等。

1. 立交总体造型的基本特征

(1) 总体形象的完整性。

这是由人们的视觉对庞大形体感受特性所产生的。例如,人们常常把85°、95°左右的角度忽略后简化为90°;图形中一些缺口,凹陷或轮廓线的中断,在视觉反映上,往往有自动补足的倾向,自动构成一个连续完整的形体。对于庞大的立交构造物,总体造型构思中往往运用这一特征,使立交构造物形成一个完美的几何体。如苜蓿叶立交可视为正方形或长方形,喇叭形立交视为三角形,环形立交视为圆形等,如图9-9所示。立交总体形象的简化和整化,使立交轮廓形象明朗、突出,有利于利用仿生手法进行总体造型。

a) 方形　　　　　　　　b) 三角形　　　　　　　　c) 圆形

图 9-9　立交平面图形的简化

立交组成复杂,涵盖内容较多,但毕竟是供交通运行和转换使用的,因而要求立交整体造型应简捷明了,利于行车导向,因此要求立交具有良好的透空度。所谓力求完整,是要求立交轮廓线在视觉反映上自动补足缺口或凹陷,自动构筑连续完整的形体(如苜蓿叶形立交整体上应视为方形或长方形,喇叭形立交整体上视为三角形,环形立交视为椭圆或圆形等),以完整的几何形态反映在视觉上,满足人们视觉心理要求。

(2) 造型组合的综合性。

由立交各组成部分的造型构成一个立交的总体造型,但这种组合绝不是简单的叠加,而应是协调统一的有机结合。要使立交的总体造型良好,则立交各组成部分也应符合造型规律,这又如在一个系统中各子系统的自身平衡。从这一观点出发,总体造型应符合"整体—局部—整体"的造型方法。

(3) 空间直觉的流动性。

人们观赏立交,多数是从动态的角度去发现立交总体造型的美观。因此,立交造型设计时,要充分考虑观察者(驾驶员、行人)由远及近、由上而下,从不同方位对立交的动态观察这一流动特征,以达到立交造型的动态美;空间直觉流动性的另一个体现是通过立交主线及匝道组合良好的线形、布设合理的交通标志、标线,构成良好的视觉诱导系统,吸引驾驶员和乘客,形成一种引人入胜的感觉。

(4) 总体造型中的对比性。

对比性包括立交形态与环境的对比,桥跨与桥跨以及桥跨与引道的对比,上部与下部的对比,不同层次的对比,匝道与主线、匝道与匝道的对比,以及立交行车(包括行人)部分与三角空白地带的对比,通过对比,取得立交与其周边环境、立交内部各组成部分色彩上的调和、尺寸上的均衡,从而保证立交总体造型的结构和视觉完美。

对比的基本内容包括:均衡与衡定、比例与尺度、色彩与质地、虚与实、光与影、大与小、方与圆、主与次等方面。

2.立交总体造型构思的基本手法

根据建筑造型的经验,结合立交美学的特点,总体造型常用手法有:

(1)仿生法。

仿生法是建筑结构、立体交叉总体造型的一种基本手法,是指运用仿生原理,模拟大自然动植物形态,用形象概括的手法,构成立交的总体形态,如北京的玉蜓立交,结合地形布置,模拟蜻蜓的形象,栩栩如生;天津的中山门蝶式立交,形如蝴蝶。这些立交造型形象完整、生动,整体视觉效果良好,易被人们接受,激发人们联想,引起视觉上的共鸣。再如苜蓿叶形立交、喇叭形立交等,将事物的形态与立交功能有机结合,并以立体空间形式置于自然与人工环境中,令人以赏心悦目。

(2)协调法。

立交的总体造型以立交所处环境条件为依据,在满足功能要求的前提下,强调环境的约束性,结合立交环境条件,因地制宜,使立交的整体形象与环境相协调。这种造型手法突出表现为立交不拘泥于某种特定的形式,在满足直行和转弯基本功能(如交织、交叉、全立交等)的前提下,根据地形或地物约束,布置匝道的走向和几何位置。因而,采用这一手法构成的立交往往都是组合型立交,与环境协调良好。如重庆嘉陵江南桥头黄花园立交的总体造型就是采用这一手法,由于该立交范围、一、四象限受地形、地物限制,不能布设匝道,因此运用协调的手法,改变常规的立交布置形式,采用一种对角线式的半苜蓿叶、半定向型立交方案,既满足了环境约束条件的要求,又达到了造型美观的目的,如图9-10所示。

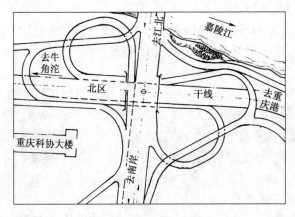

图9-10 重庆黄花园立交

(3)位置法。

位置法主要用以确定待建立交总体造型的规模大小。立交造型在很大程度上取决于立交所处的地理位置,因此,立交的位置条件成为立交造型的基本因素,立交的位置在乡村或城市、在一般的交叉点或高速公路的交叉点以及立交在路网中的位置是否重要,是确定立交等级高低的重要因素,而立交等级对立交造型及立交规模都有直接影响。正因如此,机场作为城市对外的窗口,这一特定位置确定了机场道路上立交等级高、形态壮观、规模宏大,如北京四元桥立交,位于四环路与机场高速公路的交点,是机场进入北京遇到的第一个交通枢纽点,这一重要位置决定了该立交的重要性,因而采用了四层全互通组合式立交形式,而且结构新颖,造型美观,规模宏大,气势雄伟,堪称全国立交之最。基于这一手法,在立交总体造型中应遵循"先定位,后选型"的程序步骤。

(4)辅助手法。

对于某些等级较低的立交,位置、条件、投资的影响对造型要求不高,而强调以交通功能和环境功能为主时,可运用辅助手法,合理运用线条、绿化、栏杆、照明、色彩搭配、雕塑小品以及其他局部美化措施,用以弥补立交总体造型的不足,达到良好的美学效果。图 9-11 所示为重庆长江大桥北桥头立交,由于受地形限制,立交采用简单的三路 T 形环形。立交本身结构简单,造型平淡,通过中心岛的强化绿化,造型良好的高杆照明,并配以桥头雕塑协调,使得立交总体造型美观。由此可见,采用必要的辅助手法,烘托立交,可使立交总体造型得以升华。

图 9-11　重庆长江大桥北桥头立交

3. 总体造型的评价

(1)功能性。

立交总体造型首先应与相交道路的性质、任务、交通量大小及其分布相适应,做到"形式与内容"的完全统一。因此,在进行立交总体造型时,根据相交道路的等级、交叉口出入交通量的大小及其分布,确定立交的功能和等级,从而确定左、右转匝道条数以及匝道与匝道、匝道与主线之间的相互关系(交叉、交织、跨越等),同时确定主线和匝道的主要技术要求和技术指标,进而确定立交的层次、匝道及主线布置以及立交的规模。

(2)前瞻性。

立交属永久性构造物,一旦建成,便难以改造。因此,立交总体造型注意远近结合,既要考虑近期交通及环境要求,力图减少投资,又要考虑远期交通发展、改造提高的需要和可能。可见,立交造型应具有一定的前瞻性,并考虑分期修建方案,以使前期工程能为后期改造充分利用。

(3)层次性。

立交总体造型要注意主次分明,层次清晰,全面安排,造型时先主线,后匝道。首先满足主要道路和主流方向的要求,然后考虑次要道路及次流方向,处理好相交道路的关系。在上跨、下穿、匝道类型选择、平面安排、进出口位置确定时,都要优先保证主要道路和主流方向交通要求,并创造良好有效的行车条件。

(4)一致性。

立交总体造型,绝不能仅就某一座立交而言,一条线路上立交布置方式的变化不宜过分复杂而缺乏一致性,从而导致车流进出方式的变化无常,让驾驶员行车时犹豫不决,甚至走错路线,发生事故。

(5)多样统一性。

立交的风格代表一个城市的风貌,体现城市的特征,构成城市的景观。这就要求一座城市立交的形式不能千篇一律,应结合城市的自然景物布设一些有特色、有个性的立交,在强调功能统一的前提下,形式应多样化。

(6)通透性。

通透性是指立交总体造型过程中,道路使用者在静止和动态状况下感受到的立交各层次之间相互通视的程度。它是反映立交整体美观的一个主要指标。立交的通透性主要通过各层次之间足够的净空高度、轻型的上部及下部结构、匝道与主线以及匝道与匝道之间平纵面布设和合理的相对位置、立交所处环境的空旷程度等加以保证。具体设计过程中,总体上处理好各层次相互关系。一般而言,上跨式立交通透性较好,立交主线或匝道挡墙过多会影响通透性。另外,立交位置一定要空旷,减少地面管线及附属设施的影响。立交色彩应清晰、柔和,几何线形平顺流畅,防护构造物简单、明了,从而综合体现立交的通透性。

4.立交总体造型的步骤

下面以城市立交为例,通过图形反映立交总体造型的步骤,如图9-12所示。

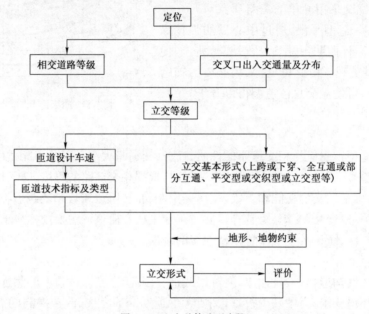

图9-12 立交总体造型步骤

5.立交造型与环境

(1)立交与环境。

环境一般是指生物所置身的外部环境,包括物理的和心理的环境。在美学研究中,主要研究的是物理环境对人们视觉形象产生影响的环境,有的称为景观或风景。建成的立交,本身就形成风景和城市景观的一个部分,与原有的环境景观共同构成新的景观。因此,立交与环境的协调是构成新的区域景观的重要手段。

(2)不协调系数。

"环境协调"是一个定性的词语。协调与否以及协调的好与坏,都是一个模糊的概念。由此,提出"不协调系数"的概念,用 K 表示并给出了粗略的公式。K 值表示建筑与建筑、建筑与环境协调的程度。公式如下:

$$K = \frac{Q_2 - Q_1}{TL} = \frac{\Delta Q}{TL} \tag{9-1}$$

式中:Q_1——原建筑或环境的风格特征值;

Q_2——新建筑物的风格特征值;

T——原建筑群体所经历的时间;

L——新建筑与原建筑(或体现环境特征的主体)的间距。

(3)协调的方法有以下几种。

①消去法。当立交结构物的存在有可能损害环境和景观时,在装饰和造型时可尽量使立交结构物不引人注目,而淹没在环境之中,使立交结构物的存在尽量隐蔽。一般在田园密布的农业区、传统性的风景旅游区以及建筑较差的旧城区的立交多用此法,图9-13为在桂林山水中的喇叭形立交。

图9-13 隐蔽在山水中的喇叭形立交

②强调法。与消去法相反,当要求强调突出立交存在而使其引人注目,并使立交具有支配环境和成为风景的主要组成因素时,宜采用强调法。即用强调的手法,使立交成为区域景观的中心,并汇集各种环境物像,构成新的环境和新的景色。强调法的核心是突出立交在环境中的主导作用,对于一些大型城市的中主路及其重要出入口的大型立交多采用此法。如图9-14所示,该立交与高架的曲线桥相衔接,宛如雕刻在奔流的钢筋混凝土高楼大厦群中的曲线,给人以轻快、宏伟的感觉。此处,即强调了立交的存在和立交的曲线美。在色彩运用上,又将上部构造形成的连续曲线刷成银色,更增添了突出线条的心理引诱力,进而创造出富有时代感的现代化景观。

③融合法。这是一种为使立交与环境融合协调,有助于增进风景美,而在现有环境中或景观中增添立交景观的方法。也就是说,对立交的存在既不否定(消去),也不强调,使立交与环境处于等同的地位。这种手法宜用在中等规模立交与中等性质环境的协调。

图9-14 用强调法造型的立交

(4)注重立交与环境的相容性。

以总体构思为主线,注重立交与环境的相容性,使立交与环境的性质协调一致。有人说造型艺术的关键是"重在构思,贵在协调",这句话充分反映了协调的意义。在立交规划设计时,针对各种不同立交(如立交类型、规模、层次等的不同),经过充分调查,掌握其立交地区的环境、景观及其特性,使立交的布设符合环境要求。

相容性和协调性,除了通过总体构思和造型来实现外,还应考虑立交与周围环境的材质、色彩、风格、体量、尺度等方面的一致性、对比性和衬托性。

(5)注意立交与周围地形的适应性。

立交的景观设计是以土地的功能和形态为基础。土地的地面形态——地形则成为立交造型的重要因素。地形对立交造型的影响主要反映在三个方面:第一,地形的构造及空间尺度特点,决定了视觉空间的形式和环境,并决定了建筑的节奏、韵律和比例关系;第二,高低参差的地表,形成不同的空间视点位置,产生不同的视觉效果和视觉关系,从而形成广度、深度和层次各有不同的近景、远景与外观;第三,具有独特风貌的地形(如斜坡、陡岩、荒原等)就有与之相配合的构造物,如错层的房屋、勒脚的建筑以及挡土墙、护坡、梯道等,这就大大丰富了立交与环境造型的内容,具有自身独有的个性特征。如平坦地区,视点位置起伏变化不大,两侧视野较宽,但易受地物(特别是建筑物)的阻挡,视觉上有单调感。而地形复杂的山区就不一样,由于地面形态要素的变化,使视点位置增多,视野范围扩大,可形成不同的俯视、仰视、鸟瞰的视觉空间,这些都丰富了立交造型的内容。

立交总体造型统揽立交规划设计全局,与立交美学息息相关,总体造型的好坏直接影响立交的整体美感。尽管互通式立体交叉制约因素多样,匝道形成及组合方式灵活,要正确处理好总体造型过程中功能、经济、美观三者之间的关系,非常不易。然而,从前文论述不难发现,互通式立交的美学造型是有规律可循的,在功能、经济和美观因素的制约下,根据立交总体造型的特征,正确运用立交造型的基本手法,遵照总体造型的步骤,完全可以创造出造型美观的立体交叉。

三、立交桥跨美学

1. 立交桥跨美学的特征

立交桥跨由于跨越的是道路,在美学问题上除具有一般桥梁美学的特征外,还具有其自身的特征,主要特征如下:

(1)立交桥跨一般不是独立的桥梁,而是在有限的空间内若干桥梁与线路构成的一个集体,因此,每条线路桥跨之间的相互关系,包括形状、位置、层次安排、桥型布置等都是相互影响的,立交桥跨的美学效果除与单座线路桥跨相关外,更重要的是要强调立交范围内所有桥梁的有机统一。

(2)立交桥跨空间造型的美学要求较高,一般桥梁多为其两岸的正视或侧视以及路外的远视,强调的是桥梁整体轮廓和气势,尤其是桥面以上部分(如斜拉桥、吊桥)的造型给人的美学印象,而立交桥跨是线路间的相互跨越,人们要从上、下线对桥跨作全方位的动态观视,这就对桥跨的空间造型、细部结构和装饰都提出了更高的要求。

(3)立交桥跨结构的多样性和复杂性,引起了一些新的桥梁美学的问题。与一般桥梁相比,立交纵面桥跨层次多,平面线形组合复杂,分流合流频繁,弯、坡、斜桥常见,这些复杂的不规则结构,给桥跨美学和造型带来了新的难题。

(4)立交桥下道路上行驶车辆的净高、驾驶员视线和视野以及观赏的需要,加上桥下空间的综合开发利用,要求立交桥跨具有足够的透空度,使得整座立交显得轻巧、空旷,这就对桥跨下部结构提出了更高的要求。

(5)立交桥跨美学制约因素较多,桥梁高度、墩台布置时除受到下线宽度和构造的制约外,还受到立交所处的地形及周围环境的制约。如桥下净高既不能小于下线行车净高,也不能抬高得过高而过分增加匝道(或主线)长度,又如凹形地带桥跨布置宜集中多层,使立交结构紧凑,节约用地,平坦开阔地带桥跨布置宜相对分散,使立交气势宏伟、空旷。

2. 立交桥跨美学设计的要求

立交桥跨设计,除应满足一般桥跨结构要求外,从美学设计方面还应满足以下要求:

(1)桥跨布设要服从立交总体造型,立交总体造型统率整个立交各组成部分的布设,立交桥跨布设应服从每条主线和匝道的路线走向,根据路线布设采用弯、坡、斜、曲线桥及异形桥,桥梁长度应满足纵面跨越和地形要求,桥头接线或两桥梁相交处,应做到变化均匀、线形圆滑、连续、过渡顺适,不产生突变现象,以使路桥成为一个整体,显示立交的完整性和总体美。

(2)透空度是体现立交美感的一个重要指标,尤其是上跨式立交,若透空度不够,会给人以沉重压抑的感觉。立交桥跨的净空高度以及桥梁长度占路线比例的多少是反映透空度的重要指标。设计时,在可能的条件下,尽可能减小路堤的长度,保证桥下净高,从整体上透现立交的空旷、轻盈、给人以较强的空间动感。

(3)安全感是立交桥跨美感的基础和前提,缺乏安全感的桥跨结构,绝无美感可言,因此,立交桥跨造型和结构设计中,要注意避免产生心理上的压抑感、压迫感和威胁感等,采用对称法则和均衡法则增加结构造型的稳定性,为用路者创造良好的心理条件。

(4)尺度感是立交桥跨美感的具体表现,立交桥跨的尺度感不仅要求其结构本身轻巧,大小、高低、长短、宽窄、厚薄、粗细及余度等体现形体在量上的尺度应适宜,同时要求这些尺度间的比例关系以及立交桥跨整体与周边环境之间的比例关系应恰当。

3. 立交桥跨美学设计的要点

1)立交桥跨美学的特征

(1)桥下交通对桥下的透空度有较高的要求,以满足桥下视野和观赏的要求。

(2)由于上、下线对桥跨动态的观视,因而对桥跨的空间造型有更高的要求。如一般桥梁多为在两岸正视或侧视,以及路外的远视,而立交桥跨除此之外还具有下线看上线以及上线看下线的仰视和俯视的特点,这就还需要对桥梁上部构造底面进行装饰。

(3)立交桥跨的多样性和复杂性,引起一些新的桥梁美学问题。与一般桥梁相比,立交桥跨层次多,有时桥上有分流点和合流点,曲线桥、斜桥、坡桥很多,这些复杂的不规则结构,给美学和造型带来新问题。

(4)桥跨长度、桥梁高度、墩台布置受下线道路的宽度和构造的影响,因而在运用美学法则,如比例、尺度、均衡、对称等时要受到下线宽试行构造的制约。如桥墩只能布置在下线的中央分隔带或两侧人行道上,而不能设于行车道上。桥下净高不能小于下线行车净高,同时为了节省匝道长度,也不能把桥修建得很高。

2)立交桥跨的美学要点

上部构造美学要点主要有:

(1)立交桥跨的侧视景观应注意梁高的变化要连续,不应有折线和突变点,如图9-15所示。上部构造的底面线尽可能做到线条圆顺优美,不宜形成折点或突变,如图9-16所示。

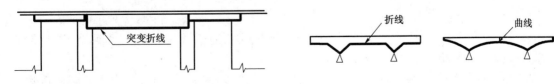

图9-15 梁高变化过大产生折线　　　　图9-16 上部构造的底面线形

(2)注意仰视景观的效果是立交桥跨美学的特点。一般应使上部构造底面有良好的整体性,简捷明快的线条和优美圆滑的曲线过渡面,不宜分散、零乱,或产生突变的折面,如图 9-17 所示。采用整体箱梁比 T 梁或肋梁好,如图 9-18 所示,悬挑折线不如曲线好。

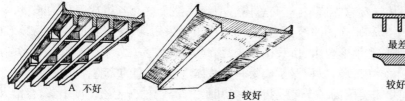

图 9-17　梁底部的仰视效果　　　　　　　　　　图 9-18　梁的底部形状

(3)桥梁上部总体造型应有良好的心理引诱力。心理引诱力是表示人和物之间的心理力,反映物体的形状、力的紧张程度、材质、色彩等感观因素与人作用关系。如粗线条可体现强有力的感觉,细线则有纤细感。曲线表示轻、柔,直线则表示刚劲等。

由心理引诱力分析桥梁的造型应注意:

①使心理引诱力简化,如图 9-19 所示。

②使心理引诱力具有节奏感。节奏感是由某一形象单元有规律的变化而反复出现的现象。如立交匝道桥跨很长时,各跨径周期变化产生的节奏感,使人得到良好的心理引诱力。

③使心理引诱力有紧张感,也就是人们常说的动势。如平梁、微向上拱的梁与微向下垂的梁,心理引诱力的紧张感就大不相同,如图 9-20 所示。

④要在整体上体现力的一贯性。使心理引诱力在简化的紧张快过程中能明了、合理,体现出力的一惯性。这就要求上部构造设计结构精炼,线条要简捷、明快、柔和,并具有连续性。如曲线桥中,若将梁设成曲线就比直线好,以求得心理引诱力的一贯性。图 9-21 为心理引诱力良好的曲线桥实例。

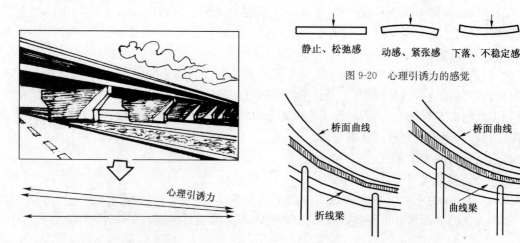

图 9-19　桥跨结构与心理引诱力　　　　　　　　图 9-21　曲线梁与折线梁的心理引诱差异

(4)注意桥梁美学一般法则的运用。这些法则主要是:对比、相似、对称、平衡、匀称、比例、韵律、节奏、动势、协调、统一、和谐等。

(5)注重跨线桥的景观与造型。立交主线前方的跨线桥是行车前方的主视景观构造物。由于主线的交通量大,来往车辆多,加之车速一般较快(60~120km/h),桥跨对驾驶员的心理压力、视觉反映影响很大,对立交景观起着主导作用。因而在桥跨设计中应注重桥跨的孔跨布置、类型选择、总体造型、色彩调配,使立交桥跨成为主线上的重要景观建筑,达到形式多变,一桥一景,节奏韵律,统一协调的基本要求。图 9-22～图 9-27 为重庆绕城高速公路主线上跨人行桥的实例,供赏析参考。

图 9-22 中承式拱桥

图 9-23 斜拉桥

图 9-24 人字刚构桥

图 9-25 单塔斜拉桥

图 9-26 上承式葵花拱桥

图 9-27 T形刚构桥

立交下部构造主要包括桥墩和桥台,由于桥下景观的要求,立交桥下部构造的美学问题尤为重要,其要点有:

(1)要注意结构力量的表现。下部构造是支撑上部的承重构造物,其构造形式,对力的表达要清楚,力的传递方向要明确,要体现结构力的特征,如图9-28所示。

(2)使桥下要有安全感,并消除压迫感和威胁感。这就要求下部构造要简捷、明确,并有一定的尺度和体量,过分的纤细和透空度以及杂乱的结构,都会对桥下的用路者产生不安定的感觉,如图9-29所示。同时还要注意上部构造对桥下产生的压迫感和威胁感,尽量使桥下空间有较好的开放感。这就要从桥下的净空、光线以及顶板的宽度上进行考虑。

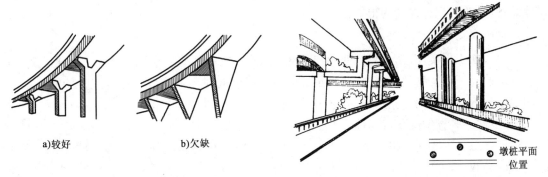

图9-28 结构力的表现　　　　　　图9-29 桥下零乱缺乏安全感的例子

(3)注意下部构造的连续性。下部构造的形式一般应一致,即使变化也不宜频繁,要处理好不同形式和结构的桥墩发生变化时均匀过渡,保持下部构造的连续性。

(4)避免下部构造布局产生杂乱感。墩位布置的杂乱、墩形变化的杂乱、墩体材质使用的杂乱、墩身及根部装饰的杂乱以及色彩运用的杂乱,都将使桥下产生杂乱感,从而产生不良的视觉效果。特别是在多层立交下的墩位安排和布置,克服杂乱感更为重要。

(5)注意桥台与路堤衔接的处理。桥台是桥梁与路的衔接结构。桥台的结构形式及景观处理应是设计者多加关注的问题。一般对桥台的景观处理可考虑下述两种方式:一是减小桥台的体量,削弱桥台的存在感,这主要是利用锥坡及栽种植物来实现;二是强调桥台的存在感,除了起到在体量上突出桥台的作用外,还可在桥台台身两侧进行艺术处理及表面装饰,起列突出桥台的存在及造型的作用。图9-30为常见桥台锥坡的处理方式。

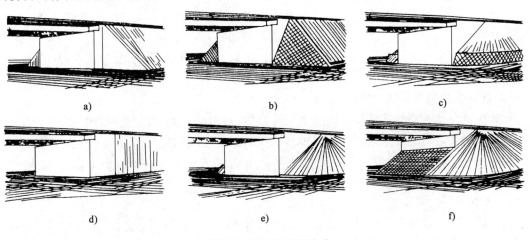

图9-30 桥台锥坡处理方式

四、桥头立交美学

所谓桥头立交,是指位置处于桥头范围,立交布设受桥梁及河岸限制或影响的道路与道路相交的立体交叉。独特、复杂的环境和区位,使其在功能及美学设计上具有自身的特征。桥头立交的布设不仅涉及立交的自身结构,而且对桥梁的布设、桥头建筑、桥头引道以及相交道路(如滨江路)的设计都有很大影响。因此,设计中如何从功能和美学的角度,把桥头立交与主桥、引桥、相关道路作为一个相互关联的建筑群进行综合研究,既使桥头与相关道路车辆安全、便捷、舒适地进行转换,又使桥头立交构成一个与主桥相协调、与环境相适应、美观、合理的江岸建筑物,是桥头立交设计的根本任务。

1. 桥头立交美学特征

任何一项工程实体,都应具备使用和观赏的双重功能。桥头立交既是桥头的交通设施,也应是桥头的一个重要景观建筑物,在满足其交通功能的同时还应充分考虑其观赏功能。从美学的观点分析,桥头立交一般具有以下美学特征:

(1) 观赏的多方位性及流动性。

桥头立交与一般立交相比,不仅位置处于路线的交汇处,而且还处于江岸岸坡上和桥梁的端头,这一特殊地理环境构成了观赏桥头立交的多方位性。观赏立交不仅可从相交道路上,而且还可从江河中的行船,桥梁两侧人行道,河岸两侧的建筑物以及江河的对岸观赏,其视点具有明显的多方位性,不仅可平视,而且可仰视、俯视、近观、远处眺望。经分析主视位置主要有以下6方面:

① 桥上和引道上正视。
② 相交道路(滨江路)上仰视。
③ 江上行船的动态远视。
④ 桥上两侧行人的俯视。
⑤ 江河对岸的远眺。
⑥ 立交周围高层建筑物俯视等。

上述所有的视点不仅方位不同,而且均在流动,从汽车上的驾驶员和乘客、船上的乘客、路上的行人均在运动,它们对立交的观赏是动态的,并且通过匝道的转向,不停地在改变视点位置和观赏方向,因此对立交的观赏还具有很强的流动性,见图9-31。

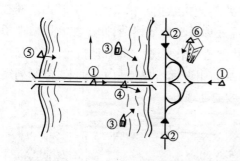

图 9-31 桥头立交主视点分布图

(2) 景观及造型元素的多样性。

从桥头立交景观立体构成要素的性质来看,可有自然的与人工的、有机的与无机的、有形的与无形的类别之分。桥头立交的景观元素中既有处于主体的元素(如主桥、立交桥跨、匝道),也有处于陪衬、烘托地位的次要元素(如桥头建筑、立交区绿化、梯步、小品等)。桥头立交景观元素的多样性还体现在立交景观构成的复杂性上。

(3) 景观环境的复杂性。

与一般立交相比桥头立交的环境更为复杂,其景观环境有主桥、道路、河流、河滩、岸坡、区域建筑物等。这些环境,不仅复杂而且多变,既有前后相随的空间序列的动态变化,还有季相

(春、夏、秋、冬)、日相(一天的早、中、晚)、位相(人、车与环境的相对位移)以及观赏者的心理时空运动的时间轴变化。复杂的景观环境既增加了立交景观设计的难度,也为立交景观设计带来了多变的空间,极大地丰富了立交景观设计的内容。

2. 桥头立交美学设计要点

(1)遵循统一多样的法则。

"统一"是指各景观元素之间和部分整体之间的一种和谐关系,它是形式美构成的基础。桥头立交自身景观元素的多样性和客观环境的复杂性,要求景观设计中各元素必须统一、协调,应以主桥及立交匝道布局为主体,达到统一和谐,各元素不能自成中心或"各自为阵"。"统一"通常包括形态上的统一,结构上的一致,气氛上的和谐和材质及色彩上的协调等。在桥头立交设计中应注意主桥、引桥与匝道桥之间的形式和结构的大致统一,桥头建筑、立交建筑和引桥建筑在风格上力求一致,立交区的景观和绿化与周围环境的和谐等,各元素相互之间不能反差太大,"各显神通"。当前由于管理体制的问题,主桥和桥头立交多分由数家单位设计,人为原因使得桥头立交的统一协调较差,不尽如人意。同时,也应当指出"统一"不是千篇一律,应在统一的前提下进行有秩序的变化,还应有多样化的表现形式。过于"统一"将使整体单调乏味,缺乏表情;但过于多样化将使整体杂乱无章,形成"多中心"而难以把握。

(2)运用比例适度法则。

具有适度的比例是立交形态美的重要条件,立交各部尺寸、形状、整体与局部都应有合适的尺度,恰当的比例,从而达到优美、和谐的效果。在桥头立交设计中,主桥的主跨与边跨、边跨与引桥、引桥与匝道桥在桥跨度和高度的比例,主桥桥塔与桥头建筑,桥头建筑与立交景观建筑以及主桥与立交在体量和高度上的比例,都有一个适度和协调问题,通常美学中的"黄金分割比"、"费博诺西级数比"、"动态匀称比"的原理都是桥头立交处理上述尺度比例的可遵循的重要法则。

(3)掌握均衡协调的法则。

均衡是部分与部分,或部分与整体之间的视觉力的平衡,通常有对称和不对称的两种形式。一般来说桥头立交,对称布局多以主桥轴线为对称轴进行布局,这种方式如图9-32所示的

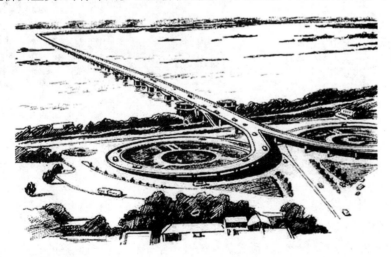

图9-32 对称布局的松花江大桥桥头立交

松花江大桥桥头立交。从视觉上看,对称布局具有直观、鲜明、规整、庄严、宁静、平衡、稳重的静态美感,目前国内平原区的桥头立交多采用这种布置形式。日本大阪千本松桥,两端的多层螺旋匝道,布置于桥轴线的一侧。如图 9-33a)所示,虽然两岸布设为镜面对称,但显得有些失衡,若改为图 9-33b)所示的旋转对称形式,则显得均衡和安定,视觉效果得以改善。对称的方式很多,有镜面对称、重合对称、旋转对称、体量对称和不完全对称等。通过对称达到美学上的统一,是常用的手法。

不对称是指不同于对称法则的其他组合形式,组合时无对称轴、无对称中心,但应有相对均衡的构图中心。不对称平衡,形式自由,具有多样、活泼,富于变化的美感。如重庆嘉陵江黄花园大桥立交,见图 9-10,顺岸坡山势自由布设对角线式的半定向半苜蓿叶组合式立交,与刚直、简捷的 T 形刚构桥梁相呼应,既保持了视觉和力学上的均衡,又刚柔相间。从市中心向江北城延伸,具有强烈的气势和动态美感。

(4)注重灵活机动的法则。

桥头复杂多变的环境,如陡峻的岸坡,宽阔的河滩,桥位及立交的约束等条件使立交布局十分困难,布局时应注重自然、灵活,因地制宜,应倡导自然就是美的原则,依山就势,布设匝道就能达到完美的结果。如重庆菜园坝长江大桥南桥头苏家坝立交,依山傍水,桥隧结合采用自由式螺旋匝道,在功能完善的基础上达到与环境协调,同时又满足自然美的要求,见图 9-34。

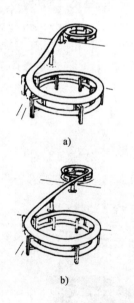

图 9-33 日本大阪千本松桥桥头立交　　　　图 9-34 重庆菜园坝长江大桥南头苏家坝立交(模型)

五、立交的局部美化与装饰

这是一个范围广、花样多的美学问题。由于立交组成的多样性给立交的局部美化和装饰带来了丰富的内容,立交局部美化的主要内容见图 9-35,装饰的内容见图 9-36。由于这部分内容在有关道路美学、桥梁美学、建筑美学及园林美学中已有许多成熟的论述,限于篇幅,本书从略。

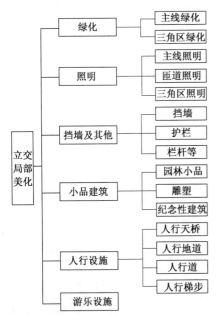

图 9-35　立交局部美化内容　　　　　　　图 9-36　立交装饰内容

第三节　立交景观设计

一、景观与景观设计

1. 景观、景观分类及景观视觉要素分类

1) 景观

景观,是指土地及土地上的空间和物体所构成的综合体。它是复杂的自然过程和人类活动在大地上的烙印。

景观是多种功能(过程)的载体,因而可被理解和表现为:

(1)风景:风景是视觉审美的过程。

(2)栖息地:栖息地是人类生活其中的空间和环境。

(3)生活系统:具有结构和功能、具有内在和外在联系的有机系统。

对景观研究有专家学派、心理学派、认识学派、经验学派、风景景观美学和景观生态地质地貌6个分支。景观一词有三类解释:第一类侧重于客观景物和自然景色,认为景观是地形和地表形成的富有深度的视觉模式。地表包括水、植被、人工开发和城市、村落,是从一个观察点所看到的自然景色,是地表某一地区区别于其他地区的总体特征,这些特征不仅是自然力的造化,也是人类占有土地的产物。第二类则侧重于主观感受和人为的审美情感,强调景观的风景,认为风景是观赏者眼中的景象,是人们头脑中的观念。风景不是单一的自然空间,也不是自然环境的外表,它是人工的、综合的,并随着人们的意志而改变的。自然景观是一种不确定的客体,其丰富多彩的内容允许眼光自由自在地选取强调配合风景的元素。第三类则"形"、"意"结合,用自然科学、艺术学、社会经济学、环境科学等学科结合的方法去研究景观。从工程学科应用出发,本书采用第三类解释为宜。

2)景观分类

景观可按其性质、构成、环境特征、视觉等进行分类。为便于道路景观环境的评价、利用和保护,以及景观序列组织和景观环境设计,我们从景观的构成要素和视觉要素进行分类。

通常将景观分为人文景观和自然景观两大类。在道路沿线景观范围内,两类景观的构成要素及其组成元素见表9-1。

道路景域景观分类及其构成要素　　表9-1

景观类别	构成要素	组成元素
自然景观	地形(地貌)	山地、峡谷、谷地、盆地、平原、高原、台地
	野生动物	陆生动物、水生动物、两栖类、鸟类等
	植被	树林、草地、灌丛、沼泽等
	水体	江、河、湖、海、水库、小溪、冰川、瀑布等
	景观生态	生态特性(类型)、生态变化趋势、生态质量(大气、水质污染)、植被类型和生长状况、气候、地形因子、季相变化
	天象	云、雨、雾、雪、冰、日出、日落、月润、月础、海潮、奇异天象
	奇异景观	名山圣地、奇峰异石、大河、大湖、瀑布、冰川、珍禽异兽、古树名木、珍稀植物、奇特地貌等
人文景观	景观文化	地域文化、历史变迁、历史记载、风土民情、神话传说、文学传记、民间传说、诗词歌赋等
	文物	文化遗址、历代遗存、名人圣地、历史名城、历史名建、园林、塔、亭碑、古墓、雕塑、字画等
	景观土地利用	城市、乡镇、村落、农田、梯田、林地、牧场、工业、道路、水利工程、水坝、矿山等
	建筑物(构筑物)	城市乡镇民居、有价值的建筑物、区域标志建筑、道路桥梁、立交、服务设施、道路标志、沿线绿化等

下面简要介绍表9-1中自然景观基本要素在构成景观视觉中的作用。

(1)地形。地形(或地貌)是景观视觉的骨架,是控制景观视觉的基本指标。

(2)植被。植被,尤其是树木,是组成景观视觉表面变化的主要元素,如各类植被的形态、色彩、尺度、随季节的变化等。

(3)水体。水体在景观视觉中有突出的地位,无论是在生态景观上还是美学上,对景观价值都起着积极的作用。水的存在通常要靠周围环境的衬托形成对比,如高山湖泊的水面与周围色彩幽深的树木所形成的对比,使得水面明亮生动或深暗宁静。

(4)奇异景观。奇异景观是指该景域内极为少见的景物(景色、风景),其中包括少见的野生动植物,是景观视觉中的亮点。

3)景观视觉要素分类

景观视觉要素分类是在一较小的范围内,如一风景区或观景点所视的景区内,按景区空间和视线与景物关系(景观画面)进行深入细致的分析。景观视觉要素分类一般有:

(1)主要景物。

(2)观景点及周围景观的典型画面。

(3)观景点景观画面和景观空间的层次。

(4)视距。观景点至所视景物的距离。按视距分为近景(0～400m)、中景(400～500m)和远景(>500m)。

(5)视角。视角是指于观景点观看景物的视线与水平方向的夹角。

(6)视频。单位长度或单位时间内景物被看到的次数。

(7)景区(或景点)规模。

2.景观设计

1)景观设计学

景观设计学是关于景观的分析、规划布局、设计、改造、管理、保护和恢复的科学和艺术。

景观设计学是一门建立在广泛的自然科学和人文与艺术学科基础上的应用学科。它尤其强调土地的设计,即通过对有关土地及一切人类户外空间的问题进行的科学理性的分析,设计解决方案和解决途径,并监理设计的实现。

根据解决问题的性质、内容和尺度的不同,景观设计学包括两个专业方向,即景观规划和景观设计。前者是指在较大尺度范围内,基于对自然和人文过程的认识,协调人与自然关系的过程,具体说是为某些使用目的安排最合适的地方和特定地方安排最恰当的土地利用,而对这个特定地方的设计就是景观设计。

景观设计学与建筑学、城市规划、环境艺术、市政工程设计学等学科有紧密的联系,而景观设计学所关注的问题是土地和人类户外空间的问题(仅这一点就有别于建筑学)。

2)道路交通景观设计涉及的学科与专业

道路交通景观设计是景观设计学的一个分支,是交通工程学科的研究内容之一。道路景观设计不仅要研究景观客体的自然属性,还应研究主体(人)的交通特性。艺术与科学、精神与物质、传统与现代、群体与个体、生理与心理、环境与生态、景观与审美,多学科参与,多问题交织,这些都是道路景观设计者所不能回避的。因此,若要对景观进行深入、细致的系统研究,除具有路桥工程、交通工程、景观设计、道路规划、城市规划等知识外,还涉及地理学、建筑学、生态学、植物学、社会学、经济学、制图学、历史学、美学、哲学、环保学、计算机应用等诸多学科的知识。所以,我们可以说,道路交通景观设计是一门新兴的、多学科交叉的应用科学。

3.互通式立交景观设计概要

1)互通式立交景观类型

按不同的划分原则,可将公路互通立交分为不同的景观类型。如按所在位置,可分为城郊型、非城郊型;按场地特征,可分为山地性、平原性;按环境特征,可分为田园型、旱地型、湿地型等等。就道路立交而言,常见的景观类型有以下几类。

(1)城郊型。

城郊型互通立交一般距城区较近,位于较为重要的交通位置,一般为枢纽互通。这类互通设计风格以简约为主,可进行少量城市化景观设计,如模纹绿化等,也可设置雕塑,体现当地文化,紧密与城市建设结合,协调一致。

(2)山岭型。

山岭型互通立交一般位于丘陵地带或山岭地区,互通区域内地形起伏,高差较大,周边植物茂密,复杂的地形与植被对立交景观影响较大,绿化种植多以恢复为主,应与周边植被协调,同时应注重互通围合区域内原生植物的保护及恢复。

(3)田园型。

田园型互通立交区域地势较为平坦,周边农耕发达,一派田园景象。互通匝道宜以桥梁为主,既有条件复耕,又可简洁处理构筑物可视面,宜以真实田园景观作为互通景观;若互通无条件复耕,互通景观应通透,局部区域可栽植植物组群,丰富景观层次。

(4) 湿地型。

湿地型互通立交互通围合区域内有与外界联通的水系,互通景观以湿地景观为主,植物也以水生、湿生植物为主。

通常互通立交景观类型往往是复合型的,同时具备两个甚至更多种类型的特征,如湿地型互通往往也具备山岭型互通的地形特点,城郊型互通同时也可能是田园型互通。设计时应具体问题具体分析,综合设计。

2) 互通式立交景观设计的原则

互通式立交作为道路交通转换的枢纽,是路网的重要的节点。互通立交景观用地相对集中,环境影响力强,景观风貌和空间感受对环境影响大;其线形布置多以曲线为主,行车视线和视角变化大,车速减慢,视点变化也相对较慢。在互通景观营造中,应遵循以下基本原则。

(1) 环境协调的原则。

与周边环境的协调主要体现在微地形的改造和绿化两个方面。互通区内的地形地貌应尽量保持原有风貌,特别是原有水系、植被、湿地等应力加保留。但对局部地段,如匝道三角区,可进行微地形改造,以改善行车视线,减少防护工程量,协调周边环境。

绿化是互通景观营造的重要内容,其绿化配置应与周边环境协调(图 9-37),如地处山岭的互通,应以植被恢复为主;地处乡县的互通可适当采用整形绿化,或采用配置雕塑等景观表现手法;周边植被茂密的互通,绿量宜大;周边较为荒芜的互通,可适当种植功能性植物而与环境协调。

a) 周边植被茂密的互通绿量宜偏大　　　　b) 周边植被较稀疏的互通绿量宜偏少

c) 地处城市近郊的互通可侧重造景

图 9-37　与周边环境协调的互通布局

(2) 视点、视角、视线动态变化原则。

互通匝道上的行车视线随车行方向不停地移动,车速较主线小,互通景观的可视面大,驾乘人员视线停留的时间相对较长。景观营造可以较一般路段精细,同时,应根据行车视线确定景观的朝向和看面。应注重视角视点、视线变化对视觉的影响。

(3)安全第一的原则。

互通匝道多,多向车流聚散于此,安全设计尤为重要。在景观营造上,可利用植物、小口雕塑等营造提示景观,利用植物的合理配置营造分流景观,提高互通的识别性,保障交通安全。绿化景观设计应确保立交区的行车视距,并有良好的视线诱导。

(4)与地域文化相融合的原则。

互通立交面积往往较大,且一般位于枢纽地段,既是公路文化景观表现的主要平台,又是区域的一个地标建筑。以通过大地艺术和小品雕塑等方式进行文化表现。立交的绿化、小品、雕塑、收费棚、管理房等的造型、色彩、景观文化必须与该地区地域文化相融,最大限度地反映当地的民俗、民风以及地域文化。图9-38为"以海渔文化"为主题的立交雕塑。

图9-38 以海渔文化为主的立交雕塑景观

3)互通式立交景观设计的内容

互通式立交景观设计概括起来主要包括三方面内容:

(1)立交总体形态景观设计:包括立交图形、结构造型及桥跨结构形态等的美学景观设计(已在本章第二节讲述)。这一部分的设计方法一般多用透视图法(包括静态和动态透视图法)。

(2)立交场景景观设计:包括立交区地形营造设计、人文景观设计、水景营造设计等内容。

(3)立交区绿化景观设计:包括立交区内的风貌种植、生态种植和功能种植等内容。

(4)城市互通式立交景观照明设计:包括立交桥夜景总体图案设计,立交桥各部灯光照明设计。

4)高速公路景观绿化设计依据、现状调查及文件编制

(1)设计依据。

①业主或委托单位对项目的设计委托书。

②国家及部委颁发的相关标准、规范及规定。

③《交通建设项目环境保护管理办法》。

④项目的工程可行性研究、初步设计文件及施工图文件。

⑤道路环境影响报告书。

⑥道路水土保持方案报告书。

(2)现状调查资料收集及踏勘。

①道路立交景观绿化现状调查。

包括:公路设计基本资料、沿线社会状况、沿线自然状况等方面调查。

②图纸资料收集。

包括：路线地理位置图、路线平纵面缩图、路面平纵面图、工程地质纵断面图、道路平面总体方案布置图、道路平面总体设计图、道路典型横断面图、取土坑（场）平面示意图、弃土堆（场）平面示意图、隧道平面布置图。路基防护工程数量表、路基防护工程设计图、沿线水系分布示意图、互通式立体交叉设置一览表、互通式立体交叉平面图、互通式立体交叉纵断面图、沿线管理服务设施总平面图（服务区、停车区、收费站、管理处、养护工区）、沿线管理服务设施管线（水电）布置图。

③现场踏勘。

a.任何道路景观绿化设计项目，无论规模大小，项目的难易，设计人员都必须到现场进行踏勘。

b.首先核对、补充所收集到的图纸资料，如现状的建筑物、植被等情况，水文、地质、地形等自然条件。

c.另一方面，由于景观设计具有综合艺术性，设计人员亲自到现场，可以根据周围环境条件，进入艺术构思，做到"佳则收之，俗则摒之"。

d.发现可利用、可借景的景物和不利或影响景观的物体，在规划过程中分别加以适当处理；根据情况，如面积较大、情况较复杂的互通立交、服务区等，必要时，踏勘工作要进行多次。

e.现场踏勘应尽量能有熟悉当地情况及公路线位走向的设计人员做向导，并应拍摄环境的现场照片，以供进行总体设计时参考。

(3)文件编制。

①总体方案设计阶段。

本阶段可看作是道路工程可行性研究报告中的组成部分之一，在本阶段应完成景观绿化设计基础资料的调查收集工作，并结合公路总体规划及沿线自然、人文景观的分布，提出景观绿化设计的总体原则、明确设计范围以及景观绿化总体构思等。

②初步设计阶段。

本阶段与高速公路工程初步设计阶段相对应，是对总体方案的具体与细化，应在方案规划设计的基础上完成初步设计文件的编制。本阶段应完成以下主要文件及图表内容：

a.设计总说明书。按有关设计编制要求及总体规划方案完成项目的总说明书编制工作，一般包括：项目概述、设计依据、工程概况、沿线环境概况、景观绿化设计的指导思想与基本原则、具体设计模式说明、植物种类的选择（并附植物选择表）、工程投资估算说明等项内容。

b.互通立交景观绿化设计说明一份。应写明设计原则、设计手法、植物配置方法等项内容。

c.总体景观绿化布置平面图一份（双喇叭互通应增加两张分区绿化图），同时随图给出植物种类、规格、数量统计表一份。

d.互通立交景观绿化效果图。亦可视情况单独要求。

e.局部详图。对能突出互通景观特色的重点区域（如图案栽植部分、主题雕塑等），应给出局部详图，同时图中相应标出所采用植物的种类、规格及数量；雕塑应给出平立面图及效果图；应以图示方式标明本详图与总图的位置关系。

f.场地规划图。提出互通区内土方平衡调配的原则措施，在满足交通功能要求的基础上，依景观所需及绿化功能设计微地形，标明微地形的范围，等高线间距等数据，并对土方工程数量进行估算。

g.工程概算编制。

③施工图设计阶段。

在初步设计基础上,施工图文件应完成如下内容。

a. 植物栽植总平面图,同初步设计图纸内容一样。

b. 景观绿化分区示意图。对于植物栽植总平面图视实际情况可分成若干张,以达到能清晰表明植物的种植关系为目的,图中还应给出放线基准点(道路中心线上的某处桩号或跨线桥与主线的交点等)。

c. 植物栽植分区详图。图中应标明每棵植物的种植点,同种植物之间以种植线连接,并注明相互之间的距离(规则时栽植的植物可仅标明一处,其余以文字说明方式标出)。应以图求方式标明本图与总图的位置关系。

d. 互通区图案造型。应单独给出大样图,图中注明放样基准点及放样的网格线,并随图给出植物品种、规格、数量统计表。

e. 雕塑及小品,雕塑作为独立设计内容要求,图中应给出平、立、剖面图,结构图(节点及基础等关键部位),并标明详细的尺寸关系,拟采用的材料等有关内容;并附图给出材料的工程量清单一份。

f. 图纸比例尺与指北针。为便于图纸的拷贝与缩放,所有要求尺寸比例的图纸都应以"标尺比例尺"的形式给出比例尺。所有平面图均应给出指北针。

g. 工程预算文件编制:按照有关工程建设预算文件编制要求来完成项目的预算文件编制工作。

二、互通式立交场景景观设计要点

场景景观是指在立交区范围内通过场景的人为营造方面的景观,主要包括:场景微地形改造、雕塑与小品设置、水环境景观设置等三方面内容。

1. 微地形改造设计

互通场地的处理一般为工程平整和现状保留两种情况。"工程平整"若忽略互通的地形走势,一概平整,景观十分平淡;"保留现状"则对土建开挖后的互通地形不做任何处理,常常视觉较差。

适宜的微地形营造(图9-39),不仅可以平顺场地,使其小区域内的地形更加自然,而且还可起到平衡土石方的作用。互通区域内的微地形营造设计应注意保护原生植物、水系、湿地(图9-40),注重与周围山水骨架的协调性、连贯性。在地形上,应顺势而为,不求平整,但求顺畅;在水系上,应强调与原有水系的联通。

图9-39 互通微地形营造

图 9-40　互通微地形(湿地)营造

微地形营造,主要是在立交旷地内挖地堆丘,形成高低错落的不同地面形态,如图 9-41 所示。

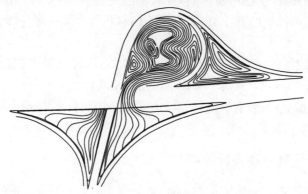

图 9-41　地形处理设计

在互通立交内挖池堆丘,形成不同形态、高度的小丘,高程分别超过路面;在水面中间还堆了一个酷似天目湖小岛的小丘。这些土丘从互通立交外围看,俨然是几个与周围环境保持一致的小土丘,它好似天目湖周围的群山。在主线南侧,由匝道围成的两个三角地,做成由低到高的缓坡。通过以上处理,湖荡、绿坡、"游鱼"的造景元素呼之欲出。

2. 雕塑小品设置

对适宜且需要文化表现的互通,可设置雕塑小品,传达文化氛围(图 9-42)。雕塑小品除了具备文化景观功能,设置在适宜的位置,还可以起到提示及警示作用。雕塑设置应当注重与绿化的配合。

图 9-42　北京三元立交人性化的雕塑

大地雕塑也属于雕塑的范畴,如川渝地区的千垒梯田则可借鉴到公路景观中,在互通区域内再现其景致(图9-43)。

图9-43 千垒梯田大地景观

3.水景设计

互通区的水景设计也属于微地形设计中的一类,但由于具有蓄水功能而单列(图9-44)。

图9-44 互通水景示例

水景丰富了公路景观的内容,以及互通景观的立体层次,湿地景观一般因地制宜,应满足地势低洼,有水源或水源补给等条件,结合具体条件设置水景。水景景观营造应尊重原有的山水骨架,低处蓄水,并让其参与到自然的水循环中,对互通区域内的山水骨架进行整体的优化整理。

三、市郊互通式立交绿化景观设计要点

互通立交其位置常处于城镇、乡村及山区林区,其绿化景观设计应紧密结合周边环境设计,其绿化景观主要包括风貌种植、生态种植和功能种植等内容。

1.风貌种植

(1)山岭型互通(图9-45)宜进行微地形改造,采用群落状或片状种植,以乔木形成骨干,搭配灌木,并注意林缘线的处理。其典型断面如图9-46所示,绿化效果如图9-47所示。

(2)城郊型互通可采用疏林草地或大块面模纹设计。其典型断面如图9-48所示,城郊型互通疏林草地绿化效果如图9-49,城郊型互通大块面模纹绿化效果如图9-50所示。

(3)田园型互通可采用农田式绿化,采用地被植物模拟农田景观。其风貌示例如图9-51所示,绿化效果如图9-52所示,其互通典型断面如图9-53所示。

图 9-45　山岭型互通风貌示例

图 9-46　山岭型互通典型断面

图 9-47　山岭型互通绿化效果

图 9-48　城郊型互通大块面模纹典型断面

图 9-49 城郊型互通疏林草地绿化效果

图 9-50 城郊型互通大块面模纹绿化效果

图 9-51 田园型互通风貌示例

图 9-52 田园型互通绿化效果

图 9-53 田园型互通典型断面

(4)水景型互通绿化以水生植物为主,配合营造湿地景观。其典型断面如图 9-54 所示,绿化效果如 9-55 所示。

图 9-54 水景型互通典型断面

图 9-55 水景型互通绿化效果

2. 生态种植

(1)路堑边坡种植:互通匝道的边坡种植应与互通整体绿化统一考虑,以生态恢复为主,植物品种应大致统一。其断面图如图9-56所示。

(2)路堤边坡种植:互通路堤边坡坡度是一般较缓,种植以通透为主,不遮挡中心区域的风貌种植,主要采用灌木和地被。其断面如图9-57所示,绿化效果如图9-58所示。

(3)排水沟种植:排水沟种植以屏蔽为主,宜采用灌木。

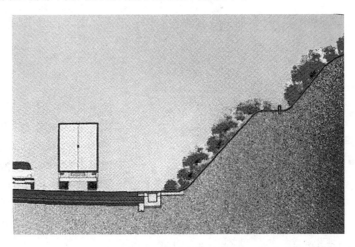

图9-56　边坡种植断面图

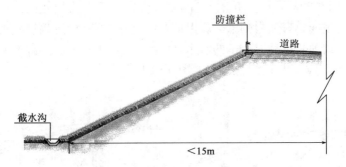

图9-57　路堤种植断面图

图9-58　路堤种植绿化效果图

3. 功能种植

互通绿化栽植除了点缀、美化环境外,更应服从互通的交通功能。绿化栽植应根据互通各组成部分的不同功能,采用视线诱导栽植、缓冲栽植、指示栽植等手法可提高行车安全性(图9-59)。

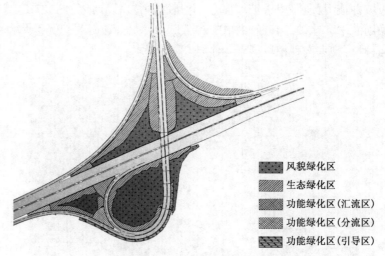

图 9-59 互通区绿化栽植示意

(1)指示栽植:采用高大乔木,用来为驾驶员指示位置及方向,并显著提高互通立交的识别性。如在分流处的指示栽植。

(2)诱导栽植(图9-60):采用小乔木或者灌木,设在匝道平曲线外侧,用来预告匝道线形的变化,诱导驾驶员视线。弯道内侧绿化应保证视线通畅,不宜种遮挡视线的乔灌木,在不影响视距的前提下,路肩内侧可种矮而密的灌木,间接示意司机减速。这种非对称栽植,可以起到较好的诱导作用。诱导栽植的绿化效果如图9-61所示。

图 9-60 诱导栽植效果对比

图 9-61 诱导栽植绿化效果

(3)缓冲栽植(图9-62):采用灌木丛绿化,设在桥台和分流的地方,用来缩小视野,间接引导驾驶员降低车速,同时,在车辆因分流不及而失控时,缓和冲击、减轻事故损失。

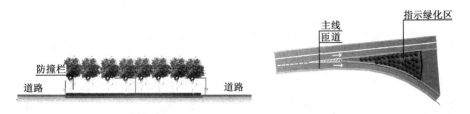

图9-62　缓冲栽植绿化断面、平面图

在立交的合流处,为了保证驾驶员的视线通畅,要根据设计车速来确定禁植区的范围,禁植区内可栽植低于司机视线的灌木、绿篱、草坪、花卉等(图9-63),逐渐变化,使驾驶员视野得以缓和。

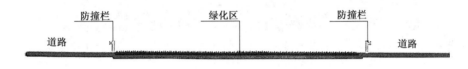

a) 种植模式断面图

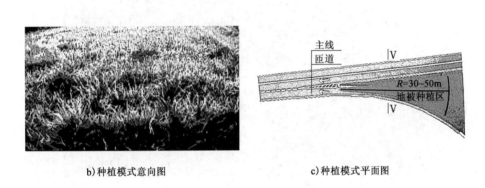

b) 种植模式意向图　　　　　　c) 种植模式平面图

图9-63　合流栽植绿化示意图

4. 实例介绍

1)陕西小康高速公路安康互通

安康互通为陕西小河至安康高速公路的枢纽互通,位于城郊,所在区域降雨量大,周边原生植被退化,以农田为主。互通场地平坦开阔,中心较为低洼,互通景观采用较为精细的水景设计。其互通效果如图9-64所示。

互通景观设计以"水、柳、竹"为设计元素,根据场地等高线走势,结合景观视点考虑,低洼处凿池造景,乱石驳岸,池底铺以卵石,周边植柳栽竹,水影斑驳。水池除景观效果处,可作蓄水灌溉之用,解决互通匝道围合部分绿化灌溉用水。冬季或旱季,池水干涸,卵石池底别有一番枯水景观效果。互通区域内,植物以群落栽植为模式,力求绿化效果自然和谐。

2)广东广乐高速公路塬潭互通

塬潭互通周围被山体包围,山体植被茂密,山地特征突出。其效果图如图9-65所示。

图 9-64 安康互通效果图

图 9-65 塬潭互通效果图

设计定位为山地型互通,设计时结合现状,在互通内营造微地形,并密植乔木,营造山地特征,使互通景观与周边环境协调。

四、城市互通式立交绿化景观设计要点

1. 一般要求

(1)城市立体交叉口的数量应根据道路的等级和交通的需求,统筹规划设置。其体形和色彩等都应与周围环境协调,力求简洁大方,经济实用。在一条路上有多处立体交叉时,其形式应力求协调,结构形式应简单、占地面积少。

(2)城市立体交叉绿地设计的原则。绿化设计首先要服从立体交叉的交通功能,使行车通畅,突出绿地内交通标志,诱导行车,保证行车安全。例如,在顺行交叉处要留出一定的视距,不种乔木,只种植低于驾驶员视线的灌木、绿篱、草坪或花卉;在弯道外侧种植成行的乔木,特别要突出匝道附近动态曲线的优美,诱导驾驶员的行车方向,使行车有一种既舒适又安全的感觉。

(3)城市立体交叉绿化设计应服从于整个道路的总体规划要求,要和整个道路的绿地相协调;要根据各立体交叉的特点进行,通过绿化、装饰、美化增添立交处的景色,形成地区性、地域性的特有标志,并能起到道路分界的作用。

(4)城市立体交叉口绿化设计要考虑到与道路绿化及立体交叉口周围的建筑、广场等绿化相结合,形成一个有机的整体,既美化城市,又为立体交叉口增加新的活力。

(5)城市立体交叉口绿地设计应以植物为主,发挥植物的生态效益。为了适应驾驶员和乘客的瞬间观景的视觉要求,宜采用大色块的造景设计,布置力求简洁明快,并与立交桥的宏伟气魄相协调。

(6)植物配置上同时考虑其功能性和景观性,尽量做到常绿树与落叶树结合、快长树与慢长树结合,乔、灌、草相结合。注意选用季节不同的植物,利用叶、花、果、枝条形成色彩对比强烈、层次丰富的景观,提高生态效益和景观效益。

(7)立体交叉处围绿地设计时要和周围的建筑物、道路和地下管线等密切配合。

(8)树种选择首先应以乡土树种为主,选择具有耐旱、耐寒、耐瘠薄特性的树种,能适应立体交叉绿地的粗放管理的要求。

(9)应重视立体交叉形成的一些阴影部分的处理,耐荫植物和草皮都不能正常生长的地方应改为硬质铺装,作自行车、汽车的停车场或修改一些小型服务设施。

2.总体布局形式

城市立体交叉口绿化布局要形式多样,各具特色,适应环境,常见的布局形式有规则式、自然式、混合式、图案式、抽象式等。

(1)规则式:构图严整、平稳对称(图9-66)。

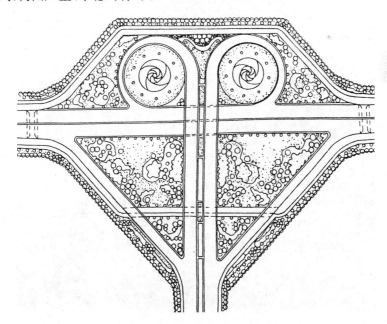

图9-66 规则式布局(北京分钟寺立交)

(2)自然式:构图随意,接近自然,但因车速高,景观效果不明显,容易造成散乱的感觉(图9-67)。

(3)混合式:自然式与规则式结合的形式(图9-68)。

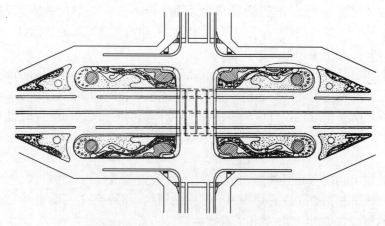

图 9-67　自然式布局(北京安华立交)

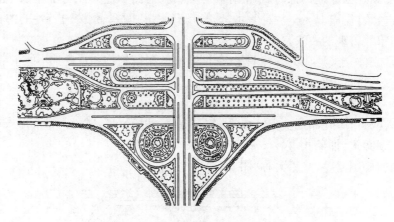

图 9-68　混合式布局(北京三元立交)

(4)图案式:图案简洁,平面或立体轮廓要与空间尺度协调(图 9-69)。

图 9-69　图案式布局(某城市白马立交)

(5)抽象式:立体抽象、构图自由、富有时代感(图 9-70)。

3.总体布局原则

立交绿化景观单体布局同样应遵循绘画艺术、造型艺术的构图原则,即统一、调和、均衡、韵律四大原则。

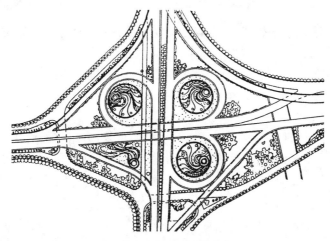

图 9-70　抽象式布局（北京菜户营立交）

1) 统一的原则

统一的原则也称变化与统一。立交景观设计时，对树形、色彩、线条、质地、高低及比例都要有一定的差异和变化，显示多样性，但又要它们之间保持一定相似性，才能有统一感，既生动活泼又和谐统一。变化太多，整体就会显得杂乱无章，失去美感；但平铺直叙没有变化，又会单调呆板，因此要掌握在统一中求变化，在变化中求统一的原则，如在一座立交中，行道树绿带选用同种、同规格、同龄等距的布局体现统一，虽然整齐但缺少变化；可以在乔木中间加球形灌木或花灌木，体现有节奏变化的景观。

2) 调和的原则

调和的原则也称协调，是指植物在变化统一的原则下使色彩、体形、线条等在时间和空间上给人一种和谐感。在调和原则下的统一是近似或相似而不是强烈的对比。

如在道路立交绿地中为体现四季常青，多选用常绿植物，以绿色为主，在树种配置上选择单色调，则有浓绿、深绿、浅绿的近似变化，总的给人以直观和协调的感觉。植物的花、果都存在近似的色调，几种植物相配，也要有近似的颜色组合在一起。设计中不仅只注重园林植物本身的色调、色度，还要对道路两旁的建筑，以及绿地中的灯柱、坐凳等道路小品设施在造型、色彩、尺度、比例各方面要取得完美，才能创造美感。

色调是指颜色的组合应有一个统一的基调，如色彩统一在冷色调、暖色调、明色调或暗色调。色度（明暗度）是由于光的明暗程度会引起颜色的变化。

要想设计成功的植物组合，应观察植物在一年四季中的颜色变化，将叶色、花色进行分级，有助于组织优美的植物色彩图。

3) 均衡的原则

均衡又称平衡，是人随其视觉中心两侧及前方景物具有感觉的分量。自然界静止的物体遵循力学原则，多以平衡的状态存在，除少数动势造景外（如悬崖、峭壁、倾斜古树等），一般艺术构图都力求均衡。均衡可分为如下两种情况。

(1) 对称均衡。

对称的布局往往都是均衡的，对称布局是有明确的轴线，在轴线两侧完全对称，行道树的种植方式多采用对称均衡，城市广场常位于城市中心轴线上，轴线东西两侧几乎完全对称。

对称均衡给人稳定的感觉，稳定指布局整体上下轻重的关系，均衡是指部分与部分的相对关系，如左和右、前和后的轻重关系。

(2)不对称均衡。

不对称均衡不具有明显的轴线,但具有比较明确的视觉中心。在两侧布局一对景物,强调质和量的均衡。如左边一块山石体量的质感很重,右边是一丛乔灌木,虽质轻但体量大,同样产生均衡感。常应用绘画原理表现距离,用色彩表现远近,近则用深色,远则用淡色。以透视角度安排景物,可以取得不对称的均衡。

4)韵律的原则

韵律节奏是指艺术表现中的某一因素做有规律的重复,有组织的变化。常以有规律的重复表现节奏,似音乐乐谱中的节拍;有组织的变化体现韵律,似音乐乐章中的主旋律,表现韵律的常见方法如下:

(1)简单的韵律。

由某种因素等距反复出现的连续构图,如等距的行道树。

(2)交替的韵律。

由两种以上因素交替等距反复出现的连续构图,如行道树种用桃树和柳树或塔形圆柏和红碧桃反复交替的栽植,形成桃红柳绿或红绿相间的景色。

(3)渐变的韵律。

渐变的韵律指某一因素或某一部分作规律的逐渐增加或减少所产生的韵律。如在立交绿地中修剪的球形灌木,将其球径由大到小依次逐渐修剪;园林小品中随不同大小的圆形雕塑依次排列,虽然是等距但又有透视感;渐变韵律也常在各组成部分之间有不同程度或繁简上的变化。

(4)起伏曲折韵律。

由一种或几种因素在形象上表现较有规律的起伏或有曲折的变化,所产生的韵律就有起伏、曲折的节奏变化。如绿篱修剪成波浪形、城墙垛形、方形、矩形……花池、树池高低大小不同的组合,均可形成强烈的韵律和节奏感,给人一种整齐的美感。

立交主线道路两旁的绿化最容易体现韵律感,如在道路尽端设计小景点,诸如花坛、小花园、小广场等。沿立交匝道的韵律如同欣赏一首进行曲或迎宾曲,车辆在匝道上行走,心情上会有安慰,会有诱惑,在尽端处有景可赏。好像欣赏到乐曲中的高潮,使人兴奋,引导车辆愉快的转向行驶。

4.树种选择原则

1)适地适树

由于城市道路环境受许多因素影响,不同地段的环境条件差异也较大,选择树种的先决条件就是能生长、绿化效果稳定、能体现城市绿化风貌的树种,要优先考虑乡土树种及市树市花。应根据不同环境选择树种。

(1)最耐湿的树种:河柳、旱柳、垂柳、凌霄、金银花。

(2)比较耐湿的树种:白蜡、水杉、枫杨、悬铃木。

(3)最不耐湿的树种:柿树、泡桐、刺槐、女贞、苦楝、臭椿、梧桐、雪松、银杏、梅花、碧桃、丁香。

(4)最耐干旱和瘠薄土壤的树种:臭椿、苦楝、黄山松、白皮松。

(5)比较耐干旱耐瘠薄土壤的树种:刺槐、紫穗槐、枣、构树、紫荆、麻叶绣球等。

(6)能耐旱而怕渍水的树种:(渍水指浸水 2~3d 可能淹死)刺槐、梧桐、泡桐。

(7)能耐旱且耐水湿的树种:夹竹桃、石榴等。

(8)防火能力较强的树种:女贞、大叶黄杨、悬铃木、柳树。

(9)不耐火的树种:各种松、柏、芳香类树木等。

2)要形成优美、稳定的景观

选择的一般标准是:树冠冠幅大,枝叶密;抗性强,耐瘠薄土壤,耐寒耐旱;寿命长;深根性;病虫害少;耐修剪;发芽早,落叶晚;没有飞絮,落果少。

选择乔木胸径大于5cm,分枝点3.0m以上生长健壮的苗木方可上路,行道树用苗规格要整齐,冠幅大小一致。

选择树种应在可能条件下使用速生树与慢生树相结合,速生树绿化快,但寿短,宜用慢生树更新;常绿树与落叶树相结合,四季之中,均有绿化效果;可以稳定景观效果。此外乔、灌、草相结合还可以创造复层结构的景观。

3)注意树形的立面效果

在规划立交街景时,选择树种要注意立面效果,因植物的大小与外形是植物材料最重要特征和组合的骨架,体型图例主要从树干的直立、并立、丛生、攀缘,树枝的向上、向下、下垂、匍匐、悬挂等来识别,常见的类型如下:

(1)树干和枝的姿态特色。

①树干姿态(图9-71)。

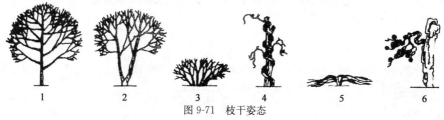

图9-71 枝干姿态
1-松柏;2-并立;3-丛生;4-攀枝;5-匍匐;6-悬崖

②枝条姿态(图9-72)。

(2)树木体型和高度(图9-73)。

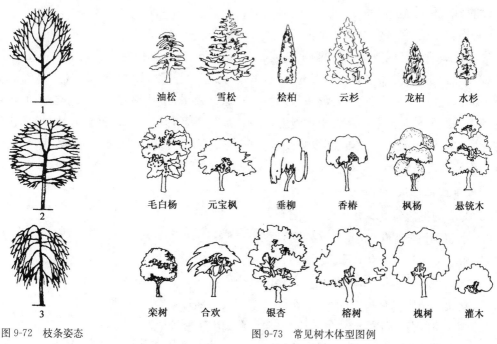

图9-72 枝条姿态
1-向上;2-平展;3-下垂

图9-73 常见树木体型图例

(3)树形组合。

①圆球形占主导。

②圆锥形植物与圆球形和展开植物配合起突出作用。

③纺锤形植物在构图中起增强高度的节奏变化。

④带状树林前配置不同的乔灌木可提高草地边缘的观赏性。

⑤种植组合的轮廓线示意图(图 9-74)。

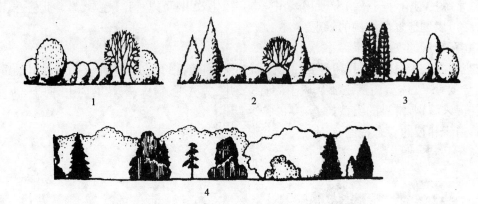

图 9-74　树型组合示意图

1-圆球形植物为数最多,在布置中应占主导;2-圆锥形植物与圆球形和展开形植物配合起突出作用;3-纺锤形植物在构图中起增加高度的节奏变化;4-带状树林前配置不同的乔灌木可提高草地边缘的观赏性

5. 匝道及绿岛绿化

(1)匝道附近的绿地,由于上下行高差造成坡面,可采取以下 3 种方法处理:

①在桥下至非机动车道或桥下人行上步道修筑挡土墙,使匝道绿地成平面,便于植树、铺草(如北京市复兴门立交桥)。

②匝道绿地上修筑台阶形植物带。

③匝道绿地上修低挡墙,墙顶高出铺装面 60~80cm,其余地面经人工修整后做成坡面。

(2)绿岛是立体交叉中面积较大的绿地,多设计成开阔的草坪,草坪上点缀一些有较高观赏价值的孤植树、树丛、花灌木等形成疏朗开阔的绿化效果;或用宿根花卉、地被植物、低矮的常绿灌木等组成图案。最好不种植大量乔木或高篱。桥下宜种植耐荫地被植物,墙面进行垂直绿化。如果绿岛面积很大,在不影响交通安全的前提下,可设计成街旁游园,设置园路、座椅等休憩设施,或园林小品、纪念性建筑等,供人们作短时间休憩。

6. 城市立交绿化景观示例

(1)"龙"的抽象景观绿化图(北京四元立交)见图 9-75。

(2)小品雕塑与绿化(北京三元立交)见图 9-76。

(3)中心岛水景与绿化(深圳上部路、红荔路中心岛)见图 9-77。

(4)立交小环绿化植物配置示例(东莞市东莞大道四环立交)见图 9-78。

(5)立交三角区绿化植物配置例(东莞市东莞大道四环立交)见图 9-79。

(6)立交主线分合流处绿化景观效果(深圳深南大道立交)见图 9-80。

(7)立交三角区绿化景观效果(广州市广园东路立交)见图 9-81。

图 9-75　北京四元立交

图 9-76　北京三元立交

图 9-77　深圳上部路、红荔路中心岛

(8)立交桥墩及桥下绿化景观效果(深圳深南大道立交)见图 9-82。

(9)立交匝道桥、人行桥两侧绿化景观效果(广州新广人路人行桥)见图 9-83。

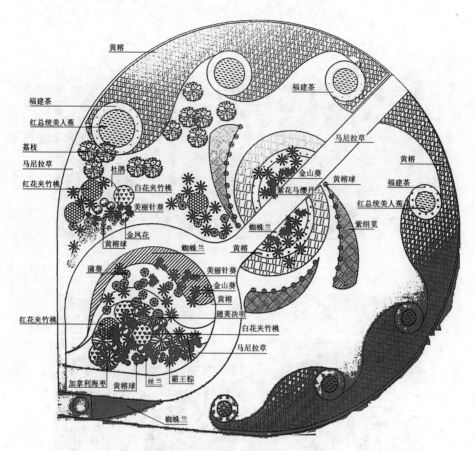

图 9-78 东莞市东莞大道四环立交示意图

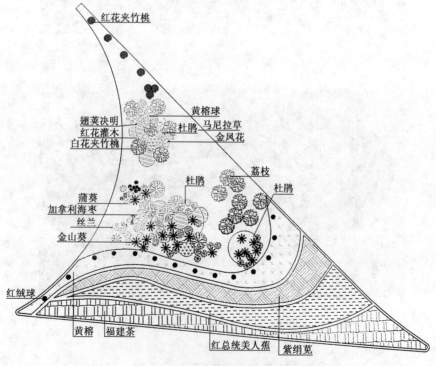

图 9-79 东莞市东莞大道四环立交示意图

图 9-80　深圳深南大道立交

图 9-81　广州广园东路立交

图 9-82　深圳深南大道立交

图 9-83　广州广新人路人行天桥

五、城市互通式立交景观照明设计要点

1. 城市立交景观照明的意义

随着城市建设的发展，立交桥正在逐渐成为城市景观中的重要组成部分。尽管立交桥对城市风貌的影响有各种各样的评价，尤其是像北京等有着悠久历史风貌的城市，随着一座座凌空飞架的立交桥不断地加入城市空间，使原有的城市空间感觉在逐渐演变。但城市经济的发展及交通量的激增使立交桥的建设呈现出加速发展的态势，所以，立交桥的景观艺术化自然就会成为一项应予重视的工作。

同其他景观元素一样，立交桥也同样存在着夜晚进行灯光装饰的问题。立交桥的建设由于受到空间上的限制，使用功能上的要求以及设计理念上的影响，使得立交桥的造型构造基本上都呈现类似的模式。这就使得大多数立交桥看上去都是一副模样，如果不看桥上的指示标牌，有时真的分辨不出看到的是哪一座立交桥。而立交桥往往又多处于城市中的重要位置，其景观特色和个性化要求是提升城市总体规划的重要组成部分。所以，塑造出有个性且又艺术化的立交桥夜晚景观，对完善城市夜景的整体形象有着重要的意义。

2. 城市立交夜景设计要点

1）针对不同的静止视点设计立交桥的景观照明

（1）以周围高层建筑及观景平台为主视点。

从立交桥周围的高层建筑物顶部或是一些观景平台上观看时，立交桥展示给观赏者的是一条条上下穿行然后又四散分开的车道。这些车道的形象主要靠车道边缘的栏杆来体现，所以，这些栏杆的照明效果以及由此而形成的灯光图案，就成为相对于该观赏位置的主要画面内容。从稍远一点的高视点上观看栏杆时，所看到的栏杆基本上是一些线条。因此，立交桥的诸多车道的上下穿行和曲折转拐也就演化为这些线条的交织和排布。因而，处理好这些线条之间的相互关系，使之构成具有美感的图案，就是针对这些远处高视点上观看时景观效果的主要设计内容。

（2）取舍选择、构思立交夜景图案，塑造立交夜景总体形象。

由于立交桥主要是为了满足交通功能而进行设计的，与其所在位置的环境密切相关，其目的是保证最便捷地疏导交通，所以桥的平面构图往往无法完全满足美学效果的要求。因此，在进行桥体景观照明设计时，若对所有的车道边廓即扶手栏杆做全方位的照明表现，不一定能获得十分理想的效果，可能既造成浪费又使构图产生混乱。此时应采取对照明对象进行取舍选择的办法，首先根据夜景设计的图案构思对线条进行分类，将其分成构图中的核心线条、衬托性线条、需弱化处理的线条等，然后，采用恰当的照明手法将这些线条向各自的类别属性进行塑造。景观照明中丰富的设计手法为这些类型化元素的塑造提供了广阔的天地，绝不应仅仅拘泥于用一条亮线勾勒栏杆这种单调而表现力弱的初级方式。可通过一些点状灯光模式的灯具来进行栏杆的夜景设计，这些呈点状外观的灯具既有一定的形状体积感，又有朦胧的细节。

（3）注意立交空间层次立体感，形成多层次的景观灯光图案。

对高处的观景视点而言，除了要构筑一个和谐而又有美感的平面景观图案之外，还要利用适当的照明手法塑造出立交桥的空间立体感。有很多立交桥是多层次的构造，多层车道垂直重叠。由于高角度观看时人的透视关系，多个层面上的车道会被同时看到，所以选择车道进行夜景构图设计时，就不应仅仅考虑一个层面的照明，或者是用单一手法处理多个层面的夜景照

明,否则会使立交桥景观的特点及空间美感无法获得应有的体现。所以,在照明设计上,应尽量协调好每个层面构图的完美、多个层面重叠时通过照明来进行区分以及层面纵深感等问题。只有处理好这些问题,才能使立交桥体现出应有的景观魅力。

图 9-84 就是通过在桥身侧面使用不同颜色的灯光来对桥身层次进行区分的例子。

(4)注意环境协调配合,利用水景倒影景观。

图 9-85 中的立交桥刚好位于一条小河的岸边,并且沿着河岸的走向一直延续下去。在桥体的夜景设计中,对伴随在桥旁的小河水面进行了有效的利用。通过对桥身侧立面的照明,使得河水表面也形成了倒影,桥体夜景与其水面倒影通过巧妙的相互关系,形成了一个新的景观。

图 9-84　立交多层次的景观灯光图案　　　　图 9-85　水景倒影的景观效应

(5)注意立交区绿地夜景,发挥绿地夜景的调剂作用。

通常在立交桥的区域内都会有一些绿地,这些绿地对调剂桥区内的景观环境有重要的作用,同时,它们也是设置独立的灯光景观的理想地点。而且绿地内的灯光景观不会受到空间上的限制,在不影响机动车驾驶员视觉的前提下,可以在设计上充分地张扬景观的艺术个性。这样,既拓展了立交桥夜景创作的空间,又可以通过绿地灯光景观来调剂桥体上不便过多设置灯光景观所造成的单调感。一座个性彰显而又有着优秀创意的绿地灯光景观能有效地提高立交桥整体的艺术氛围,帮助立交桥达到其应有的地标性景观的地位。同时,一座效果醒目且其安置方法恰当的绿地灯光景观还能为立交桥的各个车道提供参照的标志,使驾驶人能够方便的辨认自己位置,起到较好的视线诱导作用。

2)横跨车道的立交桥夜景

(1)将立交桥跨与建筑景观照明整合,形成协调统一的城市景观。

在一定距离之外观赏横跨车道的立交桥时,所看到的景观画面是包括了桥体及其附近的建筑等元素共同组成的景观。由于观看位置上的关系,会感觉到桥体与建筑能形成某种形式的联络。此外,立交桥所在的位置一般都是城市道路上的节点,节点景观的构成与其周围所有元素都有关系。只有将各个元素之间的联系做得越紧密越巧妙,才能更好地给人以节点景观所应有的空间感觉。所以,在进行这类灯光景观的设计时,应该将立交桥和周边建筑统一在一起来考虑,强调一种整体景观的概念,以求构筑一个有凝聚力的节点灯光景观。在进行照明设计时,首先应通过景观元素的分析,寻找景区中各个元素的特点,了解景区环境的功能性质和景观定位,在此基础上,构思一个景观主题,围绕这一主题来进行各个景观元素的照明塑造,主题成为联络各元素的纽带,它使各个独立散落的景观元素都成为整体景观场景中互相依存的角色。

图9-86　桥跨与建筑景观照明整合

在图9-86中,立交桥和位于其两侧的建筑通过照明整合形成了紧密的关系。桥两侧的两座高层建筑在高度、体量、造型、立面特点上都存在着呼应关系,两者的建筑立面均为玻璃幕墙。建筑的夜景照明重点都放在了对顶部景观的处理上,并且两者的顶部夜景观形态具有某种程度的相似性,由于建筑底部的立交桥与建筑的重叠关系,使人自然会产生将建筑和立交桥结合在一个景观中的想法。从整体上看,立交桥对两座建筑构成了连接,形成了一个有关联的整体景观。再加上建筑顶部景观形态的呼应,使景观的整体性得以强化。

(2)注重路面视点的动态性,力求多视点、多方位的景观照明效果。

在路面观赏桥景时,通常都是处于向桥行进的过程中,即观赏过程是个由远及近的动态过程,观赏对象是尺度逐渐放大、细节逐渐清晰的景观。所以,灯光设计要配合这样的观赏方式,单元灯光图案要有足够的细节内容,做到步移景异,使得向桥的行进过程伴随着期待感和释然感。

3)傍依桥侧辅路的桥身夜景

立交桥旁边的辅路及人行道是一个由立交桥的侧立面和桥外侧建筑物立面界定的带状空间,人行道外侧还有绿地、树木以及街道的公共设施,该区域是一个低速通行的空间,人们一般都是在行进过程中观赏位于其侧面的桥体景观。

由于看到的主要是桥身侧面的夜景,并且,桥身很长,观赏者离桥又很近,大多是在行走的过程中赏景。所以,多把桥身侧面的灯景设计成沿桥走向布置的多单元重复的景观灯光,分别在栏杆、桥身侧面、桥柱上选择合适部位,上下对应形成一个景观图案单元。这一夜景灯光的图案单元沿桥身侧面顺序排列,构成了随桥身延伸的景观灯光。

栏杆上的灯光,可以同时被桥上和桥下两部分人看到。所以栏杆灯光设计要兼顾这两部分人的观看特点和观景需求。桥上的人多为驾车行进的驾驶员和乘客,他们只能看到栏杆灯光,由于车速的原因,他们不太可能很清楚地辨识灯光的细节,并且灯光景观上也不宜设计过多的细节内容,以免分散注意力,影响驾驶和通行。桥上灯光更主要的目的是提供一种视线诱导。连续布置在栏杆上的这些灯光划出了车道边界,给了驾驶员一种引导和提示,让他们在由两条灯光边廓线构成的通道内顺畅前行。

栏杆外侧,即桥下辅路上行人所看到的包括栏杆上的灯光、桥身侧面及桥柱上的灯光。这几部分灯光的设计中,既要考虑它们各自的亮度、灯光图案、各单元灯光之间的距离,同时还要协调好几处灯光之间的关系,让它们能够形成配合,构成良好的整体灯光图案。图9-87中的桥体夜景是以栏杆上的点状自发光式灯具与桥身侧面均匀照明形成的连续光带配合,从而形成桥身的侧面夜景图案。

图9-88中的桥体夜景是在栏杆上设置小型灯具,在护栏外侧立面上投照出光斑的方式来配合桥身侧面经均匀照明而形成的光带。

两座桥的夜景异曲同工,但在景观细节上有所区别,从而体现出景观的个性特点。栏杆上设计的灯光单元都是分立的点状形式,相隔一定距离,距离大小依灯光单元的细节、图案复杂程度、桥的高度、观赏人的行进速度、辅路宽度、观赏人通常的观景位置和距离等因素而定。只有综合考虑了这些因素而设计的栏杆灯景图形及布置间距,才能有效地兼顾观景愉悦和通行效率。

图9-87 栏杆上的点状发光式灯具

图9-88 栏杆上小型的带状发光灯具

3.跨线桥下的景观照明

桥下空间是介于露天空间和封闭空间之间的一个半开敞性场所,主要供车辆过往,有时也会有行人通行,因此它又具有近人性。桥下空间大多是具有令人比较局促和压抑的特点,由于桥下的桥体结构不做表面装饰,保持混凝土墙面,使环境气氛显得冷漠粗糙。

据此看来,在桥下空间中进行灯光设置是非常必要的,它可以同时满足装饰性和功能性的要求。在夜晚,路灯照明的灯光无法惠顾桥下空间的纵深地带,这就使桥外有路灯照明的地带和桥下没有灯光照明区域在亮度上形成很大差别。使得当人们在出入桥洞时会因亮度反差过大而造成视看功能的下降,从而影响到交通安全。所以桥洞内应保持足够的空间亮度和地面亮度,并且其地面亮度应依桥洞外地面亮度情况来定,可能的话,使二者的亮度相近会更好一些。

对桥腹的照明可以增加桥下空间的开阔感,降低局促和压抑。桥腹的照明还能产生大量的空间散射光,为地面和桥柱提供一定的补充照明,同时对显现机动车和行人的形体姿态有一定的帮助,并能在桥下空间形成一种柔和舒适的环境气氛。

图9-89是一段立交桥的桥下空间照明情况。图中反映了桥底两个相邻拱洞的照明情况,其中一个拱洞中设计了灯光照明,通过专门配置的灯具来照亮桥腹,将桥腹的结构特点进行了艺术性的再现,使桥腹的构造纹理在灯光的辅助下成为具有观赏性的景观。

而图9-89中的另一个桥下拱洞中没有设置任何照明,桥腹是黑暗的,与桥洞外明亮的环境相比,让人感觉很不舒服,桥洞内地面的光照也不充足,让行人感觉十分不便。

图9-89 桥下景观照明

由于桥下空间的近人性,所以通过灯光照明来提高该空间的艺术性和亲和力是景观设计的又一个目标。光线具有覆盖性,适当光色和亮度的灯光洒到水泥表面上,能让冰冷粗糙的墙体表面变得柔和而生动。其中桥柱是构筑艺术化灯光图案的良好载体,在柱身上可以设计出非常丰富的灯光构图,既达到了装饰环境的目的,也能把一定的文化理念融汇其中,使灯光景观达到升华的效果。此外,合理组织桥柱身上的照明灯光还有利于提高视觉诱导性,为机动车通行提供辅助性指示。

4. 桥体各部分灯光照明的景观

1)扶手

护栏上的扶手标示了车道的走向,对它所进行的灯光表现能让人了解到车道的平面形状以及各个车道之间的相互关系,这对于塑造立交桥的构成形态很有意义。最简便的照明方式是用线条状发光体勾勒扶手边廓,但是这种做法的缺点是艺术表现力不足,亮线条显得十分单调,一般也很难和周围的环境景观融合。在扶手上每隔一段距离设计一个点状发光体的办法,是扶手照明的又一种方式,它既能勾勒出扶手的线廓,又可避免线状发光体的单调和生硬感。同时点状发光体的外形也存在着一定的变化余地,为景观的丰富性提供了空间。此外,扶手的照明应与其下边的护栏照明结合起来考虑。扶手的灯光会被车道上的驾驶员看到,所以它的设计要尽量照顾驾驶员的视觉要求,起到诱导照明的作用。

2)护栏

护栏是桥体上最具装饰性的部分,也是观赏者在很多位置上都能看到的桥体部位,其景观意义很大。对护栏进行恰当的照明塑造,是增强立交桥景观艺术性的有效手段。护栏的构图形式通常有较多的变化,因而其照明表现手法也应做到多样化或有针对性。只有结合护栏的特点设计其照明灯光,才能充分地展露桥体的景观个性。

护栏分为内外两侧,外侧面有充分的观景距离,人们可以在远处观其整体面貌,也可在近处品其局部细节。同时人们的观看方式也会有所不同。可能会停下来观赏单元灯光的图案构成,也可能是在行走中感受灯光单元沿桥身侧面排列形成的韵律节奏。而护栏内侧,由于大多是机动车通行,所以,在一般情况,以不在栏板内侧设置灯光为宜。如果栏杆是通透的形式,而且外侧又设计了装饰照明的话,应保证栏板外侧设置的照明不会对栏板内侧的车道及行车驾驶作业产生影响。而对于那些在栏板缝隙中设置的灯具,也要提出相应规限,以满足机动车行车诱导为目的。

当栏杆上有比较细致的图案时,通过对整个栏杆立面上的均匀照明,可以有效地再现这些图案,如图9-90所示。当人们在桥体附近漫步行走时,可以给人们提供更多的景观内容,让人们感受到桥体夜景的精致和细腻。当然这样的景观应该在带有人行道的立交桥上进行设计,并且要考虑到行人能够有合适的观赏位置和距离,否则这样的景观是没有什么意义的。因为在远处观看时,精致的栏杆图案往往都会模糊成一条有一定宽度的亮带。而驾车行驶的驾驶员虽然能够在栏杆附近经过,但却无暇分出精力来观灯赏景,有时候过细的景观会分散驾驶员的注意力,反而会造成负面的影响。

当人们无法靠近桥体,只能在远处观赏桥景时,栏杆上的景观照明宜采用比较简单的方式,如图9-91所示,通过栏杆灯光与桥身灯光、桥柱灯光的配合,来强调景观构图的完善,这样既能给在桥外边观赏桥景的人们提供一个有一定观赏性的桥体夜景,又能借助于栏杆简洁的灯光形式,给在桥上驾车行进的驾驶员提供一种恰当的诱导性照明。

3)桥身侧面

在整个桥体立面中,桥身侧面所占比例最大,而且又是实体构造,所以往往十分引人注目。桥身最大的特点就是它与其上边的护栏和下边的桥洞形成了鲜明的对比。桥身呈现实体性,而护栏和桥洞则具有很强的通透感,这种虚实对比关系对景观设计也有重要的影响,为桥身灯光效果确立了定位。

图 9-90 护栏景观照明例一

图 9-91 护栏景观照明例二

桥身一般是混凝土实体构造,为照明的设置提供了良好的载体。从城市景观美化的角度也确实需要适当的灯光装饰来提升其艺术性和亲和力。桥身侧面的照明有着多种照明手法的选择,而且各具优势和相对的适用性。用泛光照明手法对桥身侧面进行整体照明,会使桥体夜景产生比较突出的视觉效果,适合于远观。而在桥板上设计一些光影图案的做法可以使景观具有一定的细节内容,便于近距离观赏。

桥身侧面是否设置照明以及如何设置照明,对桥体形态的表现、景观氛围的营造以及环境亲和力的提高都会有很大的影响,如图 9-92、图 9-93 所示。而在同一座立交桥桥身侧面的不同区段,设与不设照明更会因照明效果的突然变化而破坏整体景观的连续和完善,如图 9-94 所示。其实,在引桥区段,可以通过适当的照明方式形成一定的过渡,这样就可以使桥景更趋完整。

图 9-92 桥身侧面景观照明例一

图 9-93 桥身侧面景观照明例二

4)桥柱

桥柱也是人们投以较多关注的构件,无论是沿桥侧辅路行进,还是在桥下穿行,桥柱都是与人最为接近的构件,它是立交桥底部景观的主要载体。

从建筑学角度看,柱子是重要的建筑部件之一,无论是西文建筑还是中国建筑,都曾因柱式变化而导致建筑类型的演变。由此启发我们,建筑上的柱子有非常重要的作用,而在我们的城市空间中,有如此众多的立交桥,每天我们都在这如林般的柱子中往来穿行,它们的形象对城市空间视觉环境的影响非常大。所以我们真的没有理由让这些柱子如此的原生粗放、素面朝天,改善视环境,使之更具人文色彩,这本来就是城市景观照明的目的。

关于桥柱的照明,比较适合的设置位置也是柱子的上部端头,在这一位置上设计的灯光图案,能较好地满足人的视觉欣赏习惯,也能够使灯光形式有较大的变化余地,并对桥板底面照明,桥下地面照明和柱身的照明都予以兼顾。在柱头上设计灯光景观,能自然地与建筑学上注重柱式设计的理念形成契合,从而提升景观设计的内涵。

图 9-95 是一座立交桥桥柱照明的实例,其照明方式是在柱子的上部端头设计了下射式灯具,洒在柱身上的灯光对柱子进行了有效地塑造。柱两侧相对位置上对称设置的灯光使柱子

形成了类似于剪影的效果,既让柱体具有了一定的景观性,又使得柱子看上去不再显得那么粗壮愚钝。柱身粗细感上的这一变化使人觉得桥下空间变得开阔了一些。通过柱身上的这些光斑图案对视线的吸引,能有效地分散人们对桥腹那些大型混凝土构件的关注,因而也就间接地降低了那些不具亲和性的环境元素对人的影响。此外,桥柱的照明为桥下空间也提供了一定的亮度,减少了压抑感,提高了安全感。

图 9-94　桥身侧面景观照明例三　　　　图 9-95　桥下墩柱景观照明例

5) 立交园林小品及绿化

除立交匝道和桥跨以外,立交旷地的园林小品及绿化也占有较大的面积,一般为立交的 50%～60%。城市立交园林小品及绿化,在夜间往往成为城市居民散步、休闲、游乐的空间,因此,除保证行人通行的交通照明外还应对相应的园林、小品、雕塑及绿化进行景观照明,应进行专项的景观照明设计,为夜间城市居民创造美好的夜景观环境。图 9-96～图 9-99 为园林、小品及绿化景观照明实例。

图 9-96　立交旷地景观照明例一　　　　图 9-97　立交旷地照明例二

图 9-98　立交旷地照明例三　　　　图 9-99　立交旷地照明例四

5. 几个注意问题

立交桥是枢纽性交通设施，桥身上设置了很多交通指示灯、标识牌以及功能性诱导照明，景观灯光的设计安装不能干扰这些交通标志，这要求对景观灯光的模式、亮度、色彩、安装位置等都要加以规限。此外，从驾驶员驾车行驶的视觉心理舒适角度以及立交桥作为节点地标性构筑物的定位，也要求对上述几个方面的指标予以控制。

1）照明亮度

通常，景观照明中被照明景物的亮度取决于环境亮度和景观效果的设计。对立交桥而言，由于它和其周围的建筑物等元素及道路路面有密切的关系，所以桥体亮度应与建筑物和路面亮度形成协调，通过亮度上的呼应建立一种自然的联络关系；相对于街道景观，桥体景观的效果不宜过分突出，而亮度又是衡亮景观效果的一个指标，所以，立交桥与作为其背景的街道及两侧建筑物，在照明亮度上保持可感的差别即可。

实际上，桥身立面的亮度不是一个均匀的亮度水平，而是依照设计的要求形成的有明有暗的效果，所以，桥身立面的亮度取决于各点的亮度水平和面积大小。

在桥附近，人们大多是在行进中观赏桥景，如果灯光设计是注重细节图案的构思，那么桥身上亮处和暗处的对比要控制适度，防止对比过强造成明暗之间的模糊现象。当然，过度均匀也不可取，这会在远观时，使桥身模糊成一条亮带，显得效果呆滞而缺乏创意。具体的亮度比例，应综合考虑桥身饰面材料反射比、发光体图案的复杂程度、观赏者与桥的距离及其他的行进速度等因素。

立交桥洞是个穿行性空间，桥洞内的照明亮度应与洞外相近为宜，同时要考虑在洞外路边的对应位置适当设置明亮的对景，以形成视觉导引。如果洞内灯光是强调明暗变化的非均匀照明，为了与洞外地面追求均匀亮度的效果形成良好衔接，应在出入口通过亮度变化增设过渡性照明。

2）灯光模式

此处所说灯光模式分为动态和静态。立交桥是枢纽性的交通设施，又是街道景观序列的节点，要求景观灯光的设置对使用者有指示性，对观赏者有标志性。因此，动态照明或可变化的照明是不适合立交桥的。立交桥由多条车道交叉组成，尤其是一些大型互通式立交桥，层次和车道的划分十分复杂，从人的视觉心理角度来看，视觉记忆往往控制着思维判断，特别是在高速行车的过程中，经常会根据视觉记忆做出习惯性的反应。景观灯光往往成为车道的识别辨认标志，如果这种灯光经常变化，势必会引起人们的视觉记忆混乱，对辨认形成干扰。

节点灯光景观具有地标性特点，同时它也对街道景观具有控制性的影响。就立交桥而言，无论是人们漫步观赏，还是驾车穿行，都希望桥体灯景能够带来标志性的印象，并由此获得位置上的确认，而动态模式的灯光景观显然是无法满足这种角色要求的。

3）灯光色彩

防止灯光色彩对交通信号的干扰是最基本的要求，已无须多言。而立交桥灯光景观是否适于使用彩色光还是个有待商榷的问题。一般来说，彩色光景观的设计是个比较难以把握的事情，而立交桥的采光形象可能会导致其属性感变化，进而异化城市形象，所以，桥体上的彩光除非特别需要，一般以不使用为宜。

桥体照明还是以常用的白光或暖黄色光最为适宜。如果设计师有着色彩的偏好，不妨尝试着在桥边绿地的灯光景观中使用一点彩色光，会起到调解光气氛、提高作品品味的效果。

第十章 立体交叉安全性分析与评价

第一节 概 述

一、目的

道路安全评价按照评价对象分为宏观评价和微观评价两种,宏观评价主要研究较大范围的问题,如以国家或省、市为对象;微观评价主要是研究具体的问题,如某一条或一段道路、一个交叉口。按照评价时间,又分为事前和事后评价,目前我国的研究集中在事后评价上。本章将重点总结微观的事前评价方法,即对某一条或一段道路、一个交叉口在设计阶段就进行其安全度的评价,从而优化设计。

立交的安全评价是从使用者行车安全的角度对立交设计进行评价,并通过优化设计以达到减少交通事故、降低事故危害程度的目标。目前,随着设计理念中人文意识的不断加强,优秀的立交设计已不再简单满足于达到规范要求,而是在此基础上结合具体项目的具体要求,对立交线形进一步优化,力求在设计阶段消除或减少事故多发点,提高立交设计的优越性及安全性,实现立交行驶中安全、方便、舒适、愉悦的和谐统一。

通过调查现有的立交的设计参数、环境景观、安全状况、交通运行特征,通过大规模的实地调查,构建立交区的安全评判准则和立交区安全评价模型,最终在满足通行能力的前提下,分析影响安全评价的线形指标、环境等因素,提出同时可以达到减少事故的目的,综合的互通立交的线形设计指标。

对立交的调查、分析、评价的主要目的归纳如下:

1. 优化公路网互通立交的形式与布局

对高速公路网络效益的发挥、出入口畅通和行车安全的保证、路网流量的平衡、各级路网的衔接、路网总体运输效率的提高等具有重大影响。进一步优化立交布局和形式,确保行车安全。

2. 合理确定互通立交的设计速度和技术指标

互通立交形式确定后,匝道设计指标的取用大小,基本决定了立交占地的多少和拆迁量的大小。在满足技术标准的原则下,匝道采用相对较低的设计指标能够较好的适应地形变化,且由于与立交区前后的主线平纵面指标的采用相对应,因此对行车安全不会造成很大的影响,经通行能力验算后如能够满足要求,就可以采用较低的设计速度和平纵指标,减少用地和拆迁。

3. 提出合理的立交区安全和景观设计的对策措施

道路景观是道路环境因素的重要组成部分,它不仅直接影响驾驶员的视线视距,同时道路景观的构成将对驾驶员的心理活动产生较大的影响。合理的立交区域安全和景观设计,能起到减少事故,提高交通安全的作用。

4. 构建立交区的安全评判准则

通过大规模的实地调查,构建立交区的安全评判准则和立交区安全评价模型,为事故黑点的确定提供依据,为降低交通事故、预防交通事故的发生提出强有力的措施。

二、作用

我国已经开始对道路交通安全评价进行系统研究,对某些道路交叉口也实施了初步的道路交通安全评价。事实证明,道路交通安全措施的评价、分析研究是一种非常好的研究方法。通过调查研究、分析评价,可起到以下3方面作用。

(1) 提高公路的安全水平与运营效率;更好地预防和减轻公路交通事故,形成更安全的公路网。

(2) 强化公路安全设施的应用与安全管理;体现"以人为本、为车服务"的设计理念。

(3) 快速转换交通流,发挥立交的功能和特点,保证出入口畅通,使全线服务水平保持一致。

三、研究的意义及现状

1. 意义

互通式立交作为道路系统中重要的交通节点,起着车流转换和道路之间连接的作用,是车辆合流、分流、交织运行的集中发生地,并直接影响路网系统的运行效果。随着经济的发展,各地的汽车保有量和交通量大幅度增加,为了消除在交叉口的交通拥挤、交通阻塞,降低交叉口的交通事故,立交的数量越来越多。

近年来,我国交通基础设施建设资金投入不断增加,调整公路、城市快速路迅猛发展,城市化、机动化进程迅速加快,我国的机动车拥有量及道路交通量急剧增加,拥堵成为不可回避的现实。同时,交通事故隐患逐渐增加,在城市间的高速公路和城市内的快速路上,立交的交通事故率占很大比例。因此,对互通立交进行安全评价,提出更合理的立交安全设计方法,具有重大的现实意义。

2. 国内现状

国内交通安全的研究工作起步较晚。国内的互通式立交安全性评价作为公路工程安全评价的重要章节也有所体现,但仅停留在规范符合性检查阶段,最多深入至运行速度的分析。我国关于互通立交安全性的研究具体情况简述如下:

1) 2007年情况

(1) 李世武教授利用加权算术平均的方法将专家咨询和模糊一致矩阵方法相结合,建立了高等级公路全线路侧景观对交通安全影响的综合评价模型。

(2) 肖忠斌、王炜等人分析了影响城市快速路互通立交间距的各种因素,采用概率论、可接受间隙理论以及运动学的方法,综合考虑互通立交变速车道及车辆完成车道变换所需要的基本路段的长度,从系统的角度构建了互通立交最小间距模型,计算得出城市快速路互通立交适宜的最小间距为110~210m。

(3) 北京工业大学周建等人以天津卫昆互通立交为研究对象,应用仿真软件——VISSIM,在仿真模型标定和验证工作的基础上,通过仿真实验设计,得到了立交桥区各部分及整体的通行能力值。

2) 2008年情况

(1) 陈松灵等人以系统论基本理论为基础，研究道路交通系统各组成因素相互作用诱发事故的机理，提出三种基本的交通事故发生机理，即差错性事故发生机理、突变性事故发生机理以及综合性事故发生机理，从而分析影响道路交通安全的深层次原因。

(2) 哈尔滨工业大学的孟祥海等人建立了基于三层 BP 神经网络的城市干道路段事故多发点鉴别模型，考虑了交通事故七个方面的影响因素，并能将常规鉴别方法不易识别出的多发点鉴别出来。

3) 2009 年情况

(1) 范素芹等人通过分析影响立交安全的因素，提出匝道的出口从正线行车道的右侧分流驶出匝道和从正线行车道的右侧进入较安全，且当车速较高时匝道半径越小，事故率就越高；并给出了一种基于模糊可信度的互通立交安全评价的数学模型。2009 年胡圣能等人建立了平原微丘区二级公路车辆运行速度预测模型，提出了线形设计的安全评价标准，同时提出了将运行速度安全标准运用到公路设计的具体方法。

(2) 北京工业大学的高丽梅应用基于交通冲突的安全分析方法对互通立交出入口进行安全分析，并建立了基于交通冲突的安全分析预测模型。

4) 2010 年情况

北京大学的王颖等人通过分析北京市快速路系统立交主要形式和种类，提出了用平均行程车速、合分流点交通量和交织车速为指标，分别确定立交主线、匝道、交织区服务水平的方法，并提出了评价标准。

3. 国外现状

美国在进行正式的道路交通安全评价之前，已开展了包括微观安全评价模型、危险区段识别与改造、各种交通设施安全性能分析等相关性研究。美国联邦公路局（FHWA）2000 年推出了辅助进行相关工作的"交互式公路安全设计模型"（Interactive Highway Safety Design Model）的测试版，可以作为实施道路交通安全评价的辅助决策平台。该模型集成了美国迄今为止最核心的交通安全微观数学模型，推动了《道路安全手册》（Highway Safety Manual, HSM）的研究与编制，2003 年又推动了路侧安全分析程序（Roadside Safety Analysis Program, RSAP），使公路安全性评价从定性评价方式过渡到了定性与定量评价相结合的方式。

互通式立交安全性问题作为其中的重要组成部分也包含在上述的研究与程序内。如美国联邦公路局（FHWA）1992 年总结认为影响立交范围内道路安全的关键因素为特征、交通量、间距，并对立交的事故模型进行了大量的调查研究。20 世纪 60 年代美国联邦公路局（FHWA）建立了事故数据库，利用该数据库分析了匝道和苜蓿叶立交外侧连接匝道的事故平均值与曲率和交通量的关系，认为公路立交匝道的曲率越小事故率越高；并总结了不同类型匝道和匝道特征参数与事故率的关系，认为菱形匝道具有较低的事故率，剪刀形连接具有最高的事故率。AASHTO《道路安全设计与操作指南》认为很大一部分事故发生在高速公路的立体交叉区，一定的设计特征组合在一起也会产生安全问题，均衡性、车道的连续、适当的通行能力、视距、标志、速度差异最小化、对驾驶员的要求最小化和不打乱驾驶员的预想等因素都是立体交叉设计和运营管理时所需考虑的重要因素。

1992 年，美国的 M. Easa 专家首先推导出立交桥曲线或切线位置几何关系，这些关系有助于立交视距的确定，然后推导出可用的最小视距。2004 年，法国的 Girma Berhanu 制定了以亚的斯亚贝巴主干道收集的数据为基础的事故预测模型，将泊松和负二项式回归方法用于分析关联的道路和交通流数据的离散事故，表明现有的道路基础设施不足和恶劣的道路交通行动是这次在亚的斯亚贝巴的公路运输不断增长的挑战的主要因素。1994年,美国的Reagan Jerry A介绍了交互式公路安全设计模型,这个模型可以帮助设计者从安全的角度评价公路的设计。2005年,美国的Dursun Delen,Ramesh Sharda和Max Bessonov应用了一系列人工神经网络来模仿事故严重等级和事故有关的因素之间的潜在的非线性关系,之后在神经网络模型中进行敏感性研究来确认事故相关因素的重要性顺序,此方法适用于不同的伤害严重等级。

第二节　立交现状调查及数据采集

一、调查目的及内容

1. 目的

(1)通过对路网节点的调查和分析,进一步优化路网节点方案,并合理选择评价方法。对调整公路网络效益的发挥、出入口畅通和行车安全的保证、路网流量的平衡、各级路网的衔接、路网总体运输效率的提高等具有重大影响。

(2)通过对互通立交调查和数据分析,判定立交的功能性和安全性的优劣和存在的问题,从而提出立交改造和优化的策略与措施,对立交的匝道半径、变速车道长度、立交形式、立交间距等要素提出改造指导意见,对互通式立交桥行驶的安全与否,开展实地数据采集与交通事故调查,从而提高互通式立交桥的交通安全水平,建立立交安全评价技术有重要影响。

2. 调查内容

对于互通式立交调查的数据采集,包括以下几方面的内容:

(1)几何条件:立交形式、主路车道数、车道宽度(m)、路面类型;入口和出口匝道连接段几何形式及尺寸、匝道车道数、车道宽度(m)、匝道纵坡和坡长、匝道半径;加减车道车道数、车道宽度(m)、车道长度(m)、渐变段长度(m);相邻进口与出口之间的间距、相邻出口与进口之间的间距、相邻进口间距、相邻出口间距。

(2)交通条件:主线设计速度、匝道设计速度;小型车比例、大型车比例,包括主线、匝道上的交通组成;不同车辆的功率、载重量、超载率;主线、匝道上的交通流量;车头时距(t)和车头间距(m);车辆运行速度(km/h)和加速度(m/s^2);密度;饱和度;车队延误;主线上、匝道上的事故发生率以及加减速车道上的事故发生数。

(3)环境条件:气候类型、地形地质条件;沿线土地使用性质;不同立交桥的占地面积;防护设施等级;灯光和景观设施。

(4)驾驶员条件:小型车、大中型车驾驶员的生理和心理反应;被测驾驶员的素质调查。

(5)其他条件:立交桥投资额度;交通管理与控制设施的数量与间距;收费站的形式及通道数;天气条件。

二、调查地点及主要设备

1. 调查地点及时间

(1)调查地点:为了保障调查数据的有效性,考虑到观测点的选择必须以满足后期数据分析要求为依据,调查地点采用实地踏勘的方式,选点应具有代表性。具体条件如下:

①应选择有良好视野、有利于观测的调查地点,并保证调查地点适合架设照相机。

②选点应尽量避免外界的干扰,选取路段的纵坡要尽量小,平曲线要尽量大,要避免出入匝道、交织区等的影响。

③选择交通量大的路段。

④应通过实地踏勘筛选确定调查地点。

(2)调查时间:为了保证调查数据的可靠性、真实性和有效性,将调查日期选在天气晴朗的正常工作日,调查时间段一般选择早8:00~晚18:00。

上述调查安排可与道路交通调查相结合,宜同步进行。

2.主要设备及注意事项

1)主要设备

采集数据的仪器主要有 GPS、雷达枪测速仪(用于采集速度)、MC 交通数据采集仪(用于采集流量、车型、车速、车头时距等道路交通流信息)、驾驶员心理、生理测试仪(图 10-1)、录像设备(用于观测车型、速度、换车道车辆,记录交通运行状况等信息情况)。

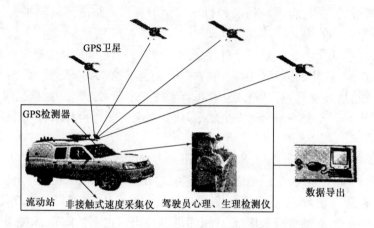

图 10-1　驾驶员心理、生理测试的示意图

2)注意事项

野外数据采集注意事项如下:

(1)高效、快捷、方便以减少野外数据采集和室内数据处理的人力和时间。

(2)预防意外,一旦数据采集设备出了问题,要有能挽救所需信息的备用手段和方法。

(3)储存各车辆事件信息,一旦事后需要,能够检查并重新得出结果。

(4)取样及采集应力求结合实际,数据应力求真实、准确反应立交各部的实际交通状况。

(5)注意交通安全,不影响立交原有交通的行车畅通及安全。

3)人员安排

对于互通式立交区域的数据调查所需人员及设备配置建议如下:

(1)几何特征调查坡度尺、米尺,2人。

(2)加减速车道流量及速度检测:GPS、MC5600,2人。

(3)隧道内速度及线性检查:五轮仪,2人。

(4)匝道速度的调查:GPS、雷达枪,2人。

(5)环境和管理的调查:摄像机、照相机,1人。

(6)驾驶行为调查:GPS、心生理检查仪,2人。

三、数据采集布设方案

1. 基本路段的仪器布设

基本路段观测仪器的布设如图 10-2 所示,在主线上设置的数据采集仪用来采集基本路段的交通流数据,并且架设摄像机对道路交通状况进行拍摄。

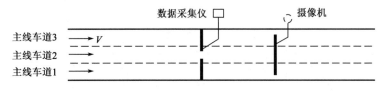

图 10-2 基本路段观测仪器的布置图

2. 加速车道的仪器布设

加速车道观测仪器布设如图 10-3 所示。进入加速车道、渐变段合流区的位置和驶出合流区的主线均设置数据采集仪,分别采集主线上各车道的交通流数据。在入口匝道前的适当位置处设置数据采集仪,用来分析加速车道合流行为对主线交通的影响。在加速车道外侧设置摄像机及自动检测仪,采集驶入合流区的交通流数据,同时得到车辆的加速度情况。

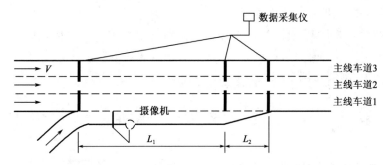

图 10-3 加速车道观测仪器布置图

3. 减速车道的仪器布设

减速车道观测仪器的布设与加速车道的布设类似,如图 10-4 所示。在进入减速车道、渐变段的位置和驶出分流区的主线上设置数据采集仪,分别采集主线上各车道的交通流数据。在出口匝道前的适当位置处设置数据采集仪,用来分析减速车道分流行为对主线交通的影响。在减速车道的外侧放置摄像机及自动检测仪,采集驶入分流区的交通流数据,同时得到车辆的加速度情况。

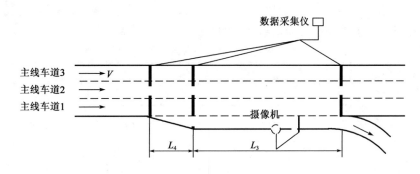

图 10-4 减速车道观测仪器布置图

4. 匝道的仪器布设

匝道观测仪器的布设如图 10-5 所示。雷达测速仪的位置应架设在路旁 5～30m 的距离范围内,与车辆运行方向的夹角不宜大于 45°。雷达测速仪的瞄准地点应与相应的传感器位置相同。将仪器对准预观测的行驶中的车辆,并发射微波,采集每一个平曲线段上的曲线起点、曲线 1/4 点(备选)、曲线中点、曲线 3/4 点(备选)、曲线终点三点(或五点)的行车速度,然后直接读数并记录。

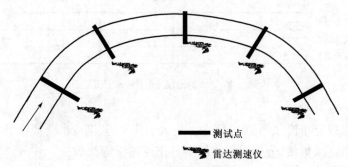

图 10-5 匝道观测仪器布置图

为了采集加速度、速度等交通行为参数,在车道及匝道路侧应插入醒目的标志杆,如花杆(或在路肩上贴上白色带条作为观测标记,并注意观测标记使其尽可能地不影响驾驶员的驾驶行为,用来在处理录像时识别位置)。野外调查仪器的设置关键是摄像机的放置,为了便于以后分析,摄像机的架设要有良好的视角,以便全面地采集车流在合流分流时的情况。摄像机的高度一般为 8～10m,要与调查区域的周围环境相结合。

第三节 互通立交安全分析与评价方法

一、互通立交安全性分析

通过对辽宁、河北、湖北等省多条公路立交桥的运行速度、结构形式、事故特征实地调查发现,互通立交的影响因素较多,根据功能和结构特点,现从匝道、变速车道、景观附属设施和立交形式及间距四个方面分析互通立交安全的影响因素。

1. 匝道的安全性分析

1)纵坡度

根据调查的数据分析得知,道路纵坡度的大小及其坡长对汽车的正常行驶影响很大。坡度比较大时,不仅造成车辆速度差异比较大,增加了驾驶员的操作强度,还往往造成汽车上坡熄火,或下坡刹车失灵,进而诱发交通事故。具体见表 10-1。

坡度与交通事故率关系统计　　　　表 10-1

坡度(%)	0～1.99	2～3.99	4～5.99	6～8.0
交通事故率(次·亿车/km)	27.51	39.61	112.43	124.26

由表 10-1 可见,随着坡度增大,事故率也增大。当坡度大于 4％时,事故率的增长呈数量级的增长。所以坡度一般不要超过该值。

2)路面宽度

路面较宽的路段往往可以做到机动车道与非机动车道分开,减少了机动车与非机动车之间的冲突。同时路面较宽的路段，行车超车时可不占或少占对向车道，减少了机动车之间的冲突。道路的路面宽度对交通事故有明显的影响。研究表明：当饱和度小于0.7～0.8时，在同一饱和度的条件下，路面宽度较窄的路段，其事故率要高于路面宽度较宽的路段。

3）车道数

根据有关事故调查资料，得到城市道路对应不同车道数的事故率，见表10-2。

道路上不同车道数的安全影响系数 表10-2

车道数	车道类型	事故次数	道路条数	不同车道数事故率（次·亿车/km）	平均事故率（次·亿车/km）	车道数安全影响系数
双车道	车道	169	18	88	88	1.02
4车道	4车道	511	25	83	86	1.00
	4车道有中央分隔带	4	2	75		
	4车道有机非分隔带	59	4	101		
6车道	6车道	357	11	98	83	0.97
	6车道有中央分隔带	20	1	76		
	6车道有机非分隔带	214	6	75		
8车道	8车道	109	3	91	81	0.94
	8车道有中央分隔带	75	2	81		
	8车道有机非分隔带	220	4	71		

从表10-2中可以看到，随着车道数的增加，车道数安全影响系数越小，不同车道数事故率越低（取4车道的安全影响系数为1）。由此可以说明，车道数越多，通行能力越大，道路越安全。

4）路面的平整度

路面的平整度是衡量行车舒适性的一个指标，如果路面坎坷不平，则行车阻力增大，车辆振动加剧，使得车辆各运动机件的磨损加剧，零件易松动、脱落，造成车辆的技术状况下降，甚至造成交通事故。另外，路面凹凸不平，也使得驾驶员精神高度紧张，体力消耗过大，容易疲劳，进而影响到行车安全。可见路面的平整度对安全行车有较大的影响。

5）超高

根据调查资料显示：公路路线的超高设计直接影响道路的行驶安全，大货车混入率为主的高速公路，按规定设计速度设置超高的地段上经常出现内侧翻车事故，而在运行速度较高的下坡路段，由于超高设置不足，又出现小车外侧滑移事故。可见超高设计也是影响交通事故发生的主要因素。

6）平曲线半径

平曲线半径越小曲率就越大，平曲线半径越小事故率也越大。通过试验调查发现道路平曲线曲率和道路交通事故率的关系见表10-3。

曲率与交通事故的关系 表10-3

曲率	0～1.9	2～3.9	4～5.9	6～9.9	10～14.9	>15
事故率（次/百万辆·km）	1.62	1.86	2.17	2.36	8.45	9.26

从表10-3中可以看到，平曲线与交通事故关系密切，曲率越大，事故率就越高，尤其是曲率大于10时，事故率呈几何级数增加，所以平曲线半径对交通安全影响较大。

7）匝道线形

在调查的立交桥中,匝道的线形有时候只是按照规范要求作满足标准的线与线之间的连接,未作符合汽车实际运行的分析,因此有些匝道并未考虑汽车实际运行特征,如在驶入匝道前段达到某一速度100km/h,在紧接着下一段则一下要降到某一速度30km/h,减速长度不够长,导致交通事故的发生。

8)车辆在匝道上的速度

统计分析表明,在所有的交通事故中与车速相关的事故约占事故总数的1/3,运行车速越高,发生交通事故的危险就越大,速度与事故危险性的关系见表10-4。

运行车速与事故危险性关系　　　　　　　　　　　　　　表10-4

行车速度(km/h)	60	65	70	75	80	85
相对事故危险数	1.00(基数)	2.00	4.16	10.60	31.81	56.55

从表10-4中可以看出,速度每增大5km/h,发生事故的危险性基本上是原来的2倍。车速提高将导致道路交通事故数量上升,车速对重大交通事故的影响大于轻微事故。

2. 变速车道的安全性分析

1)变速车道长度

根据近些年的统计数据,可以得到发生在互通立交桥上的变速车道上的交通事故数,如表10-5所示。

变速车道发生事故表　　　　　　　　　　　　　　表10-5

立交分单元	百万车公里	事　故　数	百万车公里事故率
减速车道	2.51	348	137
出口	0.57	199	346
入口	0.59	95	161
加速车道	3.86	280	76

由表10-5可以看出,变速车道的事故比较高,原因是加速车道长度不足,使得车辆在加速车道上还未加速完全就强行汇入主线,引起追尾。对于减速车道,从主线流出的车辆,在进入匝道的短暂运行过程中,其驾驶过程较为复杂,分流、转向、减速对驾驶员都有一定的操作要求,同时驾驶员产生心理压力也影响到交通安全。

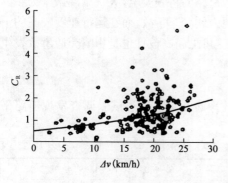

图10-6　事故率与速度差关系图

2)加减速车道速度差

研究表明,车辆追尾事故、侧向事故约占我国道路交通事故的70%。加、减速车道起终点的速度差过大,是导致车辆追尾交通事故发生的原因,高速公路上追尾及侧向事故与车辆运行速度差有着密切关系,如图10-6所示。

由图10-6可见,随着速度差的逐渐增大,事故率C_R增加加快,当速度差达到20km/h时,事故率的分布十分集中,表明高速公路上追尾及侧向事故的隐患将增加。

3. 附属设施安全性分析

1)交通标志

互通立交的标志是以一定的形式控制或传递有关道路交通信息,并对交通安全及提高运输效率起着非常重要的作用。据统计，交通标志、标线与事故的相关率高达70%，合理设置标志标线可以提高运输效率30%。交通标志影响着驾驶员的心理反应，也影响交通事故发生率。

2）安全护栏

护栏直接承受失控车辆的撞击，可防止失控车辆驶出路外或越过中央分隔带闯入对向车道造成事故，是保护行人和非机动车辆安全的重要手段。可见护栏设置的合理，可以减少交通事故数。

3）照明灯

互通立交照明无论从驾驶员的视觉健康还是心理健康来讲，都与交通安全密切相关。从调查的资料可知，有照明的路段事故相对较少。如广深高速公路，双向六车道，全长122.8km，全线设有路灯照明，在日均总流量达到18万辆的情况下，平均每天发生6起事故，且20:00～次日08:00时段的事故占事故总数的14.5%。沪杭高速公路嘉兴段88km，双向八车道，2008年日均总流辆为12万辆，平均每天发生3.2起交通事故，20:00～次日08:00时段的事故占事故总数的24.5%。所以，照明灯对交通安全的影响是极其明显的。

4）周围景观

互通立交桥绿化可有效改善生态环境，可减轻酸性雨和紫外线对互通立交桥体的破坏。通过垂直绿化，非常简便而又成本低廉地有效扩大城市绿量，对吸烟滞尘，降低噪声，调节温度等具有显著作用。互通立交桥的绿化，影响着驾驶员行驶时的行车环境、视觉效果及驾驶心情，从而影响着交通事故的发生率。

4. 立交形式及间距安全性分析

1）立交形式的安全性分析

互通式立体交叉，形式多样，类型繁多，不同形式的立交不仅交通功能性不同，经济性不同，而且安全性差异较大。通常可从以下几个方面进行立交形式对安全性影响的分析。

(1) 交叉道路数。一般来说交叉道路数越多，立交安全性相对较差，反之则越好。

(2) 交叉道路的交角。通常认为T形及十字形交叉口（交角90°）比"Y"形，"X"形交叉口（又叫畸形交叉，交角大于90°）交通组织容易，交通安全性较好。

(3) 立交基本动线布置关系。从立交基本动线布置关系来看立交可有完全立交型（无冲突点，无交织路段，独立转向的立交）、交织型和平交型三种。完全立交型立交交通流线间只有分、合流点，无相互干扰影响，是安全性最好的一类。交织型立交交通流线相互交织，干扰较大，安全性较差，如三路、四路环形立交，迂回型立交就属于这类。平交型立交交通流线相互交叉，有冲突点，安全性最差，如菱形立交、三路平交型立交等。

(4) 独立转的匝道数。通常立交布设的匝道数应与立交转向数相等，使每个方向的车辆转向均在独立匝道上转向，是安全性最好的立交形式。当立交匝道数不足时，就会出现公用匝道，在公用匝道上，车辆相互交织干扰，易形成安全危险路段，因此公用匝道的安全性差。

(5) 立交匝道的形式。定向式立交是由定向匝道构成的立交，功能强大，转向直捷，是安全性最好的立交；半定向式立交次之；非定向式立交（如迂回式立交）安全性最差。

(6) 收费立交与不收费立交。收费立交由于设有收费口，车辆经过收费口要降速、停车、起步、加速，发生安全事故的概率较大，安全性较差。不收费立交（如枢纽互通），车辆通过立交不停车，变速较少，车速稳定，因而安全性较好。

(7) 直接转向与连接线转向立交。为减少匝道路、节省造价，立交组合中往往采用连接线将四路立交转化为两个三路立交（如双喇叭形立交），由于在连接线上有公用匝道，交通流线交织干扰,安全性较差。直接转向的立交,不设连接线,车辆在专用匝道上直接转向,安全性较好。

2)立交间距的安全性分析

立交与立交的间距,立交与服务区(停车区)间距,立交与隧道的出口间距,是直接影响高速公路安全的重因素。

立交桥间距的选择影响着交通流的分散能力和交通事故发生率。如互通式立交桥间距过短,立交过于集中,不仅造成工程投资的浪费,而且引起交通流频繁地交织,导致道路上交通流的紊乱,从而影响立交桥功能的正常发挥,并易引起交通事故。立交间距太大,虽然减少了投资,但是不能满足交通需求,不利于交通流的转换和高速公路网功能的发挥。所以立交间距是影响交通事故的又一因素。

3)立交安全性分析小结

通过对立交匝道、变速车道、景观附属设施和立交桥构造四个方面的分析,得到互通立交安全影响因素如图10-7所示。

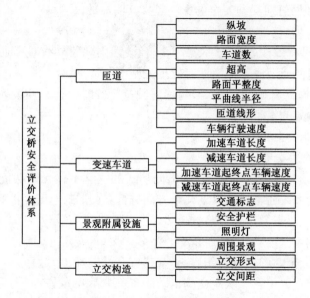

图10-7 立交安全影响因素图

二、互通立交安全性分析的方法

1.方法简介

根据《公路项目安全性评价指南》的要求,设计阶段立交安全性评价的主要内容有:互通的位置、间距及形式评价;主线及匝道的速度协调性评价;匝道线形及横断面类型评价;匝道出入口评价,包括相邻出入口间距、车道数平衡、变速车道长度及分流鼻端设计参数评价;停车视距及分合流识别视距评价;主线和匝道路基、路面及排水等设计内容的评价。而目前对于已经建成立交区域安全性评价的主要方法有特征点分析法、速度差法、连续流法以驾驶员舒适度为基础的人性化分析方法以及层次分析法等。

1)特征点分析法

特征点分析法主要指在线性有明显变化的地方,车速也随之变化较为明显时采用的一种分析方法。即特征点分析法是将道路线性中影响交通安全的突出点作为对象,在这些易导致事故的地方进行采集数据分析。

由于立交区域为车辆交织处,它是由匝道过渡到主线或从主线过渡到匝道上,因此线性变化较为明显;同时由于主线和匝道的链接处有加减速车道,速度变化非常明显,再加上匝道与主线的设计车速不同,因此可以采用特征点法进行分析。

利用特征点进行分析时,首先必须确定特征点位置。对于立交区域来说,特征点位置即为加减速车道的起终点以及匝道的起、中、终点。利用这些较为明显的特征点,采集各特征点的运行速度,驾驶员心率等数据进行综合分析立交桥区域的安全性。

2) 速度差分析法

驾驶的安全性、舒适性都直接与车速的大小以及汽车行驶时速的变化幅度有关。因此以车速的变化规律来差别事故多发路段的方法是有道理的,目前常用速度差来评价运行速度的协调性和运行速度与设计速度的协调性。

通常将相邻路段的运行速度的差值 ΔV_{85} 作为运行速度协调性的评价标。当运行速度差 $|\Delta V_{85}|<10km/h$ 时,运行速度协调性好;当 $10km/h<|\Delta V_{85}|<20km/h$ 时,运行速度协调性较好。条件允许时尽量调整相邻路段技术指标,使运行速度的差值 $|\Delta V_{85}|\leqslant 10km/h$;当 $|\Delta V_{85}|>20km/h$ 时,运行速度协调性不良。相邻路段应重新调整平、纵面设计。

通常将设计速度与运行速度的差值作为设计速度与运行速度协调性的评价标准。同理,当速度差小于 20km/h 时,路段的安全性较好,不需检验;但是当速度差大于 20km/h 时,应对该路段进行安全性检验,如平曲线半径、缓和曲线长度、最小直线长度、停车视距等的检验,合理运用 V_{85} 计算值调整相应的技术指标从而达到安全行车的目的。

3) 交通流理论分析法

交通流理论是探讨交通量、运行速度和车流密度之间的关系,以求减少交通时间的延误、事故的发生和提高道路交通设施使用效率的理论。通常将交通流分为连续分布的连续流和离散分布的间断流。在立交桥区域的交通流通常都是以连续流的形式在运动,因此可以采用交通流连续流分析法对立交区域进行安全性分析。

利用交通流理论分析立交区域的安全性,首先要对立交区域的通行能力、实际交通量、车辆的运行速度、车头时距等参数进行数据采集,通过计算的车流密度与连续流特征对立交桥区域进行安全性评价。

4) 人性化分析法

随着国民经济的增长、道路建设里程和车辆拥有量的不断增加,目前对道路等的研究开始趋于"以人为本"的研究方向,本书将之称为人性化研究。因此,目前对于立交桥区域的安全性评价也出现人性化研究方法。

目前"人性化"研究主要是通过利用脑电仪,心电仪,驾驶员疲劳检测系统,驾驶员反应时间检测系统,驾驶员适性检测系统等高科技检测设备对驾驶员在车辆运行过程中的各项数据进行采集。

对于立交区域,可以通过这些人性化的检测设备对驾驶员的心率、呼吸、务氧、反应时间以及视力变化等方面进行采集,然后通过各种方法对其进行分析,以驾驶员的舒适度和行车安全为最终目的,对立交桥区域的各项参数进行分析,看其是否达到安全标准,为后期的安全立交评价提供建议。

5) 层次分析法

层次分析法(The analytic hierarchy process,简称 AHP)是美国著名运筹学家 T. L. Saaty 于 1973 年提出的,他把复杂问题中的各因素划分成相关联的有序层次,使之条理化。根据一定客观的判断,对每一层次中每两元素相对重要性给出定量表示,从而确定出全部元素的权重。层次分析法相比模糊评判法等是处理综合评价问题的有效方法，且在工程实践中得到了广泛的应用。由于互通立交安全评价准则较多，不同的指标对其安全性的影响程序不同，故依照科学性、系统性、公正性、定量与定性相结合、实用性等原则，对互通立交进行安全性评价，从匝道、变速车道、景观附属设施和立交桥构造等四方面采用层次分析法进行互通式立交安全评价体系研究。

2. 基于层次分析法的互通立交安全评价体系简介

层次分析法的要点如下：

(1)建立评价指标体系。

(2)确定各项指标权重。

(3)综合评价比选。

下面以《立交安全评价理论与方法》一书介绍的方法为例简介如下：

1)分析模型

经分析研究构建的层次分析模型如图10-8所示。

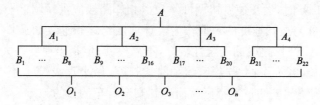

图10-8 评价指标体系层次分析模型

2)指标体系

互通立交安全评价指标体系见表10-6。

互通立交安全评价指标体系　　　　表10-6

目 标 层	准 则 层	指 标 层
互通立交安全评价体系	匝道 A_1	纵坡度 B_1
		路面宽度 B_2
		车道数 B_3
		超高 B_4
		路面平整度 B_5
		平曲线半径 B_6
		匝道线形 B_7
		车辆在匝道上行驶速度 B_8
	变速车道 A_2	加速车道长度 B_9
		减速车道长度 B_{10}
		加速车道起终点车辆速度 B_{11}
		减速车道起终点速度 B_{12}
		加速车道车道数 B_{13}
		减速车道车道数 B_{14}
		加速车道路面宽度 B_{15}
		减速车道路面宽度 B_{16}

续上表

目 标 层	准 则 层	指 标 层
互通立交安全评价体系	景观附属设施 A_3	交通标志 B_{17}
		安全护栏 B_{18}
		照明灯 B_{19}
		周围景观 B_{20}
	立交形式及间距 A_4	立交形式 B_{21}
		立交间距 B_{22}

3) 确定权重

(1) 构造判断矩阵。

对准则层的 4 个准则以及隶属于同一准则的各指标之间的相对重要性进行比较,形成判断矩阵。判断矩阵的一般形式见表 10-7。

判断矩阵的一般形式　　　表 10-7

A	A_1	A_2	…	A_n
A_1	a_{11}	a_{12}	…	a_{n1}
A_2	a_{21}	a_{22}	…	a_{n2}
…	…	…	…	…
A_n	a_{n1}	a_{n2}	…	a_{nn}

表 10-7 中 a_{ij} 表示指标 A_i 与指标 A_j 相比,对于指标 A_j 的相对重要性程度。根据两元素对目标而言,具有同样的重要性(即标度 1)到两元素比较,一个比另一个极为重要(即标度 9)的九级标度法确定比值。

(2) 计算单层次排序。

根据判断矩阵,求出最大特征根所对应的特征向量。所求特征向量即为各评价因素重要性排序,也就是权数分配。可用和积法求得,具体步骤如下:

① 对判断矩阵按列规范:

$$\overline{a}_{ij} = \frac{a_{ij}}{\sum_{i=1}^{n} a_{ij}} \quad (i,j = 1,2,\cdots,n) \tag{10-1}$$

② 再按行相加得和:

$$\omega_i = \sum_{j=1}^{n} \overline{a}_{ij} \tag{10-2}$$

③ 再进行规范化,得权重系数:

$$\omega_i = \frac{\overline{\omega}_i}{\sum_{i=1}^{n} \omega_i} \tag{10-3}$$

则 $\boldsymbol{\omega} = (\omega_1, \omega_2, \cdots, \omega_n)^T$ 即为所求特征向量。

④ 计算判断矩阵的最大特征根 $\lambda_{\max}$:

$$\lambda_{\max} = \sum_{i=1}^{n} \frac{(PW)_i}{n\omega_i} = \frac{1}{n}\sum_{i=1}^{n} \frac{(PW)_i}{\omega_i} \tag{10-4}$$

式中:$(PW)_i$——向量 PW 的第 i 个元素。

$$PW = \begin{bmatrix} (PW)_1 \\ (PW)_2 \\ \vdots \\ (PW)_n \end{bmatrix} = \begin{bmatrix} a_{11} & a_{12} & \cdots & a_{1n} \\ a_{21} & a_{22} & \cdots & a_{2n} \\ \vdots & \vdots & \cdots & \vdots \\ a_{n1} & a_{n2} & \cdots & a_{nn} \end{bmatrix} \begin{bmatrix} \omega_1 \\ \omega_2 \\ \vdots \\ \omega_n \end{bmatrix} \tag{10-5}$$

(3) 一致性检验。

以上得到的特征向量即为所求权数,为保证得到的权重合理,通常要对每一个判断矩阵进行一致性检验。计算公式如下:

$$CR = \frac{CI}{RI} = \frac{\lambda_{\max} - n}{(n-1)RI} \tag{10-6}$$

式中:n——判断矩阵的阶数;

$\lambda_{\max}$——判断矩阵最大特征值;

RI——常数,随着 n 的变化而变化,当 $CR<0.10$ 时,认为层次总排序结果具有满意的一致性,否则需要重新调整判断矩阵的元素取值。RI 具体数据见表 10-8。

随机平均一致性指标 RI 取值 表 10-8

n	3	4	5	6	7	8	9	10	11
RI	0.58	0.9	1.12	1.24	1.32	1.41	1.45	1.49	1.51

(4) 层次总排序。

设目标层 A、准则层 B 和指标层 P 构成层次模型,准则层 B 对目标层 A 的绝对权重为:

$$\overline{\omega}^{(1)} = (\overline{\omega}_1^{(1)}, \overline{\omega}_2^{(1)}, \cdots, \overline{\omega}_R^{(1)})^T \tag{10-7}$$

对准则层的各准则 B,指标层 P 中 n 个方案的相对权重为:

$$\overline{\omega}_j^{(2)} = (\overline{\omega}_{1j}^{(2)}, \overline{\omega}_{2j}^{(2)}, \cdots, \overline{\omega}_{nj}^{(2)})^T, j=1,2,\cdots,R \tag{10-8}$$

则各指标对目标 A 的绝对权重为:

$$W = (\omega_1, \omega_2, \cdots, \omega_n)^T \quad \omega_i \quad \sum_{j=1}^{n} \overline{\omega}_j^{(1)} \overline{\omega}_{ij}^{(2)} \tag{10-9}$$

式中:n——指标层的总个数。

(5) 建立安全评价体系。

根据层次分析法权重确定方法以及专家打分法对表 10-6 中各指标的打分,最后得到安全评价体系指标的权重值,见表 10-9。

各 指 标 权 重 表 表 10-9

目标层		A				指标权重	排序
准则层		A_1	A_2	A_3	A_4		
准则层权重		0.5393	0.2950	0.0556	0.1101		
指标层	B_1	0.1996				0.1076	3
	B_2	0.0446				0.0241	13
	B_3	0.0238				0.0128	18
	B_4	0.1107				0.0597	7
	B_5	0.0519				0.0280	12
	B_6	0.2364				0.1275	2
	B_7	0.0771				0.0416	9
	B_8	0.2560				0.1381	1
	B_9		0.3290			0.0971	4

续上表

目标层	A				指标权重	排序
准则层	A_1	A_2	A_3	A_4		
准则层权重	0.539 3	0.295 0	0.055 6	0.110 1		
指标层 B_{10}		0.226 3			0.066 8	6
B_{11}		0.159 2			0.047 0	8
B_{12}		0.106 8			0.031 5	10
B_{13}		0.033 7			0.009 9	19
B_{14}		0.023			0.006 8	20
B_{15}		0.072 7			0.021 4	14
B_{16}		0.049 3			0.014 5	17
B_{17}			0.557 9		0.031 0	11
B_{18}			0.263 3		0.014 6	16
B_{19}			0.121 9		0.006 8	21
B_{20}			0.056 9		0.003 2	22
B_{21}				0.166 7	0.018 4	15
B_{22}				0.833 3	0.091 7	5

根据表 10-9 中各指标权重可知,在对立交桥安全评价体系的研究过程中,匝道上的车辆行驶速度、平曲线半径和纵坡度这几个指标最重要,它们的权重都大于 0.1;其次为变速车道上的加速车道长度及立交桥构造上的立交间距这两个指标,它们的权重都大于 0.09,所以立交桥安全评价体系如图 10-9 所示。

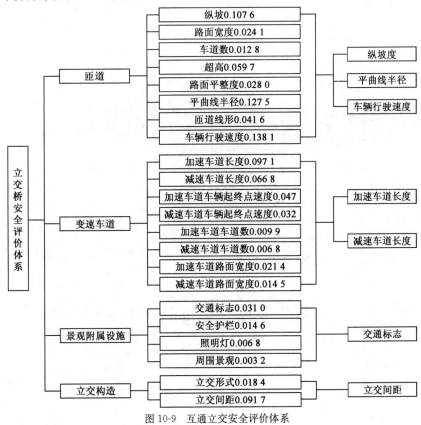

图 10-9 互通立交安全评价体系

附录 立体交叉设计部分参考图表示例

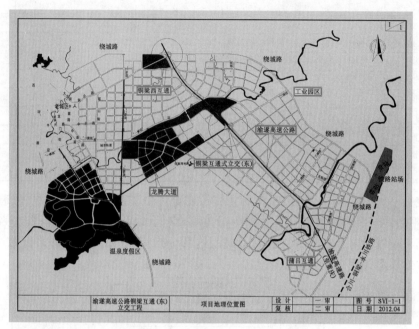

附图 1

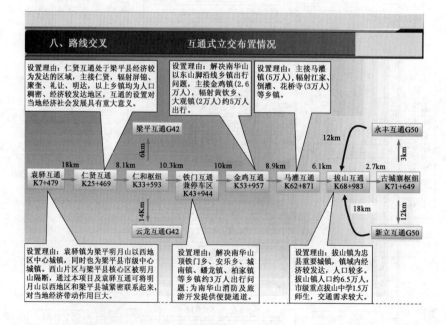

附图 2

附图 3

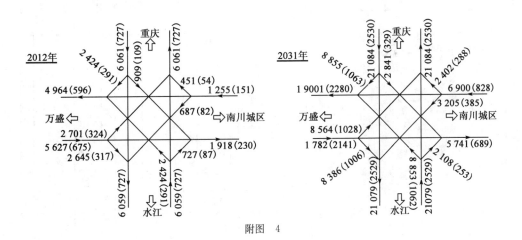

附图 4

互通立交方案比较表

渝宜高速公路长寿区十堰互通立交工程

		方案一	方案一平面示意图		方案二	方案二平面示意图 CV1-1-5 第1页 共1页
	中心桩号	K1 675+523.292			中心桩号	K1 675+523.292
	地名	十堰镇			地名	十堰镇
	交叉方式	主线下穿			交叉方式	主线下穿
	互通形式	单喇叭A型			互通型式	单喇叭A型
	被交公路名称及等级	渝宜高速公路			被交公路名称及等级	渝宜高速公路
	土石方数量（m³）	W：251 669　T：251 669			土石方数量（m³）	W：251 669　T：251 669
	拆迁房屋面积（m²）	2024			拆迁房屋面积（m²）	2024
	占地面积（亩）	155.41（不含既有公路）			占地面积（亩）	155.41（不含既有公路）
主线	设计速度（km/h）	80		主线	设计速度（km/h）	80
	最小平曲线半径（m）	3 000			最小平曲线半径（m）	3 000
	最大纵坡（%）	2.05%			最大纵坡（%）	2.05%
	立交范围	K1 675+509.075~K1 676+437.562			立交范围	K1 675+509.075~K1 676+437.562
匝道	设计速度（km/h）	30		匝道	设计速度（km/h）	30
	最小平曲线半径（m）	50			最小平曲线半径（m）	50
	最大纵坡（%）	4.872%			最大纵坡（%）	4.872%
	匝道全长（m）	1 774.268			匝道全长（m）	1 774.268
被交路	设计速度（km/h）	40		被交路	设计速度（km/h）	40
	最小平曲线半径（m）	60			最小平曲线半径（m）	60
	最大纵坡（%）	4.00%			最大纵坡（%）	4.00%
	立交范围				立交范围	
收费站	路基宽度（m）	8.5		收费站	路基宽度（m）	8.5
	收费站（处）	1			收费站（处）	
	收费车道数（道）	3进4出			收费车道数（道）	3进4出
涵洞	类型	盖板涵	拱涵	管涵	箱涵	类型	盖板涵	拱涵	管涵	箱涵
	孔数及孔径（m/道）	299/8	—	—	—	孔数及孔径（m/道）	299/8	—	—	—
通道	类型					类型				
	孔数及孔径（m/道）					孔数及孔径（m/道）				
桥梁	桥名	A匝道桥		桥梁	桥名	A匝道桥
	结构类型	预应力混凝土现浇箱梁			结构类型	预应力混凝土现浇箱梁
	孔数及孔径（m）	2~25m			孔数及孔径（m）	2~25m
	交角（°）	105			交角（°）	90
	桥长（m）	65			桥长（m）	63
	桥面宽度（m）	15.5			桥面宽度（m）	15.5
	桥面面积（m²）				桥面面积（m²）	
	桥墩及基础	柱式墩、桩基			桥墩及基础	柱式墩、桩基
	桥名				桥名	A匝道中桥
	结构类型				结构类型	预应力混凝土现浇箱梁
	孔数及孔径（m）				孔数及孔径（m）	1~16m
	交角（°）				交角（°）	27
	桥长（m）				桥长（m）	16.12
	桥面宽度（m）				桥面宽度（m）	
	桥墩及基础				桥墩及基础	柱式墩、桩基
路面	类型	沥青混凝土	水泥混凝土		类型	沥青混凝土	水泥混凝土
		主线匝道	收费站			主线匝道	收费站
	总厚度（cm）	78.6	66.6		总厚度（cm）	78.6	66.6
	数量（1000m²）	27.926	3 351		数量（1000m²）	27.926	3 351
	建安费：6 864.495 1万元 总造价：15 242.620 7万元				建安费：6 864.495 1万元 总造价：15 242.620 7万元	

附录 5

互通式立体交叉一览表

重庆三环高速公路铜梁至合川段第一合同段

第1页 共1页 SVI-2-1

序号	中心桩号	起止桩号	名称	交角(°)	互通形式	交叉方式	被交路名称及等级	主要技术指标															路面			桥梁			涵洞及通道	防护及排水工程	备注
								主线			匝道				被交路				连接线				(类型/厚度cm)								
								最小半径	最大纵坡	全长	设计速度	最小直径	最大纵坡	全长 新建	路基宽度	最小半径	最大纵坡	全长	路基宽度	最小半径	最大纵坡	全长	主线	匝道	被交路	预应力混凝土连续箱梁	简支空心板	旧桥加宽利用			
								(m)	(%)	(m)	km/h	(m)	(m)	(m)	(m)	(m)	(%)	(m)	(m)	(m)	(%)	(m)				(m/座)	(m/座)	(m/座)	(m/座)	(m³)	
1	2	3	4	5	6	7	8	9	10	11	12	13	14	15	16	17	18	19	16	1	18	19	20	21	22	23	24	25	26	27	28
	主线																														
1	K1+355	K0+750～K2+600 SK52+240～SK54+130	铜梁互通	80	半苜蓿叶与半定向组合枢纽互通	四路交叉	渝遂高速公路	1 300	2.21	1 850	40	60	4.9	5 856.38	24.5	5 500	3.249	1 890	24.5	5 500	3.249	1 890	沥青混凝土18cm	沥青混凝土10cm	沥青混凝土18cm	312.5/3		54.08/1	541.3/23	17 324.3/3	
2	K7+562.754	K7+170～K8+070	二坪互通	89	A型单喇叭	三路交叉、主线上跨	全德至二坪乡道	1 823	1.8	900	35	40	3.917	2 226	6.5	直线	3.9	70	8.5	直线	0.6	90	沥青混凝土18cm	沥青混凝土10cm	沥青混凝土10cm	71/2			147.1/5	1 961.3/3	

附图 6

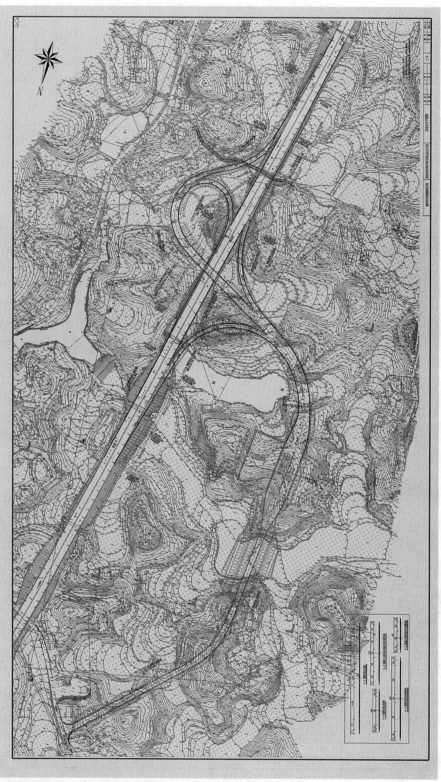

附录 7

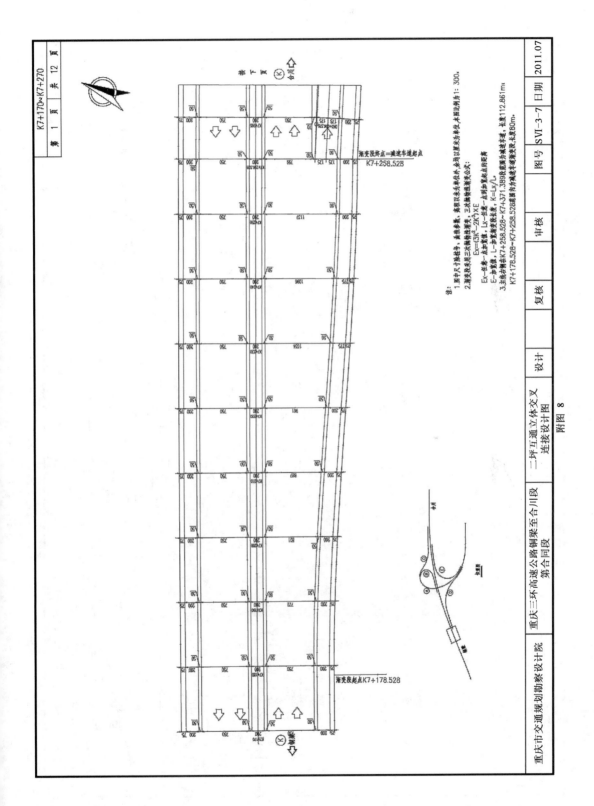

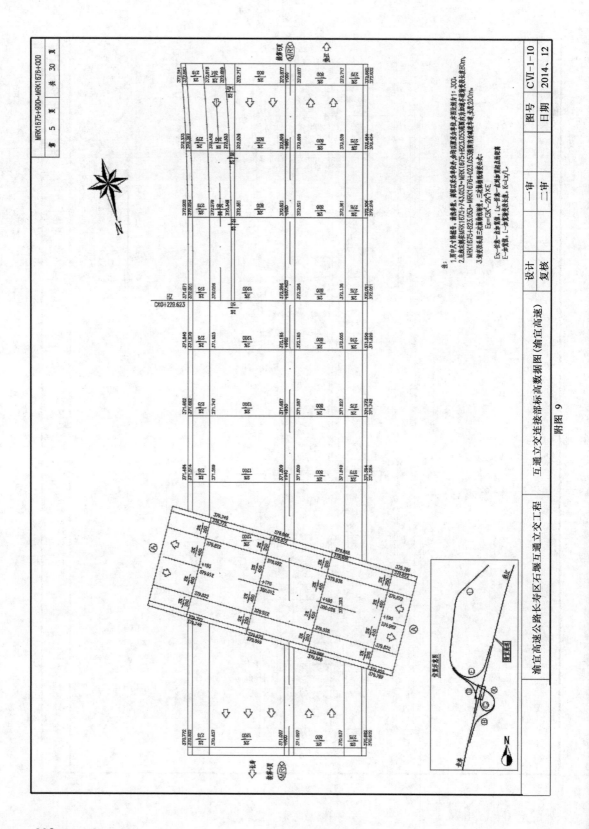

附图 10

附图 11

333

参 考 文 献

[1] 中华人民共和国行业标准.JTG B01—2014 公路工程技术标准[S].北京:人民交通出版社,2014.
[2] 中华人民共和国行业标准.CJJ 37—2012 城市道路工程设计规范[S].北京:中国建筑出版社,2014.
[3] 中华人民共和国行业推荐性标准.JTG/T D21—2014 公路立体交叉设计细则.北京:中国建筑出版社,2014.
[4] 中华人民共和国国家标准.GB 50647—2011 城市道路交叉口规划规范[S].北京:中国计划出版社,中华人民共和国国家质量监督检验检疫总局联合发布,2012.
[5] 中华人民共和国行业标准.CJJ 152—2010 城市道路交叉口设计规程[S].北京:中国建筑出版社,2011年.
[6] 交通部公路司.新理念公路设计指南[M].北京:人民交通出版社,2005.
[7] 孙家驷,吴国雄,朱晓兵.道路立交枢纽设计[M].成都:电子科技大学出版社,1996.
[8] 孙家驷,朱晓兵.道路设计资料集6:交叉设计[M].北京:人民交通出版社,2003.
[9] 孙家驷.道路勘测设计[M].北京:人民交通出版社,2012.
[10] 杨少伟.道路立交规划设计[M].北京:人民交通出版社,2000.
[11] 邓卫东,杨航卓,宁琳等.公路景观规划与营造[M].北京:人民交通出版社,2011.
[12] 乔建刚,王文俊,郭晓魁.立交桥安全评价理论与方法.北京:中国建材工业出版社,2011.
[13] 李铁楠.景观照明创意和设计,北京:机械工业出版社,2005.
[14] 钱国超,唐述虞,景春,等.高速公路环境景观设计[M].北京:人民交通出版社,2009.
[15] 毛子强,贺广民,黄生贵.道路绿化景观设计.北京:中国建筑工业出版社,2010.